Thomasin von Zerklaere
Der Welsche Gast

W
DE
G

Thomasin von Zerklaere

Der Welsche Gast

Ausgewählt, eingeleitet, übersetzt
und mit Anmerkungen versehen von

Eva Willms

Walter de Gruyter · Berlin · New York

Einbandabbildung: Dedikationsbild aus der Heidelberger Handschrift (Cpg 389, fol. 2^r)

♾ Gedruckt auf säurefreiem Papier,
das die US-ANSI-Norm über Haltbarkeit erfüllt.

ISBN 3-11-017543-6

Bibliografische Information Der Deutschen Bibliothek

Die Deutsche Bibliothek verzeichnet diese Publikation in der Deutschen Nationalbibliografie;
detaillierte bibliografische Daten sind im Internet über http://dnb.ddb.de abrufbar.

Printed in Germany

Datenkonvertierung: OLD-Media oHG, Neckarsteinach
Einbandgestaltung: Hansbernd Lindemann, Berlin
Druck und buchbinderische Verarbeitung: AZ Druck und Datentechnik GmbH, Kempten

Inhalt

Einleitung

Der Autor

Was wir über Thomasin von Zerklaere wissen, sagt er selbst in seinem Werk ‚Der Welsche Gast', dem einzigen, das wir aus seiner Feder besitzen. Er nennt seinen Namen (v. 75) und sein Geburtsland Friaul (v. 71) und bezeichnet sich als durch und durch Italiener (v. 69). Zur Zeit der Abfassung des ‚Welschen Gastes', an dem er zehn Monate gearbeitet hat (v. 12278 ff.), noch nicht dreißig Jahre alt (v. 2445), schreibt er in der ihm fremden Sprache (v. 67ff. und 14682ff.) für *vrume rîter, guote vrouwen, wîse phaffen* (v. 14695f.) eine Verhaltenslehre, die an biographischen Details nur noch enthält, daß er bei einer Verkündigung der päpstlichen Kreuzzugsbulle selbst anwesend war (v. 11183ff.) und daß er sich acht Wochen und länger am Hof Ottos IV. in Rom aufgehalten hat, also wohl im Sommer 1209 anläßlich der Kaiserkrönung Ottos. Im Streit mit seiner Schreibfeder, die sein Eremitendasein mit dem früheren Leben *ze schuole* (v. 12256) vergleicht, nennt er als frühere und nach der Vollendung des Werks wieder aufzunehmende Beschäftigung das Zuschauen bei Turnier und Tanz und den Umgang mit schönen Frauen (v. 12241f. und 12319f.), ein Topos, mit dem gern ein Leben am Hof gekennzeichnet wird. Er gibt an, ein Buch *von der hüfscheit* (v. 1173ff.) *welhschen*[1] geschrieben zu haben, das aber nicht erhalten ist.[2] Damit sind die biographischen Angaben erschöpft, die vielen ‚Ich' des Werks (*ich sage iu; ich wil; ich waene; ich lêrt*) gehören zu der gattungsbedingten Haltung des Lehrenden und sagen nichts über die Lebensumstände dessen aus, der diese Rolle einnimmt. Wohl aber – und das muß im Hinblick auf die neueren und neuesten Diskussionen um Autor, Werk und Editionsmöglichkeiten gesagt werden – lassen sie zusammen mit der Ansprache an sein Buch, dem er nur bestimmte Rezipienten empfiehlt (v. 14685-14696), mit den Begründungen für seine Dichtertätigkeit (v. 12273-12290), mit den Resümees und Überleitungen, die das Werk durchziehen und über seine Bestimmung Auskunft geben, schließlich auch mit der Konstanz der Überlieferung in den Haupthandschriften, die deutlich als Bearbeitungen[3] erkennbar sind, keinen Zweifel daran, daß hier das biographisch nachweisbare ‚lebensweltliche' Subjekt als Textproduzent und Autorsubjekt[4] faßbar ist, das die ständige Präsenz in seinem Werk als Lehrer seiner Zeitgenossen bewußt gestaltet und genutzt hat. Die Zeit der Entstehung des ‚Welschen Gastes' Sommer 1215 – Winter 1216 ergibt sich aus der Angabe v. 11717f., daß seit der Einnahme Jerusalems durch Saladin[5] achtundzwanzig Jahre vergangen sind, die Dauer der Abfassung aus dem Gespräch mit der Feder (v. 12223-12344), die acht Monate schon geschrieben hat und noch weitere zwei aushalten soll. Der Verfasser ist zur Zeit der

---

[1] Meist wird dies als ‚provenzalisch' verstanden, doch vgl. die Anm. zu v. 1684.

[2] Die Verse 1677-1684 als Hinweis auf ein 2. Buch, eine ‚Frauenzucht' zu verstehen, lehnte schon Schönbach (S. 76) ab; der Gedanke wird aber mehrfach erneut aufgegriffen, z.B. von Teske, S. 115. Zips (S. 175 Anm. 16) faßt die Verse als Hinweis auf ein 2. Buch „wider die valscheit" auf und erklärt die Vermutung als „ziemlich einhellig" angenommen.

[3] Bezeichnung nach Bumke, Joachim: Untersuchungen zur Überlieferungsgeschichte der höfischen Epik im 13. Jahrhundert. In: ZfdA 120 (1991), S. 257-304, vor allem S. 290 und 301f.

[4] S. dazu Schnell, Rüdiger: ‚Autor' und ‚Werk' im deutschen Mittelalter. Forschungskritik und Forschungsperspektiven. In: Wolfram-Studien XV. Neue Wege der Mittelalterphilologie 1996, hg. von Heinzle, Joachim u.a. Berlin 1998, S. 12-73; die Termini S. 72.

[5] Saladin (um 1138-1193), seit 1174 Sultan von Ägypten und Syrien, besiegte 1187 das Kreuzfahrerheer und eroberte Jerusalem und Akkon.

Abfassung noch nicht *drîzec jâr* alt (v. 2445); die Angabe wird allgemein als ‚fast dreißig' aufgefaßt und das Geburtsjahr deshalb auf 1186 angesetzt.

Das Werk weist seinen Verfasser als einen Mann aus, der über umfängliche Kenntnisse der biblischen wie der weltlichen Geschichte, des theologisch-philosophischen Gedankengutes und wohl auch des literarischen Marktes seiner Zeit verfügt, was auf eine gediegene Ausbildung an einer hohen Schule und auf Kontakte mit literarisch interessierten Kreisen, am ehesten also einem weltlichen oder geistlichen Adelssitz, schließen läßt. Zudem ist Thomasin mit den politischen Verhältnissen seiner Zeit vertraut. Die Warte, von der aus diese Verhältnisse zu überschauen waren, ließ sich ebenfalls am ehesten an einem Hof einnehmen, der eng in das politische Geschehen der Zeit eingebunden war. Dies alles, die genannten wie die erschlossenen biographischen Einzelheiten, ließen Beziehungen zum Hof des Patriarchen von Aquileja, die Ausbildung sowie das geistliche Anliegen des Verfassers einen Kleriker vermuten. Und so sah man in der einzigen Quelle, die sowohl den Vor- wie den Familiennamen ‚Thomasin von Zerklaere' enthält[6], eine hochwillkommene Bestätigung aller Vermutungen: In einem als Totenbuch benutzten Kalendarium, dem *Nekrologium Aquileiense*, in einer Abschrift von etwa 1300 erhalten[7], in dem die Schenkungen Verstorbener an das Domkapitel von Aquileja verzeichnet sind, findet sich – ohne Angabe des Jahres unter dem 11. Mai – der Vermerk *Tomasinus de Corclara Canonicus obiit qui dedit fratribus Curiam I in Aquilegia*[8] (der Kanoniker Th. v. Corclara ist gestorben, der den Brüdern ein Gehöft in Aquileja geschenkt hat). Die identifizierbaren Erblasser des Necrologiums verweisen in den Zeitraum, in dem Thomasin gestorben sein könnte. Das *Corclara* des Eintrags wird man kaum anders als eine Verschreibung für *Cerklara* deuten können, und so besteht kein Grund, daran zu zweifeln, daß sich diese Angabe auf unseren Autor bezieht. Sie besagt aber nicht mehr, als daß Thomasin als Kanoniker gestorben ist; sie gibt keine Auskunft darüber, ab wann er dieses Amt bekleidete und zu welchem Kapitel er gehörte. Dennoch machte man, auf diese Quelle gestützt, Thomasin kurzerhand zum „Kleriker am Hof des Patriarchen",[9] womit ein Lebensraum für Thomasin gewonnen war, über den viel zu sagen war, denn über den Patriarchen Wolfger von Erla wußte man so ziemlich Bescheid. Vermutlich nicht ebenso gut über Kanoniker. Als Kanoniker oder Domherren bezeichnet man die Gruppe Geistlicher, die an Dom- oder Stiftskirchen in zunächst freier, später meist regulierter, d.h. klosterähnlicher Gemeinschaft zumeist nach der Regel der Augustinerchorherren lebte und das Stundengebet der Kirche versah. Sie bildeten das sog. Capitel, das sich um 1200 nahezu überall von der ursprünglich gegebenen Unterordnung unter den Bischof befreit hatte und unter einem Probst (in den romanischen Ländern einem Prior) eigenverantwortlich mit eigenem Domizil und eigener Vermögensver-

---

[6] Andere Träger des Familiennamens von Zerklaere (Schreibung differiert) sind mehrfach bezeugt (s. Teske, S. 41-49). Sie gehörten der städtischen Oberschicht von Cividale an und sind als vermögende Großkaufleute und Reeder ausgewiesen, vor allem ein Bernardus de Zerklaere, der dem Alter nach Thomasins Vater oder Onkel sein könnte. Die Bezeugungen eines Notars Thomasin aus den Jahren 1249 und 1259 müssen nicht mit unserem Thomasin in Verbindung gebracht werden.
[7] S. dazu Scalon, Cesare: Necrologium Aquileiense. Udine 1982.
[8] Abdruck nach dem Facsimile bei v. Kries 1984, Bd. IV, S. 44; Abkürzungen wurden aufgelöst.
[9] So noch Cormeau, Christoph: ²VL 9 (1994), Sp. 897; Schiewer, Hans-Jürgen: ‚Thomasin von Zerklaere'. LMA 8, 1997, Sp. 727. u.v.a. Für Neumann (1964 und 1974) ist die Zugehörigkeit zum Hof des Patriarchen selbstverständlich Grundlage aller weiteren Überlegungen über Thomasins Leben und Wirken. 1974, S. 49f. bezeichnet er ihn sogar als „ständigen Begleiter des politisch tätigen Patriarchen". Johnson, S. 442 läßt die Frage des Amtes („Verwaltung, Unterricht, Seelsorge?") zwar offen, setzt aber nicht nur Beziehung zum Patriarchenhof voraus, sondern vermutet S. 446 in Wolfger sogar den Auftraggeber und Gönner.

waltung vom jeweiligen Bischof nicht nur unabhängig war, sondern zuweilen durchaus in Opposition zu ihm stand.[10] Aquileja allein verfügte zu Anfang des 13. Jahrhunderts über drei Stiftskirchen mit eigenem Capitel, San Stefano, San Felice und die eigentliche Bischofskirche Santa Maria, deren Domherren seit 1189 zu einer solchen Gemeinschaft vereinigt waren. Das Necrologium sichert nun zwar das Kanonikat, wenn auch zu einem unbestimmten Zeitpunkt, nicht aber die Zugehörigkeit zu einer Stiftskirche in Aquileja. Für die Zeit der Abfassung des ‚Welschen Gastes‘ hat Daniel Rocher drei Personen, davon zwei Kanoniker mit Vornamen Thomasinus (Badascula, de Canusso, de Brazaco) ermittelt, die als Zeugen in Urkunden fungieren, die Personen aus Cividale und Aquileja aus der Umgebung des Patriarchen betreffen,[11] und er kann wahrscheinlich machen, daß auch mit einem ohne Nachnahmen erwähnten Thomasinus, den Neumann (1974, S. 7) noch für unseren Autor hält, einer dieser drei Herren gemeint ist. Ein Thomasin von Zerklaere taucht unter diesen Zeugen nicht auf. Rocher hält es deshalb für möglich (wahrscheinlich?), daß der damals noch nicht dreißigjährige Autor zur Zeit der Abfassung seines *opus maximum* noch gar nicht Domherr war, „une conclusion, qui certes ne va pas dans le sens des hypothèses émises depuis cent ans“,[12] die aber doch bei der großen Zahl von Domherren (in Aquileja allein zeitweilig 50) als ein Argumentum ex nihilo keinerlei Gewicht hat, zumal aller oben genannten Fakten wegen auch Rocher in Thomasin einen gebildeten Kleriker in der Umgebung des Patriarchen sieht. Da dieser zumeist gar nicht in dem klimatisch sehr ungesunden Aquileja residierte, vielmehr in Cividale oder Udine, wo ebenfalls Domcapitel bestanden[13], würde Thomasins Herkunft aus dem Geschlecht derer von Zerklaere, die eben in Cividale ansässig waren, eine Klerikerlaufbahn bis hin zum Kanonikat in Cividale in den Bereich des Möglichen rücken. Die räumliche Nähe zum Patriarchen wäre auch hier gegeben. Je näher man aber Thomasin mit dem Patriarchen in Verbindung bringt, desto virulenter wird ein Problem, das zwar, so weit ich weiß, nirgends erwähnt wird, de facto aber immer bestanden hat: Auffallend und durchaus irritierend[14] ist nämlich, daß das Werk keinerlei Widmung oder Huldigung enthält, wie man sie bei einem Kleriker am Hof des Patriarchen erwarten würde und sicher erwarten dürfte, wenn dieser gar der Auftraggeber oder Gönner gewesen wäre. Alle Gelehrten und Literaten, die mit Wolfger in Verbindung standen, haben es daran nicht fehlen lassen.[15] Thomasin muß begütert genug und unabhängig genug gewesen sein, auf eigene Kosten und in eigener Verantwortung dieses Werk zu verfassen. Stand er vielleicht gar in einer Art Opposition zum Patriarchen? Die Tatsache, daß Wolfger noch zu Otto hielt, als alle Welt und auch Thomasin sich schon gegen ihn stellte,[16] die rückhaltlose Propagierung des Kreuzzugs, der auf eben jenem Konzil verhandelt wurde, an dem teilzunehmen Wolfger nur mit Mühe zu bewegen war, die ausnahmslose und schonungslose Verurteilung vor allem der geistlichen Herren (v. 6521-6580), vor allem aber v. 12411ff. *Ob ich mir herren welen solde / wizzet, daz ich den nemen wolde / der got vürhte unde êre*, den man kaum anders als aus

---

[10] S. dazu Marchal, Guy P.: ‚Domkapitel‘. In: TRE 9 (1982) S. 136-140.

[11] Facsimilia bei Rocher, S. 940-947.

[12] Rocher, S. 38.

[13] Spiazzi, Gianfranco: Notizie sulle canoniche della diocesi di Aquileia nei secoli XI e XII. In: La vita comune del clero nei secoli XI e XII. Vol. 2: Comunicazioni e indici (Miscellanea del centro di studi medioevali III) Milano 1962, S. 129-137. Diesen Hinweis verdanke ich W. Petke.

[14] Neumann, S. XLII findet immerhin: „Auffallend ist, daß er den Patriarchen nie unmittelbar anspricht.“

[15] S. dazu Teske, S. 26-39.

[16] S. v. 10471-10568. Nach Neumann, S. XLII soll man jedoch aus diesem Umstand „keinen Gegensatz zum Patriarchen Wolfger heraushören".

einer gewissen Distanz gesprochen verstehen kann, könnten als Stützen für diese
Annahme gewertet werden. Rechnet man mit seinem Kanonikat, wäre das nicht
verwunderlich, aber die Zugehörigkeit zum „Hof des Patriarchen" bzw. den
„Dienst am Patriarchenhof" müßte man aufgeben. Hat aber Rocher dennoch recht
und war Thomasin zur Zeit der Abfassung noch nicht Kanoniker, sondern irgend-
ein Kleriker, dann bleibt seine Funktion und das Verhältnis zu seinem geistlichen
Oberhirten eine offene Frage. Wenn nicht neue Quellenfunde hier Klarheit schaffen,
muß man einstweilen das Kanonikat um 1215 für ebenso ungesichert halten wie die
Zugehörigkeit zur unmittelbaren Gefolgschaft Wolfgers, und selbst hinsichtlich des
Klerikers können wir nicht sicher sein, basiert die Zuschreibung doch auf der un-
beweisbaren Annahme, daß nur ein solcher ein Werk dieser Art verfassen würde
und verfassen konnte. Außer Frage steht nur, daß Thomasin ein Publikum im Auge
hat, wie man es, soweit wir wissen, sicher am Hof des Patriarchen, aber auch sonst
unter dem Friauler Hochadel, hat vorfinden können.

Das Patriarchat – der Patriarch – das Publikum

Patriarchate waren in der Rangordnung der kirchlichen Einrichtungen mehrerer
Kirchenprovinzen übergeordnet und besaßen eine gewisse Oberhoheit in
(Streit)Fragen der Lehre, der Besetzung von Ämtern und der Jurisdiktion. Zu den
fünf großen Patriarchaten der Frühzeit des Christentums: Jerusalem, Antiochien,
Alexandria, Konstantinopel und Rom kamen später einige kleinere hinzu. Zu ihnen
gehörte seit 557 Aquileja. Bischof Niketas hatte unter Berufung auf die – legenda-
rische – Gründung der ersten Christengemeinde durch einen Apostelschüler seine
Erhebung zum Patriarchen durchgesetzt. Seit Otto I. (912-973) die Mark Verona
samt dem Friaul dem Reich einverleibt hatte, gehörte das Patriarchat zu den Reichs-
teilen jenseits der Alpen. Heinrich IV. (1050-1106) erhob es 1077 zur Grafschaft
und übertrug ihm die Lehnshoheit über die Marken Krain und Görz. 1209 wurde
es zudem endgültig mit der Grafschaft Istrien vereinigt; der Patriarch war damit zu-
gleich weltlicher Herrscher. Aquileja, Schnittpunkt mehrerer bedeutender Handels-
straßen, Anlaufstelle und Durchgangsstation für vieles, was von Nord und Nordost
nach Westen, Süden und über das Meer zog, war zeitweilig eine der wichtigsten
Grenzbastionen des Reichs[17] und mit dessen Schicksal auf Gedeih und Verderb ver-
bunden, Bollwerk gegen die stets unruhigen ober- und mittelitalienischen Städte
und immer wieder in Fehden mit ihnen und mit den die Ostgrenze bedrohenden Un-
garn verwickelt, und sowohl räumlich wie – bei geeigneter Besetzung – diploma-
tisch eine Pufferzone zwischen dem Reich und dem Kirchenstaat.
    Nach dem Tod des Patriarchen Pilgrim II. 1204, der der Revolten und Unruhen
innerhalb und außerhalb seines Einzugsbereichs nicht hatte Herr werden können,
belehnte der Staufer König Philipp einen Mann mit diesem Amt, der bei „drei Deut-
schen Königen wie bei zwei Päpsten gleich angesehen war"[18], den Bischof von Pas-
sau, Wolfger von Erla[19], der dieses Amt bis zu seinem Tod 1218 innehatte und nicht
nur die schwierige Spagatstellung, als geistliches Oberhaupt einer Diözese dem
Papst als oberstem Dienstherren und als Reichsgraf dem deutschen König gleicher-

---

[17] S. dazu Härtel, Reinhard: Friaul als Brücke zwischen Nord und Süd. In: Kommunikation und Mobilität
im Mittelalter. Begegnungen zwischen dem Süden und der Mitte Europas (11.-14. Jahrhundert), hg. v.
Rachewiltz, Siegfried de / Riedmann, Josef. Sigmaringen 1995, S. 291-304.
[18] Burdach, S.113.
[19] S. dazu Boshof, Egon / Knapp, Fritz Peter (Hg.): Wolfger von Erla ... als Kirchenfürst und Literaturmä-
zen. (Germ. Bibliothek Reihe 3, Untersuchungen, N.F. 20) Heidelberg 1994.

maßen verpflichtet zu sein, nach allem, was wir wissen, vorzüglich gemeistert hat, sondern auch den vielfach ihm so wie einander widerstrebenden Interessen der oberitalienischen Städte, die stets zu kriegerischer Durchsetzung bereit waren, durch eine kluge auf Ausgleich bedachte Politik zu – freilich oft nur temporärer – Befriedung verhalf. Wolfger von Erla war ein hochgebildeter, juristisch wie theologisch gleich versierter Kopf, mit allseitig geschätztem diplomatischen Geschick begabt, weltoffen, literarisch interessiert, mit vielen Kontakten zu deutschen und europäischen Fürstenhöfen. Die Politik des Papstes, der deutschen Könige und die Landespolitik in der Grafschaft selbst, deren geistlicher Würdenträger einen weltlichen Vogt benötigte, dessen Eigeninteressen häufig denen seines geistlichen Herren zuwiderliefen, – im Patriarchat war man in alle drei Bereiche in besonderer Weise involviert. Mehrfach kehrte der Patriarch nach Deutschland zurück: 1206 verhandelt er als Legat des Papstes mit König Philipp in Nürnberg und holte sich seine Investitur, von Juni 1207 bis Anfang 1208 ist er als Berater wiederum bei Philipp und kehrt als Reichslegat nach Italien zurück, 1209 nimmt er am Hoftag König Ottos in Augsburg teil und 1214 ist er bei Friedrich II. ebenfalls in Augsburg. Der deutschsprachige Anteil innerhalb des Friauler Adels war immer schon hoch, viele deutsche Fürsten hatten beträchtliche Besitzungen im Friaul ebenso wie umgekehrt die Friauler Fürsten und der Patriarch selbst auf Reichsgebiet; die Burgen zur Grenzbefestigung nach Nordosten waren überwiegend deutsche Gründungen und von deutschstämmigen Lehensleuten besetzt. Wolfger selbst, wie schon die meisten seiner Vorgänger dem deutschen Adel entstammend, zog noch einmal viele deutsche Hofbeamte an seinen Hof, und so ist Kenntnis der politischen Verhältnisse wie auch die Beherrschung der deutschen Sprache in der Oberschicht des Friaul selbst für einen gebürtigen Friauler ebensowenig verwunderlich wie die Tatsache, daß im ,Welschen Gast' eine Leserschaft anvisiert wurde, wie sie dort vorausgesetzt werden kann. Nur für die Nobilität ist der Appell zum Kreuzzug, der Aufruf zum Mäzenatentum, der Appell an die Verantwortung zur Hebung von Bildung und Gelehrsamkeit, die Mahnung zur *milte* und zum rechten Schenken sinnvoll. Nur bei Herren muß der rechte Umgang mit Untertanen und Eigenleuten angemahnt werden. Nur für Gerichtsherren taugt der lange Abschnitt über das rechte Richten und über den Umgang mit Ratgebern. Nur für den Adel schließlich taugen die Lektüreempfehlungen und die Lehren über Tischsitten und höfische Verhaltensweisen, nur ihn darf man, ja muß man zur Vorbildhaftigkeit verpflichten, auf ihn und seine Gepflogenheiten ist der Tugend-Laster-Kampf ausgerichtet, aus seinem täglichen Umfeld sind die Beispiele, aus seinem Bildungsgut die Exempel genommen.[20] Und wie selbstverständlich Thomasin selbst aristokratisch denkt, zeigt sein Abschnitt über das rechte Schenken. Nicht nur sind die Geschenke, die er aufzählt, Geschenke des Adels: Jagdhunde, Falken, sondern es ist ihm auch selbstverständlich, daß, wer schenkt, dafür Ressourcen hat, die von anderen aufgefüllt werden.[21] Mit dieser Nobilität also hat Thomasin in welcher Funktion immer Kontakt gehabt, von ihr zieht er sich zurück, um für sie zu schreiben.

---

[20] Nur insofern ist der ,Welsche Gast' Standesdichtung (so Schönbach, S. 36ff.; 49f.), als die prinzipiell für *ieglîchen, ieglîch man* (v. 15; 143; 533; 915; 1095; 1133; 1410; 1657 u.ö.) geltenden Lehren in Anwendung und Auswirkung auf dieses Publikum zugeschnitten sind; vgl. Ruff, S. 418 „immer wieder geht die ,Standesethik' in überständischen Betrachtungen auf".

[21] v. 14195ff.; s. dazu besonders Cormeau.

Das Werk: Absichten und Strategien

Was wir Thomasin glauben dürfen, ist, daß er nicht *durch kurzwîle*, sondern *durch nôt* (v. 12287ff.) sich zu schreiben entschlossen hat. Er sah, daß es nicht gut stand in der Christenheit, daß die Gier nach Macht und Geld das Verhalten der Menschen im Großen wie im Kleinen bestimmte und die christlichen Tugenden dabei auf der Strecke blieben. Und so verfaßt er sein großes Lehrgedicht als Anleitung zu gesittetem Denken und Tun.

Von der glaubensgewissen Basis eines christlichen Welt- und Geschichtsbildes aus: Ein Schöpfergott, ein Geschöpf mit freiem Willen, ein Sündenfall, eine Erlösung durch den Sohn Gottes, ein Heilsweg, eine jenseitige Bestimmung – ist Thomasin bemüht, seine Umwelt nicht nur auf diesen Heilsweg zu führen, sondern, und das ist ganz wichtig, ihr zu zeigen, daß ihn zu gehen nicht nur richtig und Gott wohlgefällig, sondern auch klug und vernünftig ist.[22] Und klug und vernünftig sind auch die Strategien der Vermittlung, die Thomasin zur Erreichung seiner Absicht verfolgt:

Er will verstanden werden. Also bleibt er schlicht in seinen Darlegungen „ohne anstrengendes Systemdenken"[23], keine verwickelten Gedankengänge, keine rhetorischen Kunststücke, keine Fremdwörter. Das Gewand der Tugendlehre soll *einvar* sein (v. 37f.).

Er will willige Leser oder Zuhörer. Also sichert er seinem Werk als erstes und vor allem die Aufmerksamkeit durch das, was dem mittelalterlichen Publikum eo ipso schätzenswert war, weil es ihm als Kunst galt: Er sagt, was er sagen will, in Versen, d.h. er gibt seinen Lehren die Möglichkeit, ästhetisch zu vergnügen.[24] Daß er kein genialer Verseschmied ist, weiß er selbst (v. 55ff.). Schon seine fehlende Kompetenz im Deutschen bedingt Reimarmut und Mangel an Originalität (s.u.). Aber er müht sich redlich, über 14700 Verse zu bauen, weil ihm die Wertsteigerung durch die kunstvolle Form wichtig ist. Aus der Prologtopik und den *captationes benevolentiae* wählt er die Bitte um Verbesserung, macht also den Leser geneigt, indem er ihm Überlegenheit zugesteht (v. 61ff.), und appelliert als Gast aus der Fremde an die Gastfreundschaft (v. 87ff.). Und er beginnt sein Lehrgebäude mit einem Bereich, dessen Nutzen für jeden Adligen der Zeit unmittelbar auf der Hand liegt, mit *schoener hovesite*. Bei Hof zu bestehen war dem Ansehen und wohl auch der Karriere direkt förderlich, ein weltliches Interesse zumindest war dem Werk damit sicher. Man sieht häufig einen Bruch zwischen dem ersten Teil, der sog. ,Hofzucht', und den Sittenlehren der übrigen neun Teile.[25] Für Thomasin dürfte er nicht bestanden haben. Das Wesen der *hövescheit* ist die Selbstdisziplin, ihr Kernstück die Rücksicht auf andere. Und was ist Rücksicht anderes als eine Form der tätigen Nächstenliebe

---

[22] Appelle an Verstand und Einsicht wie v. 479 *swelich man sich rehte versinnet*, v. 3294 *man mac vil lîht verstên daz*, v. 9750 *swerz verstên wil* in allen zehn Teilen passim. Müller (S. 50; 71f. u.ö.) spricht von Thomasins „ausgeprägtem Intellektualismus". Rocher, S. 932 sieht gerade in der Forderung, daß alle *potentes sapientes* sein sollen, das wirklich Neue in Thomasins Lehre.

[23] Neumann, S. XLIII. So schon Müller, S. 179 und auch Rocher, S. 247, der aber Tugendkampf (v. 7439-7530) und Kreuzzugsaufruf (v. 11347-11796) ausnimmt, denen er eine Sprache im *ornatus difficilis* zubilligt, während sonst der *stilus humilis* walte.

[24] Für Rocher, S. 928f. entspricht Thomasin damit dem „besoin" seiner Zuhörer. Neumann, S. XLIII: „Verse..., weil er nur so eine für ihn maßgebend gewordene Gesellschaftsschicht erreichen kann."

[25] Z.B.Teske, S. 136: „zwei ganz verschiedene(n) Lebenskreise(n); vorsichtiger Huber, S. 25: „doch einigermaßen unabhängig". Dagegen u.a. Neumann, S. XXXf. Auch Rocher, S. 317 spricht zwar von dem ersten Teil als der „hypotheque courtoise", einem letzten Tribut an des Dichters Jugend, betont aber die vielen Verbindungen zwischen den Teilen. So auch noch einmal nachdrücklich Göttert, S. 185f. und Zips, S. 182f.

und Selbstdisziplin anderes als das Einüben der Tugenden des Maßhaltens, der Beständigkeit, der Freigebigkeit, der Abkehr von Spott, Neid und Hader. Was Thomasin sozusagen als Appetitmacher im ersten Teil unter dem Signum *hövescheit* als nützlich für das Fortkommen in der Welt des Hofes lehrt, ist die Form des Verhaltens, die den Werten, die ihm am Herzen liegen, entspricht. Er läßt deshalb auch, quasi leitmotivisch, immer wieder anklingen, daß, was er lehrt, nicht allein *guot, biderbe, reht*, sondern eben auch *hüfsch* ist.[26] Der weltliche Sinn auf weltliches Treiben gerichteter Zuhörer/Leser wird eingeübt in das Aufmerken auf eben diese Werte.

Er will interessieren. Also greift er weit aus, reichert sein Buch an mit Kenntnissen aus dem Schulwissen seiner Zeit,[27] legt es aber bis auf wenige Ausnahmen, die Huber (S. 33) nicht ihm, sondern „dem diffusen Theoriestand der Zeit" anlastet, so plan und verständlich dar und dosiert es so, daß es für jeden faßbar und in gewissem Umfang sogar nachprüfbar bleibt (z.B. die Lehren über die 5 Sinne). Und nie verliert er sein Ziel aus den Augen: Alles Wissen, alle Kenntnisse werden seiner Verhaltenslehre dienstbar gemacht.

Seine Lehren sollen sich einprägen. Einmal Gehörtes, schnell von anderem Abgelöstes hat da geringe Chancen. Also bleibt er bei einem Gedanken, wiederholt ihn in leichter Abwandlung zweimal, dreimal, ordnet seinen Stoff immer wieder nach leicht memorierbaren Reihen von Begriffen, die quasi wie Überschriften oder Zwischengliederungen fungieren, die er dann Stück für Stück abhandelt. Er ist bemüht, immer wieder knappe einprägsame Formulierungen zu finden, Sprichwortartiges, Sentenziöses einzufügen.[28] Und er demonstriert die Vernünftigkeit seiner Lehren immer wieder an Gleichnissen aus der Welt seiner Zuhörer, deren Plausibilität sie gar nicht leugnen können.[29]

Er will überzeugen. Also demonstriert er Fehlverhalten und dessen schlimme Folgen an ganzen Reihen von Beispielen aus der Antike, der Bibel, aus vergangenen und jüngstvergangenen Zeiten, wodurch er eindrucksvoll die Richtigkeit seiner Lehren unterstreicht.

Er will niemanden langweilen. Was an rhetorischen Mitteln der Auflockerung der *materge* dienen kann, wendet er an: rhetorische Fragen, Ausrufe, Selbstbezüge (*ich wolte lieber...*), Vorwegnahme von Einwänden, belustigende Beispiele; zuweilen schiebt er sogar recht lebendig erzählte Fabeln ein. Aber von alledem gibt es nicht allzu viel. Die *materge* selbst, die Tugendlehre, war Heilslehre, trug sich als solche selbst und nicht nur für den Verfasser, sondern auch für die vielen, die sein Buch in bemerkenswert getreuer Weise abschrieben (s.u.).

Thomasin schöpft bei alledem in reichem Maße aus dem gelehrten Wissen und dem theologischen Schrifttum seiner Zeit, eine Praxis, auf die er selbst rechtfertigend verweist (v. 105-126), aber er prunkt nicht mit ihrer Kenntnis in der Weise mancher Prediger, zitiert die Autoritäten nicht namentlich, gar auf lateinisch, um sie dann zu übersetzen und zu kommentieren, sondern fügt, was er gelesen, gehört, gesammelt hat, zurechtgestutzt und simplifiziert nahtlos in seine Argumentationen ein. Er verfügt über viele solcher fremden Elemente. Seit der ersten neuzeitlichen Beschäftigung mit Thomasin hat eine Reihe Gelehrter aus den Schriften der klassi-

---

[26] Z.B. v. 3402; 5346; 8839; 9267; 9294; 14222.
[27] Göttert tut der Zeit bitter Unrecht, wenn er S. 180 von einer „enzyklopädischen Darbietung des nahezu gesamten Wissens der Zeit" spricht. Was Thomasin wußte, wissen wir nicht. Was er bietet, nennt Neumann, S. XVI zutreffend „ein einfaches Gerüst".
[28] S. die Listen bei Ranke, S. 146-151.
[29] S. dazu Schüppert, S. 7-28.

schen und spätantiken Philosophen,[30] vor allem aber aus denen der Kirchenväter
und der Theologen des frühen und hohen Mittelalters[31] eine Fülle paralleler Gedan-
ken und Aussprüche nachgewiesen. Teske hat zusätzlich die französische Lehrdich-
tung, Rocher die lateinische italienischer Zeitgenossen und die Abhandlungen des
Lateran-Konzils 1215 als mögliche Quellen hervorgehoben. Alle betonen einhellig,
daß bei weitem noch nicht alles gefunden und sytematische Suche noch viel mehr
zutage fördern würde, aber alle müssen auch betonen, daß Thomasin das Aufge-
nommene frei handhabt, verändert, vereinfacht, nur ähnlich formuliert oder auch
nur anklingen läßt, Vorstellungen kombiniert, in neue Zusammenhänge stellt und
allem Übernommenen seinen, wie Rocher (S. 905) sagt, „‚coup de pouce'" gibt.[32]
Selbst da, wo man eine Vorlage sicher zu greifen glaubt, ist die Übereinstimmung
oft so punktuell, daß auch bloße Erinnerung an etwas, das er in der Schule oder der
Predigt gehört oder auch nur aus Florilegien erfahren hat, seinen Ausführungen zu-
grunde liegen kann. Teske braucht das Bild vom „Schulsack" für dieses Amalgam,
das sich schon wegen der Behandlung eines Themas in mehreren Quellen gar nicht
mehr auseinandersortieren läßt.[33] Selbst anscheinend nach vorgegebenen Mustern
angelegte Argumentationen können so zustandegekommen sein. Sicher ist nur, und
insofern ist der Nachweis möglicher Quellen zu begrüßen, daß Thomasin in hohem
Maß über das Schulwissen seiner Zeit verfügte und es mit beachtlicher Souveränität
seinem Ziel frei hierhin und dorthin greifend dienstbar machen konnte. Alles steht
im Dienst der Morallehre, die als zu befolgende einsichtig gemacht werden soll. Die
Morallehre selbst ist ganz auf die Lebenswirklichkeit und die Lebenspraxis bezo-
gen. Spekulatives, Spitzfindiges oder gar der Streit der Meinungen wird nicht be-
rührt. Seine Leser sollten weder verwirrt noch überfordert noch gar durch Hinweise
auf Meinungs- und Auslegungsstreitigkeiten irritiert werden. Thomasin bewegt sich
auch nicht in dem Grenzgebiet von Theologie und Philosophie, nimmt keines der
Probleme auf, die die Gelehrten der Zeit beschäftigten und um deren Fassung und
Definition sie in immer neuen Kommentaren rangen (*prima materia*, erster Bewe-
ger, Prädestination, Universalien, Willensfreiheit, Rolle der Natur u. dgl.).
  Diejenigen modernen Leser, die all das öde, geschwätzig, weitschweifig und pe-
dantisch finden, muß man daran erinnern, daß dies für ein Publikum mit gänzlich
anderem Kenntnis- und Wissensstand und wohl auch anderer Mentalität geschrie-
ben wurde und daß das mittelalterliche Lehrgedicht als solches die Funktion hatte,
als Handlungsanweisung für ein gutes und gottgefälliges Leben längst Gewußtes
und Gültiges einer Leserschaft zu bestätigen, die von sich wußte, daß sie Belehrung
und Ermahnung nötig hatte.

---

[30] Genannt werden u.a. Aristoteles, Boethius, Cicero, Seneca.

[31] Honorius Augustodunensis, Johannes von Salisbury, Isidor v. Sevilla, Petrus Alphonsus, Alanus ab Insu-
  lis, Albertus Magnus, Augustinus, Gregor der Große (als einziger von Thomasin selbst genannt), Petrus
  Lombardus, Wilhelm von Conches u.a.

[32] Ausführlich dazu mit vielen Beispielanalysen Rocher, S. 885-924. Huber, S. 24 spricht von Thomasins
  „programmatischer Freiheit im Umgang mit den ‚Baumaterialien' seines Lehrgedichts" und nennt die
  Parallelen „nur an wenigen Stellen philologisch zwingend".

[33] S. 163 u.ö. Auf die Vielzahl möglicher Quellen zu einem einzigen Gedanken verwies seinerzeit schon Die-
  stel, S. 698 „Gemeingut der sittlichen Anschauungen seiner Zeit". Auch Rocher, S. 895ff. betont, daß
  vieles „un argument bien répertorié au magasin des prédicateurs" sei, vieles auf viele verschiedene Quel-
  len zurückgeführt werden könne. Huber, S. 24 und 29 spricht vom „anonymen Fundus", von der „Ver-
  filzung der Einflüsse".

Sprache, Verse, Reime

Über Thomasins Sprache, Verskunst und Stil hat Friedrich Ranke 1908, Ergebnisse und Ansätze einiger Vorgänger zusammenfassend und erweiternd, eine Untersuchung vorgelegt, die bis heute die Grundlage für alle diesbezüglichen Angaben bildet. Danach ist aus Thomasins Reimpraxis und Wortschatz zu schließen, daß er das Deutsch der Sprecher seiner näheren Umgebung, also ein bairisch-österreichisches Mittelhochdeutsch, möglicherweise mit Einfärbungen aus den deutschen Sprachinseln innerhalb des Oberitalischen sprach und schrieb, ein Ergebnis, das zu dem Lebensraum und der Umgebung paßt, die wir für ihn annehmen dürfen. Als Besonderheiten seiner Sprache notiert Ranke die mhd. *i:ie*-Reime vor /r/ (bairische Diphthongierung), den Übergang von Inf. *sîn* zu *sî*, die Form *kom* für mhd. *quam/ kam* (beides ebenfalls bairisch), die Reime von mhd. *wie* auf /î/, die zahlreichen Reime von *ht:ft*, die er als Assonanzen klassifiziert (s. unter Reime), das ungewöhnlich spärliche Vorkommen umgelauteter Formen neben nicht umgelauteten, was gelegentlich Unsicherheit über die Wortwahl zur Folge hat (*staete/stat, zühte/zuht, güete/guot* u. dgl.), den Gebrauch der Apokope auch da, wo das /e/ grammatische Funktion hat, was vor allem bei *t*-haltigen Stämmen zu Unsicherheit über das beabsichtige Tempus führen kann, den Verlust der ganzen Endung durch Ekthlipsis bei Nasalstämmen (*einen/ein, sînen/sîn, mânen/mân* usw.), in einigen ganz wenigen Fällen auch den Verlust der Endung nach anderen Konsonanten. Letzteres wird als Charakteristikum der gesprochenen Sprache[34] hervorgehoben. Aber gerade die letztgenannten Phänomene sind oft nur Erscheinungen der Rückertschen Ausgabe (s. unter Metrik) und könnten durch eine neue kritische Ausgabe auf der Basis der gesamten Überlieferung Modifikationen erfahren.

Eine schlichte Syntax, die selten vielteilige Konstruktionen verwendet, eine Bevorzugung der *daz*-Sätze, ein schmaler Reim- und Wortschatz mit reichlicher Verwendung weniger Allgemeinbegriffe (s. u. Übersetzung), viele und vielfach wiederkehrende stereotype Formeln (*daz ist wâr, das solt ir wissen wol vür war, ich sage für die warheit, an alter und an jugent*), eine vergleichsweise hohe Zahl von Anakoluthen, all dies ist man geneigt, dem nicht muttersprachlich Dichtenden zuzurechnen, dem das Deutsche kein allzu geschmeidiges Instrument war. Um gutes Mittelhochdeutsch in all seinen vielfältigen wundervollen Ausdrucksmöglichkeiten kennen zu lernen, ist also nicht unbedingt die Lektüre des ‚Welschen Gastes‘ zu empfehlen. Immerhin war Thomasin die Sprache geläufig genug, um fehlerfrei, präzis und im allgemeinen gut verständlich das auszudrücken, was er sagen wollte, und dies eben nicht einfach als Abhandlung in Prosa, sondern als Verswerk.

Thomasins Verskunst zu beschreiben, lehnt Ranke mit Verweis auf das Ungesicherte der Rückertschen Ausgabe ab, Rückerts Anmerkungen zur Metrik, auf die dieser viel Mühe gewendet hat, nennt Ranke (S. 86) „unvollständig und wirr". Immerhin ist ihnen so viel zu entnehmen, daß Rückert Thomasins Verse insgesamt für alternierende Vierheber ansah mit zwei Kadenztypen, die er stumpf (nach Heusler[35],einsilbig männlich voll‘) und vierhebig oder dreihebig klingend, (nach Heusler ‚weiblich‘ und ‚klingend‘) nennt. Letztere verdächtigte er allerdings, zumindest in einigen Fällen, auf Grund von Überlieferungsfehlern zustande gekommen zu sein. Heuslers zweisilbig männlich vollen Verse scheint er unter die weiblichen gezählt zu haben. Nach diesen „Grundprinzipien der damaligen Verskunst", in der er u. a.

---

[34] Ranke, S. 49 u. ö.; so auch schon Rückert, S. 503.
[35] Heusler, Andreas: Deutsche Versgeschichte. Bd. 2. Berlin und Leipzig 1927, S. 132.

„nur einsilbige Senkungen ausser in gewissen Fällen mit tonlosem stummen e ge-
stattet" (S. 501) wähnte, richtete er den Text der Hs. A, in deren Lücken den der
Hss. G und D ein oder besser: zu. „Um die Abkürzung für das Auge deutlich dar-
zustellen" (S. 497) ‚regulierte', man könnte auch sagen korsettierte er den Text
durch Anwendung aller Möglichkeiten der Apokope, Synkope, Ekthlipsis, Elidie-
rung, Kontraktion und, wenn nötig, Ejektion.[36] Zu lange Verse bringt er so auf das
gewünschte Maß, ein Verfahren, das schon deshalb nicht frei von Willkür ist, weil
viele Verse an verschiedenen Stellen „reguliert" werden können. Die zu kurzen
Verse ergänzt er häufig durch und mit D und G, gelegentlich auch, wenn ihm in al-
len drei Hss. eine Silbe fehlte, mit einem semantisch unbedeutenden Wort wie *ouch*
(z.B. v. 1398) oder *nu* (z.B. v. 6429). Die Negation *en-* setzt oder streicht er nach
Bedarf, tauscht flektierte gegen unflektierte Adjektivformen und umgekehrt und
tilgt in zahlreichen Fällen parallele Fügungen wie z.B. v. 2324 *sîn hitze und (sîn)
trücken*, wodurch der Text als Grundlage für Untersuchungen zu Sprache und Stil
Thomasins nahezu unbrauchbar geworden ist. Von diesen – freilich umfänglichen
und durchgehenden – Eingriffen um der metrischen Regulierung willen abgesehen
bewahrt Rückert in den Schreibungen, soweit sie nicht die für ihn selbstverständli-
che Umsetzung des Textes in Lachmannsches Mittelhochdeutsch betreffen, oft –
nicht immer[37] – sehr genau die häufig uneinheitliche Schreibung der Handschrif-
ten.[38] So schwankt seine Ausgabe zwischen radikalem Eingriff und skrupulöser
Handschriftentreue merkwürdig hin und her. Viele seiner Entscheidungen sind
nicht recht nachzuvollziehen.[39]
    Rückerts Urteil über Thomasins Verskunst insgesamt, das von Ranke in vollem
Umfang bestätigt wird, mußte negativ ausfallen, zumal er wie viele Metriker vor
und nach ihm Vorstellungen über Metrum und Betonung gleichsetzte, was ihn be-
stimmte Versfüllungen als Verstöße, gar als Roheiten empfinden ließ. Hergestellt
hat er damit einen nicht sonderlich leserfreundlichen Text, von dem Ranke (S. 86)
zu Recht sagt, daß auf seiner Basis gültige Urteile über Thomasins Versbau nicht er-
stellt werden können. Nur eine vollständige und gründliche Untersuchung aller
Handschriften und ihres Schreiberverhaltens könnte hier Abhilfe schaffen. Sie
wurde für diese Textauswahl nicht geleistet. Aber ein paar vorläufige Beobachtun-
gen, wie sie sich bei der zweckgebunden Beschäftigung mit den ausgewählten Tex-
ten ergaben, will ich mitteilen.
    Verse mit klingender Kadenz (´ x̀), dieses Spezifikum der mhd. Reimpaarpoesie,
sollen bei Thomasin nach Ranke (S. 89) „anscheinend grundsätzlich", nach Heus-
ler[40] „vollständig" fehlen. Sie fehlen aber keineswegs. Schon Rückert hat ja eine
Reihe von Versen aufgelistet (seine „dreihebig klingenden" S. 535), die schwerlich
anders als klingend nach der Heuslerschen Definition zu bestimmen sind (z.B. v.
1416; 5340). Ihre Zahl wäre leicht zu vermehren und nicht nur dann, wenn man
mehrsilbigen Auftakt gelten läßt. Richtig ist, daß sie gegenüber den weiblichen
Versschlüssen erheblich zurücktreten, und richtig ist auch, daß sie häufig mit diesen
gereimt auftreten.[41] Der Befund ist schwer zu erklären. Vielleicht war die Vierhe-
bigkeit nicht so eindeutig die Grundregel, vielleicht war die Bindung gleicher Ka-
denzen nicht zwingend, möglich auch, daß diese sog. klingenden Kadenzen, deren

---

[36] Vgl. z.B. v. 2495f., wo Rückert das in allen Hss. vorhandene zweite *ir* tilgt, weil es den Vers „ganz un-
auflöslich verwirrt" hätte.

[37] Z.B. schreibt er siebenmal mit der Hs. *dulten* und Stammverwandtes, aber zweimal gegen die Hs. *dulden*
(v. 4254; 4305; in dieser Ausg. nach der Hs. korrigiert).

[38] Drei Beispiele für viele: Rü. schreibt *alters eine* mit rundem *s* der Hs. (v. 2613) getrennt, *alters eine* mit
Schaft-*s* (v. 2628; 3272) zusammen; innerhalb der 84 Verse von v. 5789-5873 *stafel, staffel* und *staphel*;
neben zahlreichen *solde/solden* einmal v. 11389 mit A *solten*.

Akzentuierung wir als den besonderen Reiz der mhd. Dichtersprache (oft mühsam genug) gelernt und gelehrt haben, weil sie verantwortlich gemacht werden für deren Wohllaut (wohlgemerkt: ein Wohllaut in unseren Ohren), für die damaligen Dichter wie Hörer nicht den unterscheidenden Klang besaßen. Wie dem auch war, in eine vorläufige Beschreibung der Thomasinschen Verskunst muß man sie aufnehmen. Ohne Rückerts Vorannahmen über Grundregeln kann sie fürs erste so lauten: Thomasin baut überwiegend vierhebige Verse mit einer Auftaktfüllung von 0-2 (gelegentlich auch 3) nicht hebungsfähigen oder hebungsneutralen Silben und Innentakten mit 0-2 Senkungen, die in der Heuslerschen Terminologie entweder ein- oder zweisilbig männlich voll oder weiblich oder, in geringer Zahl, klingend enden.

Viel von dem Wohlklang, den Rückert und nach ihm andere so sehr vermissen, läßt sich wieder herstellen, wenn man die Zwangsjacke der Alternation entfernt. Und Verse wie v. 857 oder v. 9738 mit ihren aufzählenden Wortreihen lösen ohnehin nur bei dem Abscheu aus, der glaubt, in dieser Wortfolge das Metrum auch

---

[39] Einige Beispiele (die Zahlenangaben immer bezogen auf die ausgewählten Texte):
V. 198 schreibt Rü. *drite*, vermutlich wegen des Reims auf *mite* (v. 11802), wählt in 4 weiteren Fällen außerhalb des Reims diese Schreibung und vermerkt die abweichende Schreibung der Hs. im App., in 12 Fällen (z. B. v. 5057; 5961) läßt er das /tt/ der Hs. stehen.
A hat dreimal *aver* (v. 381; 2136; 2138), sonst nur *ave* (54mal). Rü. behält 10 *ave* bei. Da 5 davon im zweisilbigen Auftakt stehen (v. 1081; 1505; 2269; 2359; 2401), könnte man eine Entscheidung aus metrischen Gründen vermuten, aber die Umsetzungen von *ave* in *aver* unter den unterschiedlichen metrischen Bedingungen der vv. 1229; 1437; 1439; 1629; 2209; 2685 sprechen doch für eine ad-hoc-Entscheidung. Nach v. 2697 schreibt die Hs. nur noch *ave*, Rü. nur noch *aver*.
Die Partikel *sô* erscheint mit und ohne Längenkennzeichnung. *sô* füllt den Auftakt, z. B. v. 35 *sô wil ich doch in mîn getiht* (aber v. 1232 *so gebez ich von mînem rât*), eine Hebung, z. B. v. 1114 *sô verlies niht sînen tac*, eine Senkung (Beispiele passim). *so* füllt 1. den Auftakt a) zusammen mit vokalisch anlautender Nebensilbe, z. B. v. 481 *so enrüer niht wan sîn ezzen an* (so noch v. 1002; 1345); b) mit konsonantisch anlautender unbetonter Silbe, z. B. v. 2700 *so bedarf wol der rîche huot*; c) eine doppelsilbige Senkung, wobei das *so* an erster (z. B. v. 10583) oder an zweiter Stelle stehen kann (z. B. v. 1014; 4219). Dem stehen aber mindestens 11 metrisch völlig gleichgebaute Verse gegenüber, bei denen in gleicher Position *sô* steht, z. B. heißt es v. 1193 *so ist verlorn und wüeste gar*, v. 1489 *sô ist im wol in sînem muot*.
Die Absicht, Abkürzungen deutlich zu machen, ist besonders uneinheitlich durchgeführt im Fall der Elision des /e/ zwischen Nasalen: Rü. schreibt z. B. hsl. *scheinen* als *schîn* (v. 11791), hsl. *din* (= *dînen*) als *dîn* (v. 11232), hsl. *seinn/seinen* als *sînn*, aber dreimal auch als *sîn* (v. 4261; 9506; 10507); v. 320 (*sînen*), v. 2611 und v. 11585 (*sîn*) ist die Inkonsequenz der Hs. beibehalten.
Das hsl. *sei* (mhd. *si/sî*) erscheint als *si*, zweimal aber auch als *sî* (v. 1016 in Hebung; v. 7450 in Senkung).
Die Schreibung des Artikels fem und neutr. *diu*, hsl. *div/dev/di* scheint überwiegend grammatisch geregelt, aber hsl. *Di* v. 300 als *die*, in gleicher Position und Bedeutung v. 364 als *diu*.
A schreibt immer deutlich getrennt *sag ich*, Rü. zweimal *sagich* (v. 1499; 2439; das *sag* in Hebung), zweimal *sag ich*, v. 1621 und 1700, das *ich* in Hebung; wieder sieht es nach einer metrisch bedingten Regulierung aus, dann aber v. 3367; 3391 und 3411 *sag ich* mit *sag* in Hebung.
Der Guttural im Auslaut vor vokalischem Anlaut bei *tag/tac* erscheint in der Hs. immer als *tag*, was Rü. übernimmt, außer wenn *tac* einen ganzen Takt füllen muß, so v. 7803 und 9020, dann schreibt er gegen die Hs. *tac*. Bei mhd. *mac/mag* schreibt die Hs. vor Diphthong 6mal *mag*, 3mal *mach*, Rü. immer *mac*, vor Kurzvokal die Hs. *mag* und *mach*, was Rü. als *mag* und *mac* übernimmt bis auf v. 11584 und 11672, wo er das *mag* der Hs. als *mac* wiedergibt.
Bei Verben mit stimmhaftem dentalen Stammauslaut wird bei der 3. Sg. Präs., wenn das Metrum Einsilbigkeit des Verbs verlangt, die Schreibung der Hs. beibehalten (z. B. *ret* v. 830; *gekleit* v. 1118; *dult* v. 8543; *bint* v. 7783; aber *beredet* v. 9466 gegen *beret* in A), hsl. *vint* (v. 9271), *wentt* (v. 11259) und *enzvnt* (v. 14655) werden aber als *vindt*, *wendt* und *enzündt* wiedergegeben.
A schreibt 8mal *sieh* und 4mal *siech*, Rü. 11mal *siech* und nur v. 5330 mit A *sieh*.
Hsl. ungeregelt verwendetes *dervon* und *dâ von* gibt Rü. mehrfach abweichend, aber ebenfalls ohne erkennbare Regel wieder, z. B. v. 350; 1492 und 1493. Die Liste sich fortsetzen.
[40] Wie Anm. 35, S. 132; ebenso Hoffmann, Werner: Altdeutsche Metrik. Stuttgart 1967, S. 62; Pretzel, Ulrich: Deutsche Verskunst mit einem Beitrag über altdeutsche Strophik von Helmuth Thomas. In: Dt. Phil. im Aufriß, 2. überarb. Aufl., hg. v. Stammler, Wolfgang. Berlin 1962, Sp. 2420.
[41] Auf ebensolche Fälle in der höfische Dichtung verweist Heusler (ebd.).

klanglich abbilden zu müssen, und für den der schöne „Fluß"[42] der einzige ästheti-
sche Reiz der Reimpaare ist. Hämmernde Markierung, wie sie solche Verse nahele-
gen, kann durchaus ein Reiz und einer didaktischen Dichtung sogar sehr angemes-
sen sein. Aber eigentlich ist dies alles bloße Spekulation. Hier stößt jede Beurteilung
an ihre Grenze, weil wir über die Vortragsart dieser wie aller Dichtungen des Mit-
telalters so gut wie nichts wissen. Tatsache ist, daß etwa bei Wolfram und vor allem
bei dem wenig beachteten, höchst eigenwillig metrisierenden Herbort von Fritzlar
Vergleichbares zu finden ist, und möglicherweise auch die übrigen Dichter der Zeit
uns ein ähnliches Bild böten, wenn nicht in aller Regel die von den Herausgebern
bereits metrisch gereinigten Texte zum Vergleich herangezogen würden. Neben den
weiblichen Reimen, deren häufiges Vorkommen Heusler (S. 133) dadurch erklärt,
daß Thomasin zunächst provenzalisch dichten gelernt habe, gilt als Besonderheit
die Menge der sog. harten Enjambements[43], bei denen die Versgrenze zwischen Ar-
tikel und Substantiv oder in der Verbalphrase zwischen Hilfsverb und Infinitiv fällt
oder die gar die Konjunktion von ihrem Nebensatz trennen. Sie nimmt der Metri-
ker, der an den Zusammenfall von Versgrenze und Kolon gewöhnt ist, als Risse
wahr, bei denen ihn graust. Da in anderen Werken der Zeit dergleichen nicht oder
nur äußerst selten zu finden ist, darf man wohl in diesem Fall von der Übereinstim-
mung unseres Geschmacks mit dem der damaligen Poeten ausgehen.

Auch Thomasins Reimkunst gilt allgemein und völlig zu Recht als mäßig. Ranke
(S. 8) hat ausgezählt, daß in gut einem Drittel aller Reime immer die gleichen 15
Wörter erscheinen. Sieht man sich die übrigen zwei Drittel an, sind es meist eben-
falls Allerweltsreime wie *an:man, komen:genomen, baz:daz*. Hinzu kommt der An-
teil der sog. identischen Reime,[44] den Ranke (S. 79) zwar mit 229 zu hoch ansetzt,
da er alle Reime auf gleiches Suffix, also auch Reime wie *samenaere:wehselaere*
oder *küneginne:ratgebinne* dazurechnet, die man eigentlich nicht beanstanden
kann, aber der immer noch hoch genug ist, um als Unkunst zu Buche zu schlagen.
Es kommen hinzu die 157 sog. erlaubten rührenden Reime, bei denen zwar Gleich-
klang, aber Bedeutungsunterschied der Reimworte gegeben ist, z.B. v. 509:510
hant:zehant. Von ihnen verbucht Ranke (S. 79-82) 31 als „gesuchte", d.h. als ab-
sichtlich gesetzte, und 126 als aus Reimnot entstandene. Wenn man sich auch über
die Sicherheit wundert, mit der unsere Vorgänger solche Entscheidungen trafen,
wenn man auch die Berechtigung solcher Zuweisungen im ganzen oder zumindest
im einen oder anderen Fall nicht einsieht, bleibt es doch ein weit höherer Prozent-
satz, als Thomasins dichtende Zeitgenossen zulassen.[45] Schließlich sind noch die
vokalischen und konsonantischen Assonanzen zu vermerken. Wenn sich Vergleich-
bares auch bei anderen bairisch-österreichischen Dichtern findet, was, vor allem
etwa bei den *g:d*-Reimen, den *i:ie*-Reimen vor /r/ oder den Reimen auf *we(r)lt* und
vor(h)t regionalen Gleichklang wahrscheinlich macht, bleiben noch genug übrig
(*zz:tz, ng:nd, dienest:liebest, ervollen:enpholhen, liht:zît*, sowie die vielen *ht:hf*-
Reime), die als Assonanzen gewertet werden müssen. Zu Thomasins Gunsten ver-
merkt Ranke die Beobachtung, daß viele dieser ‚unreinen' Reime (allerdings nicht
die *ht:hf*-Reime) nur im ersten Drittel des Werks gehäuft vorkommen und schon im
2. Drittel abnehmen oder ganz verschwinden. Mit „zunehmender Sprachgewandt-
heit"[46] habe der Dichter sie also gemieden. Daß er sie überhaupt verwendete, soll

---

[42] Ranke, S. 87.
[43] Z.B. v. 1670; 2148; 2241; 2655; 3424; 5819 u.s.w.
[44] S. dazu die Anm. zu v. 2695.
[45] S. dazu Zwierzina, Konrad: Mittelhochdeutsche Studien. Berlin 1901, Neudruck: Hildesheim 1971,
S. 362-389.

entweder aus Unfähigkeit, die man dem Ausländer in gewissem Umfang nachzusehen bereit ist, oder aus Sorglosigkeit geschehen sein. Aber da wir nichts über Thomasins Weise zu dichten wissen, außer daß er mit großer Intensität an seinem Werk gearbeitet hat, ist sowohl bei dem einen wie bei dem anderen Urteil Zurückhaltung geboten. Da wir nicht einmal die Lautung der Sprache in den deutschen Ohren von damals kennen, können wir gar nicht beurteilen, wie der Deutsch sprechende Italiener die Lautungen seiner Umgebung hörte und nachzubilden verstand. Dennoch – nimmt man alle Erscheinungen zusammen, ist der Schluß unabweisbar, daß Thomasin ein Verskunstwerk, wie es den Romandichtern seiner Zeit gelang, nicht verfaßt hat. Entsprechend mißbilligend fielen die Beurteilungen der Gelehrten aus. Erschwerend kam hinzu, daß die Lehrdichtung – nicht im Mittelalter, wohl aber in der Neuzeit – ohnehin oft mit einer gewissen Geringschätzung behandelt wurde. Denn ob man mit der *mimesis*-Theorie des Aristoteles als Kunstwerk nur das ansah, was „Nachahmung" realen Geschehens war,[47] oder ob nach vereinzelt bis heute wirksamen Kunstanschauungen des 18. Jahrhunderts Kunst zwecklos nur ihren eigenen Gesetzen gehorchen sollte, immer war man geneigt, Werken, die offen und bewußt ihre Zweckhaftigkeit propagierten, also im Dienst einer wie auch immer gearteten Ideologie standen, von vornherein nicht als Kunstwerke anzuerkennen und sie mehr oder weniger abschätzig zu beurteilen. Der ‚Welsche Gast' hatte zudem noch das Unglück, früh Gegenstand eines Gelehrtenstreits geworden zu sein. Auf eine abfällige Bemerkung Wilhelm Grimms hin hatte Georg Gottfried Gervinus[48] dem „trefflichen Werk" des „dichtenden Philosophen" Thomasin eine „überführende Beredsamkeit" zugesprochen und ihn in seiner Bedeutung für die Blütezeit der mhd. Dichtung vollmundig mit der Bedeutung Kants und Sokrates' für die je ihre verglichen. Dadurch zum Widerspruch gereizt, ging Grimm ausführlicher auf Thomasin ein[49], blieb aber im wesentlichen bei seinem Urteil: „…ich kann bei ihm weder besondere Tiefe der Betrachtung noch Originalität der Gedanken oder frische und belebte Rede finden. Spräche ein genialer Geist zu uns, irgendwo müsste er durchbrechen".[50] Sein Urteil wurde in der Folgezeit als das begründetere angesehen. „Eine tüchtige Leistung … aber keine künstlerische", heißt es bei Ehrismann.[51] Burdach (S. 11) rügt die „unbeholfene, unfertige Weise des Verfassers" und noch Rocher (S. 927) charakterisiert das Werk so: „c'est un discours encyclopédique qui se présente comme un poème, dont il a la forme et le caractère articulé, sinon la poésie." Vergleichsfolie war dabei häufig die weltliche Dichtung der Zeit.[52] Sinnvoll sind aber nur Urteile, die das Werk innerhalb seines Genres bewerten. Und da kann man dem gewaltigen Werk, dem in seiner Zeit nichts Vergleichbares an die Seite zu stellen ist, seinen Respekt nicht versagen.[53]

---

[46] Ranke, S. 23; s. noch ebd. S. 17; 21; 36; 47; 61. Carroll, S. 144f. hält es für wahrscheinlich, daß Thomasin Kunstrichter zu Rate gezogen habe, eine Spekulation, die Johnson, S. 443 aufgreift.

[47] S. dazu Fabian, Bernhard: Das Lehrgedicht als Problem der Poetik. In: Die nicht mehr schönen Künste. Grenzphänomene des Poetischen, hg. v. Jauss, Hans Robert. Poetik und Hermeneutik III. München 1968, S. 67-89.

[48] Geschichte der poetischen National-Literatur. 1. Theil. Leipzig 1833, S. 395-410.

[49] Grimm, Wilhelm: Vridankes Bescheidenheit, Göttingen 1834, S. CXVII: … glaube ich, den undeutschen Dichter zu erkennen: man kann nicht behaupten, daß, was er sagt, unverständig sey, auch weiß er sich geläufig auszudrücken, aber es herrscht eine so gleichförmige Geistlosigkeit darin, daß in dem breiten Strome der Rede die Poesie auch nicht ein einziges Mal auftaucht."

[50] Gött. gelehrte Anzeigen, 1835, S. 402-424 und 445-448; Wiederabdruck in: Kleinere Schriften, hg. v. Hinrichs, Gustav. Bd. II, S. 449-468, hier S. 457.

[51] Ehrismann, Gustav: Geschichte der deutschen Literatur bis zum Ausgang des Mittelalters. Bd. II 2. München 1935, S. 311.

Aufbau

Der ,Welsche Gast' umfaßt zehn Teile,[54] deren Abfolge die Tugendlehren im Großen und Ganzen so gliedert:

Einleitung v.1-140: Vorstellung von Werk und Verfasser, Bitte um geneigte Aufnahme.

I. Teil (v. 141-1706): Lehren über höfisches Verhalten für die männliche und weibliche höfische Jugend, für Ritter und Damen, vor allem über das Verhalten bei Tisch und – ein früheres Werk zusammenfassend – Lehren über das rechte Verhalten der Geschlechter zueinander.

2. Teil (v. 1707-2528): Lehren über *staete* und *unstaete* in der Welt innerhalb und außerhalb des menschlichen Daseins.

3. Teil (v. 2529-4146): Lehren über die *unstaete* der Menschennatur wie der weltlichen Güter Reichtum, Herrschaft, Macht, Ansehen, Adel und des menschlichen Strebens.

4. Teil (v. 4147-5692): Weitere Lehren über *staete* und *unstaete* und die Laster im Gefolge der 6 weltlichen Güter.

5. Teil (v. 5693-6798): Lehren über das oberste Gute (Gott) und das niedrigste Böse (Teufel), dieTugenden, die zu dem einen, die Laster, die zu dem anderen führen, und über die 6 Dinge, die gut und böse zugleich sind.

6. Teil (v. 6799-8470): Lehren über die Notwendigkeit, in wahrer Ritterschaft mit den Waffen der Tugenden gegen die Laster zu kämpfen.

7. Teil (v. 8471-9850): Lehren über Seele und Leib, ihre Kräfte und Vermögen, die sieben Künste, über *physica* und *divinitas*, die 5 äußeren und die 5 inneren Fähigkeiten und wie sie für die Tugendlehre anzuwenden sind.

8. Teil (v. 9851-12222): Lehren über *mâze* und *unmâze*. Polemik gegen Walther von der Vogelweide und Aufruf zum Kreuzzug.

9. Teil (v. 12223-13564): Lehren über Recht und Gerechtigkeit.

10. Teil (v. 13565-14752): Lehren über die *milte*. Epilog: Nur gute Menschen sollen das Buch lesen, die Lehren dem Text nach verbessern, im Tun übertreffen.

Jeder Teil ist in mehrere Abschnitte unterteilt, denen jedoch keine strenge thematische Gliederung entspricht, vielmehr mäandert Thomasin durch sein Thema,[55] faltet es aus, demonstriert es an langen Beispielreihen, berührt auch hin und wieder die anderen Teile, nimmt an geeigneter Stelle Gelegenheit, einiges an Wissen aus der zeitgenössischen Kosmologie, Physiologie, der weltlichen und biblischen Historie, der Zeitläufte und immer wieder der Menschennatur und ihrer Absonderlichkeiten auszubreiten, verliert aber nie die Bindung an das, was seine *materje* ist, was der

---

[52] Deutlich sichtbar z.B. bei Schneider, Hermann: Heldendichtung, Geistlichendichtung, Ritterdichtung. Heidelberg 1943, S. 201: „eine nüchterne brave Verständigkeit mehr bürgerlichen Schlages"; ebd. S. 215: „Er deutet schon darauf hin, daß und wie die ritterliche Weltauffassung verbürgerlicht werden wird."; de Boor, Helmut: Geschichte der Deutschen Literatur II: Die höfische Literatur usw., bearb. v. Hennig, Ursula. 11. Aufl. München 1991, S. 386: „Neben den großen Ideendichtungen ... wirkt sie hausbacken bürgerlich."

[53] Max Wehrli (Geschichte der deutschen Literatur des Mittelalters. Von den Anfängen bis zum Ende des 16. Jahrhunderts. Stuttgart ³1997), S. 459: „So ist der *Welsche Gast* ein überaus eindrucksvolles Denkmal – allerdings mehr aufgrund seiner Umsicht und seiner staete als seiner doch ziemlich beschränkten sprachlichen Meisterschaft."

[54] In fast allen Hss. außer D (Blattverlust) und A ist dem Werk eine ausführliche Inhaltsangabe in Prosa vorangestellt, als deren Verfasser mehrheitlich Thomasin selbst angenommen wird. Abdruck nach der Hs. G bei Rü., S. 403-415; v. Kries (1984), Bd. 1, S. 95-121.

[55] Cormeau, S. 279 beschreibt es als „assoziative, das Thema umkreisende Reflexion, die Überlagerung verschiedener Perspektiven".

Mensch tun soll, wenn er recht tun will. Bei der naturgegebenen Verbundenheit der
Tugenden und Laster, bei der Einheitlichkeit ihrer Auswirkungen konnte es nicht
ausbleiben, daß beim Ein- und Umkreisen der einzelnen Teilbereiche sich gelegent-
lich Überschneidungen und Wiederholungen ähnlicher Gedanken einstellten. Die
Klassifikationen und Gruppierungen der Tugenden und Laster sowie der immer
wieder unter neuem Aspekt betrachteten sechs Bereiche Herrschaft, Macht, Name,
Adel, Reichtum, *gelust*, sowie ihrer Untergruppierungen und Folgeerscheinungen
führten zu Ungereimtheiten, halten den Anforderungen strenger Logik nicht immer
stand.[56] Einer *summa theologiae* dürfte man sie anlasten, aber gegenüber dem Mo-
ralisten, der unter immer anderem Blickwinkel die immer gleiche *materie* erklärt
und bildlich erläutert, wäre es pure Beckmesserei.

Die Breite der Anlage, der Ausgriff in so viele Bereiche des damaligen Denkens
und Wissens macht den ,Welschen Gast' über seinen Wert als historisches Doku-
ment hinaus auch für den heutigen Leser interessant. Hat Thomasins Beschreibung
dessen, was der Mensch tun soll, ihrer ideologischen Begründung wegen auch viel
von ihrer Verbindlichkeit verloren, seine Beschreibung dessen, was der Mensch tut,
ist von erschreckender Aktualität.

Überlieferung

Vom ,Welschen Gast' sind 23 Textzeugen erhalten, zehn davon noch auf Pergament,
der Rest auf Papier geschrieben, und zwar 15 mehr oder weniger vollständige
Handschriften und 8 Fragmente, einzelne Blätter oder Faszikel, die aus unbekann-
ten Gründen aus ihrem ursprünglichen Zusammenhang herausgelöst worden
sind.[57] Außerdem haben wir Nachrichten von sechs weiteren Hss., die aber verloren
gegangen sind.[58] Die älteste, die Heidelberger Hs. Cpg 389, geführt unter der Sigle
A, stammt aus der 2. Hälfte des 13. Jahrhunderts, reicht also recht nah an die Ent-
stehungszeit des Werks heran. Die jüngste Hs. stammt aus dem dritten Viertel des
15. Jahrhunderts. Die Untersuchung der Abweichungen der einzelnen Handschrif-
ten von einander ergab, daß 1. nur eine Handschrift (W) direkt von einer vorhan-
denen anderen (U) abgeschrieben wurde, alle übrigen unabhängig voneinander ent-
standen sind, und daß es 2. zwei Überlieferungszweige gibt: Der erste, repräsentiert
durch die Handschriften A, F[59] und ein Fragment enthält den originalnächsten
Text. Der zweite Zweig, repräsentiert durch die Gothaer Handschrift G und einige
der Fragmente, enthält eine, wenn auch nicht sehr weitgehende Überarbeitung des
Textes, den A bietet. Eine Fassung dieses überarbeiteten Textes wurde noch einmal
einer, dieses Mal umfänglicheren Redaktion unterzogen. Die meisten erhaltenen
Handschriften enthalten diese Redaktion. Es scheint aber, daß einige Schreiber auch
Exemplare auf der Grundlage von Fassungen, die verschiedenen Zweigen angehör-
ten, hergestellt haben, also zwei oder mehr Vorlagen kontaminierten, und das be-
deutet, daß ihre Zuordnung unsicher bleiben muß und das Handschriftenverhältnis
nicht so eindeutig ist, wie es v. Kries' graphische Darstellung[60] suggerieren könnte.
Eine solche Handschrift ist die Dresdener Handschrift D aus der ersten Hälfte des

---

[56] Ruff (passim) hat viel Scharfsinn darauf verwendet, Widersprüchliches herauszuarbeiten, am meisten
auffallend die Einordnung von *gelust* sowohl unter die Teufelshaken (v. 5929f.), die *übel und guot* sind,
als auch unter die Laster selbst, was auch Rocher, S. 517ff. als Beispiel für Unstimmigkeiten anführt.
[57] Ein vollständiges Verzeichnis mit weiterführender Literatur in ,Beweglichkeit der Bilder', S. 257-265 und
v. Kries 1984, Bd. 1, S. 48-56.
[58] S. dazu v. Kries 1984, Bd.1, S. 63.
[59] Grubmüller, der die Hs. 1968 bekannt machte, gab ihr die Sigle C, die v. Kries nicht übernahm.
[60] 1984, Bd. 2, S. 2.

15. Jahrhunderts, die zwar überwiegend mit der Fassung A übereinstimmt, aber gegen Ende auch Varianten mit Handschriften der zweiten großen Redaktion teilt. Das komplizierte Verfahren der Gewinnung des originalen Textes,[61] seine Probleme und seine seit längerem arg umstrittene methodische Absicherung[62] kann die Thomasin-Philologie getrost denen überlassen, die sich mit Texten befassen, deren Überlieferung geeigneter ist, um den Beweis der Möglichkeit oder Unmöglichkeit der Rückgewinnung des originalen Textes zu führen. Die Handschrift A bietet einen so exzellenten Text, die Handschriften D, F und G stimmen so weitgehend mit ihr überein, füllen also so problemlos, weil insgesamt gedeckt durch das Prosavorwort, die Lücken von A, ihre Abweichungen sind meist so eindeutig Anpassungen an strengere Anforderungen an den Reim, daß auch eine künftige kritische Ausgabe, die immer wieder gefordert wird, kaum relevante Änderungen am Textbestand enthalten wird. Insofern haben sowohl diejenigen Recht, die Rückerts Ausgabe für gut gelungen hielten,[63] wie diejenigen, die sie für „unzulänglich" erkärten.

Das Bildprogramm

Eine Besonderheit der Überlieferung und eine Rarität allererstens Ranges ist das Bildprogramm, das in weitestgehender inhaltlicher Übereinstimmung bis auf die junge Hs. M alle Handschriften vollständig oder in Auswahl, zuweilen auch erweitert, enthalten oder zumindest vorgesehen hatten, was die Leerstellen erkennen lassen, die hier an den stets gleichen Textstellen wie sonst die Bilder erscheinen. Die Bilder sind sehr ungleichmäßig über den Text verteilt, Häufung am Anfang, Vereinzelung im letzten Drittel. Die Tugendlehre wird in den Bildern, sofern sie nicht historische Ereignisse oder Fabelhandlungen illustrieren, von allegorischem Personal getragen, das oft nicht, ebensowenig wie die Szenen, in denen es agiert, zu entschlüsseln wäre, hätte der Maler ihm nicht Schriftbänder mitgegeben, die die Namen und den Figuren zugeschriebene Aussprüche (modernen Sprechblasen vergleichbar) enthalten, also zu ihrem vollen Verständnis lesekundige Benutzer erfordern. Auch diese Spruchbandtexte werden erstaunlich einheitlich, wenn auch in zunehmendem Maße fehlerhaft überliefert. Natürlich sind die Bilder von Handschrift zu Handschrift verschieden in Qualität, Form und Farbe und haben insgesamt keinen großen künstlerischen Wert,[64] sind aber bei aller thematischen Bindung durch die Vorlage wegen ihrer vereinzelt und punktuell vorgenommenen Modernisierungen sowohl in der Maltechnik als in der Darstellung von Details der Architektur, der Trachten und Geräte von kulturhistorischem Interesse. Da Thomasin sich einmal auf die bildliche Darstellung (v. 11970f.) beruft, ist es sehr wahrscheinlich, daß die Illustrationen von Anfang an für das Buch vorgesehen und mitgeplant waren, ein weiterer Beleg dafür, wie sehr dem Autor an der Wirksamkeit seines Buches gelegen war.

---

[61] Vorbildlich dargestellt von Maas, Paul: Textkritik. 4. erw. Aufl. Leipzig 1960.

[62] S. dazu Stackmann, Karl: Mittelalterliche Texte als Aufgabe. FS für Jost Trier, hg. v. Foerste, William / Borck, Karl Heinz. Köln, Graz 1964, S. 240-267; ders.: Die Edition – Königsweg der Philologie? In: Methoden und Probleme der Edition mittelalterlicher deutscher Texte, hg. v. Bergmann, Rolf / Gärtner, Kurt. Tübingen 1991.

[63] Jakob Grimm am 23. 12. 1851 an Rückert (Abdruck: Germania 28 [1883], S. 125): „Ihre Behandlung wird wenig, was daran zu thun wäre, übrig lassen." Dem stimmt noch Leitzmann, S. 298 zu. Zu A als Grundlage jeder Edition s. auch Rocher, S. 224 und die Rezensionen zu v. Kries 1967.

[64] S. dazu Frühmorgen-Voss, S. 1-56.

Rezeption

In der zeitgenössischen Literatur findet sich, soweit bisher bekannt, kein Hinweis auf Thomasin oder seinen ‚Welschen Gast‘. Aber neben den zahlreichen Abschriften, den erhaltenen wie den nur erwähnten (s. o. S. 15), gibt es wenigstens ein weiteres Zeugnis dafür, daß er bekannt war und gelesen wurde. In eine Bearbeitung der mhd. Übersetzung einer spätantiken anonymen Sammlung von Lebensregeln, den sog. Disticha Catonis[65], entstanden etwa Ende des 13. Jahrhunderts, wurden neben Versen anderer Autoren auch 51 Verse aus dem ersten Teil des ‚Welschen Gastes‘ eingearbeitet.[66]

Zu dieser Ausgabe

Diese Ausgabe ist gedacht und eingerichtet für die Interessierten aus anderen Fächern, für historisch Interessierte außerhalb des universitären Lehrbetriebs, vor allem aber für die Studierenden der Mediävistik, denen die heutigen Studienbedingungen kaum Raum für forschendes Lernen lassen und denen dennoch gründliche und weitreichenden Kenntnisse abverlangt werden. Für sie wurde ausgewählt, als Verständnishilfe übersetzt und kommentiert. Alle Begleittexte: Einleitung, Übersetzung, Apparat und Anmerkungen sind für sie gedacht und wurden für sie als Anfänger und für Außenstehende formuliert.

Jede Auswahl ist angreifbar, jeder würde sie anders treffen, jeder vermißt ihm besonders Wichtiges. Alle Bedenken gegen eine Auswahl überhaupt sind der Herausgeberin bekannt und werden von ihr geteilt, auch wenn gerade zu Thomasin schon Wilhelm Grimm[67] sagte: „Er gehört zu den Schriftstellern, die sich in einem Auszuge, der das Beste auswählt und zusammendrängt, viel erträglicher ausnehmen als in dem Original." Vielleicht kann also die Auswahl des „Besten", des kulturhistorisch Interessantesten, wissenschafts- wie unterrichtsgeschichtlich Wichtigsten einem literarhistorisch so ungewöhnlichen Werk Leser verschaffen, denen die Breite und Behäbigkeit des Ganzen nicht mehr zuzumuten ist.

Diese Gesichtspunkte, das Interessanteste für einen größtmöglichen Leserkreis, waren für die Auswahl maßgebend: die Verhaltensregeln am Hof, die Lektürevorschläge für die Jugend, das vielfältige Schulwissen und seine Verankerung in der Theologie, speziell für Germanisten die Teile, die sich auf das Werk, seinen Verfasser und sein Dichten beziehen, das machtvolle Eintreten für den Papst und seine Kreuzzugspropaganda, gerichtet an die deutsche Ritterschaft, die Auseinandersetzung mit Walther von der Vogelweide, von der reinen Moraldidaxe so viel, daß ihre Methoden – Beispiel, Bild, Vergleich, Allegorie – wie ihre religiöse Fundierung ebenso deutlich werden wie die Zeitlosigkeit vieler Probleme sowie die historische Gebundenheit ihrer Lösungen, und schließlich die Baldwin-Fabel, deren Ausgestaltung vermutlich ganz von Thomasin erfunden ist und die ihn als Erzähler zeigt, von dem man bedauert, daß die ideologische Bindung an seine *materje* sein eigentliches Erzähltalent nicht zur Entfaltung hat kommen lassen. Eigentlich gehörten Thomasins Lehren vom guten Sterben und seine Auslassungen über die Berechtigung des Bösen in der Welt noch dazu. Aber hier erzwangen ökonomische Grenzen schmerzhafte Einschnitte.

---

[65] S. dazu Kesting, Peter: ‚Cato‘. [2]VL I, 1192-1196.
[66] Abdruck bei Zarncke, Friedrich (Hg.): Der deutsche Cato. Leipzig 1852, S. 129-136.
[67] Wie Anm. 50, S. 459.

Ein Auswahltext, der nicht als Vorarbeit zu einer Neuausgabe gedacht ist, geht üblicherweise von einer vorhandenen Gesamtausgabe aus. Drei standen zur Verfügung. Gegen den „möglichst handschriftengetreuen" Abdruck der Hs. A durch Raffaele Disanto sprach die Erfahrung, daß solche Ausgaben nicht einmal dem sehr kleinen Kreis von Handschriftenexperten zusagen, weil der lieber gleich die Handschrift benutzt, alle anderen Leser aber eher abschrecken. Der weitaus größte Teil derer, die mehr oder weniger freiwillig zu mittelalterlichen Texten greifen, ist an ein normalisiertes Mittelhochdeutsch gewöhnt und tut sich mit der Schreibweise jeder noch so guten Handschrift schwer. Gegen die von Kriessche Ausgabe nach der „Leithandschrift G", sprach neben dem gleichen Bedenken noch das oben beschriebene Faktum, daß G eine jüngere Redaktion des Textes bietet, also eigentlich nur einen Zusatztext zur Fassung A darstellt.[68] Aus diesen Gründen wurde trotz aller Bedenken gegen Rückerts Einrichtung des Textes (s.o. unter Metrik) seine Ausgabe zugrundegelegt. Eine Neuausgabe des gesamten Textes wird kaum anders verfahren können. In den Rezensionen zu v. Kries' ,Textkritischen Studien' haben Schanze, Röll und Schröder ausführlich und deutlich Rückerts Einschätzung der Hs. A als zutreffend und A als den besten Text herausgestellt. Rückerts Text wurde in folgenden Punkten verändert: Offensichtliche Versehen (Druckfehler?) wurden ohne weiteres korrigiert, einige unnötige Abweichungen von A wurden rückgängig gemacht und einige Korrekturvorschläge von Leitzmann[69] und Rocher[70] übernommen. Die Ligaturen wurden als ae und oe wiedergegeben. Auf die Unterscheidung von Schaft-s und Rund-s wurde verzichtet und eine dem modernen Gebrauch weitestmöglich angenäherte Interpunktion durchgeführt. Das konnte nicht immer gelingen. Thomasins Satzbau ist zuweilen so unorthodox, daß keine Regel ihn erfaßt (z.B. v. 1023f., wo das vorangestellte Subjekt im daz-Satz enthalten ist, ebenso 1601f.; 1616f. u.ö.); dennoch wurde die Hilfe der Interpunktion in Anspruch genommen, wo es eben geht, weil sie immer noch die beste Hilfe ist, die wir haben, um unser Verständnis des Textes anzuzeigen; Rückerts Regelungen, vor allem sein Doppelpunkt, dagegen eher irritieren. Vom mhd. Text abweichende Interpunktion in der Übersetzung war zuweilen nicht zu vermeiden.[71] Ein besonderes Problem bilden die Nebensätze, die ebenso zum vorhergehenden wie zum folgenden Hauptsatz gezogen werden können, eine Eigentümlichkeit des Textes, die zuweilen fast einer Konstruktion apo koinu gleichkommt (z.B. v. 13332-13336). Hier wurde nach Gefühl entschieden. Wegen der Appellstruktur des ganzen Werkes wurden die sehr zahlreichen direkten Imperative nicht mit Ausrufezeichen versehen. Sie hätten den Text martialischer erscheinen lassen als er m.E. beabsichtigt war.

Für textkritische Studien wird man nicht zu einer Auswahl greifen, also auch von dieser Auswahl keinen textkritischen Apparat erwarten, schon gar kein vollständiges Verzeichnis der Varianten der Gesamtüberlieferung. Um die Ausgabe aber mög-

---

[68] v. Kries glaubt, daß Thomasin selbst noch die erste Redaktion vorgenommen habe und wählte deshalb G, sozusagen als Ausgabe letzter Hand, zur Leithandschrift. Obwohl die Ausgabe erstaunlich schlampig gemacht ist, wird sie in einigen neueren Arbeiten zitiert, z.B. von den Autoren in der Aufsatzsammlung ,Beweglichkeit der Bilder', was viel Verwirrung stiftet, da v. Kries die krude Idee hatte, das Prosavorwort (s.o. Anm. 54) in 610 Zeilen zu unterteilen und mit diesen die Zählung des Gesamtwerks zu beginnen. Zwar vermerkt v. Kries die Rückertsche Zählung noch, die Zitierenden tun das aber nicht, und wer nicht weiß, daß er jeweils 610 Verse abziehen muß, kann die angegebenen Verse in Rückerts Ausgabe nicht mehr auffinden. Zur Beibehaltung der bei von Kries mitgedruckten diakritischen Zeichen hat nicht jeder, der aus diesem Text zitiert, seinen Computer bestimmen können. Der liefert statt dessen ganz neue mhd. Wörtern wie luost u.ä.

[69] S. 299f. betreffend die v. 5364; 9507.

[70] S. 194 Anm. 21; S. 216 und 219f. betreffend die v. 438; 6567; 9510f.

[71] S. z.B. v. 1000; vor allem bei den Wahrheitsbeteuerungen ist dieser Fall vergleichsweise häufig.

lichst vielen Zwecken dienstbar zu machen, also auch Einblicke und eine erste Ein-
führung in die Problembereiche Original, Archetyp, Schreiber, Schreiberdialekte,
Schreibvarianten, Abschriften, Redaktionen, Bearbeitungen, Fassungen, Textkrtik
zu ermöglichen, wurden der Ausgabe drei Facsimilia der Handschriften A, D und
G beigefügt und ein Rumpfapparat erstellt, der die Herkunft des Textes im Fall der
Abweichung von A, im Text durch Kursivdruck markiert, sowie die textrelevanten
Abweichungen aus D und G verzeichnet.[72] Da in den ausgewählten Teilen keine Va-
rianten aufgenommen sind, die nicht aus D oder G oder beiden Hss. stammen, war
die ökonomisch gebotene Beschränkung auf diese Hss. auch philologisch vertretbar.
Dieser Rumpfapparat wurde nach dem Facsimile der Hs. A sowie nach Filmkopien
erstellt, die die Staats- und Universitätsbibliothek Dresden sowie die Forschungs-
und Landesbibliothek Gotha zur Verfügung stellten. Alle drei Schreiber schreiben
sorgfältig und benutzen als Abkürzungen fast nur Nasalstriche und r-Haken; sie
wurden ebenso beibehalten wie die diakritischen Zeichen, soweit diese noch er-
kennbar waren, was vor allem in der Hs. D, die stark verblaßte Partien hat, oft nicht
mehr möglich ist. Alle Zeichen, die einen mhd. Umlaut kennzeichnen könnten, wer-
den als Trema, alle anderen als ° wiedergegeben, da jeder Versuch, zwischen Häk-
chen, Doppelpunkten, *e, o* und sonstigen Zeichen zu differenzieren in zu vielen Fäl-
len ein aussichtsloses Unterfangen ist.[73] Da die Bilder der Handschriften A und G
inzwischen leicht zugänglich sind, wurden alle Bilder der Hs. D. entnommen, um
auch in diesem kleinen Rahmen ein Höchstmaß an Vergleichbarkeit zu gewähr-
leisten.

Zur Übersetzung

Die Benutzung zweisprachiger Textausgaben im akademischen Unterricht, früher
verpönt, ist heute, obwohl vielstimmig beklagt, dennoch fast zu einer Selbstver-
ständlichkeit geworden. Der Wandel hat viele Ursachen, die Klage über diesen Wan-
del und seine Folgen viele Gründe. Gute Gründe. Beides soll hier nicht erörtert wer-
den. Wer einem mittelalterlichen Text innerhalb und außerhalb der Germanistik,
gar außerhalb der Universität, Leser gewinnen will, muß ihn übersetzen. Und so lie-
gen denn inzwischen von allen klassischen und einigen weniger klassischen Texten
zweisprachige Ausgaben vor. Dabei betonen die Herausgeber gern, daß ihre Über-
setzungen als Verständnishilfen gedacht sind und die Lektüre des mhd. Textes nicht
ersetzen sollen. Dieser Hinweis ist mehr als die pädagogisch motivierte Erinnerung
daran, wie eigentlich gelesen werden sollte. Er ist Bescheidenheitstopos und salva-
torische Klausel zugleich. Vor allem die letztere hat jede Übersetzung aus dem Mit-
telhochdeutschen nötig, ganz gleich, welchen Prinzipien sie gefolgt ist. Das hat sei-
nen Grund in der hinlänglich bekannten Tatsache, daß die mittelalterlichen
Ausdrucksmöglichkeiten so gar nicht mehr die unsrigen sind. Parataktische Fügun-
gen, fehlende Korrelationen, zuweilen eine geradezu verblüffende Lakonie neben
hilflos wirkender Umständlichkeit, dazu ein spärlich besetztes Wortfeld in den Sinn-
bezirken von Charakter, Mentalität und innerer Befindlichkeit, die wenigen zentra-

---

[72] Die Regulierungen, die Rückert des Metrums wegen vorgenommen hat (s.o. S. 9f.) wurden nicht berück-
sichtigt. Auch nicht aufgenommen wurden die sehr zahlreichen Fälle abweichender Wortstellung in D
und G, sofern sie keine syntaktische Veränderung bedeuten.

[73] Zur Benutzung des Apparats: Vor der eckigen Klammer das Lemma in der Schreibung der Ausgabe, ohne
weitere Kennzeichnung ist dies der Text der Hs. A, wobei graphische Varianz nicht berücksicht wird.
Im Fall der Abweichung von A steht die Sigle der textgebenden Hs. ebenfalls vor der eckigen Klammer.
Siglen in ( ) bedeuten graphische Abweichung. Hinter der eckigen Klammer folgen die Varianten. Wo nur
eine Hs. angegeben ist, stimmen die beiden andern überein.

len Begriffe aus diesen Feldern von ungeheurer Bedeutungsbreite, um nur das Wich-
tigste zu nennen – dies alles ist der Grund dafür, daß eine textnahe und texttreue
Verständnishilfe der poetischen Texte in neuhochdeutscher Prosa für heutiges Emp-
finden so ungelenk, so hölzern und so außerordentlich flach daherkommt, daß es
geradezu genant ist und man dem Autor gegenüber ein schlechtes Gewissen be-
kommt, weil man seinen Text so verhunzt. Um dem zu begegnen, setzt man die Pa-
rataxe in Hypotaxe um, löst die Lakonie weitschweifig auf und stellt logisierende
Korrelationen her. Der undifferenzierten Bedeutungsbreite der Wörter versucht
man man mit nuancierenden Erklärungen und wortreichen Umschreibungen beizu-
kommen. Die Übersetzung gerät zur Paraphrase oder, schlimmer noch, zur Interpre-
tation.[74] Beides will man eigentlich nicht herstellen, weil beides, wenn auch in un-
terschiedlicher Richtung, den Ausgangstext verfälscht. Im Falle des ‚Welschen
Gastes‘ stellen sich die Probleme mit besonderer Schärfe, da bei dem nicht mutter-
sprachlich dichtenden Autor die „flächenhafte Weite der auf das Ethische bezoge-
nen Wertbegriffe“[75] besonders umfänglich ist, die syntaktischen Möglichkeiten der
Sprache nur begrenzt sind und zuweilen sehr locker gehandhabt werden, der Wort-
schatz wenig umfangreich und das Werk durchsetzt ist mit einem hohen Anteil an
Floskeln, Flickversen und Leerformeln, über deren Beitrag zur Aussage man ständig
im Zweifel ist. Vor allem die geradezu inflationären Wahrheitsbeteuerungen ma-
chen einem arg zu schaffen. Erschwerend kommt hinzu, daß die Übersetzung mit-
telalterlicher Tugend-Laster-Lehren den modernen Übersetzer, will er einigermaßen
der Stilhöhe seines Ausgangstextes gerecht werden, nötigt, einen Wortschatz zu ak-
tivieren, dessen Verstaubtheit ihm je länger desto peinlicher bewußt wird. Hier
durch Variationen den Text zu schönen, durch flotte Formulierungen aufzupeppen,
feinsinnig, subtil oder elegant zu verbessern, fühlt man sich ständig gedrängt, aber
nicht berechtigt. Also handelt man nach der alten Maxime aus dem Lateinunter-
richt: so genau wie möglich, so frei wie nötig, und macht Inkonsequenz und Kom-
promiß zum Prinzip.

---

[74] Z.B. übersetzt Wenzel, S. 204 die Eingangsverse *Swer gerne list guotiu maere, / ob er dan selbe guot
waere, / sô waere gestatet sîn lesen wol. / ein ieglîch man sich vlîzen sol / daz er ervüll mit guoter tât /
swaz er guots gelesen hât.* so: „Wer gerne lehrreiche Erzählungen liest, für den ist das Lesen förderlich,
wenn er selber davon lernt. Jeder Mensch möge sich darum bemühen, mit guten Taten einzulösen, was
er Wervolles/Gutes gelesen hat." Zuweilen kann man schon von Indoktrination sprechen, z.B. übersetzt
Bernd Thum (Aufbruch und Verweigerung usw. Waldkirch 1979), S. 410 den Vers MF XII,7,6 Albrechts
von Johannsdorf *daz ir deste werder sint und dâ bî hôchgemuot* so: „daß ihr Euch im Innern wie vor der
Gesellschaft aufwertet und Euer Lebensgefühl sich dabei mitentwickelt".
[75] Neumann, S. X.

Text und Übersetzung

Swer gerne list guotiu maere,
ob er dan selbe guot waere,
sô waere gestatet sîn lesen wol.
ein ieglîch man sich vlîzen sol,
5 daz er ervüll mit guoter tât,
swaz er guots gelesen hât.
swer guotiu maer hoert ode list,
ob er danne unguot ist,
wizzet, daz sîn übel und sîn nît
10 verkêrt daz guot zaller zît.
swelich man gerne seit
eins andern mannes vrümkeit,
der sol sich vlîzen des vil hart,
daz er kome in sîne vart,
wan sich ein ieglîcher vlîzen sol,
daz man von im ouch spreche wol.
man sol von vrumen liuten lesen
unde sol doch gerner selbe wesen
ein biderbe man. daz ist ein rât,
20 der allen liuten wol an stât.
Ich hân gehoeret lange vrist,
daz in der werlde gevrumt ist
von vrumen liuten harte vil.
nu ist zît, daz ich sagen wil,
waz vrümkeit und waz zuht sî
und waz tugende unde wî
beidiu wîp unde man,
swerz von im selben niht enkan,
ze guoten dingen komen sol.
30 swer zühte lêre merket wol,
ez mag im vrumen an der tugent
bêdiu an alter unde an jugent.
Hie wil ich iuch wizzen lân:
swie wol ich welhische kan,
35 sô wil ich doch in mîn getiht
welhischer worte mischen niht.
der zühte lêre gewant sol gar
von sîme gebote sîn einvar.
daz ensprich ich dâ von niht,
40 daz mir missevalle iht,
swer strîfelt sîne tiusche wol
mit der welhsche, sam er sol;
wan dâ lernt ein tiusche man,
der niht welhische kan,

Wenn der, der selbst ein guter Mensch ist,
etwas liest, das Gutes enthält, dann
könnte ihm sein Lesen zustatten kommen.
Jeder soll sich bemühen, in gutes
Handeln umzusetzen, was er Gutes
gelesen hat. Ist aber einer ein schlechter
Mensch und hört oder liest etwas,
das Gutes enthält, dann, merkt euch,
verkehrt seine Bosheit und seine Mißgunst
das Gute stets in sein Gegenteil.
Wer gern über die Tüchtigkeit
eines anderen spricht, der soll
sich eifrig darum bemühen, den
gleichen Weg zu beschreiten, denn
jeder soll sich darum bemühen, daß
man auch über ihn gut spricht.
Man soll von tüchtigen Menschen lesen
und doch noch lieber selbst ein
trefflicher Mensch sein. Das ist ein
Ratschlag, der für alle Menschen gut ist.
Mir ist seit langem bekannt, daß
von tüchtigen Menschen sehr viel
Gutes in der Welt bewirkt worden ist.
Nun also möchte ich darstellen, was
Tüchtigkeit und was gute Erziehung
und was Tugend ist und wie
die Frau ebenso wie der Mann,
der es nicht von selbst weiß,
das Gute erreichen kann. Wer die
Lehre einer guten Erziehung beachtet,
den kann das im Alter wie in der Jugend
an Tugendhaftigkeit fördern.
An dieser Stelle will ich euch
erklären: Obwohl ich welsch kann,
werde ich dennoch in mein Gedicht
keine welschen Wörter einflechten.
Das Kleid der Sittenlehre soll, das
gebietet die Gattung, ganz einfarbig
sein. Ich sage das nicht deshalb,
weil ich etwas daran auszusetzen hätte,
wenn einer sein Deutsch, wie sich
für ihn schickt, mit Welschem tüpfelt;
denn da lernt ein Deutscher,
der kein Welsch kann,

Überschrift: Der welhische gast *A. nicht in D.* Hie hevet sich an der welhische gast *G; es folgt fol. 2r-7r die Zusammen-fassung des Werks in Prosa.* 1-132 *nicht in D.* 3 gestatet] gestate *A.* gestalt *G.* lesen] leben *G.* 6 gelesen] geleset *G.* 12 andern *G*] ander *A.* 16 ouch] *nicht in G.* 18 gerner] gerne *G.* 21 lange vrist] einen list *G.* 27 unde] vnd ovch *G.* 30 zühte lêre] zvht lere *A.* zvchte vnd lere *G.* 35 mîn (*G*)] meinem *A.* 38 gebote] bote *G.* 44 niht] liht niht *G.*

45 der spaehen worte harte vil,
    ob erz gerne tuon wil.
    ich vürht, ob ich iuch lêren wolde,
    wie man welhische sprechen solde,
    daz mîn arbeit waer verlorn.
50 ich hân einn andern sin erkorn:
    daz ich mich des gern vlîzen wil
    und wil dar ûf gedenken vil,
    daz man mir verneme wol;
    dar nâch ich immer ringen sol.
55 dâ von sult ir mir merken niht,
    ob mir lîhte geschiht,
    etlîchen rîm ze überheben,
    daz er nien werde reht gegeben.
    mir muoz ouch werren vil dar an,
60 daz ich die sprâche niht wol kan.
    dâ von sô bite ich elliu kint,
    des wîse liute gebeten sint
    stunt von ir gewizzen muote
    und von ir sinne und von ir guote,
65 daz siz lâzen âne râche,
    swes mir gebreste an der sprâche.
    ob ich an der tiusche missespriche,
    ez ensol niht dunken wunderliche,
    wan ich vil gar ein walich bin;
70 man wirtes an mîner tiusche inn.
    ich bin von Frîûle geborn
    und lâze gar âne zorn,
    swer âne spot mîn getiht
    und mîne tiusche bezzert iht.
75 ich heiz Thomasîn von Zerclaere.
    boeser liute spot ist mir unmaere.
    hân ich Gâweins hulde wol,
    von reht mîn Key spotten sol.
    swer wol gevellt der vrumen schar,
80 der missevellt den boesen gar.
    swer vrumer liute lop hât,
    der mac wol tuon der boesen rât.
    ist iemen vrum, der rehte tuot,
    daz dunket niht den boesen guot,
85 wan swaz der vrume guots tuon mac,
    daz muoz sîn der boesen slac.
       Tiusche lant, enphâhe wol,
    als ein guot hûsvrouwe sol,
    disen dînen welhschen gast,

sehr viele elegante Wörter,
wenn er das gern möchte. Ich
fürchte, daß, wenn ich euch lehren
wollte, wie man Welsch spricht,
meine Mühe umsonst wäre.
Ich habe anderes im Sinn:
mich mit Fleiß zu bemühen
und eifrig danach zu streben,
daß man mich gut versteht; das
möchte ich unbedingt erreichen.
Deshalb sollt ihr es mir nicht ankreiden,
wenn es mir vielleicht passiert, den
einen oder anderen Reim zu verfehlen,
so daß er nicht korrekt erscheint. Es muß
mir ja arg zu schaffen machen, daß ich
die Sprache nicht völlig beherrsche.
Deshalb bitte ich alle jungen Leute,
worum weise Leute, weil sie unterrichtet,
verständig und wohlmeinend sind,
seit eh und je gebeten worden sind,
daß sie ungestraft lassen,
was ich an sprachlichen Mängeln habe.
Wenn ich falsches Deutsch spreche,
braucht das nicht merkwürdig zu erscheinen,
denn ich bin nun einmal durch und durch Italiener;
das merkt man an meinem Deutsch.
Ich bin im Friaul geboren
und lasse es ungekränkt zu,
wenn einer ohne Spott mein Werk
und mein Deutsch verbessert.
Ich heiße Thomasin von Zerklaere.
Der Spott schlechter Menschen berührt
mich nicht. Ist mir Gawein wohl gesonnen,
dann trifft mich Keies Spott zu Recht.
Wer der Schar der tüchtigen Leute gut
gefällt, gefällt den schlechten ganz und gar
nicht. Wer den Beifall der Tüchtigen hat,
der kann die Schlechten ignorieren.
Verhält ein Tüchtiger sich korrekt,
findet der Schlechte das nicht gut,
denn was der Tüchtige Gutes tun kann,
ist ein Schlag für alle Schlechten.
   Deutsches Land, empfange freundlich,
wie es sich für eine gute Hausherrin
schickt, diesen deinen welschen Gast,

---

47 wolde] solde G.   50 andern G] ander A.   53 mir] mich G.   57 etlîchen] Etleicher A. dehaeinen G.   ze überheben (G)] vber ze heben A.   60 die] der G.   kan (G)] enchan A.   63 stunt (G)] Stvnter, *danach Rasur von maximal 2 Buchstaben* A.   66 gebreste] gebriste G.   82 tuon der] an tv̂n d' G.   85 tuon (G)] getvn A.

90 der dîn êre minnet vast.
   der seit dir zühte maere vil,
   ob du in gern vernemen wil.
   du hâst dicke gern vernomen,
   daz von der welhsche ist genomen,
95 daz hânt bediutet tiusche liute.
   dâ von solt du vernemen hiute,
   ob dir ein welhischer man
   lîht ouch des gesagen kan
   tiuschen, daz dir müge gevallen.
100 des vlîzet er sich gern mit allem
   sînem sinne und sînem muot.
   got gebe, daz ez dich dunke guot,
   wan swaz er sprichet, er hât ez niht
   genomen von welhischer schrift.
105 doch ist der ein guot zimberman,
   der in sînem werke kan
   stein und holz legen wol,
   dâ erz von rehte legen sol.
   daz ist untugende niht,
110 ob ouch mir lîhte geschiht,
   daz ich in mîns getihtes want
   ein holz, daz ein ander hant
   gemeistert habe, lege mit list,
   daz ez gelîch den andern ist.
115 dâ von sprach ein wîse man:
   „swer gevuoclîchen kan
   setzen in sîme getiht
   ein rede, die er machet niht,
   der hât alsô vil getân,
120 dâ zwîvelt nihtes niht an,
   als der, derz vor im êrste vant.
   der vunt ist worden sîn zehant.“
   ez ist in mînem willen wol,
   daz man sîn rede staetigen sol
125 mit ander vrumer liute lêre.
   niemen versmaeh er, daz ist êre.
      Hûsvrouwe, nu wis des gemant:
   swenn dir mîn buoch kumt ze hant,
   missevellt dir ihts dar an,
130 daz lâ büezen einen man,
   der gar âne wandel sî.
   swer vor unstaete ist niht vrî,
   den solt duz niht lâzen sehen.
   ein boese man phlegt ze spehen

dem deine Ehre sehr am Herzen liegt.
Wenn du ihn anhören magst, sagt er dir
vieles über die gute Erziehung.
Oft hast du mit Vergnügen gehört, was aus
dem Welschen übernommen worden ist,
das Deutsche übersetzt haben.
Deshalb sollst du heute hören,
ob dir ein Italiener wohl etwas
auf deutsch zu sagen versteht,
das dir gefallen könnte.
Darum bemüht er sich eifrig mit
allem, was er weiß und kann.
Gebe Gott, daß es dir zusagt, denn
er hat, was er sagt, nicht aus
welschen Schriften genommen.
Der ist jedoch ein guter Zimmermann,
der in seinem Werk Steine und Holz
dort einzufügen versteht,
wo er es sinnvoll verfugen kann.
Es ist nicht Unvermögen,
wenn es auch bei mir vorkommt,
daß ich in die Wand meines Gedichts
ein Holz, das eine andere Hand meisterlich
bearbeitet hat, so geschickt einfüge,
daß es den übrigen angepaßt ist.
In Bezug darauf hat ein weiser Mann
gesagt: „Wer es versteht, einen Passus
bruchlos in sein Werk einzufügen,
den er nicht selbst geschrieben
hat, der hat ebensoviel geleistet,
daran zweifelt ja nicht, wie der, der
ihn vor ihm zuerst verfaßt hat. Der
Fund ist sogleich sein Eigentum geworden.“
Es entspricht durchaus meiner Absicht,
daß man seine Worte mit den Lehren
anderer tüchtiger Leute untermauert.
Niemanden zu verschmähen ist ehrenhaft.
   Herrin des Hauses, nun laß dich mahnen:
Wenn dir mein Buch zuhanden kommt,
mißfällt dir etwas daran, dann laß
das einen Menschen zurechtrücken,
der ohne Tadel ist.
Den, der im Guten wenig gefestigt ist,
sollst du es nicht sehen lassen.
Ein schlechter Mensch pflegt gute

---

92 in] si G.   94 der welhsche] dem welchischẽ G.   100 allem] allen G.   105 der] er G.   106 in] an G.   108 da
ez von rehte ligen sol G.   113 gemeistert G] Gemaister A.   mit list G] mit dem list A.   117 sîme] sin G.
121 vor im] von G.   126 versmaeh er] versmaehen G.   134 boese] poser D.   phlegt] pflicht D. phliget G.

135 ein guote rede dar umbe mêre,	Worte eher zu beachten, um sie
daz erz verwerf denn durch die lêre.	abzulehnen, als um ihrer Lehre willen.
Hie sol mîn vorrede ende hân.	Hier soll meine Vorrede zu Ende sein.
ich wil ein ander heben an.	Ich will eine zweite anfangen.
ich ger dar an von gote sinne.	Ich erbitte von Gott den Verstand dazu.
140 mîns buoches ich alsô beginne:	Und so fange ich mit meinem Buch an:

I. Teil
Aus dem I. Kapitel

Ich hân gehôrt unde gelesen,	Ich habe gehört und gelesen,
man sol ungerne müezec wesen.	man soll ungern untätig sein.
ein ieglîch biderbe man sol	Jeder treffliche Mensch soll
zallen zîten sprechen wol	zu jeder Zeit untadelig reden
145 ode tuon ode gedenken.	oder handeln oder denken. Von
von dem wege sol er niht wenken.	dieser Bahn soll er nicht abweichen.
muoze ist jungen liutn untugent;	Für junge Leute ist Müßiggang ein Laster;
trâkeit ist niht wol bî jugent.	Trägheit und Jugend gehören nicht
swenn man niht ze tuon hât,	zusammen. Hat man nichts zu besorgen,
150 man habe den sin und ouch den rât,	sei man so verständig und wohlberaten,
daz man eintweder spreche wol	entweder tadellos zu reden oder zu
od gedenke, daz man sol.	bedenken, wie gehandelt werden soll.
swer hüfsch wil sîn unde gevuoc,	Wer höfisch und wohlerzogen sein
der gewinnet immer gnuoc	möchte, findet in diesen drei Bereichen
155 materge an den drin dingen.	stets genügend Möglichkeiten.
im mac dar an vil wol gelingen.	Er wird gut damit fahren. Wer als
swer junger lebet müezeclîchen,	junger Mensch müßig dahinlebt, lebt
der ruowet alter lesterlîchen,	als alter in schmählichem Stumpfsinn,
wan er niht tuon enwolde,	denn er hat, als er es konnte, nicht tun
160 dô er mohte, daz er solde.	wollen, was er sollte. Wer seine
swer an unzuht sîn jugent wendet,	Jugend der Zügellosigkeit verschreibt,
der hât sîn alter gar geschendet.	hat [auch] sein Alter in Schande gebracht.
swer alter wil mit êren leben,	Wer als Alter angesehen leben möchte,
der sol nâch êren junger streben.	muß als junger Mensch nach Ansehen streben.
165 Man laet vil selten di untugent,	Man läßt so gut wie nie von dem Laster ab,
was man dran staete in der jugent.	dem man in der Jugend beständig gefrönt
swenne des obezes niemêr ist,	hat. Wenn es kein Obst mehr gibt,
sô vert daz kint zuo der vrist	just dann treibt es das Kind im
in dem boumgarten hin und her;	Obstgarten um und um; sein Verlangen

---

135 mêre] mere' G. 136 denn] de' G. 136a-d Der bose man vnde die bosheit / sulen hie werden so bereit / Daz si vz minem walchischē gast / vor den tvgendē vlihen vast G. 137 Hie] Nu D. 138 ich wil] nu wil ich D. 139 dar an] der D. 140 mîns buoches] mein buch D. alsô] sus G. 148 ist] zimt G. bî jugent (G)] bi der ivgent A(D). 155 materge] Materien D. 156 vil] *nicht in* D. 157 junger] in jugend D. 158 alter] jm alter D. in alter G. 159 enwolde] wolde D. 160 Do er wol mocht vnd thun solde D. 161 unzuht] tragkait D. 163 alter] aber G. êren] lieb D. 164 nâch êren junger] ymmer nach ern D. 165 selten (D)G] sehen A. 166 Die man treibt in der jugend D. was G] waz A. staete (G)] tete A. in D(G)] an A. 168 der] diser D.

170 sîn gelust wirt michels mêr.
dem spiler tuot daz spiln baz,
swenner nien hât, wizzet daz.
dem vrâze ist nâch ezzen nôt.
der trinker ist nâch trinken tôt;
175 swenner niht ze trinken hât,
sô wil ers dan niht haben rât.
alsam dem alten manne geschiht:
er kan sich enthaben niht
der undinge noch der untugent,
180 der er phlac in sîner jugent.
dâ von sô gib ich mîne raete,
daz man sîn jugent wol bestaete
an hüfscheit und an guoten dingen;
uns mac dar an niht misselingen.
185 Ich gibe den kinden dise lêre
(ob si ir iht dan wellent mêre,
daz mugen si dar nâch gewinnen,
ob si sichs vlîzent von ir sinnen):
si sulen schamen sich ze mâzen,
190 wan swer sich schamt, der muoz verlâzen
ruom, lüge, spot und schalkeit
und manger slaht unstaetekeit.
an drin dingen man haben sol
scham, swer ir wil phlegen wol:
195 ein, daz man niht spreche unêre,
diu ander, daz man habe die lêre,
daz man gebâr reht unde wol,
diu drite, daz man tuo, daz man sol.
swâ ein vrouwe reht tuot,
200 ist ir gebaerde niht guot
und ist ouch niht ir rede schône,
ir guot getât ist âne krône,
wan schoene gebaerde und rede guot,
die kroenent, daz ein vrouwe tuot.
205 ich sagiu, daz ir guot getât
mac ouch nimmer wesen stât,
kan si niht gebâren wol
und reden, daz si reden sol.
unschoene gebaerde bezeigt unstât;
210 nâch boeser rede kumt missetât.
etlîchiu waent tuon vröuwelîchen,

wird um ein Vielfaches größer. Merkt euch,
den Spieler verlangt es um so mehr zu
spielen, wenn er nichts [einzusetzen] hat.
Der Vielfraß giert nach Essen.
Der Säufer stirbt fast vor Durst;
hat er nichts zu trinken,
will er um so weniger damit aufhören.
So geht es auch mit dem alten Menschen:
Er kann nicht ablassen von den Fehlern
noch von den Lastern, denen er
in seiner Jugend anhing.
Deshalb rate ich, daß man sich als
junger Mensch einübe in höfisches
Wesen und Wohlverhalten; damit
werden wir nicht schlecht fahren.
Den jungen Leuten erteile ich diese Lehre
(wenn sie mehr davon haben wollen, können
sie sie im Folgenden finden, wenn sie
so gescheit sind, sich darum zu bemühen):
Sie sollen sich in gehörigem Maße
schämen, denn wer sich schämt, muß
ablassen von Prahlerei, Lüge, Spott,
Niedertracht und vielerlei Missetaten.
In Bezug auf dreierlei soll Scham empfinden,
wer ihr auf rechte Weise Raum geben will:
erstens, damit man nichts Ehrloses spreche,
zweitens, damit man die Lehre beherzige,
sich korrekt und gut aufzuführen, drittens,
damit man tue, wozu man verpflichtet ist.
Wo eine Frau korrekt handelt,
aber ihr Benehmen nicht gut ist und
auch ihre Sprache nicht fein, fehlt
ihrem korrekten Handeln die Krone,
denn gutes Benehmen und gepflegte
Sprache krönen, was eine Frau tut.
Ich sage euch, daß ihr korrektes Handeln
auch nicht von Dauer sein kann, wenn sie
sich nicht ordentlich benehmen kann und
reden, was sich für sie schickt. Unfeines
Benehmen zeugt von Charakterlosigkeit;
schlechtem Reden folgt schlechtes Tun.
Manche glaubt sich [besonders] damenhaft

---

172 nien] nymͤer D.   173 nôt] wol D.   174 nâch trinken] nachend D.   179 noch] vnd D.   181 mîne raete] meinen
rate D.   182 bestaete] bestete AG. bestate D.   186 ob si ir iht dan] Ob sich ir zucht denn D.   188 sichs] sich D.
von ir] mit jrn D.   190 verlâzen] lassen D.   195 ein] Das ein D.   197 man] mag D.
198 daz man sol] was man sol D.   201 niht ir rede] ir geperde nit D.   202 guot getât] tugend D.   203 gebaerde
und rede] red vnd geperde D.   204 kroenent] kronet D(G).   205 sagiu (DG)] sag in A.   getât] getete A(DG).
206 stât] stete ADG.   207 gebâren] geborn D.   209 bezeigt] betzewgt D   unstât] vnstete AG. vnstate D.
210 missetât] missetaete A. missetate D. missetete G.   211 Manche wennen tun frolichen D.   waent] mocht G.

swenn si gebârt hôhverticlîchen.
diu muoz sich vor hôhvart bewarn,
diu vröuwelîchen wil gebârn.
215 si suln bêde schamec sîn,
juncherren unde vröuwelîn.
    Ruom, lüge, spot – swer die drî
hât, der mac niht heizen ‚vrî‘,
wan der ist schalc der schalkeit.
220 im sî mîn dienest widerseit.
daz ist der zühte gebot,
daz niemen habe des andern spot
und daz weder wîp noch man
niht enliege den andern an.
225 ruom ist diu meiste schalkeit;
spot von ruom nimmer gescheit.
der ruomaer ist aller schame vrî;
die lüge sint im nâhen bî.
....
275 dehein dinc stât sô boeslîchen
dem man sô rüemen sicherlîchen.
doch stât rüemen einem wîbe vil
wirs, swer ez verstên wil.
ob si ir manne saget daz,
280 wer umbe sî werb, si swige baz.
ir ruom und ir lôsheit
vüegent ir manne grôzez leit
unde ir selben arcwân,
wan ir getrouwet wirs ir man,
285 und vüeget ir vriunden grôzen haz,
den in ir man treit, wizzet daz.
si verliuset ouch ze jungest den,
der ir gerne dient etwenn.
ein wîp mac ân ruom wol
290 tuon, daz si dâ tuon sol.
ir guot getât ist gar enwiht,
hüet si sich vor ruome niht.
ir sult wizzen sicherlîchen:
diu tuot alsô boeslîchen,
295 diu vor ruom nien ist behuot,
sô diu, diu unreht tuot.

aufzuführen, wenn sie sich hochmütig gibt.
Die muß sich jedoch vor Hochmut hüten,
die sich damenhaft benehmen will.
Beide sollen sie schamhaft sein,
junge Männer und junge Mädchen.
    Angeberei, Lüge, Spott – wer die drei
einsetzt, der kann nicht ‚frei‘ heißen,
denn er ist Knecht der Knechtsnatur.
Ich will nichts mit ihm zu schaffen haben.
Die gute Erziehung gebietet, daß sich
niemand über einen anderen lustig
mache und daß weder Frau noch Mann
einen anderen belüge. Ein Angeber
sein ist die niedrigste Eigenschaft;
Spott und Angeberei sind stets beieinander.
Der Angeber ist gänzlich ohne Scham;
die Lüge liegt ihm stets nahe.
....
Ganz bestimmt ist nichts an einem
Mann so unangenehm wie Angeben.
Doch ist Angeben an einer Frau noch viel
unangenehmer, wenn man es recht bedenkt.
Statt ihrem Mann zu sagen, daß man ihr
den Hof macht, hielte sie besser den Mund.
Merkt euch, ihr Angeben und ihre Leichtfertigkeit
verursachen ihrem Mann großen Kummer
und ihr selbst Mißtrauen, denn ihr Mann
mißtraut ihr um so mehr, und ihren
Freunden verursacht sie Abscheu,
den ihr Mann für diese empfindet.
Schließlich verliert sie auch den, der
gern einmal ihr Verehrer gewesen ist.
Eine Frau soll ohne Angeberei tun,
was sich für sie schickt.
Ihr Wohlverhalten ist null und nichtig,
wenn sie das Angeben nicht verrmeidet.
Seid dessen gewiß:
Die, die das Angeben nicht meidet,
verhält sich genau so falsch wie die,
die [tatsächlich] etwas Unrechtes tut.

213-14] 214-213 D.   214 welche fraw vil geparn D.   215 bêde] gar D.   217 Ruom lüge spot] Rum spot lüg D.
die DG] dev A.   218 heizen] werden D.   219 schalc] ein schalk D.   223 weder] nicht in D.   224 enliege] ennlige
D(G).   226 Spot lug von rum sich nym’ schait D. spot vñ rv̂m sich nimm’ gescheit G.   276 Den mannen als der rum
sicherlichê D.   rüemen] rv̂m G.   277 rüemen] nicht in D. rv̂m G.   278 wirs swer] wirser der D.   280 wer] das
man D.   281 lôsheit] boshait D(G).   282 grôzez] michel G.   283 selben arcwân] selber arger wan D.   284 jr ge-
trawt dester wirser ir man D.   285 ir vriunden] ir frevnt A(G). irm frunden D.   286 in] im G.   287 ouch] nicht in
D.   290 daz] was D. dâ] nicht in DG.   291 guot getât] guthait D. gv̂t getete G.   294 diu] Sie D.   296 sô diu
diu] Also die D.

II. Kapitel

Schallen und geuden sint mir swaere.
man seit, des phlegen tavernaere.
jâ phlegents leider ouch diu kint,
300 die in guoten hoven sint.
si schallent unde geudent mêre,
dan schoeniu hovezuht si lêre.
der ungeslahten kinde spil
ist schallen unde geuden vil.
305 swenn si von hove komen sint
ze herberge, daz unedel kint
schallet: „wîn und met her!
seht, ich gib daz, sô vil geb der,
und mîn geselle ouch alsô vil!“,
310 unde übergêt geudent daz zil,
daz sîn geselle leistend ist,
und müet in alsô zaller vrist.
sô schallet iegelîches kneht:
„daz ist billîch unde reht.“
315 swenn diu volge ist getân,
hât niemêr er, er muoz lân
sînen mantel zer taverne,
er tuoz gerne od ungerne.
vil ungeslehticlîchen tuot,
320 der sînen gesellen alsô muot.
sô schallent dan diu selben kint,
diu ungeslahtes muotes sint:
„werfe wir noch umbe wîn!
jâ suln wir niht arc sîn!“
325 si waenent vliehen di arkeit
und koment in die leckerheit.
swer dâ hât schoenen sin,
der ist unsaelic under in.
swer ouch hât ze verspiln niht,
330 der sol gar sîn ein boesewiht.
si schallent alle über den
unedelîchen etewenn.
der sich daz an nemen wolde,
daz er dâ milt waer, dâ er solde,
335 er bedorfte des geudens niht,
des dâ gert ein boesewiht.

Gröhlen und Prahlen sind mir zuwider.
Man sagt, so etwas tun Kneipengänger.
Leider leider tun es auch die jungen Leute,
die in vornehmen Höfen zuhause sind.
Die gröhlen und prahlen mehr, als die Lehre
über höfisch schönes Verhalten ihnen vorgibt.
Das Vergnügen der ungehobelten jungen
Leute ist herumgröhlen und prahlen.
Sind sie vom Hof in die Kneipe
gekommen, gröhlt so ein Flegel:
„Wein und Met her! Seht, ich
zahle das, der soll auch so viel geben,
und mein Freund hier genauso viel!“,
und setzt sich prahlerisch über die Grenze
hinweg, bis zu der sein Freund zahlen kann,
und bringt ihn so allemal in Schwierigkeiten.
Dann gröhlt eines jeden Knappe:
„So ist es gerecht und in Ordnung.“
Ist es dann so geschehen und hat
jener kein Geld mehr, muß er,
willig oder unwillig, seinen Mantel
in der Kneipe zurücklassen. Grob
ungehörig handelt der, der seinen
Freund so in Schwierigkeiten bringt.
Dann gröhlen diese jungen Leute,
die so ungehobelt sind: „Würfeln wir
noch um [eine Runde] Wein. Wir
sind schließlich keine Geizkrägen!“
Sie meinen, den Geiz zu vermeiden,
und geraten in die Völlerei.
Wer ein feiner Charakter ist,
hat bei ihnen einen schweren Stand.
Und wer nichts zu verspielen hat,
ist für sie ganz einfach ein Schuft.
Den beschimpfen sie dann alle
auf ordinäre Weise. Wer sich zur
Gewohnheit machen würde, da
spendabel zu sein, wo es angebracht
ist, hätte es nicht nötig zu prahlen,
wie es der Lump so gern tut.

---

298 seit des] sicht das D.   299 leider ouch] auch laider D.   300 guoten] grossen D.   302 si G] nicht in A. vnd
D.   303 kinde] kinder D.   307 schallet] Ruffet D.   308 Seht so vil gebe der A. Jch gib das so geb auch der D. ich
wen so vil so geb der G.   309 und] nicht in DG.   310 übergêt geudent] vbergewdemt D.   311 geselle leistend] ge-
sellen laisten D.   315 Wan das ist so gethan D.   316 niemêr er] er nymêr D(G).   318 er tuoz] Vnd thu ers D.
319 tuot] er tut D.   321 dan] da D.   324 niht] nicht in D.   325 vliehen] sie fliehen D.   327 swer dâ hât] Hat ye-
mand do D.   328 der ist unsaelic] der haisset arck D.   330 gar] auch D.   331 über den] auf in D. vber in denne G.
332 Vi kranck dunckèt sie sein syn D.   333 daz] des D.   335 des geudens (D)] des gevden A. zwar des gͦden G.

ich wil, daz edeliu kint,
die zühte lêre volgent sint,
schallen, geudn *sî gar* unmaere;
340 man sol ez dem boesen tavernaere
lân, wan ez ir ambet ist,
daz si schallent zaller vrist.
    Swenn si von hove komen sint,
sô suln dan diu edeln kint
345 gedenken ân schallen in ir muot:
alsô tet hiute der rîter guot
ze hove, ich wil michs vlîzen hart,
daz ich kome in sîne vart.
swer niht merket, daz er siht,
350 ern bezzert sich dâ *v*on niht.
im möhte sîn alsô maere,
daz er dâ ze holze waere
sô dâ ze hove. dâ von sint
dick von hove komen toerschiu kint,
355 daz ein kint niht merken kan,
waz ze hove tuot ein biderb man.
ich wil iu sagen, daz der per
wirt nimmer ein guot singer.
alsam tuont diu unedeln kint:
360 swenn si ie mêr ze hove sint,
sô si ie mêr werdent enwiht;
si merkent *daz* boes, daz guote niht.
    Ich wil ouch, daz mîniu kint,
diu von adel komen sint,
365 handeln ir gesellen wol.
ein ieglîch edel kint sol
mit werken unde mit dem muote
sînem gesellen tuon ze guote.
verstêt im inder sîn phant,
370 daz sol er im loesen zehant.
swaz im durch in ze tuon geschiht,
daz sol er im verwîzen niht.
ich wil, daz einr den ander*n* êre,
wellnt si volgen zühte lêre.
375 ir deheiner sol zeiner tür
den andern allen dringen vür.

Ich wünsche, daß edle junge Leute, die
der Lehre guter Erziehung folgen, gröhlen,
prahlen soll ihnen zuwider sein.
Man soll es dem ordinären Kneipengänger
überlassen, denn deren Sache
ist es, immerzu herumzugröhlen.
    Wenn sie den Hof verlassen haben,
dann sollen die edlen jungen Leute
statt zu gröhlen sich erinnern: So
und so hat sich heute bei Hofe der edle
Ritter verhalten, ich will mir große Mühe
geben, zu werden wie er.
Wer nicht achtgibt auf das, was er
sieht, bessert sich dadurch nicht.
Ihm könnte ebenso lieb sein,
wenn er im Wald wäre statt bei Hofe.
Deshalb sind oft grobschlächtige
Burschen aus Höfen hervorgegangen, weil
so ein junger Mann sich nicht einprägen mag,
was bei Hofe ein trefflicher Mann tut.
Ich sage euch, daß der Bär
niemals ein guter Sänger wird. Ebenso
steht es um die unedlen jungen Leute:
Je länger sie bei Hofe sind,
desto weniger taugen sie; sie prägen
sich das Schlechte ein, nicht das Gute.
    Ich wünsche auch, daß meine jungen
Leute, die adliger Herkunft sind,
ihre Freunde mit Respekt behandeln.
Ein jeder edle junge Mensch soll
im Handeln und Wollen das Wohl
seines Freundes fördern.
Verfällt jenem irgendwo sein Pfand,
soll er es ihm sogleich auslösen.
Was er um dessentwillen tun muß,
soll er ihm nicht vorhalten. Ich wünsche,
daß einer den andern respektiert,
wenn sie befolgen wollen, was die gute
Erziehung lehrt. Bei der Tür soll keiner
sich vor allen andern vordrängen.

---

337 edeliu] die edel *D*.   338 volgent] volgen *D*.   339 (*G*)] Si schallen gevden hart vmere *A*. Schallen vnd gewdn habē vmäre *D*.   340 dem] den *D*.   341 Ja weñ es ist ir ambt ist *D*.   343-44 Ja sullen die edeln biderb kind / So sie von hoff komen sind *D*.   344 edeln] edeliu *G*.   345 schallen] schall *D*.   346 alsô tet hiute] Als hewt tut *D*.   347 Zu hoff als wil ich sein bewart *D*.   michs] mich *G*.   348 in sîne] auch an die *D*.   349 daz] was *D*.   350 dâ von (*DG*)] dervon *A*. 354 dick] die *G*.   356 waz ze] Was do zu *D*.   tuot] thu *D*.   358 wirt nimmer] Nym̄er wirt *D*(*G*).   359 alsam tuont] Also werden *D*.   360-61 Wañ sie nym̄er zu sind / So werden sie gar entwicht *D*.   362 merkent daz (*DG*)] merchentz *A*.   boes daz] poß vñ daz *D*.   363 ouch] *nicht in D*.   364 adel] dem adel *D*.   366 edel kint sol] kind gern sol *D*.   367 Mit wercke vnd mit mute *D*.   368 sînem] Seinen *D*.   369 inder] nyndert *D*.   372 verwîzen (*G*)] verwerzzen *A*. verwerren *D*.   373 andern *DG*] ander *A*.   374 zühte lêre] zuch vnd ler *D*.   376 allen] eylen *D*.

Bêde vrouwen unde herren
sulen vrömede liute êren.
ist sîn ein vrömeder man niht wert,
380 si habent sich selben geêrt.
ist sîn aver wert der,
sô habent si sîn bêde êr.
man enweiz niht, wer der vrömede ist,
dâ von êre man in zaller vrist.
385 swenn ze hove kumt ein vrömeder gast,
diu kint suln im dienen vast,
sam er waer ir aller herre,
daz ist der zühte wille un*d* lêre.
si sulen haben kiuschiu wort,
390 wan daz ist der zühte hort.
Ein vrouwe sol sich sehen lân,
kumt zir ein vrömeder man.
swelchiu sich niht sehen lât,
diu sol ûz ir kemenât
395 sîn allenthalben unerkant;
büeze alsô, sî ungenant.
ein vrouwe sol niht vrevelîch
schimphen, daz stât vröuwelîch.
ich wil ouch des verjehen:
400 ein vrouwe sol niht vast an sehen
einn vrömeden man, daz stât wol.
ein edel juncherre sol
bêde rîter unde vrouwen
gezogenlîche gerne schouwen.
405 Ein juncvrouwe sol senfticlîch
und niht lût sprechen sicherlîch.
ein juncherre sol sîn sô gereit,
daz er vernem, swaz man im seit,
sô daz ez undurft sî,
410 daz man im sage aver wî.
zuht wert den vrouwen alln gemein
sitzen mit bein über bein.
ein juncherr sol ûf ein banc,
si sî kurz ode lanc,
415 deheine wîse stên niht,
ob er einn rîtr dâ sitzen siht.
ein vrouwe sol ze deheiner zît

Damen wie Herren
sollen Fremden Ehre erweisen.
Ist ein Fremder dessen nicht wert,
haben sie sich selbst geehrt.
Ist er aber dessen wert,
ist es ihnen beiden eine Ehre.
Man weiß nicht, wer der Fremde ist,
deshalb ehre man ihn auf jeden Fall.
Kommt ein fremder Gast an den Hof,
sollen die jungen Leute ihn so aufmerksam
bedienen, als wäre er ihr aller Dienstherr,
so will und lehrt es die gute Erziehung.
Sie sollen anständige Reden führen, das
ist die schöne Frucht einer guten Erziehung.
Eine Dame soll sich blicken lassen,
wenn ein Fremder zu Besuch kommt.
Die sich nicht blicken läßt,
soll außerhalb ihrer vier Wände
allenthalben unbekannt sein; das sei
ihre Strafe, sie soll namenlos bleiben.
Eine Dame soll keine frivolen
Scherze machen, das ist damenhaft.
Auch das muß ich verurteilen:
Eine Dame soll einen Fremden nicht
unentwegt anstarren, so gehört es sich.
Ein edler Knappe [hingegen] darf
sowohl Ritter wie Damen auf schickliche
Weise mit Vergnügen betrachten.
Eine junge Dame soll angenehm
und auf keinen Fall laut sprechen.
Ein junger Mann soll so aufmerksam
sein, daß er versteht, was man ihm
sagt, so daß es nicht nötig ist, ihm
alles noch einmal zu sagen. Gute
Erziehung verbietet den Frauen generell,
mit übergeschlagenen Beinen dazusitzen.
Auf eine Bank soll ein junger Mann,
ganz gleich ob sie kurz oder lang ist,
auf gar keinen Fall den Fuß setzen,
wenn er einen Ritter darauf sitzen sieht.
Eine Dame soll niemals heftig

---

377 herren] die herrn D.   380 sich selben] sie doch selber D.   381 der] ein man D.   382 Sie ern sich vnd in daran D.   383 enweiz] wais D.   384 êre man in] erman ich D. ere mä G.   387 er waer] sey er D.   388 und (DG)] vnd ir A.   392 kumt zir] Ob zu jr kum D.   395 unerkant] vnbekant D.   396 der zuchte sol sie sein genänt D. 397 vrevelîch] frauenlich D.   398 vröuwelîch] weiplich D(G).   399 ouch des] euch noch mer D.   400 ein vrouwe sol] Sie sol auch D.   404 gerne] *nicht in* D.   405 sol] sey D.   406 Vnd fliuch nit lewt sicherlich D.   sprechen] flůchen G.   407 sô gereit] berait D.   409-11 Das jm zu tugend notdurft sey / Noch wil ich euch sagē dabey / Vbel das stee frawen gemaine D.   409 undurft] im durfte G.   411 wert den] worten G.   413 ein] kain D.   414 si] Er D. 415 deheine wîse] kain weil D.

treten weder vast noch wît.
wizzet, daz ez ouch übel stêt,
420 rît ein rîtr, da ein vrouwe gêt.
ein vrouwe sol sich, daz geloubet,
kêren gegen des pherftes houbet,
swenn si rîtet. man sol wizzen:
si sol niht gar dwerhes sitzen.
425 ein rîter sol niht vrevelîch
zuo vrouwen rîten; sicherlîch
ein vrouwe erschraht hât dicke getân
den sprunc, der bezzer waer verlân.
swer sînem rosse des verhenget,
430 daz ez eine vrowen bespenget,
ich waene wol, daz sîn wîp
ouch âne meisterschaft belîp.
zuht wert den rîtern alln gemein,
daz si niht dicke schowen ir bein,
435 *swenn si rîtnt; ich waene wol,*
daz man ûf sehen sol.
ein vrowe sol recken niht ir hant,
swenn si ret, vür ir gewant.
si sol ir ougen und ir houbet
440 stille haben, daz geloubet.
ein juncherr und ein rîter sol
hie an sich ouch behüeten wol,
daz er sîn hende habe still,
swenner iht sprechen wil.
445 er sol swingen niht sîn hende
wider eins vrumen mannes zende.
swer der zuht wol geloubet,
der sol setzn ûf niemens houbet
sîn hant, der tiuwerr sî dan er,
450 noch ûf sîn ahsel, daz ist êr.
  Wil sich ein vrowe mit zuht bewarn,
si sol niht âne hülle varn.
si sol ir hül ze samen hân,
ist si der garnatsch ân.
455 lât si am lîbe iht sehen par,
daz ist wider zuht gar.
ein rîter sol niht vor vrouwen gên

auftreten oder weite Schritte machen.
Merkt euch, daß es auch ungehörig ist,
wenn ein Ritter reitet, wo eine Dame zu
Fuß geht. Glaubt mir, eine Dame soll
sich dem Kopf des Pferdes zuwenden,
wenn sie reitet. Man soll sich merken:
Keinesfalls soll sie querüber sitzen.
Ein Ritter soll nicht aus Übermut
auf Damen zureiten; bestimmt hat eine
erschrockene Dame oft einen Satz
gemacht, der besser unterblieben wäre.
Wer seinem Pferd die Zügel schießen läßt,
so daß es auf eine Dame zugaloppiert,
ich meine, daß auch dessen Ehefrau
[in ihm] nicht ihren Meister findet. Gute
Erziehung verbietet den Rittern generell,
allzu oft ihre Beine zu betrachten,
wenn sie reiten; meiner Meinung nach
soll man geradeaus schauen.
Eine Dame soll die Hand nicht aus dem
Ärmel herausstrecken, wenn sie redet.
Sie soll Augen und Kopf
ruhig halten, glaubt mir. Auch
ein junger Mann und ein Ritter soll in
diesem Punkt sorgsam auf sich achten,
daß er seine Hände ruhig hält,
wenn er etwas sagen möchte. Er soll
seine Hände nicht in Richtung Zähne
eines tüchtigen Gegenübers ausfahren.
Wer an guter Erziehung festhält, soll
niemandem auf den Kopf klopfen,
der vornehmer ist als er, noch auf
die Schulter, so ist es respektvoll.
  Will eine Dame durch gute Erziehung
ausgezeichnet sein, soll sie nicht ohne Überkleid
herumlaufen. Wenn sie kein Überkleid trägt, soll
sie ihre Kleidungsstücke zusammenhalten.
Läßt sie an sich etwas Nacktes sehen,
verstößt das sehr gegen die gute Erziehung.
Wenn ich recht unterrichtet bin, soll ein

---

419 ez] *nicht in* D.   421 Einer frawen sey erlaubet D.   423 Sie sey reitter das zym̄t wol witzē D.   425 vrevelîch]
frauenlich D.   427 vrouwe erschraht] frawen schritt D.   428 sprunc] sprꝰch G.   429 des] das D.   430 ez] er D.
431-32 Das dunket mich missetan / Sein weib wirt auch nicht verlan D.   433-36 (DG)] *nicht in* A.   433 zuht wert
(G)] Die zucht ist D.   434 ir G] die D.   438 ret] redet D. ritet G.   443 Das er still hab die hañt D(G).   444 So
jm zu prechē sein gwannt D. so im ze sprechen si gwant G.   446 wider] Gegen D.   448 Er leg auff nymand das
hawbet D.   setzn] sehen G.   449 tiuwerr] tewr D.   450 daz ist êr] dar ist zucht ler D.   451 zuht] zuchtē D.
452 si sol] so sol si G.   hülle] mantel D.   453 si] Vnd D.   ir hül] irn mantel D.   454 Jst ir vnnderclaid nicht wol
getan D.   455 am] an irn D.   par] war D.   456 zuht] die zucht D.

parschinc, als ichz kan verstên.
ein vrouwe sol niht hinder sich
460 dicke sehen, dunket mich.
si sol gên vür sich geriht
und sol vil umbe sehen niht.
gedenke an ir zuht über al,
ob si gehoere deheinen schal.
465 ein juncvrouwe sol selten iht
sprechen, ob mans vrâget niht.
ein vrowe sol ouch niht sprechen vil,
ob si mir gelouben wil,
und benamen, swenn si izzet,
470 sô sol si sprâchen niht, daz wizzet.
    Man sol sich zem tische vast bewarn,
der nâch rehte wil gebârn;
dâ hoeret grôziu zuht zuo.
ein iegelîch biderb wirt, *der* tuo
475 war, ob si alle habent genuoc.
der gast, der sî sô gevuoc,
daz er tuo diu glîche gar,
sam er dâ nihtes neme war.
swelich man sich rehte versinnet,
480 swenner ezzen beginnet,
so enrüer niht wan sîn ezzen an
mit der hant, deist wol getân.
man sol daz brôt ezzen niht,
ê man bringe d'êrsten riht.
485 ein man sol sich behüeten wol,
daz er niht legen sol
bêdenthalben in den munt.
er sol sich hüeten zuo der stunt,
daz er trinke und spreche niht,
490 di wîl er hab im munde iht.
swer mit dem becher zem gesell*en*
sich kêrt, sam er im geben welle,
ê ern von dem munde tuo,
den hât der wîn gebu*nd*n derzuo.

Ritter Damen nicht schenkelfrei
aufsuchen. Eine Dame soll sich nicht
dauernd umsehen, finde ich. Sie
soll geradeaus gewendet einhergehen
und nicht viel herumschauen. Vor allem
soll sie an ihre gute Erziehung denken,
wenn sie irgendein Getöse hört.
Eine junge Dame soll nicht
sprechen, wenn man sie nicht fragt.
Auch eine Dame soll nicht viel reden,
wenn sie auf mich hören mag,
und vor allem, wenn sie ißt, soll sie
keine Reden halten, merkt euch das.
    Bei Tisch soll höllisch achtgeben,
wer sich richtig verhalten will; dazu
braucht es eine sehr gute Erziehung.
Ein jeder treffliche Hausherr gebe
acht, ob alle ausreichend versorgt sind.
Der Gast sei so wohlerzogen,
daß er sich so benimmt, als ob er
gar nichts [davon] bemerke.
Wer richtig Bescheid weiß,
soll, wenn er anfängt zu essen,
nichts außer seine eigenen Speisen
mit der Hand anfassen, so ist es korrekt.
Man soll nicht schon das Brot essen,
bevor die ersten Gerichte aufgetragen sind.
Ein Mann soll sich sehr in Acht nehmen,
daß er nichts beidseits
in den Mund stopfe.
Dabei soll er sich in Acht nehmen,
daß er nicht trinke und nicht spreche,
solange er noch etwas im Mund hat.
Wer sich, als ob er ihn teilhaben lassen wolle,
dem Tischnachbarn mit dem Becher zuwendet,
bevor er ihn noch vom Mund genommen
hat, den hat der Wein dazu verleitet.

---

458 parschinc] Parschenckel D. parschincher G.   ichz] ich D.   461 sol gên] gee D(G).   462 Vnd seche vmb mit-
nichte (ze nihte G) D(G).   463 ir] dein D.   464 gehoere (DG)] gehort A.   deheinen] kainen D.   465 sol DG]
solt A.   466 vrâget] frage D.   467 vrowe] junckfraw D.   sprechen] sprâchê G.   469 swenn] so D.   470 So
ensprech nicht das wisset D.   471-72 Wer mit zuchten woll varn / Der sol bey dem tisch sich bewarn D.   471 vast]
nicht in DG.   472 der mit zᵛhte welle varn G.   473 hoeret] gehoret D(G).   474 der DG] *nicht in* A.   476 Auch
sey der gast so gefug D.   477 diu glîche] den gleich D. dem geliche G.   478 nihtes] nicht D.   479 swelich man]
Welcher D.   481 so enrüer niht] Das er icht rür D.   484 bringe] bringet D.   485-86 Wañ er auch nicht eylen sol /
will er sich behuten wol D.   487 den] dem DG.   488-94 Er behut sich auch zu der stunde / Die weil er jn dem müde
hat icht / so trincke noch ensprech nicht / Nyemand ker sich zu dem gesellê / Mit dem pecher so sie trinckê wellê / Ee
sie jn thun von dem müde / Der wein hat sie da zugepunden D.   490 hab] hat G.   491-94 Die mit dem becher ze dê
gesellen / sich cheren als si in geben wellen / E sie in tᵛn von dem mᵛnden / der win hat si dar ze gebᵛnden G.
491 gesellen (D)G] gesell A.   494 gebundn (DG)] gebvtten A.

495 swer trinkend ûz dem becher siht,
daz stât hüfschlîche niht.
ein man sol niht sîn ze snelle,
daz er neme von sîme gesellen,
daz im dâ gevellet wol,
500 wan man sînhalb ezzen sol.
man sol ezzen zaller vrist
mit der hant, diu engegen ist.
sitzet dîn gesell ze der rehten hant,
mit der andern iz zehant.
505 man sol ouch daz gerne wenden,
daz man nien ezz mit bêden henden.
man sol ouch niht sîn ze snelle,
daz man tuo mit sîme gesellen
in die schüzzel sîne hant,
510 wan er nimt si ûz zehant.
der wirt sol *ouch der spîse enpern,*
der sîn geste niht engern,
diu in ist ungemeine.
der wolf izzet gerne eine;
515 *der olbent izzet eine niht,*
ob er des wilds iht bî im siht.
dem volget der wirt mit êren baz
danne dem wolve, wizzet daz.
der wirt nâch dem ezzen sol
520 daz wazzer geben, daz stât wol.
dâ sol sich dehein kneht
denne dwahen, daz ist reht.
wil sich dwahen ein juncherre,
der sol gân einhalp verre
525 von den rîtrn und dwahe sich tougen,
daz ist hüfsch und guot zen ougen.

Schaut einer beim Trinken über den Becher
weg, ist das kein hofgemäßes Verhalten.
Ein Mann soll nicht zu gierig sein,
so daß er sich vom Nachbarn grabscht,
was ihm in die Augen sticht, denn man
soll nur von der eigenen Seite essen.
Man soll immer mit der
entgegengesetzten Hand essen.
Sitzt dein Tischnachbar rechts von dir,
dann iß sogleich mit der anderen.
Man soll willig unterlassen,
mit beiden Händen zu essen.
Man soll auch nicht zu gierig sein, so
daß man mit dem Tischnachbarn zugleich
die Hand in die Schüssel steckt,
denn er zieht seine sofort zurück.
Der Hausherr soll auf die Speise
verzichten, die seine Gäste nicht
mögen, die ihnen widersteht.
Der Wolf frißt gern allein;
das Kamel frißt nicht allein, wenn es
ein anderes Tier in seiner Nähe sieht.
Ein ehrbarer Hausherr ahmt besser
dieses nach als den Wolf, merkt euch das.
Nach dem Essen soll der Hausherr
Wasser reichen [lassen], so gehört es sich.
Da soll sich aber kein Knappe
waschen, so ist es korrekt.
Will ein junger Mensch sich waschen,
soll er weit abseits gehen von den Rittern
und sich ohne Aufsehen waschen, das
ist hofgerecht und den Augen wohlgefällig.

III. Kapitel

Ein ander lêre suln diu kint
behalten, die dâ edel sint:

Eine weitere Vorschrift sollen die jungen
Leute, die adlig geartet sind, einhalten:

---

495 trinkend (G)] trinchet A. trincken D.   becher] peser D.   496 Das zimpt hubschen lewtē (mannē G) nicht D(G).   497-501 Ein man nicht vor dem gesellē sein / Nicht esse das ist die lere mein / Ob im da icht geualle wol / Vor jm er selber essen soll / Man sol auch essen on alle frist D.   497-98 Ein man vor dem gesellen sin / niht neme daz ist di lere min G.   498 gesellen (D)G] geselle A.   499 gevellet] geualle D(G).   500 man sinhalb] er vor im G.   501 sol G] sol so A. sol auch D.   503 sitzet dîn] Sitce der D. Sitzet der G.   504 Iz mit der andern zehant A. Mit der lenncken ec zu hant D. so iz mit der rehten hant G.   506 nien] iht G.   507-10 Man sol auch so iahen nicht / Das man mit dem gesellen icht / In die schussel greiffe mit d' hant / Dauon wurd vnzucht bekannt D. Man sol ovch da so gahen niht / daz man mit dem gemazzen iht / greiffe in die schuschel mit d' hant / wan da von wirt vnzuht bekant G.   508 gesellen D] geselle A.   511-13 (DG)] Der wirt sol dehain weise / Ezzen dehainer slaht speise / Dev den gesten sei vngemaine A.   512 sîn (G)] die D.   513 diu] Vnd die D(G).   ungemeine] vngeneme DG.   515-18 (DG)] nicht in A.   515 olbent G] ellende D.   516 (G)] Ob er kainen andern sicht D.   520 geben] giessen D.   521 sich] jm auch D. im G.   523 sich] jm D(G).   524 Der gee hindann vil ferre D(G).   525-26 nicht in DG.

si suln lachen niht ze vil,
530   wan lachen ist der tôren spil.
bi ir rede ist niht grôzer sin,
swâ zwêne lachent under in.
dâ von mac ein ieglîch man,
der sich wol verstên kan,
535   lâzen ân nît, hoert er niht,
des ein man lachende giht.
dehein man sol hân den muot,
daz er ze sîme gesellen muot,
daz er im diu tougen sîn
540   ûf tuo, daz ist *diu lêre* mîn.
man sol sich vast vor dem bewarn,
der sîn tougen wil ervarn,
wan man dicke gerne seit,
des man sô genôte vreit.
545   Ein iegelîch juncherre guot
sî sîner zühte sô behuot,
swaz im sîn geselle sage,
daz erz mit triuwen wol verdage.
seit erz unde wirt ers inn,
550   er getrout im immer min.
daz man tougenlîchen seit,
daz wirt dicke ûz gebreit.
ich wil iu sagen: swelich man
mit sinne niht erahten kan,
555   von wem, ze wem, waz, wie und wenne
er rede, ez schadet im etwenne.
man sol sehen, von wem man seit.
der vrum ist von dem boesn gescheit.
dehein man sol dem klaffaere
560   sagen tougenlîchiu maere.
swer hât tugenthaften muot,
der sol niht sprechen niwan guot.
daz guot man güetlîchen sol
sprechen, swer wil sprechen wol.
565   swelich man kan merken, wenne
er spreche, der spricht nâch rehte denne.
diu kint suln ir rûnen lân,
wan rûnen ist niht ân arcwân.
vil selten zuht und êre hât,

Sie sollen nicht zu oft lachen, denn
Lachen ist das Vergnügen der Narren.
Es steckt nicht viel Verstand in ihren
Worten, wo zwei miteinander kichern.
Deshalb braucht es keiner,
der weiß, wie es zugeht,
zu bedauern, wenn er nicht versteht,
was einer unter Gelächter sagt.
Niemand soll es darauf anlegen,
seinen Freund zu bedrängen,
daß der ihm seine Geheimnisse
offenbare, das ist mein Rat. Man soll
sich sehr hüten vor dem, der eines
andern Geheimnisse erfahren will,
denn oft sagt man gern [weiter], was
man so angelegentlich zu erfahren sucht.
Jeder noble junge Mann
sei in guter Erziehung so gefestigt,
daß er, was sein Freund ihm sagt,
getreulich für sich behält.
Sagt er es [weiter] und erfährt jener
das, traut er ihm nie mehr so recht.
Was man im Geheimen sagt,
wird oft weit verbreitet.
Ich sage euch: Wer nicht mit
Bedacht abwägen kann, von wem,
zu wem, was, wie und wann er spricht,
fügt sich zuweilen Schaden zu. Man soll
achtgeben, über wen man spricht. Der
Tüchtige ist vom Schlechten zu unterscheiden.
Dem Schwätzer soll
niemand Geheimnisse anvertrauen.
Wer anständig ist,
der soll nur Gutes [weiter]sagen.
In Güte soll das Gute [weiter]sagen,
wer in guter Weise sprechen will.
Wer achtgeben kann, wenn er spricht,
der spricht dann auch, was sich gehört.
Das junge Volk soll sein Flüstern lassen,
denn Flüstern erregt Argwohn.
Nie ist anständig und ehrenhaft,

---

532 under] wunder D.   533 ein] wol ein D.   535 hoert] vernimt G.   niht] iht D.   537-38 Ein iegelich man ovch des enber / daz er an sinen gesellen ger G.   538 muot] gut D.   539-40 Das er jm die tugend auff thu / das ist der rat nw D.   540 diu lêre (G)] der rat AD.   541 vast] wol G.   dem] den D.   542 tougen] tugend D.   543-44 Wan man vragt diche vmb daz / daz man ez melde deste baz G.   544 vreit] frewd D.   548 daz er mit triwen daz verdage G.   549 erz] er sein D. er sin G.   550 immer min] dester mynder D.   551 tougenlîchen] tugentlich D.   552 ûz gebreit] auspreit D.   554 sinne] synnē D(G).   erahten] betrachtē D(G).   556 ez] die D. daz G.   558 dem] den D.   559 dehein man] Nyemand D(G).   560 tougenlîchiu] tugentliche D.   562 der sol nymand sprechen gut D.   563 daz] Der D.   565 kan] wil D.   566 spricht] spreche G.   567 rûnen] rumen D(G).   lân (DG)] verlan A.   568 waň rumen ist ein arger wan D.   wan rûnen] rvmen G.

570 daz man ungern wizzen lât,
 wan daz man offenlîchen seit,
 sol sîn geziert mit hüfscheit.
 von rûnen harte dicke geschiht,
 daz einer wirt dem andern niht
575 ze holt, wan er waenet wol,
 er gedenke sîn niht, als er sol.
 swenn diu kint vür ir herren gênt
 ode vor ir herren stênt,
 rûnen, lachen, umbe sehen
580 sol von in dâ niht geschehen.

was man ungern verlauten läßt, denn
was man in der Öffentlichkeit sagt,
soll den Glanz des Hofgemäßen haben.
Durch das Flüstern geschieht es sehr oft,
daß einer den andern nicht
sonderlich mag, denn er nimmt zu Recht an,
jener erwähne ihn nicht, wie er sollte.
Wenn die Knappen vor ihre Herren treten
oder vor ihren Herren stehen,
soll es von ihnen kein Flüstern
Kichern, Herumschauen geben.

Aus dem IV. Kapitel

 Ein kint sol haben den muot,
 daz in dunke, swaz er tuot,
 daz in sehe ein biderbe man;
 er hüet sich baz vor schanden dan,
645 wan er sich vor im schamen muoz,
 ob im zundingen slîft der vuoz.
 man sol gern volgen dem man,
 der bezzer ist ze sehen an
 denn ze hoeren; daz ist der,
650 der alsô hât der zühte lêr,
 daz er nâch sîner rede guot
 baz, danner spreche, tuot.
 Swer ze hove wil wol gebârn,
 der sol sich deheime bewarn,
655 daz er nien tuo unhüfschlîchen,
 wan ir sult wizzen sicherlîchen,
 daz beidiu zuht und hüfscheit
 koment von der gewonheit.
 swelch kint schimpht, der schimphe alsô,
660 daz man dervon nien werde unvrô.
 boes ernst kumt von boesem schimphe.
 man sol schimphen, daz ez glimphe.
 boes schimphe mit der wârheit
 machent dicke herzen leit.
665 nu merket, daz der gebûre
 schimpht und tagalt harte sûre.

Ein junger Mensch soll nicht versäumen
sich vorzustellen, daß ihm, was er auch
tut, ein trefflicher Mann zusieht;
er hütet sich dann um so besser vor Schande,
denn er muß sich vor jenem schämen,
wenn sein Fuß zu Ungehörigem abgleitet.
Man soll bereitwillig dem Mann folgen,
dem zuzusehen besser ist als ihm
zuzuhören; das ist nämlich der, der sich
die Lehre guter Erziehung so zu eigen gemacht
hat, daß er gemessen an seinen guten Worten
noch besser handelt, als er spricht.
Wer sich bei Hofe gut benehmen will,
der soll auch zu Hause achtgeben,
daß er sich nicht unhöfisch aufführt,
denn das sollt ihr euch einprägen, daß
gute Erziehung und höfisches Wesen
sich durch Gewohnheit einstellen.
Welcher junge Mann scherzt, der scherze
so, daß man dadurch nicht ärgerlich wird.
Übler Ernst entsteht durch üblen Scherz.
Man soll [so] scherzen, daß es gefällt.
Wahrheiten [in der Form] übler Scherze
verursachen oft Herzeleid.
Bedenkt, daß [nur] der Grobian
sehr verletzend scherzt und spaßt.

573 Von rumen dicke das geschicht D. rûnen] rvmen A(D) rv̂me G. 574 dem] den D. 577 swenn] So G. ir] die D. 578 od' anders vor in sten G. 579 rûnen] Rumen D. 580 von in dâ] vor den herr'n D. da von in G. 642 in] es D. er] es D. 644 vor DG] von A. schanden] schamen D. 645 vor im] nicht in G. 652 spreche] sprechen D. 653-58 nach v. 670 G. 653 gebârn] gevarn G. 655 unhüfschlîchen (DG)] vnhvflichen A. 656 wan] nicht in G. 658 koment] komet D. chom ie G. 659 schimpht] schimpff D(G). der] das D(G). schimphe] tv G. 661 kumt (DG)] chvmnp A. 663 boes schimphe] Boser schimpff D(G). 664 machent] machet D. 665 der] ein D. 666 zu schimpffê zu tagalt ist gar (harte G) sawre D(G).

boeser schimph macht haz, zorn, nôt,	Übler Scherz verursacht Haß, Zorn, Leid,
zorn vîntschaft, vîntschaft tôt.	Zorn Feindschaft, Feindschaft Tod.
boeser schimph macht undr gesellen	Übler Scherz verursacht unter Freunden
670 groezer*n* nît dan under gellen.	größere Mißgunst als unter Rivalinnen [besteht].

Aus dem V. Kapitel

Swer sich an rede bewaren wil,	Wer sich bei dem, was er sagt, vorsehen
der sol sich hüeten vor dem spil,	will, soll sich vor dem Spiel hüten,
daz uns vil boese rede bringet	das uns zu schlimmen Reden verleitet und
690 und wider schoene zuht ringet.	gegen die schöne Erziehung verstößt.
selten spilt dehein man,	Nie spielt einer, der nicht,
und wirt er verliesent d*r*an,	wenn er dabei zu verlieren anfängt,
ern spreche des genuoc,	eine Menge von dem daherredet,
daz ein hüfsch man und gevuoc	was ein höfischer und wohlerzogener Mann
695 möhte vil ungerne sprechen.	höchst ungern aussprechen würde.
wie mac sich ein man harter swechen,	Wie kann sich ein Mann mehr blamieren,
der umbe kleine vlust wil	der sich eines geringen Verlustes wegen
sich mit rede schenden vil?	mit seinem Gerede unmöglich macht?
hiet er verlorn, swaz er hât,	Wenn er [alles] verloren hätte, was er besitzt,
700 er möht dannoch gern haben rât,	wäre er dennoch besser beraten,
daz er niht ensei*t*e, daz er seit;	nicht zu sagen, was er sagt; das kommt
daz machet grôz unstaetekeit.	von der großen Unbeherrschtheit.
daz spil gît hazze*s*, zornes vil;	Das Spiel schafft viel Haß und Wut;
girde und erge ist bî dem spil.	Gier und Bosheit sind mit von der Partie.

---

668 zorn veintschaft vnd den tot D.   670 grossern nicht denn vnd' gelln D.   groezern (DG)] Groezer A.   689 boese rede] boser lere D.   691 spilt] spilte G.   dehein] kain D.   692 verliesent] verliesen D.   dran (G)] dan A(D). 694 das einē hubschen mann fug D.   696 mac] mocht D.   697 kleine] kain D.   701 enseite daz G] ensait daz A. redet was D.   703 hazzes zornes G] hazzes vnd zorns A. lasters vñ zorns D.

705 dem muoz vil wê nâch guote sîn,	Gewaltig muß nach Geld verlangen, wer seins
der daz sîn wâget durch daz mîn.	aufs Spiel setzt, um an meines zu kommen.
rehte wol und eben lît,	Es ist gut und ganz in Ordnung,
daz spil rîchtuom niht engît,	daß das Spiel keine Reichtümer bringt,
wan ieglîcher hiet daz spil erkorn;	denn dann hätte jeder sich dem Spiel
710 die tugende waeren gar verlorn.	ergeben; die Tugenden wären dahin.
Swer vil geret, der ist ein kint;	Wer viel daherredet, ist ein Kindskopf;
wîse liute hânt in vür ein rint.	kluge Leute halten ihn für ein Rindvieh.
dâ von sol sîn ein kint behuot,	Das soll einem jungen Menschen nicht passieren,
daz er nien habe sô ringen muot,	so wenig Beherrschung zu haben,
715 ern müge sîn zungen stille hân;	daß er seine Zunge nicht still halten kann;
wan swelch kint wil daz verlân,	denn der Jugendliche, der das unterläßt,
der hât niht ze gedenken muoz,	hat nicht Muße genug nachzudenken,
im slîfet lîht der zungen vuoz.	der Fuß der Zunge rutscht ihm leicht aus.
man sol ze vil doch swîgen niht,	Man soll jedoch nicht zu viel schweigen,
720 wan von vil swîgen dicke geschiht,	denn durch viel Schweigen entsteht oft das
daz von vil klaffen mac geschehen.	gleiche, das vom vielen Reden entstehen
man sol die mâze wol ersehen	kann. Man soll bei allem das rechte Maß
an allen dingen, daz ist guot;	ins Auge fassen, das ist gut;
ân mâze ist niht wol behuot.	ohne Maß ist nichts in Ordnung.

Aus dem VI. Kapitel

Die vrouwen suln nemen sin	Die Frauen sollen aus dem
von der vrouwen ungewin,	Unglück der Frau lernen,
diu dâ Helenâ was genant.	die da Helena hieß. Bei den
ze Kriechen über elliu lant	Griechen war sie eine mächtige
825 was si gwaltigiu küneginne.	Königin über alles Land. Sie besaß
si het vil schoene und lützel sinne.	große Schönheit und kleinen Verstand.
ir schoene vuogt ir grôze schant.	Ihre Schönheit brachte ihr große Schande.
schoene ist ân sin ein swachez phant.	Schönheit ohne Verstand ist ein wertloses
ein vrouwe sol haben die sinne,	Pfand. Eine Frau soll so verständig sein,
830 swer mit ir ret von minne,	daß, spricht einer zu ihr von Liebe,
si sol halt haben den muot,	im Guten wie im Bösen,
swaz man ret übel ode guot,	sie dann besonnen die Antwort gibt,
daz si antwurte zuo der vrist	die dem entspricht, wie der Mann
dar nâch, unde der man ist	ist und danach, wie er seine Werbung
835 und dar nâch, und er *habe* gegert;	vorgebracht hat; so bekommen
sô ist diu vrouwe und er gewert.	die Dame und er, was sie verdienen.
Ein vrouwe hât an dem sinne genuoc,	Einer Frau genügt das Wissen,

---

706 wâget] wagêt *D.*   707 wol und] vnd wol *D.*   709-10 Wer spil vor zucht hat erkorn / der tugend vnd ere ist verlorñ *D.*   709 hiet] hat *G.*   710 gar] so gar *G.*   711 geret] redet *D.* gereit *G.*   712 (G)] Den habent weise levte fvr ainen wint (ein rint *D*) *A(D).*   wîse] die wisen *G.*   713 dâ von] Dauor *D.*   714 er] es *D.*   715 ern müge] Es enmag *D.*   zungen] zung *D.* zvnge *G.*   716 kint] *nicht in D.*   717 der] Das *D.*   718 slîfet] slifent *G.*   vuoz] fusse *D(G).*   719 ze vil doch] auch zuuil *D.*   722 ersehen] besehen *D.*   822 von] fur *G.*   824 Kriechen] kirchē *D.* 825 was (DG)] wan *A.*   827 ir] jch *D.*   vuogt] fůg *D.*   828 ein] *nicht in G.*   831 halt] *nicht in D.*   835 Vnd darnach das er gert *D.*   er] der man *G.*   habe] *nicht in ADG.*

daz si sî hüfsch unde gevuoc,
und habe ouch die gebaerde guot
840 mit schoener rede, mit kiuschem muot.
ob si dan hât sinnes mêre,
sô hab die zuht und die lêre,
erzeig niht, waz si sinnes hât.
man engert ir niht ze potestât.
845 ein man sol haben künste vil;
der edelen vrouwen zuht wil,
daz ein vrouwe hab niht vil list,
diu biderbe unde edel ist.
einvalt stêt den vrouwen wol,
850 doch ist reht, daz ein vrouwe sol
haben die lêre und die sinne,
daz si sich hüete vor unminne.
man heizet ‚minne‘ ofte daz,
daz man unminne hieze baz.
855 Swer ir niht unrehte tuot,
ich schilt die minn niht, diu ist guot.
schoene, vriunt, geburt, rîchtuom, minne
sint umberihtet âne sinne.
schoene ist enwiht, dâne sî
860 sin und ouch zuht bî.
swelich man niht sinnes hât,
der gît sîm vriunde boesen rât.
ist ein man ân sin wol geborn,
sîn edeltuom ist gar verlorn.
865 eins mannes rîchtuom ist enwiht,
wirt er mit sinne geteilt niht.
diu minn wirt dicke zunminne,
si enwerde gerihtet mit dem sinne.
Wîp schoene ân sin und ân lêre,
870 diu hât ir lîp mit kleiner êre.
diu schoen vil lîhte den êren scheit,
wirt si niht mit dem sinne beleit.
ist âne sinne ein schoene wîp,
diu hât zwei gebende an ir lîp,
875 diu si ziehent zundingen;
ir mac ouch nimmer wol gelingen.

daß sie höfisch und wohlerzogen ist,
gutes Benehmen mit feinem Sprechen
und keuschen Gedanken soll sie haben.
Hat sie darüber hinaus Verstand, soll
sie so wohlerzogen und einsichtig sein,
nicht zu zeigen, wie viel Verstand sie hat.
Man will sie ja nicht als Regenten haben.
Ein Mann soll viele Fähigkeiten haben;
die gute Erziehung der adligen Dame
verlangt, daß eine Dame, die vortrefflich
und edel ist, nicht über viel Geistesschärfe
verfüge. Einfalt ziert die Frauen,
doch ist es richtig, daß eine Frau
so unterrrichtet und verständig sein soll,
daß sie sich vor falscher Liebe hüte.
Oft nennt man ‚Liebe‘, was man besser
deren Gegenteil nennen sollte.

Keinem, der nicht gegen sie verstößt,
sage ich Negatives über die rechte Liebe.
Schönheit, Freundschaft, Herkunft, Reichtum,
Liebe laufen ohne Verstand aus dem Ruder.
Schönheit ist nichts wert, wenn nicht auch
Einsicht und gutes Benehmen im Bunde sind.
Der Mann, der keinen Verstand hat,
gibt seinem Freund schlimme Ratschläge.
Ist ein Mann von edler Abkunft ohne
Verstand, steht es schlimm um seinen Adel.
Eines Mannes Reichtum richtet nichts aus,
wenn er nicht verständig eingesetzt wird.
Die Liebe wird oft zu ihrem Gegenteil,
wenn sie nicht durch Verstand gelenkt wird.
Eine schöne Frau ohne Verstand und
unbelehrt führt ein ehrloses Leben.
Sehr leicht schadet die Schönheit der Ehre,
wenn sie nicht durch Verstand gelenkt wird.
Hat eine schöne Frau keinen Verstand,
hat sie [quasi] zwei Zugseile an ihrem
Leib, die sie ins Anstößige ziehen;
das kann niemals gut für sie enden.

---

840 rede mit] red vñ mit D.   842 hab die] hab sie die D. habse die G.   843 erzeig] Getzaige D.   855/56] 856/55
DG.   856 diu ist] diez G.   857 rîchtuom] reichtē D.   858 umberihtet] vbel beriht G.   859 dâne sî] es ensei D.
860 ouch zuht bî] zucht auch dabey D.   861 niht] nichtz D.   862 sîm vriunde] seinen frundē D(G).   863 ân sin]
an synne D.   864 edeltuom] edelkait D.   866 niht] icht D.   868 enwerde] werde D.   870 kleiner] kain’ D.
871 den êren (G)] der eren A. der ere D.   872 dem sinne beleit] synnē beclait D.   876 nimmer] selten G.

Aus dem VII. Kapitel

Der lîp wandelt sich nâch dem muot.
des lîbes gebaerde uns dicke bescheit,
hât ein man lieb ode leit.
915 dâ von mac ein ieglîch man,
der die gebaerde *be*scheiden kan,
bî der gebaerde, ob er wil,
verstên dinges harte vil.
ein ieglîch tuc hât
920 sîn gebaerd, swer hât den rât,
daz erz erkennt, und ouch den sin.
ir gebaerd hât ouch diu minn.
ich sagiu von der wârheit:
vorht, nît, haz und girescheit,
925 *lieb, leit, milt, erge unde zorn*
hânt ir gebaerde niht verlorn.
doch sint der liute reht genuoge,
die dâ helnt mit gevuoge
beidiu haz und zorn mit sinne,
930 daz sîn niemen mac werden inne,
wan der wîsen liute schar
ist ûz der tôren regel gar.
man mac der tôrn gedanke vil
bi ir rede verstên, swerz tuon wil.
935 swer den wîsen erkennen sol,
der bedarf ouch sinnes wol.
wil man ervarn sînen muot,
dâ zuo *h*oert kleiner sin guot.
Am sehen triuget man sich dicke;
940 jâ sint niht tag all liehte blicke.
allez, daz man wîzez siht,
daz ist snê zallen zîten niht.
beidiu man und ouch wîp
erzeigent oft, daz in ir lîp
945 und in ir herze*n* niender ist;
daz machet gar ir boeser list.
Gar ist niht schoen, diu in ir muot
hât deheiner slahte guot;
wan swie schoene ein wîp sî,

Der Leib paßt sich dem inneren Zustand
an. Die Gebärde des Leibes verrät uns oft,
ob einer fröhlich oder traurig ist.
Dadurch kann jeder,
der die Gebärde deuten kann,
wenn er will, an der Gebärde
sehr viel erkennen. Jeder
innere Vorgang hat seine Gebärde
für den, der so erfahren und verständig
ist, daß er sie erkennt.
Auch die Liebe hat ihre Gebärde.
Ich spreche über Tatsachen:
Furcht, Neid, Haß und Gier, Freude,
Leid, Großmut, Geiz und Zorn
haben wie eh und je ihre eigene
Gebärde. Allerdings gibt es genug
Leute, die mit Geschick
Haß und Zorn klug verbergen,
so daß niemand dessen inne wird,
denn die Gruppe der Weisen bildet eine
Ausnahme von dieser Regel der Toren.
Wer es darauf anlegt, kann, was die Toren
denken, an dem erkennen, was sie sagen.
Wer den Weisen erkennen will,
muß selbst recht gescheit sein. Will man
erfahren, was der denkt, bedarf es
eines scharfen guten Verstandes.
Beim Sehen täuscht man sich oft;
nicht alle Helligkeiten bedeuten Tag.
Nicht alles Weiße, das man sieht,
ist immer Schnee. Männer ebenso
wie Frauen tragen oft zur Schau,
was in ihrem Innern und ihrem Herzen
durchaus nicht vorhanden ist;
das kommt von ihrer Hinterhältigkeit.
Die ist nicht vollkommen schön, die im
Innern auch nicht eine gute Eigenschaft hat;
denn wie schön eine Frau auch sein mag,

---

913 uns] *nicht in* D.   915 ieglîch] karger D(G).   916 der die] die der D.   bescheiden (D)] erschaiden A. erchenen
G.   917 der gebaerde] dem gelert er D.   919 tuc] gauch D. tѷcche G.   920 sîn gebaerd] nach sinen gederden G.
921 erz erkennt] erkennet er D.   den sin] dem syn D. die sinne G.   922 ouch] *nicht in* DG.   923 von der] fur die
D.   924 girescheit (G)] geutigkait D.   925/926 DG] 926/925 A.   927 Doch ist lewt rede gnuge D. Doch ist der
leute harte genѷge G.   doch (DG)] Avh A.   929 sinne] myne D.   932 ûz] ovh G.   938 hoert] gehoeret A(G). ge-
hornt D.   kleiner] *nicht in* D.   939 Am] Amme AG. In dem D.   sich] *nicht in* D.   940 ia haben die tag nit gleich
plick D.   944 ertzaigen das oft an jrm leib D.   945 und] Das D.   herzen (D)G] herce A.   946 ir boeser] vil val-
scher D.   947 Er ist nit gar schon in seinê mut D.   948 hât deheiner] hat er kainer D.

950 ist untriwe und unzuht derbî,
so ist ir ûzer schoen enwiht;
si ist schoene innerthalben niht.
ich naeme ein guot niht schoene wîp
vür einn schoenen unvertigen lîp,
955 wan si hât ir schoene in ir gemüete.
schoene ist ein niht wider güete.
ich werte gerne mîne schulde:
vür silber kuphers übergulde.
valsch schoeniu wîp man ahten sol
960 ze kupher überguldet wol,
daz an im lützel goldes hât.
under schoenem vel ist valscher rât.
man sol wizzn, daz valsche liute
hânt niht mêr schoene wan ir hiute.
965 Man gît vergift mit honic wol,
swenn uns diu süeze triegen sol.
zunge valscher wîbe honic ist,
ir wille ist eiter, wizze krist.
der valsch zimt niemen wol,
970 ein vrouwe sich behüeten sol
vor valsche harter dan ein man.
valsch stât den vrouwen wirser an.
sô stât milte allen liuten wol.
ein ieglîch vrowe milt wesen sol;
975 doch zimt diu milt den rîtern baz
denne den vrouwen, wizzet daz.
diemüete zimt in beiden wol.
ein rîter und ein vrouwe sol
diemüete sîn; doch stêt diemüete
980 den vrouwen baz, wan ir güete
sol sîn geziert mit der tugent
beidiu an alter und an jugent.
dem rîter zimt wol vrümkeit,
den vrouwen triuwe und wârheit.
985 *der rîter zage ist enwiht;*
daz valsche wîp ist ouch ze niht.
der rîter arc ist gar ân êre,
daz tumbe wîp an güete laere.
dem rîter zimt niht schalkeit;
990 *ein vrowe sol vor unstaetekeit*
und vor untriuwen sîn behuot
und vor hôhvart, daz ist guot.

ist Treulosigkeit und Zügellosigkeit im
Spiel, ist ihre äußere Schönheit wertlos;
sie ist nicht von innen heraus schön.
Ich tauschte eine gute, nicht schöne Frau
gegen eine schöne lasterhafte ein,
denn jene hat ihre Schönheit im Gemüt.
Schönheit ist nichts gegen inneren Wert.
[So] würde ich gern meine Schulden
bezahlen: statt Silber vergoldetes Kupfer.
Verlogene schöne Frauen soll man
wie vergoldetes Kupfer einschätzen,
das kaum Gold an sich hat.
Unter schöner Haut steckt Betrug. Man
soll bedenken, daß verlogene Menschen
nicht mehr Schönheit haben als ihre Haut.
Gift verabreicht man mit Honig,
wenn die Süße uns täuschen soll.
Die Sprache der falschen Frauen ist Honig,
ihre Absichten sind Gift, weißgott.
Falschheit schickt sich für niemanden,
[doch] soll sich eine Frau vor Falschheit
mehr hüten als ein Mann. Bei Frauen ist
Falschheit schlimmer.
Ebenso ist Freigebigkeit bei jedem
gut. Jede Frau soll freigebig sein;
doch Freigebigkeit schickt sich besser
für Ritter als für Frauen, merkt euch
das. Demut schickt sich für beide.
Ein Ritter ebenso wie eine Frau soll
demütig sein; dennoch paßt Demut
besser zu den Frauen, denn ihr gutes
Gemüt soll mit dieser Tugend im Alter
wie in der Jugend ausgezeichnet sein.
Zum Ritter gehört Tapferkeit, zur
Frau Zuverlässigkeit und Aufrichtigkeit.
Ein feiger Ritter ist nichts wert;
eine falsche Frau taugt auch nichts.
Ein geiziger Ritter ist gänzlich ehrlos,
die törichte Frau ohne innere Qualität.
Dem Ritter steht Tücke schlecht an;
eine Frau soll gegen Wankelmut
und Untreue gefeit sein
und gegen Hochmut, das ist gut.

---

953 ein guot niht] on gut nit ein D. 954 fur einen vngetrewen leib D. 956 ein] *nicht in* D. 958 kuphers] chv-
pher A(DG). 959 valsch] welch D. 960 überguldet (DG)] vber gulde A. 963 man] Wañ man D. 964 wan ir]
wañ an ir D. 965 vergift] vorgist D. 966 diu] dise D. 968 wizze krist] zu aller frist D. 972 den] *nicht in* D.
wirser DG] wiers A. 975 Das zimt den rittern milt bas D. den rîtern] den ritter G. 978 Ein fraw vnd ein ritter
sol D. 980 *nicht in* D. 984-992 DG] 990-992, 985-989, 984 A. 984 triuwe (DG)] trewe zimt A. 987 gar]
nicht in D. 988 an güete laere] on gut lere D. an gvtiv lere G. 989 niht] mit D.

sint dise tugende an ir niht,
so ist ir schoene gar enwiht.

Hat sie diese Tugenden nicht, ist
ihre Schönheit überhaupt nichts wert.

VIII. Kapitel

995   Ist ein wîp schoen ân ander güete,
vor der mich unser herre behüete,
daz ich ir nimmer wol getri*u*we.
swerz tuot, er kumts in grôze riuwe,
wan er ervert ir valsch vil gar
1000 und ir untriuwe, daz ist wâr.
swenn si im aller liebest ist,
so erzeigt si im ir boesen list.
der tôren netze ist wîbes schoene;
swer kumt drin, der hât sîn hoene.

Ist eine Frau schön ohne sonstige Qualitäten,
möge mich unser Herr vor ihr bewahren,
damit ich ihr niemals mein Vertrauen schenke.
Wer es tut, den wird es mächtig reuen, denn,
wahr ist es, er erfährt das ganze Ausmaß
ihrer Falschheit und ihrer Treulosigkeit.
Wenn er sie am meisten liebt, zeigt
sie ihm ihre böse Tücke. Die Schönheit
der Frau ist ein Netz für den Toren;
wer hineingerät, erntet Verachtung.

1005 der kumt drin, der sînen rât
an ein wîp vil gar verlât
durch ir schoen, niht durch ir güete;

Der gerät hinein, der sein Heil gänzlich von
einer Frau abhängig macht ihrer
Schönheit, nicht ihrer Qualitäten wegen;

996 unser herre] got D.   997 getriuwe (G)] getrauwe A. getrawe D.   998 der ir getrawt er kumt jn rewe D.
1002 boesen] bose D.   1004 sîn hoene] si hone G.   1006 ein wîp] weib ein D.

wan hât *si* danne valsch gemüete,
sô ist im danne daz unheil
1010 vil gar bereitet âne teil.
im ist halt unsaelikeit
mit allem ir gesinde bereit.
ist triuwe, staete und senfter muot
an schoenem wîbe, so ist si guot.
1015 diu mac mich âne netze gereichen;
durch sî wil ich mîn herze weichen
und wil, daz ir einvaltic herze
sî gar mîn angel âne smerze,
daz si mich ziehe, swar si wil.
1020 swaz si gebiut, dunkt mich niht vil,
wan guotes wîbes reiner muot,
den widerwiget dehein guot.

Ich hân geseit, daz boesiu maere,
diu suln kinden wesen swaere,
1025 und hân geseit, welch diu sint.
nu wil ich sagen, waz diu kint
suln vernemen unde lesen
und waz in mac nütze wesen:
juncvrouwen suln gern vernemen
1030 Andromaches, dâ von si nemen
mügen bilde und guote lêre;
des habent si beidiu vrum und êre.
si suln hoeren von Ênît,
daz si die volgen âne nît.
1035 si suln ouch Pênelopê
der vrouwen volgn und Oenonê,
Galjênâ und Blanscheflôr,
<..> unde Sôrdâmôr.
sint si niht alle küneginne,
1040 si mügen ez sîn an schoenem sinne.

Juncherren suln *von* Gâwein
hoeren, Clîes, Êrec, Îwein,
und suln rihten sîn jugent
gar nâch Gâweins reiner tugent.
1045 volgt Artûs, dem künege hêr,
der treit iu vor vil guote lêr,

denn wenn sie es nicht ehrlich meint,
so kommt das Unheil ungeteilt
und im vollem Umfang über ihn.
Das Unglück mit seinem ganzen
Gefolge kommt über ihn. Ist eine
schöne Frau treu, beständig und
sanftmütig, dann ist sie gut.
Die kann mich ohne Netz einfangen; um
ihretwillen will ich mein Herz empfänglich
machen und will, daß ihr argloses Herz
der Angelhaken ist, der nicht schmerzt,
so daß sie mich ziehen kann, wohin sie
will. Was sie befiehlt, dünkt mich nicht
schwer, denn das reine Gemüt einer
guten Frau wiegt kein Gut auf.

Ich habe gesagt, daß üble Geschichten
den jungen Leuten zuwider sein sollen,
und habe auch gesagt, welche das sind.
Nun will ich sagen, was die jungen Leute
hören und lesen sollen und
was ihnen von Nutzen sein kann:
Junge Mädchen sollen gern von
Andromache hören, wovon sie Vorbilder
und gute Lehren herleiten können;
das bringt ihnen Nutzen und Ansehen.
Sie sollen von Enite hören, damit
sie die ohne Arg nachahmen.
Sie sollen auch die Herrscherin Penelope
nachahmen und Oenone,
Galjena und Blanscheflor,
(...) und Sordamor. Sind sie auch
nicht alle Königinnen, sie können
es ihrer edlen Gesinnung nach sein.

Junge Herren sollen von Gawein,
Cliges, Erec, Iwein hören
und ihr junges Leben ganz nach
Gaweins makelloser Tugend ausrichten.
Ahmt den edlen König Artus nach,
der gibt euch vorzügliche Lehren,

1008 si (DG)] *nicht in* A.   1011 im ist] Ist im D.   1012 mit allen jr synnē gar berait D.   1014 schoenem wîbe]
schonen weiben D.   1015 mich] *nicht in* D.   1019 swar (G)] swa A. wo D.   1020 dunkt mich niht vil] das dunckt
nit zuuil D. dest niht ze vil G.   1021 Nicht waṅ raines weibes mut D.   1022 den D] *nicht in* AG.   1025 hân
(DG)] hat A.   1028 mit gantzen trewen state wesen D.   1030 Andromaches] andromatheus D.   1032 des] das D.
si] *nicht in* D.   1033 von] von frawen D.   1035 Pênelopê (G)] Penolope A. penolpe D.   1036 Oenonê] Oenoe A.
oneode D. tenone G.   1037-38 Galiana vnd Blanzaflor / Svcinia vnd Soradamor A. Galliana vnd blanczaflor / lucima
soradamor D. Galliana vnde blanschaflor / botima (*oder* botinia) vnde saradamor G.   1040 schoenem sinne (G)]
schoenn sinn A. schonen synne D.   1041 von (D)G] *nicht in* A.   Gâwein] Kawein A. gewan D. gawan G.
1042 horn clies vnd yewan D. horen clies erech iwan G.   1043 sîn] ir DG.   1044 Gâweins] gawanes G.
1046 guote] gvter G.

und habt ouch in iuwerm muot
künic Kar*ln*, den helt guot.
lât niht verderben iuwer jugent,
1050 gedenket an Alexanders tugent.
an gevuoc volgt ir Tris*t*ande,
Seigrimos, Kâlogrîande.
wartâ, wartâ, wie si drungen,
die rîter von der tavelrunden,
1055 einr vürn ander ze vrümkeit!
kint, lât iuch niht an trâkeit
und volget vrumer liute lêre,
des komt ir ze grôzer êre.
irn sult hern Key volgen niht,
1060 von dem mir vil unwirde geschiht;
der tuot mir allenthalben nôt.
jâ ist *her* Key noch niht tôt
und hât dar zuo *erben* vil;
ichn weiz, war ich mich kêren wil.
1065 sîniu kint heizent alsam er.
ê was ein Key, nu ist ir mêr.
ez schînt, daz Parzivâl nien lebet,
wan der her Key nâch êren strebet
mit lüge und mit unstaetekeit,
1070 mit spotte und mit schalkeit.
gelouben sult ir mir ein maere,
ob ichz Parzivâl waere,
daz ich etlîchen Key staeche,
daz ich im ein rippe noch zebraeche.
1075 ouwê, wâ bistu, Parzivâl?
wan waer noch inder dehein grâl
und stüende er umb einn phenninc phant,
in *er*lôst niht Keyes hant.
Ir habt nu vernomen wol,
1080 waz ein kint hoern und lesen sol.
ave die ze sinne komen sint,
die suln anders dann ein kint
gemeistert werden, daz ist wâr,
wan si suln verlâzen gar
1085 diu spel, diu niht wâr sint.
dâ mit sîn gemüet diu kint.
ich enschilte deheinen man,

und haltet euch auch König Karl,
den berühmten Helden, vor Augen.
Laßt eure Jugend nicht unnütz verstreichen,
denkt an die Tugend Alexanders.
An feinem Benehmen ahmt Tristan,
Segrimors, Kalogrenant nach.
Seht doch, seht, wie die Ritter
der Tafelrunde einer den andern an
Tüchtigkeit zu übertreffen suchten! Ihr
jungen Leute, verfallt nicht dem Müßiggang
und befolgt die Lehren tüchtiger Menschen,
dadurch gelangt ihr zu großem Ansehen.
Herrn Keie sollt ihr nicht nachahmen,
der mir viel Schändliches zufügt;
allenthalben bereitet er mir Kummer.
Herr Keie ist nämlich noch nicht tot
und hat zudem Scharen von Nachkommen;
ich weiß gar nicht, wohin ich flüchten soll.
Seine Nachkommen heißen wie er. Einst
gab es nur einen Keie, jetzt gibt es viele.
Anscheinend lebt kein Parzival mehr,
denn der Herr Keie versucht jetzt, mit
Lug und Trug, mit Spott und
Bosheit zu Ansehen zu kommen.
Glaubt mir, wenn ich sage, daß
ich, wäre ich Parzival, so manchen
Keie [vom Pferd] stäche, damit ich
ihm auch noch die Rippe bräche.
O weh, wo bist du, Parzival? Gäbe
es noch irgendwo einen Gral und wäre
der um nur einen Pfennig feil, eines
Keien Hand würde ihn nicht auslösen.
Ihr habt nun gehört, was ein
junger Mensch hören und lesen soll.
Aber die zu [reiferem] Verstand gekommen
sind, sollen wahrlich anders als ein junger
Mensch in Zucht genommen werden,
denn sie sollen diese Phantastereien,
die nicht wahr sind, hinter sich lassen.
Damit soll das junge Volk beschäftigt
werden. Ich tadle niemanden, der

1048 künic Karln] Chunich charel A. den konig karl D. den chᵛnich karln G.   1049 verderben] verderbent D.
1051 an gevuoc] Vngefuge D. Ane vnfᵛge G.   Tristande G] Tristrande AD.   1052 Saygrimos kalochriande A. segre-
mors golopriande D. saigrimos kalogriande G.   1054 tavelrunden] tavelrᵛngen G.   1055 vürn ander] furt den
and'n D.   1058 ze grôzer] in grosse D.   1059 hern Key] herr kay D. nach kayn G.   1060 mir vil] villeicht mir D.
1062 her (D)G] *nicht in* A. der not herr kay D.   1063 dar zuo erben (D)] dar zverbe A. dar ze erben G.   1064 war]
an was D.   1065 alsam] recht als D.   1067 daz (D)G] da A.   Parzivâl (DG)] Barzifal A.   1068 der] daz G.
1069 und mit] vnd D.   1073 ich] *nicht in* D.   etlîchen] etliche D.   1074 ich] *nicht in* D.   1076 dehein] kain D.
hein G.   1078 in] jr D.   erlôst (DG)] loest A.   1081 ave] Alle D.   1085 spel] spil D.   1086 sîn] sind D.

der âventiure tihten kan.
die âventiure, die sint guot,
1090 wan si bereitent kindes muot.
swer niht vürbaz kan vernemen,
der sol dâ bî ouch bilde nemen.
swer schrîben kan, der sol schrîben;
swer mâlen kan, der sol belîben
1095 ouch dâ mit; ein ieglîcher sol
tuon, daz er kan tuon wol.
von dem gemâlten bilde sint
der gebûre und daz kint
gevreuwet oft; swer niht enkan
1100 verstên, swaz ein biderb man
an der schrift verstên sol,
dem sî mit den bilden wol.
der pfaffe sehe die schrift an,
sô sol der ungelêrte man
1105 diu bilde sehen, sît im niht
diu schrift zerkennen geschiht.
daz selbe sol tuon ein man,
der tiefe sinne niht verstên kan;
der sol die âventiure lesen
1110 und lâz im wol dermite wesen,
wan er vindet ouch dâ inne,
daz im bezzert sîne sinne.
swenner vürbaz verstên mac,
sô verlies niht sînen tac
1115 an der âventiure maere.
er sol volgen der zuht lêre
und sinne unde wârheit.
die âventiure sint gekleit
dicke mit lüge harte schône;
1120 diu lüge ist ir gezierde krône.
ich schilt die âventiure niht,
swie uns ze liegen geschiht
von der âventiure rât,
wan si bezeichenunge hât
1125 der zuht unde der wârheit;
daz wâr man mit lüge kleit.
ein hülzîn bilde ist niht ein man.
swer ave iht verstên kan,
der mac daz verstên wol,

Phantastisches erdichten kann.
Phantasiegeschichten sind in Ordnung,
denn sie schulen ein junges Gemüt.
Wer sich nicht weiter bilden kann,
der soll auch darin Vorbilder suchen.
Wer schreiben kann, soll schreiben;
wer malen kann, soll auch dabei
bleiben; jeder soll das treiben,
was er gut kann.
Durch die gemalten Bilder werden
der Ungebildete und der Jugendliche
oft erfreut; wem nicht zugänglich ist,
was ein trefflicher Mann durch die
Schrift aufnehmen soll, der vergnüge
sich mit den Bildern. Der Geistliche
vertiefe sich ins geschriebene Wort,
der Unkundige schaue die Bilder
an, da es ihm nicht möglich ist,
Geschriebenes aufzunehmen.
Ebenso soll es der halten, der
Tiefschürfendes nicht begreifen kann;
der soll die Phantasiegeschichten
lesen und sich damit vergnügen,
denn er findet auch in ihnen, was
seinem Verstand förderlich ist. Wenn
er aber fortschreitet im Verständnis,
dann verschwende er seine Zeit nicht
länger an die Phantasiegeschichten.
Er soll die Lehren guter Erziehung, des
Verstandes und der Wahrheit befolgen.
Die Phantasiegeschichten sind oft
äußerst gefällig in Lügen eingekleidet;
Lüge ist ihr prächtiger Schmuck. Ich
tadle die Phantasiegeschichte nicht,
obwohl die Phantasiegeschichte
uns lügen macht,
denn sie verweist auf
gute Erziehung und Wahrheit;
Wahres kleidet man in Lügen ein.
Eine hölzerne Figur ist kein Mensch.
Wer aber [überhaupt] etwas begreift,
der begreift sehr wohl, daß sie einen

1088-89 tihten kan / die âventiure] *nicht in* D. 1090 bereitent (D)G] beraittet A. 1094 sol belîben] sols treiben D. 1097 dem] den DG. bilde] bilden G. 1098 und] vnd auch D. 1099 swer] der D. 1100 swaz] daz A(D)G. 1101 an der (G)] An di A. On die D. 1105 sît] die sind D. 1106 geschiht] do geschicht D. 1111 ouch] *nicht in* D. 1113 verstên] verstenen G. 1114 so verlewst er nicht seine tag G. verlies] verliese er G. 1115 an] Von D. 1116 zuht lêre] zvht vñder lere G. 1117 sinne] synnes D. ovch sinne G. 1124 bezeichenunge] bezaigenvnge A. bezaigunge D. bezeichvnge G. 1126 daz wâr] *nicht in* D. 1127 hülzîn (DG)] hvlzern A.

1130 daz *ez* einen man bezei*ch*en sol.
sint die âventiur niht wâr,
si bezei*ch*ent doch vil gar,
waz ein ieglîch man tuon sol,
der nâch vrümkeit wil leben wol.
1135 dâ von ich den danken wil,
die uns der âventiure vil
in tiusche zunge*n* hânt verkêrt.
guot âventiure zuht mêrt.
doch wold ich in danken baz,
1140 und heten si getihtet daz,
daz vil gar ân lüge waere;
des heten si noch groezer êre.
swerz gerne tuon wil,
der mag uns sagen harte vil
1145 von der wârheit, daz waer guot.
er bezzert ouch unsern muot
mit der wârheit michels baz
denn mit der lüge, wizzet daz.
swer an tihten ist gevuoc,
1150 der gewinnet immer gnuoc
materje an der wârheit;
diu lüge sî von im gescheit.
dâ von sol ein hüfsch man,
der sich tihten nimet an,
1155 vil wunderwol sîn bewart,
daz er niht kome in die vart
der lüge; ist er lügenaere,
sô sint danne sîniu maere
gar ungenaeme. ein man sol,
1160 swer iht kan sprechen wol,
kêrn sîn rede ze guoten dingen,
sô mag im nimmer misselingen.

Menschen darstellen soll. Sind also
die Phantasiegeschichten auch
nicht wahr, verweisen sie doch sehr
genau auf das, was jeder tun soll,
der Tüchtigkeit anstrebt.
Deshalb will ich denen danken, die
uns zahlreiche Phantasiegeschichten
ins Deutsche übersetzt haben. Die gute
Geschichte fördert gutes Benehmen.
Doch würde ich ihnen dankbarer sein,
wenn sie gedichtet hätten,
was keine Lügen enthielte; dafür
verdienten sie mehr Anerkennung.
Wer das unternehmen will,
kann uns so unendlich viel
Wahres erzählen, das gut wäre.
Er bessert uns auch mit der
Wahrheit sehr viel erfolgreicher
als mit der Lüge, merkt euch das.
Wer das Talent zum Dichten hat,
der findet allemal genügend
Stoffe, die wahr sind;
die Lüge sei fern von ihm.
Deshalb soll ein höfischer Mann,
der zu dichten willens ist,
außerordentliche Vorsicht walten
lassen, damit er nicht auf den Weg
der Lüge gerate; ist er ein Lügner,
so sind seine Geschichten
gänzlich unannehmbar. Wer die
Gabe der wohlgesetzten Rede besitzt,
soll sie an gute Stoffe wenden,
so kann er niemals fehlgehen.

Aus dem IX. Kapitel

Ich hân vertreten mîn zil
und hân geseit des harte vil,
1165 des *ich* nu niht hiet geseit,
solt ez den kindn niht wesen leit.
ich wolt habn ander rede gevangen,
die hân ich durch si übergangen.
und waer sîn zît, ich wolde doch

Ich habe mein Ziel aus den Augen verloren
und viel von dem gesagt, was ich nicht
gesagt hätte, wäre es den jungen Leuten
sonst nicht langweilig geworden. Ich hätte
gern ein anderes Thema angeschlagen,
habe es aber ihretwegen unterlassen.
Wäre Zeit genug, würde ich gern noch

1130 ez (D)G] *nicht in* A.   bezeichen] bezaigen A(G). bezewgē D.   1132 bezeichent] bezaigent AD(G).   1137 zungen (DG)] zvnge A.   hânt verkêrt] hat gekert D.   1139 wold] wil D.   1142 groezer] grosse D.   1146 er] es D. 1148 der] *nicht in* D.   1151 wârheit] arbait D.   1152 gescheit] geseit G.   1156 niht] iht G.   in] an D. 1157 Der lewgt vnd ist ein lugnere D.   1161 kêrn sîn rede] Der ker seinen sinn D.   1162 mag] chan G. 1163 vertreten] vbertreten D.   1165 ich DG] *nicht in* A.   1169 ich] icht D.

1170 von rîtern und von vrouwen noch sagen, wie si solden leben, ob si nâch êren wellent streben, alsô ich hân hie vor geseit an mîm buoch von der hüfscheit, 1175 daz ich welhschen hân gemacht. ich seit, daz man der minne kraft mit schoenem sinne tragen sol, swer âne schant wil leben wol. Der minn natûre ist sô getân: 1180 si machet wîser wîsen man und gît dem tôrn mêr närrischeit; daz ist der minne gewonheit. die sporn vüerent durch die boume daz ros, daz dâ vert âne zoume. 1185 alsam vert der, der âne sinne waent spiln mit der vrouwen minne. si vüert in hin über die boume, riht ers niht mit des sinnes zoume. daz viwer ist nütze unde guot, 1190 swer im niht unrehte tuot. gewinnt daz viwer überkraft, daz man im laet die meisterschaft, so ist verlorn und wüeste gar, swaz ez begrîfet, daz ist wâr. 1195 al dazselbe ist umb die minne, ob si undermacht die sinne. si blendet wîses mannes muot und schendet sêl, lîp, êre und guot. swer zem viwer nâht ze hart, 1200 der besengt dick sînen bart. Ich lêrt, daz man mit guoten dingen solt sîn vrouwen des betwingen, daz si an im staete waere. swer si sperret sunderbaere, 1205 der sparte si mit dienste baz. nu sage mir, waz hilfet daz, ob ich ir lîp sperre wol, ist dann ir will niht, als er sol? dehein slôz verhabt den muot; 1210 lîp ist ân herze ein swachez guot. diu slôz vüegent grôzen haz;	darüber sprechen, wie Ritter und Damen leben sollten, wenn sie zu Ansehen kommen wollen, so wie ich es früher in meinem Buch von der Hofzucht gesagt habe, das ich welsch geschrieben habe. Ich habe dort gesagt, daß die Macht der Liebe mit edlem Anstand ertragen soll, wer ohne Schande leben möchte. Um das Wesen der Liebe ist es so bestellt: Sie macht den Weisen weiser und dem Narren gibt sie größere Narrheit; so hält es die Liebe nun einmal. Sporen treiben ein Pferd, das ohne Zügel läuft, mitten durch das Gebüsch. Ebenso verrennt sich der, der ohne Verstand glaubt, die Liebe zur Frau sei ein leichtes Spiel. Sie führt ihn tief ins Gestrüpp, wenn er sie nicht mit dem Zaum des Verstandes zügelt. Das Feuer ist nützlich und gut, wenn man es nicht falsch handhabt. Wird es zu gewaltig und weiß man es nicht zu meistern, so ist in der Tat alles, was es ergreift, verloren und verwüstet. Genauso steht es um die Liebe, wenn sie den Verstand unterjocht. Sie macht den Weisen blind und schädigt Seele, Leib, Ehre und Besitz. Wer dem Feuer zu nahe kommt, versengt sich oft den Bart. Ich habe gelehrt, daß einer seine Frau im Guten dazu bestimmen soll, daß sie ihm treu ist. Wer sie gesondert einsperrt, würde sie besser durch Zuwendung [bei sich] wegsperren. Sag mir, was nützt es, wenn ich ihren Leib einsperre, und sie will nicht, wie sie soll? Kein Schloß hält die Zuneigung fest; Leib ohne Herz ist kein großer Wert. Schlösser verursachen großen Haß;

1172 wellent] woltĕ D. 1173 alsô] Als D. 1174 an] jn D. von] vor D. 1177 schoenem sinne] schonen synnē D. 1180 wîsen] den weisen A(DG). 1181 närrischeit] tumhait D. 1185 alsam] Also D. 1187 über] durch D. 1188 des] *nicht in D.* 1193 wüeste] verwste A. v'wustet D. verwŭst G. 1194 begrîfet] ergreift D. 1195 al dazselbe ist] Also ist es D. ist DG] *nicht in A.* 1196 undermacht] vnterchvmt G. 1198 schendet] sencket D. êre] *nicht in D.* 1199 swer] Vnd wer sich D. viwer] *nicht in D.* nâht (DG)] nahent A. 1200 dick (G)] *nicht in A.* leicht D. 1201 lêrt] ler D. 1202 des] das D. 1204 sunderbaere] sunder were D. 1205 der sparte] Da erspart D. 1207 ir (D)G] *nicht in A.* 1208 will] leib D. 1210 herze] trew D.

guot handelunge versliuzet baz.
gezoubert und betwungen minne
und gekouft sint unminne.

1215 swer mit zouber umbegât,
wizzt, daz er genôtzogt hât,
swelhe er gewinnt dâ mite;
er hât unhüfsches mannes site.
er hât gar einn unhüfschen muot,

1220 der den wîben gwalt tuot.
     Ich lêrte, swer guot minn hân wolde,
daz ers mit gâb niht werven solde.
swer umbe minne wir*bt* mit guot,
der erkennet niht des wîbes muot,

1225 ob si im sî von herzen holt
od ob si neme vür in golt.
ern weiz sîn selbes hüfscheit,
ob si werd durch in gemeit.
wirt aver er dar nâch inn,

1230 daz si kêrt ir gemüet an in,
bedarf si dann iht, des er hât,
so gebez ir von mînem rât.
ich weiz wol, daz disiu maere
sint den boesen vil unmaere

1235 dâ von, daz ein boesewiht
kan mit hüfscheit werven niht.
sîn gewer*ft* ist setzen phant;
er nimt unde gît zehant.
swer mit hüfscheit niht werven kan,

1240 der wirt billîch ein koufman.
gekouft minn hât niht minne kraft,
sine kumt niht in eigenschaft.
     Ein ieglîchr hât wol die sinne,
daz er weiz, möht man koufen minne,

1245 daz diu minn waer eigen gar.
sus ist diu minne vrî, deist wâr.
swer waenet koufen minn umb guot,
der erkennet weder minn noch muot,
wan bêdiu muot und minne

1250 suln uns bejagen unser sinne
und unser zuht, niht unser guot.
man sol muot geben umbe muot;

gute Behandlung hält besser fest.
Erzauberte, erzwungene und gekaufte
Liebschaften sind [eigentlich] deren
Gegenteil. Bedenkt, daß, wer Zauber
anwendet, die, die er damit gewinnt,
vergewaltigt hat; so etwas
macht kein höfischer Mann.
Der ist ganz und gar unhöfisch,
der Frauen Gewalt antut.
     Ich habe gelehrt, daß, wer wahre Liebe
finden will, sie nicht mit Geschenken
ködern soll. Wer mit Geld um Liebe
wirbt, durchschaut nie, wie die Frau zu
ihm steht, ob sie ihn von Herzen liebt
oder ob sie statt seiner das Gold schätzt.
Er weiß nicht, ob sie durch ihn als
höfischen Mann beglückt wird.
Hat sie sich ihm aber zugewendet,
und erfährt er dann, daß sie etwas
von dem Seinen nötig hat, so kann
er es ihr meinetwegen schenken.
Mir ist klar, daß diese Ausführungen
schlechten Menschen höchst unwillkommen
sind, und zwar, weil ein Schubiack nicht
höfisch zu werben versteht. Seine
Werbung besteht im Preisangebot;
Geben und sogleich Nehmen ist sein Ding.
Wer nicht höfisch zu werben versteht,
sollte besser Kaufmann werden.
Erkaufte Liebe hat keine Kraft, man
wird sie nie wirklich besitzen.
     Jeder hat so viel Verstand, daß
er erkennt, daß die Liebe, könnte
man sie kaufen, unfrei wäre.
In Wahrheit aber ist die Liebe frei. Wer
glaubt, Liebe um Geld kaufen zu können,
kennt sich weder in Liebe noch Gesinnung
aus, denn sowohl Gesinnung wie Liebe
soll unser Verstand uns erwerben und
unsere gute Erziehung, nicht unser Geld.
Man soll Gesinnung um Gesinnung geben;

1213 gezoubert] Geczawberg D.   1216 genôtzogt] genotczirt D. genozoget G.   1218 er (D)G] Der A.   1219 er]
Der DG.   1220 wîben] vrowen G.   1221 lêrte] lere D.   1223 wirbt DG] wirfte A.   1224 des wîbes] d' vrowen
G.   1225 sî] sey icht D.   1226 od] Vnd A(DG).   1228 durch] vmbe G.   1232 gebez ir von] geb er jr nach G.
1234 den boesen] dem posen D.   1235 ein] der D.   1237 sîn] Ein G.   gewerft] gewerif A. gewerb D. geberbe G.
phant] ein pfant D.   1242 sine] myñe D.   1243 ieglîchr] yeder D.   1244 weiz] went D.   koufen] kaufê die D.
1251 und] *nicht in* D.   niht unser guot] mit vnser gůte G.   1251a-b ich wen daz ieman also wůte / Der miñe chovf
vmbe gut G.   1252 muot … muot] gut … gut D.

man sol mit triuwe triuwe gern;
mit liebe sol man liebe wern;
1255 man sol mit staete staetekeit
vesten und die wârheit.
swer mit gâb waent machen guot
daz übel, den triugt sîn muot.
....
Ein toerscher man, der siht ein wîp,
1305 waz si gezierd hab an ir lîp.
er siht niht, waz si hab dar inne
an guoter tugende und an sinne.
sô merket ein biderb man guot
ir gebaerde und ouch ir muot.
1310 hât ein ros satels niht,
ez ist dar umbe niht enwiht.
ist ein guot wîp niht ze rîche,
ir ist doch harte ungelîche
ein iegelîch rîchez wîp,
1315 diu nâch unreht hât ir lîp.
ob ich ein ros koufen solde,
den zoum ich niht schouwen wolde
mêr dan daz ros; ich wolde halt
sehen, wie ez waere gestalt
1320 und welch bein und welhe vuoz
ez hiet. daz selbe tuon muoz,
swer *ein guot wîp welen* wil.
ern sol ahten niht ze vil,
waz si habe. merke daz,
1325 ob si sî guot, er tuot baz,
wan mit eim armen wîbe guot
mac man wol hân vroelîchen muot,
und mit eim rîchn unguotem wîp
mac man hân unvroelîchen lîp.
1330 Ich lêrt, daz dehein biderbe man
niht enkêr sînn muot dar an,
daz er abe preche eim wîbe ir guot,
wan swelch wîp daz getuot,
ez stât ir vil boeslîche,
1335 doch stât ez wirser ungelîche
einem man, daz sult ir glouben.
wizzt, daz ich gerner wolde rouben.

Treue soll man gegen Treue verlangen;
Liebe soll man gegen Liebe schenken;
mit Beständigkeit soll man Beständigkeit
und Wahrheit stark machen. Wer glaubt,
mit Geschenken Böses in Gutes
verwandeln zu können, der irrt sich.
....
Ein törichter Mann sieht an einer Frau,
was sie an Schmuck auf sich herumträgt.
Er sieht nicht auf das, was sie im Innern
an guten Eigenschaften und Verstand hat.
Ein trefflicher, guter Mann prüft dagegen
ihr Benehmen und ihre Gesinnung.
Trägt ein Pferd keinen Sattel,
ist es darum doch nicht wertlos.
Ist eine gute Frau nicht allzu
begütert, reicht doch jede noch so
begüterte Frau nicht an sie heran,
die unredlich lebt.
Sollte ich ein Pferd kaufen, sähe ich
das Zaumzeug nicht genauer an
als das Pferd; ich würde doch sehen
wollen, wie es von Statur ist, und
was für Beine und Füße es hat.
Genau das muß auch tun,
wer eine gute Frau wählen will.
Er soll nicht zu sehr darauf achten,
wie begütert sie ist. Er soll prüfen,
ob sie gut ist, daran tut er besser,
denn mit einer armen [aber] guten Frau
kann man sehr wohl glücklich sein,
mit einer reichen bösen Frau dagegen
wird man [nur] unglücklich leben.
Ich habe gelehrt, daß kein trefflicher
Mann sich einfallen lassen soll, eine
Frau um ihr Vermögen zu bringen,
denn bei einer Frau, die so etwas tut,
ist es schlimm, aber
ungleich schlimmer ist es bei
einem Mann, das könnt ihr glauben.
Glaubt, daß ich lieber stehlen würde.

1254 wern] gewern D. 1255 staetekeit (D)] di stetichait A(G). 1257 gâb] guter D. 1304 toerscher] tumber D. der] *nicht in* D. 1305 gezierd (G)] gezierdes A(D). 1306 dar inne] da innen D(G). 1307 sinne] synnen D. 1316 solde] wolde D. 1317 wolde] solde D. 1318-19 Halt sehen wie er sey gestalt / ob er sey New oder alt D. 1320 bein und] bein od' D. 1321 selbe] selber D. muoz] müssen D. 1322 Swer welin ain gvt weip wil A(DG). 1323 ern] der D. 1328 eim rîchn (DG)] ainem reichem A. 1329 hân] wol habē D. unvroelîchen] kranken (*Zusatz von anderer Hand*) D. 1330 lêrt] lere D. 1331 enkêr (D)] enchert AG. 1332 eim] seinē D. 1334 boeslîche] pillichen D. 1335 wirser G] wirs AD. 1337 ich D] ichz A. ich ez G.

X. Kapitel

Ich lêrt, waz einer vrouwen zeme,
*d*az si von ir vriunde neme:
1340 hantschuoch, spiegel, vingerlîn,
vürspangel, schapel, blüemelîn.
ein vrouwe sol sîn wol behuot,
daz si niht neme groezer guot,
ezn waer, daz sis bedorfte wol;
1345 so erloube ich ir dan, daz si sol
nemen mêre, und niht sô vil,
sin erzeige wol, daz si wil,
daz ir der vriunt sî vür daz guot,
wan anders hiet si valschen muot.
1350 ob ir ze nemen iht geschiht
mêr, bedarf sis danne niht,
ir ist der vriunt niht liep gar;
daz sol man wizzen wol vür wâr.
Swaz ich hie vor habe geseit –,
1355 ich sprich nu von der wârheit
und staetig ez mit mînem rât,
daz die vrouwen wesen stât
an ir mannen, wan trûtschaft
hât nuo ze hüfscheit kleine kraft.
1360 daz macht valsch, ruom, boese huot,
unstaetekeit und übermuot.
swelch vrouwe kiusche ist in ir jugent,
hât si dar zuo dan dise tugent,
daz si vor hôhvart sî behuot
1365 und daz si meine ir man mit guot
und sî im ouch mit triwen holt,
diust ein gimm vür allez golt.
daz selbe sprich ich umbe den man:
jâ ensol er sich niht kêren an
1370 ander wîp. swer eine hât,
der mac der andern haben rât.
Mir was ie liep der vrouwen êre.
kund ich iht, daz in nütze waere,
ich kêrt ez gerne an ir dienest.
1375 mir ist an einer vrowen *ez* liebest,
daz si vor valsche sî behuot.

Ich habe gelehrt, was sich von ihrem
Freund anzunehmen für eine Dame
schickt: Handschuhe, Spiegel, Ring,
Brosche, Kranz, Blümchen.
Eine Dame soll sich hüten, größere
Geschenke anzunehmen, es sei
denn, daß sie in einer Notlage ist;
dann gestatte ich ihr, daß sie mehr
annimmt, wenn auch nicht so viel, daß
sie nicht mehr ihre Einstellung zeigen kann,
daß ihr der Freund mehr bedeutet als das
Geld, sonst nämlich wäre sie unaufrichtig.
Gestattet sie sich, mehr anzunehmen,
bedarf dessen aber gar nicht,
hat sie den Freund nicht richtig lieb;
das soll man sich wirklich gut merken.
Was ich auch bisher gesagt habe –,
jetzt sage ich etwas zutiefst Richtiges und
unterstreiche es mit dringlichem Zuraten,
daß nämlich die Frauen ihren Männern treu
bleiben sollen, denn wahre Liebe ist
derzeit in höfischen Kreisen selten.
Das liegt an Verstellung, Angeberei,
Leichtsinn, Halt- und Zügellosigkeit.
Die Frau, die in ihrer Jugend keusch ist,
dazu auch noch die Tugend besitzt,
daß Hochmut ihr fern liegt, und die
ihrem Mann in Güte zugetan ist
und die ihn getreulich liebt, die ist
ein Edelstein, kostbarer als alles Gold.
Gleiches sage ich, den Mann betreffend:
Er soll sich ja nicht anderen Frauen
zuwenden. Wer eine hat,
der soll auf weitere verzichten.
Mir lag die Ehre der Frauen stets am Herzen.
Wüßte ich etwas, das ihnen dienlich wäre,
ich würde es gern für sie ins Werk setzen.
Mir ist an einer Frau das liebste,
daß Falschheit ihr fern liegt.

1338 lêrt] lerne D.   waz] daz G.   vrouwen] frumē frawē D.   1339 daz (D)G] waz A.   ir vriunde] jrn frunde D.
1341 vürspangel] furspan D.   1344 ezn] Er D.   sis] sie D.   1345 dan] *nicht in* D.   1346 niht sô vil] nichtz zuuil
D.   1347 sin erzeige] sie er enczaige D.   1348 der] daz D.   1350 iht] nit D.   1351 sis] sie D.   1352 vriunt]
frewnde D.   1355 nu] mir D.   1357 stât] state D. stete G.   1358 an] jn D.   wan] wann ir D.   1359 nuo ze
hüfscheit] nucze poshait D.   1360 boese huot] poshait D.   1361 vbermut vnd vnstatigkait D.   1363 dise] *nicht in*
D.   1364 sî] sey gut D.   1365 meine] *nicht in* D. nem G.   1366 sî im ouch] das sie jm sey D. si im wol G.
1368 daz selbe] Da selbs D.   1369 ensol] sol D.   1375 ez] ze A. am D. daz G.

valsch kêrt minn zunminne unde guot
ze übelen dingen und daz wîze
ze swarzem mit al sînem vlîze.
1380 ze bitter gall kêrt valsch die süeze
und ze ungnâdn ir schoene grüeze.
lüge ir geheiz, ir senfte ist zorn,
ir lachen weinn, ir linde dorn.
valscher liute rede, gebaerde, will,
1385 diu driu hânt ungelîchiu zil.
schilt valscher liute *wesen* muoz
schoene gebaerde und rede suoz;
ir übel wille, der ist ir swert,
daz niht wan ungemaches gert.
1390 swer wol erkennet valschen muot,
ez ist im dick vür schaden guot.
  Ich lêrt, daz dehein biderbe wîp
sol ane grîfen lân ir lîp
deheinn man, der sîn niht reht hât;
1395 daz ist der wîbe zuht rât.
ich lêrt ouch daz dar zuo,
daz ez dehein man tuo.
ich lêrte *ouch*, daz dehein man,
der ze hüfschen dingen kan,
1400 dehein biderbe wîp bite,
ern vüege ê mit schoenem site,
daz er ir gevalle wol.
diu zuht wil, daz manz tuon sol.
swer bitet umb ein kleine dinc,
1405 der trit ûz der zühte rinc,
wil er biten sâ zehant,
ê *denn* er werde dem erkant,
den er dâ iht biten wil,
ez sî lützel ode *v*il.
1410 dâ bî sol ein ieglîch man,
der guotiu dinc erkennen kan,
merken, daz er lange sol
mit zuht einr vrouwen dienen wol,
ê er si des dinges bite,
1415 dâ von si mac ir guote site,
ir kiusche, ir guot getaete,
ir triwe und ouch ir staete,

Falschheit macht aus Liebe das
Gegenteil, aus Gutem Böses und mit
Fleiß aus weiß schwarz. In bittere
Galle verwandelt Falschheit die Süße
und ihr Entgegenkommen in Unmut.
Lüge ist ihr Versprechen, ihre Sanftheit Zorn,
ihr Lachen Weinen, ihre Güte ein Stachel.
Wort und Geste und der Wille der Betrüger,
die drei verfolgen nicht die gleichen Ziele.
Als Schild muß den Betrügern die höfliche
Geste und das freundliche Wort dienen;
ihr böser Wille ist ihr Schwert,
das auf nichts als Unheil aus ist.
Wer falsche Gesinnung genau durchschaut,
ist oft vor Schaden bewahrt.
  Ich habe gelehrt, daß keine treffliche
Frau einem Mann sie zu betatschen
gestatten soll, der dazu kein Recht hat;
das empfiehlt die Erziehung der Frau.
Ich habe außerdem gelehrt,
daß kein Mann so etwas tun soll.
Ich habe auch gelehrt, daß kein Mann,
der sich auf höfisches Wesen versteht,
eine anständige Frau bedrängen soll,
wenn er nicht zuvor mit feinem Anstand
erreicht hat, daß er ihr gut gefällt. Die gute
Erziehung gebietet, daß man sich so verhält.
Auch wer um eine Kleinigkeit bittet,
übertritt die Grenze guter Erziehung,
wenn er sogleich um etwas bittet,
bevor er noch dem näher bekannt wird,
den er da um etwas bitten will,
sei das nun wenig oder viel.
Daraus soll jeder, der für
alles Gute aufgeschlossen ist,
lernen, daß er lange mit Anstand
einer Frau zu Diensten sein soll,
bevor er sie um dieses Gewisse bittet,
durch das sie ihre Sittsamkeit,
ihre Keuschheit, ihr Wohlverhalten,
ihre Treue und Beständigkeit,

1377-83 *nicht in* D. 1383 linde G] linden A. 1384 will] vñ wil G. 1385 ungelîchiu] ungleich D. 1386 schilt] vil D. wesen DG] sein A. 1388 der] das D. 1389 wan] dañ D. niwan G. 1392 lêrt] lere D. 1396 lêrt] ler D. ouch] *nicht in* G. 1398 lêrte] lere D. ouch (G)] *nicht in* AD. 1399 der sich hvfscheit versten chan G. der] der icht D. 1400 biderbe] wider D. 1401 schoenem site] schône sittē D. 1402 ir] icht D. 1403 manz (DG)] man A. 1405 der] Er D(G). trit] tritet G. 1406 sâ] so D. 1407 denn (G)] *nicht in* A. das D. dem] *nicht in* DG. 1408 iht] *nicht in* G. 1409 ode (DG)] od ez sei A. 1413 zuht] zuchtē D.

ir prîs und ir hüfscheit,
ir guoten namen und edelkeit,
1420 ir tugent gar zebrechen
und sich selben swechen.
der ist ein wunderlîcher man,
swenner alrêst sihet an
eine vrouwen, daz er wil,
1425 daz si verlies durch in sô vil.
der vrouwen sol gevallen niht,
swenn ez durch übermuot geschiht,
daz er alsô vaste gâhet
unde ir mit rede sô nâhet.
1430 doch wil ich iu sagen daz:
sumelîch *sich dunkent* baz
und wellents haben grôze êre,
swenn man sis ie bitet mêre.
    Swenne ein wîp in ir bette lît,
1435 sô gedenkt si zuo der zît:
der hât durch mich sô vil getân,
sô hât aver der ander man
umbe mich geworben mêr,
sô hât danne aver der
1440 grôz bete her ze mir geleit.
ich weiz wol von der wârheit,
daz ich bin schoene unde wert,
sît dise herren sô geêrt
her ze mir gerent minne
1445 mit allm ir herzen und ir sinne.
sô wirt si dan sô noetlîch,
daz si waenet niemen hân gelîch.
    Swie rîche sî ein arger man,
man bit in harte lützel, wan
1450 bit man in, er gît *doch* niht.
dem milten manne, dem geschiht,
swie arm er sî, daz man in bite.
daz tuot man durch sîn milte site.
umbe ein vrowen ist semelîch:
1455 diu *dâ ist der tugende* rîch,
swie vrô si sî und swie schône,
treit si der staetekeit krône,
sine getar ein boesewiht
noch ein valscher biten niht.

ihr Ansehen und ihre Hofgemäßheit,
ihren guten Ruf und ihren Anstand,
ihre ganze Tugend vollständig zerstören
und sich in Verruf bringen kann.
Unbegreiflich ist der Mann, der,
wenn er eine Frau zum ersten Mal
sieht, schon möchte, daß sie um
seinetwillen so viel aufs Spiel setzt.
Keine Dame soll das billigen,
wenn es durch Leichtsinn geschieht,
daß er es so eilig hat und ihr mit
seinen Anträgen zu nahe tritt.
Doch muß ich euch sagen: Einige
glauben sich dadurch aufgewertet
und halten es für eine große Ehre, wenn
man sie immer dringlicher darum bittet.
    Wenn eine [solche] Frau in ihrem Bett
liegt, so denkt sie dann: Dieser
hat um meinetwillen so und so viel
getan, aber jener hat sich
noch viel mehr um mich bemüht,
und jener [dritte] wiederum liegt mir mit
inständigen Bitten in den Ohren.
Ich weiß wahrhaftig, daß ich
schön und begehrenswert bin,
da diese angesehenen Herren
von ganzem Herzen und mit all ihrem
Verstand um meine Liebe betteln.
Darüber wird sie so eingebildet, daß sie
glaubt, es gäbe keine ihresgleichen.
    Einen geizigen Menschen, wie vermögend
er auch ist, bittet man nie um etwas, denn
wenn man ihn auch bittet, er gibt doch nichts.
Dem Freigebigen passiert es, daß man ihn
bittet, auch wenn er noch so arm ist. Man
tut es, weil Freigebigkeit sein Wesen ist.
Mit einer Frau verhält es sich ähnlich:
Ist sie reich an Tugenden und, ganz
gleich wie temperamentvoll und schön
sie ist, mit Treue gekrönt, dann wagt
kein Lump und kein Betrüger,
ihr [derlei] Anträge zu machen.

1418 und] vnd auch D.   1419 und] vnd ir AG. vñ auch ir D.   1421 swechen] verswaechen G.   1422 wunder-
lîcher] vnerlicher D.   1423 swenner (DG)] Swenn A.   1426 der G] Den AD.   1431 sumelîch] semlicher D.   sich
dunkent] dvnchent sich A. dunckett sich D(G).   1432 wellents] wollent D.   1433 sis ie bitet] sie bittet ye D.
1434 wîp] vrowe G.   1441 von der] fur die D.   1443 sind man so dicke hat gegert D.   1445 allm ir] allem D. al-
len ir G.   1447 niemen hân] nyemand sey ir D.   1448 Swie] Han wie D.   1450 doch G] *nicht in AD*.
1454 vrowen] frawe D.   semelîch] schemelich G.   1455 dâ ist der tugende] der tvgent ist A(D). da ist tᵒgende G.
1456 vrô] frum D.   1457 krône] ein crone D.   1458 sine (G)] Sein A. So D.   1459 biten] pitter D.

1460 ob si arm der tugende ist,
man ziuht ir zuo zaller vrist.
ist si ouch niht ein schoene wîp,
hât si einn unvertigen lîp,
si gewinnt der ungevuogen
1465 und der valschen minner gnuoge,
die si bitent umb ir minne
durch ir êren ungewinne,
wan der valsche, der enwil
dehein wîp biten ze vil,
1470 wan dâ erz vindet bereit.
er schiuhet gerne d'arbeit.
des küneges kamer ist bewart
wol vor den diebn, si vürhtent hart.
swie si dem silber sîn holt,
1475 dem edeln gesteine und dem golt,
si wellent zuo der kamer niht,
wan in dâ nemen niht geschiht.
swâ si wizzen einn armman,
der sich niht behüeten kan,
1480 si brechent sînn zûn und sîn want
und nement dâ ein lîhtez gwant.
alsam ist umbe den valschen man,
der sich minne nimet an:
swa er erkennet ein wîp,
1485 diu niht versagen kan ir lîp,
da îlet er dan balde hin
und wirbt mit allem sînem sin,
daz si tuo, daz si gerne tuot.
sô ist im wol in sînem muot.
1490 swenner danne erworven hât
kleine êr mit valschem rât,
in dunket daz dervon ein êre,
daz er dâ von mache maere.
dar umbe sagich iu vür wâr,
1500 daz diu vrouwe ist betrogen gar,
diuz vür êre haben wil,
daz man si bite des dinges vil.
ich hânz iu nu genuoc geseit:
man tuotz niht durch ir werdekeit,
1505 ave dâ von, daz si hât den muot,
daz man weiz, daz siz gerne tuot.
der mac sich tiwer dunken niht,

Wenn sie aber arm an Tugenden ist,
dann ist sie immerzu umlagert.
Ist sie auch keine schöne Frau,
wenn sie nur lasterhaft ist,
findet sie genug freche
und unredliche Freier,
die sie um ihre Liebe bitten
zum Schaden ihrer Ehre, denn
der es [sowieso] nicht ernst meint,
will keine Frau viel bitten,
außer er findet sie zugänglich.
Beschwerlichkeit scheut er.
Die Schatzkammer des Königs ist vor
Dieben gut geschützt, sie haben Angst.
Wie sehr sie auch das Silber, die
Edelsteine und das Gold lieben, wagen
sie sich nicht an die Schatzkammer,
denn da kann kein Diebstahl gelingen.
Wo sie aber einen Armen wissen,
der sich nicht schützen kann, reißen
sie ihm Zaun und Wand nieder und
stehlen ein armseliges Kleidungsstück.
Genauso verhält es sich mit dem
Betrüger, der auf Liebe aus ist:
Wo er eine Frau weiß, die nicht
,nein' sagen kann, eilt er sogleich
dahin und setzt seinen ganzen
Verstand ein, damit sie das tue,
was sie [ohnehin] bereitwillig tut.
Das genießt er in vollen Zügen.
Wenn er mit falschen Versprechungen
armselige Ehre erworben hat,
glaubt er dadurch Ehre einzulegen,
daß er es allenthalben herumerzählt.
Deshalb sage ich euch, daß die Frau
sich wahrhaftig vollständig täuscht,
die es für eine Ehre hält, wenn man
sie oft um dieses Gewisse bittet. Ich
habe es euch nun deutlich genug gesagt:
Man tut es nicht, weil sie so begehrenswert
ist, sondern weil sie so geartet ist,
daß man weiß, daß sie es gern tut. Der
braucht sich nicht großartig vorzukommen,

1461 ziuht] zeuch D.   zuo] nicht in D.   1464 der] denn D.   ungevuogen] vngefvge A(DG).   1473 si] die sich
D.   1474 sîn] sind so D.   1475 edeln] nicht in DG.   1477 dâ nemen] zu nemen do D.   1480 sînn zûn] jm zewn
D.   1482 alsam ist] Also ist es D.   1484 Sa swa er chennet ein wip G.   1488 gerne] doch gerne D.   1502 bite]
bittet DG.   1504 ir] nicht in G.   1505-6 Als schire ovch so sis getvt / wirt diche beswert der nach ir mvt G.
1506 siz] sie D.   1507 der] Des D.   sich D] sichs A(G).

dem vil wîp ze hân geschiht.   dem es gelingt, viele Frauen zu haben.
diu wîp tuont durch nieman sô vil   Die Frauen geben so viel nur dem,
1510 sô durch den, der sis biten wil.   der sie darum anbettelt.
ist ein man ein petelaere,   Ein Bettler zu sein ist [aber]
daz sint kleiniu hovemaere.   bei Hof kein Ruhmesblatt.

Aus dem XI. Kapitel

1535 Ich lêrt, daz, swelich man   Ich habe gelehrt, daß der Mann, der
zeinr vrouwen niht verdienen kan   es bei einer Frau zu erdienen
noch enmac, daz si durch in tuo,   weder weiß noch kann, daß sie es
daz er die sinne kêr dar zuo,   seinetwegen tut, danach trachten soll,
daz er güetlîch von ir kêre.   sich in Freundlichkeit von ihr zu trennen.
1540 er sol haben dise lêre,   Ihm sei empfohlen, daß er ihren
daz er ir gruoz und gar ir hulde   Gruß und vor allem ihre Zuneigung
nien verlies von sîner schulde.   nicht durch eigene Schuld verliert.
der lastert sîn selbes lîp,   Der schmäht sich selbst, der eine
der dâ von schiltet ein wîp,   Frau deswegen beschimpft, weil
1545 daz si durch in niht tuon wil.   sie ihn nicht erhören will. Er
er schendet sich halt gar ze vil   entehrt sich wirklich zu sehr und hat
und hât mit ir lîbe ouch ir muot   mit ihrem Körper auch ihre Sympathie
verlorn, ob er daz selbe tuot.   verloren, wenn er sich so verhält.
....

     Swelhiu wil hân guote minne,   Diejenige, die eine gute Liebesbeziehung
1590 diu sol hân ouch die sinne,   eingehen will, soll auch so verständig sein,
daz si zir genôzen kêre;   daß sie sich an ihresgleichen hält; so lautet
daz ist der guoten minne lêre.   die Empfehlung für eine gute Beziehung.
ist er niht ir genôze gar,   Ist einer nicht ganz standesgemäß,
hât si ervarn wol vür wâr,   und hat sie als wahr erkannt, daß er
1595 daz er sî biderbe unde guot,   tüchtig und redlich ist, will ich es
ich wilz vertragen, ob siz tuot.   hinnehmen, wenn sie sich mit ihm einläßt.
swie edel und swie rîch er ist,   Ganz gleich wie adlig und begütert
hât er dar zuo boesen list   einer ist, ist er nicht aufrichtig
und wil er sîn ein ruomaere,   und macht er gern den Angeber,
1600 er sol den vrouwen sîn unmaere;   soll er den Frauen zuwider sein;
wan wizzet, daz ein boesewiht,   denn merkt euch, ein Lump
der ist den vrouwen gar ze niht.   tut den Frauen nicht gut.
man sol immer kêrn dâ hin,   Man soll sich immer dorthin wenden,
dâ man vinde tugent und sin.   wo man Tugend und Verstand findet.
1605 swer tugent unde sinne hât,   Bei dem, der Tugend und Verstand
dâ sol man hin suochen rât.   hat, soll man sein Heil suchen.

1510 durch] vmb D(G).   sis] sie D.   1535 lêrt] lere D.   1538 er die] sie ir D.   dar zuo (DG)] da zv A.
1541 gar] *nicht in* D.   1542 nien] nicht gar D.   von sîner] ane ir G.   1546 halt gar] gar hart D.   1547 Vnd hat
da mit jr lieb vñ irn mut D.   1548 selbe] *nicht in* D.   1590 ouch die] gut D.   1591 daz] Also das D.
1592 guoten] grossen D.   1596 wilz vertragen] vertrage ir G.   1598 boesen] bose D.   1601 wan] Vnd D.
1603 immer] nymer D.   1604 vinde] findt D(G).

Ein wîp gedenket lîhte daz:
mir wirt *mit* einem tôren baz
dan mit einem wîsen man,
1610 der allez daz merken kan,
daz ich tuon ode sprich.
mit den gedanken triugt si sich.
ein wîs man übersiht vil,
des ein tôr niht übersehen wil
1615 und niht übersehen kan.
wizzt, daz der unwîse man,
der verkêret aller slaht;
sô hât der wîs die meisterschaft,
daz erz allez kêrt ze guot.
1620 si habent ungelîchen muot.
dâ von sag ich iu vür wâr daz,
daz ein guot wîp lebet baz
mit dem wîsn denn mit dem tôren,
daz sult ir wizzen unde hôren.
1625 Ein vrouwe sol gedenken niht:
tuon ich durch einn boesewiht,
er muoz ez vil gar verdagen,
wan er getar ez niht gesagen.
seit aver erz, man sprichet wol,
1630 daz man im niht gelouben sol.
verlât iuch an die rede niht
und wizzet, daz ein boesewiht
sich harte wol *gerüemen* tar.
daz gehoert zer bôsheit gar.
1635 man geloubet zaller zît
von den wîben harte wît,
daz man seit; wan diu eine
tuot, daz wirret *dan* gemeine.
doch spricht alsô etelîch:
1640 „spricht man von mir boeslîch,
ezn wart nie dehein liet sô lanc,
ezn würde *vür* brâht mit gesanc.
swenn manz nuo verredet gar,
sô swîgt man lîhte hin ze jâr.“
1645 der ist ein vil armer trôst;
dâ mit ist niemen wol erlôst,
wan swer mîn bôsheit niht ensagt
dâ von, daz *ez in* betrâgt,
der tuot rehte sam der,

Vielleicht denkt eine Frau so:
Mit einem Dummen fahre ich
besser als mit einem klugen
Mann, der alles durchschaut,
was ich tue oder sage. Mit solchen
Gedanken täuscht sie sich. Ein kluger
Man läßt manches durchgehen, was
ein Dummer nicht durchgehen lassen
wird und nicht durchgehen lassen kann.
Merkt euch, daß der törichte Mensch
ein heilloses Durcheinander anrichtet;
der kluge dagegen hat die Übersicht,
und wendet alles zum Guten. Sie
urteilen eben ganz verschieden.
Deshalb ist es wahr, wenn ich sage,
daß eine gute Frau besser mit dem
Klugen als mit den Dummen fährt,
das sollt ihr behalten und aufnehmen.
Eine Frau soll nicht denken:
Laß ich mich mit einem Lumpen ein,
muß er es auf alle Fälle für sich behalten,
denn er wird nicht wagen, es zu verraten.
Verrät er es aber, dann sagt man
bestimmt, daß man ihm nicht glauben soll.
Verlaßt euch auf solches Gerede nicht
und merkt euch, daß ein Lump
sich sehr wohl zu rühmen wagt.
Das gehört ja zur Schlechtigkeit dazu.
Immer bezieht man, was so geredet
wird, auf die Frauen allgemein;
denn jede einzelne tut, was sie
allgemein in Verruf bringt.
Manche sagt jedoch: „Spricht man
von mir auch schlecht, hielt sich noch
kein Lied so lange, daß es nicht
irgendwann ausgesungen worden wäre.
Wenn man es auch jetzt breittritt,
übers Jahr wird man wohl schweigen.“
Der Trost ist ziemlich armselig;
das ist für niemandem eine Lösung,
denn wer meine Vergehen nicht
verrät, weil er keine Lust dazu hat,
verhält sich genauso wie der,

1608 mit *DG*] *nicht in* A.   einem] *nicht in* D.   1623 dem … dem] den … den D.   1627 gar verdagen] jar vertragen
D.   1630 im] jms D.   1633 gerüemen tar (*G*)] rvmen getar A(D).   1634 zer] ze G.   1637 diu eine] es tut eine
D.   1638 *nicht in* D.   daz] daz da G.   dan] dem AG.   1639 spricht alsô] redet D.   1641 wart] ward doch
D.   1642 sich volendet doch sein clangk D.   vür (*G*)] *nicht in* A.   1643 manz] man D.   1644 man sweiget leicht
hin zwar D.   1645 der] Das D.   1646 ist] wirt D.   wol] *nicht in* D.   1647-48 Wañ wer mit poßhait verdeit / das
jm nuczer wer die warhait D.   1648 ez in] ins AG.

1650 dern andern ziuhet hin und her
      in daz hor ein lange vrist.
      und laet in, dâ ez tiefer ist.
      swer ave nien mac boeslîchen
      von mir sprechen sicherlîchen,
1655 der muoz mich mit êren lân.
      des swîgens sol man vreude hân.
         Ich lêrte, daz ein ieglîch man,
      der sich hüfscheit nimet an,
      sich vil harte behüeten sol,
1660 daz er nien spreche min dan wol
      von deheiner vrouwen man
      wider si, wan ob si kan
      ze reht verstên ihtes iht,
      er hât ouch si geêret niht.
1665 swer einer vrouwen vriunt od man
      schilt, er schilt ouch si dar an.
      swer sich selben loben wil,
      den lobent danne niht ze vil
      sîn nâchgebûrn. swer schelten kan,
1670 den hât ez niht ein biderbe man
      gelêrt. swer ouch wirbt dâ mite
      umb minne, der hât seltsaene site.
      solt man dermit erwerven minne,
      sô heten wol gelîche sinne
1675 der tôre und der wîse man,
      wan der tôre ouch schelten kan.
         Ich lêrt, waz tugent vrouwen töhte
      und wie ein edel rîter möhte
      tuon, daz er würde genaeme,
1680 und waz den vrouwen wol gezaeme,
      und wes die vrouwen solden phlegen,
      wie gebâren, wie gereden
      wider alt und wider junge.
      daz seit ich in welhscher zunge,
1685 und solt ichz entiusche gerechen,
      ich enmöhtz niht gâhs gesprechen.
      ûz mîner materje koeme ich verre
      und hiet vervüeret mîne lêre.
      den vüert man hin, der dicke rît

der einen lange Zeit hin und her
durch den Schmutz zieht und da
stecken läßt, wo es so richtig tief ist.
Wer aber wirklich und wahrhaftig nicht
schlecht von mir sprechen kann,
muß mich in Ehren bestehen lassen.
Über solches Schweigen soll man froh sein.
   Ich habe gelehrt, daß jeder,
der sich höfisch verhalten will,
sich sorgsam davor hüten muß,
einer Frau gegenüber anders als gut
über deren Mann zu sprechen,
denn wenn sie irgend richtig
zu verstehen in der Lage ist, hat er
auch sie damit schlecht gemacht. Wer
den Liebhaber oder Gatten einer Frau
herabsetzt, setzt damit auch sie herab.
Wer sich selbst rühmt, den werden
seine Mitmenschen nicht allzu sehr
rühmen. Wer schmähen kann,
den hat das kein trefflicher Mann
gelehrt. Damit gar Liebe erwerben
zu wollen, ist abartig.
Könnte man damit Liebe gewinnen,
würden der Dumme und der Gescheite
auf die gleiche Weise verfahren,
denn schmähen kann auch der Dumme.
   Ich habe gelehrt, welche Tugenden
Frauen zieren, und wie ein edler Ritter
handeln muß um zu gefallen,
und was sich für Frauen schickt,
und was die Frauen beachten sollen,
wie sich verhalten, wie sprechen
mit alt und jung. Das habe ich in
welscher Sprache gesagt, und sollte
ich das ins Deutsche übersetzen,
könnte ich das nicht kurz abmachen. Ich
würde mich weit von meinem Stoff entfernen,
und hätte meine Lehre ins Abseits geführt.
Den führt man auf Abwege, der oft weit aus

1650 und] wid' *D*.   1651 daz hor] dem harwe *D*.   1652 laet in dâ] legt in das *D*.   1654 mir] *nicht in D*.   1657 lêrte]
lere *D*.   1659 sich (*DG*)] Sie *A*.   1660 das er nymät spreche dañ wol *D*. daz er iht spreche nimme den wol *G*.
1668 lobent] lobet *D*.   1671a das er kert sein sitt *D*.   1672 seltsaene site] sein synne *D*.   1673 solt man] sol *D*.
1674 sô] Sie *D*.   1674a der rede sult ir werdē jnne *D*.   1675 wîse] weisen *D*.   1676 schelten] seltē *D*.
1677 lêrt] lere *D*.   1682 wie] wie sie *D*.   wie] vnd wie sie *D*. vñ wie *G*.   1683 wider ... wider] wie der ... auch der
D.   1685-90 Ob es tewtsch sagen solde / jch enmochte so iahens als ich wolde / vnd kam von der materien zu ferr
/ sust furcht ich das es mir gewere / Truben furt sol man vermeidē / den kinden mag man wol erleidē *D*.
1685 entiusche] tevschen *A*. in tvtsche *G*.   gerechen] breche *G*.   1686 gâhs] so gahs *G*.   1687 verre] ovch verre
G.   1689 der *G*] den *A*.

1690 hin dan verr von sîm *h*âmît.
an mîn materje wil ich kêren:
ich wil iu sagen von den herren,
wie si ir tugende suln phlegen.
swer des iht lât under wegen,
1695 der hât sîn tugent gar verlorn.
den herren sol niht wesen zorn:
sumelîcher waent sîn tugenthaft,
der niht erkennet tugende kraft.
daz ich si lêrt, des waer ze vil,
1700 idoch sag ich iu, daz ich wil,
ob ez iuch alle dunket guot,
erzeigen dar an mînen muot,
ob ich ez kunde, daz ichz taete.
mîn will sol sîn vür die getaete.
1705 Ich hân verent daz êrste teil.
got gebe uns zuo dem andern heil!

heimischen Gegenden wegreitet.
Ich will zu meinem Stoff zurückkehren:
Ich will zu euch über die Herren sprechen,
wie sie sich in ihren Tugenden üben sollen.
Wer etwas davon schleifen läßt,
hat die Tugend ganz und gar verloren.
Die Herren sollen es nicht verübeln:
Mancher glaubt tugendhaft zu sein, der
wahre Tugend gar nicht kennt.
Daß ich sie belehrte, wäre zu viel [gesagt],
doch sage ich euch, daß ich,
sofern es euch alle gut dünkt,
zeigen möchte, daß ich gewillt bin,
es zu tun, wenn ich es könnte.
Mein guter Wille soll als Tat gelten.
Ich habe den ersten Teil beendet. Gott
gebe uns für den zweiten gutes Gelingen!

II. Teil
Aus dem IV. Kapitel

2125 Ich underdinge der herren zorn:
diu staete, diu ist gar verlorn
von ir willn und von ir schulde.
ezn sol niht sîn wider ir hulde,
daz ich spriche, ich sprichz durch guot.
2130 hât mîn herre unstaeten muot,
ich muoz ze der unstaetekeit
mit samt im sîn bereit.
swenn mîn herre hiute giht,
er welle morgn von hinnen niht,
2135 sô kumt im hînt ein ander muot,
daz in dunket aver guot,
daz er morgen var anderswar,
sô muoz *ich* danne aver dar.
ich bin nu daz stunt gelêrt,
2140 swar man daz stiuwerruoder kêrt,
daz daz schef muoz dâ hin.
wandelt ein herre sînen sin,
sîn liute müezn unstaete sîn.
jâ ist uns di*cke* worden schîn,

Jetzt riskiere ich den Zorn der Herren:
Beständigkeit ist gänzlich verloren gegangen
durch ihren Willen und ihre Schuld.
Was ich sage, soll mir nicht ihr Wohlwollen
verscherzen, ich sage es, um Gutes zu
bewirken. Ist mein Herr unzuverlässig,
muß ich mich mit ihm zur
Unzuverlässigkeit bereit finden.
Sagt mein Herr heute, er wolle
morgen nicht verreisen, faßt er über
Nacht womöglich einen anderen Plan,
so daß es ihn wieder gutdünkt, morgen
doch anderswohin aufzubrechen,
dann muß ich auch dorthin.
Das weiß ich nun schon lange, daß
das Schiff sich dorthin wenden muß,
wohin man das Steuerrad dreht. Ändert
ein Herr seine Pläne, müssen auch
seine Untergebenen unbeständig sein.
Wir haben es wahrlich oft gesehen,

1690 hâmît (G), h *später zugesetzt*] amit A.   1694 swer des iht] wes des ich D.   1697 sîn] wesen D.
1698 erkennet] enchennet G.   1699 des] das D.   1700 iu] in D.   1705 ich hân verent] Hie endet sich D. Hie ist
verendet G.   2125 underdinge] verdiene D.   2128 ir] sein D.   2129 daz] Swaz A(D)G.   2135 hint ein ander]
leicht jn seine D.   2136 daz] der D.   2137 anderswar] anderswa G.   2138 ich DG] *nicht in* A.   dar] da G.
2139 stunt] stunden D. ze stŷnt G.   2140 swar] wo D.   2144 dicke (DG)] dich wol A.

2145 daz der unstaeten herren muot
vil in der werlde unstaete tuot.
alsô ist diu werlt gar
nâch unserm willen manicvar
worden, untriu und unstaete;
2150 daz ist durch unser missetaete.
diu werlt wart gar staetic gemacht;
nu hât si niht an staete kraft.
daz mac sehen, swer der wil:
der werlde unstaete ist harte vil.
2155 sumers ist uns vor schûwer wê,
winters vor îse und vor snê;
hiute ist regen und morgen wint,
die uns oft beidiu schade sint.
der donerslac nâch liehtem blicke,
2160 der bringet vinster tôde dicke.
ich sihe, daz ez vil ofte snît
hin gegen des sumers zît,
vil ofte ouch vil heiz ist,
und kumt der vrost in kurzer vrist.
2165 uns koment wolken dick ze lône,
swenn uns daz weter dunket schône.
diu werlt hât unstaete site,
unser unstaete si volgt mite.
Ich getar sîn wol gejehen:
2170 jâne möht nimmer geschehen,
waere unser unstaete niht,
unstaet, diu an der werlde geschiht.
nu zwiu waere regen od wint?
waer Âdâm und sîniu kint
2175 gewesen staet, zwiu solt der snê?
uns würde nimer von kelte wê.
....
Diu werlt behaltet noch ein teil
der staete, daz kumt uns ze heil,
2195 wan wir behalten nihtes niht;
daz ist ein wunderlîch geschiht.
an der werlde staete lît,
daz ieglîch dinc hât sîne zît.
bluomen und loup, obez und gras
2200 ie nâch sînen zîten was.
der obez einz vürz ander gât.

daß der Wankelmut der Herren
viel Unbeständigkeit in der Welt bewirkt.
Also ist die Welt entsprechend
unserem Verhalten schillernd geworden,
unzuverlässig und unbeständig; das ist
so unserer Sünden wegen. Die Welt
wurde als durchaus beständige gemacht;
nun fehlt ihr die Kraft der Beständigkeit.
Wer will, kann das erkennen:
Es gibt viel Unbeständigkeit in der Welt.
Im Sommer leiden wir unter Gewittern,
im Winter unter Eis und Schnee;
heute gibt es Regen und morgen Sturm,
die uns beide oft Schaden zufügen.
Der Donnerschlag nach dem Blitz,
der bringt uns oft finsteren Tod.
Ich sehe, daß es sehr oft schneit
zur Sommerzeit,
es auch sehr oft drückend heiß ist
und kurz darauf Frost einfällt.
Oft beschert es uns Wolken, wenn
wir glauben, es gäbe schönes Wetter.
Die Welt ist unbeständig, sie ahmt
unsere Unbeständigkeit nach.
Ich wage zu behaupten:
Wäre unsere Unbeständigkeit nicht,
gäbe es keine Unbeständigkeit,
wie sie in der Welt geschieht.
Wozu soll Unwetter oder Sturm gut sein?
Wäre Adam und seine Nachkommen
beständig gewesen, wozu dann Schnee?
Wir brauchten niemals unter Frost zu leiden.
....
Die Welt bewahrt noch ein Gutteil
der Beständigkeit, das ist ein Segen für
uns, denn wir können nichts festhalten;
und das ist abartig.
Es liegt an der Beständigkeit der Welt,
daß jedes Ding seine Zeit hat.
Blumen und Laub, Obst und Gras
erschien noch stets zu seiner Zeit.
Die Früchte reifen nacheinander.

2145 unstaeten] vnstäte D.   2147 diu werlt] der werlde G.   2149 untriu (G)] vngetrevwe A. vngetrew D.   2151-52 Div werlt wart staetich gemacht gar / nv ist si aller staete bar G.   2151 gar staetic] stäte D.   2152 an] ein D. 2155 ist uns vor] tut vns der D.   2156 vor … vor] das … der D.   2157 und] nicht in G.   2158 schade] schedlich D.   2160 vinster tôde] todes finster D.   2163 heiz] haize G.   2165 uns] Vnd D.   2168 volgt] volgēt Nasalstrich unsicher G.   2170 jâne möht] es enmocht D. iane mohtez G.   2171 unser] die D.   2172 unstaet] nicht in D. 2173 nu zwiu (G)] Nvn zeweuwe A. Warczw D.   od] vnd D.   2175 zwiu] zire D.   2176 von] vor DG.   2193 behaltet] hat D.   2195 behalten] behaltens ADG.   2197 an] Jn D.   2198 hât] nicht in D.

einz kumt *vruo*, daz ander spât.
nâch sîner zît vellt loup und gras
und dörret, daz ê grüene was.
2205 sumers ist lanc der tac,
d*a*z winters niht gesîn mac.
sumers ist diu hitze grôz,
des vrosts den winter nie verdrôz.
aver wir behalten deheine zît.
2210 swaz in unserm muote lît,
ez sî übel od ez sî guot,
wir wellen volgen unserm muot.
ern aht ûf deheinn heiligen tac,
swer sîn gelust verenden mac.
2215   Diu werlt hât an der staete sin,
daz diu sunne tages sch*i*n
ûf der erde, nahtes under.
des sol iuch niht nemen wunder,
wan ir natûre und ir site
2220 ist, daz si vert dem himel mite
und ouch wider zaller vrist.
daz an dem buoche geschriben ist,
wan daz was ie der werlde staete,
daz der himel umbe di erde draete.
2225 der siben sterne widerganc
machet, daz diu erde kranc
wider die sterke des himels wert,
daz er si niht hât umbe gekêrt.
ein ieglîchr sînen kreiz hât,
2230 dâ er inne umbe gât.
er vert ûz sînem ringe niht,
als uns ze varn dicke geschiht,
wan wir varn hin und her
und versuochen wege mêr
2235 denn einen und sîn doch unstaete
an alln von unser missetaete.
man versuocht der wege vil,
dem besten man niht volgen wil.
der boese wec und der unreht,
2240 der dunket uns guot unde sleht.
dem volge wir, unz er uns dar
bringet, dâ wir sîn vil gar
geschendet ode lîhte tôt,
ode wir komen mit grôzer nôt

Eine kommt früh, die andere spät.
Zu seiner Zeit fällt Laub und Gras
und verdorrt, was zuvor grün war.
Im Sommer ist der Tag lang,
was im Winter nicht sein kann.
Im Sommer ist die Hitze groß, der
Winter kann nicht genug Frost haben.
Wir aber halten keine zeitliche
Ordnung. Was wir im Sinn haben,
es sei böse oder gut,
wir wollen unserm Sinn folgen.
Keinen Feiertag achtet der,
der sein Gelüst befriedigen will.
    Zur Beständigkeit der Welt gehört es,
daß tagsüber die Sonne auf der Erde
scheint und nachts unter ihr. Darüber
braucht ihr euch nicht zu wundern,
denn es ist ihre Natur und ihre
Gewohnheit, daß sie stets mit dem
Himmel und ihm entgegen umläuft.
So steht es im Buch geschrieben, denn
das war von jeher der Welt Beständigkeit,
daß der Himmel um die Erde kreiste.
Die Gegenläufigkeit der sieben Planeten
bewirkt, daß die schwache Erde der Gewalt
des Himmels gegenüber Bestand hat,
so daß er sie nicht um- und umgedreht hat.
Jeder [Planet] hat seine Kreisbahn,
in der er umläuft.
Er verläßt seinen Kreis nicht,
so wie wir es häufig tun,
denn wir ziehen hin und her
und versuchen mehr als einen Weg
und sind doch auf allen unbeständig
unserer Sündhaftigkeit wegen.
Man erprobt viele Wege,
will aber nicht dem besten folgen.
Der schlechte Weg und der krumme,
der dünkt uns gut und gerade.
Dem folgen wir, bis er uns dorthin
führt, wo wir tief in Schande geraten
oder vielleicht sogar umkommen
oder mit großer Not wieder zurück

2202 vruo (*D*)] enzeit *A*(*G*).   2203 sîner (*DG*)] seinem *A*.   2205 sumers] Des svmers *A*(*DG*).   2206 daz winters
(*D*)] Des winters *A*(*G*).   2215 der] jr *D*.   2216 die sume tages hat jrn schein *D*.   tages] des tages *G*.   schin *G*]
schein *A*.   2217 nahtes] vnd nachtes *D*(*G*).   2220 himel] haile *D*.   2224 umbe] vñ *D*.   draete] trate *D*.
2226 kranc] tranck *D*.   2228 hât] hab *D*.   2230 dâ] das *D*.   2236 alln] jn allen *D*. allen dingen *G*.   2244 mit
grôzer] jn grosse *D*.

2245 wider; wan swer varen wil
     verre, kumt mit arbeit vil
     heim. (ich meinez an der buoz,
     die man nâch sünden haben muoz.)
         An der werlde ist staete zaller vrist.
2250 swenn diu sunne nâhen ist
     zuo dem mân, sô wirt er smal.
     dar nâch wirt er über al
     groezer, unde sô ie verrer,
     sô wirt er ie mêre und mêrer.
2255 alsam swenn uns daz vergêt,
     daz uns durch unser sünde bestêt,
     sone bezzer wir uns nihtes niht.
     dâ von der tiusche man giht:
     „dô der siech man genas,
2260 dô was er, als er ê was."
         Daz muoz immer staete sîn,
     daz diu sunne tages schîn.
     ir lieht birget tages gar
     der himelischen sterne schar,
2265 wand ir lieht machet daz,
     daz wir nahtes sehen baz
     die stern denn tages. deist wâr:
     daz meiste nimt daz minnest gar.
     ave wir haben des liehtes niht,
2270 daz uns berge di ungeschiht
     vor, die wir hân. daz ist ze klagen.
     ich mag ez iu vür wâr gesagen,
     daz ez ist nu komen dar,
     daz man sich nien schamt umbe ein hâr,
2275 tuon vor den liuten offenlîchen
     unrehtiu dinc und boeslîchen.

finden; denn wer sich weit fortbegibt,
findet mit großer Mühe heim. (Ich meine
damit die Buße, die man auf sich
nehmen muß, wenn man gesündigt hat.)
    Im Weltall waltet stets Beständigkeit.
Wenn die Sonne dem Mond nahe kommt,
dann wird er schmal.
Danach wird er allenthalben
größer, und je weiter entfernt,
desto mehr und mehr nimmt er zu.
Wenn wir aber hinter uns haben, was
uns unserer Sünden wegen auferlegt ist,
dann bessern wir uns mitnichten.
Deshalb sagt der Deutsche:
„Als der Kranke gesund wurde,
war er, wie er vorher war."
    Das wird beständig so sein,
daß am Tag die Sonne scheint.
Ihr Licht verbirgt tagsüber völlig
die Schar der himmlischen Sterne,
denn ihr Licht ist die Ursache, daß wir
die Sterne nachts besser sehen als
tagsüber. Es ist eine Tatsache: Das Größte
schluckt das Kleinste ganz und gar.
Wir aber haben kein Licht, das das
Schlimme, das unter uns geschieht,
vor uns verberge, das ist zu beklagen.
Ich muß euch sagen, daß es nun
wahrhaftig so weit gekommen ist,
daß man sich nicht im geringsten
schämt, offen und voll Bosheit vor
allen Leuten Unrecht zu begehen.

V. Kapitel

    Daz ist noch staet: swaz inder lebet,
    kriuchet, gât, vliugt ode swebet,
    und swaz ist niderhalbe des mân,
2280 daz muoz vier elmente hân.
    ich mein die natûre vier,
    von den gemeinlîchen wier
    gemünzet sîn unde geslagen.
    der vier gevert wil ich iu sagen:

    Auch das ist beständig: Was irgend lebt,
kriecht, geht, fliegt oder schwimmt,
und was unterhalb des Mondes existiert,
muß vier Elemente in sich vereinen.
Ich spreche von den vier Naturdingen
der Schöpfung, aus denen wir allgemein
geformt und geprägt sind. Die
Seinsweise der vier will ich euch nennen:

2248 nâch sünden] nah der svnde A(DG).   2249 vrist] zeit D.   2250 nâhen] nahend D.   2251 er] es D.
2253 sô] nicht in DG.   2254 mêre] merer G.   2259 man G] nicht in AD.   2260 als] der D.   2261 immer] nŷm
er D.   2266 nahtes] des nachtes D(G).   2267 tages] des tags D.   2271 vor] wr A. nicht in D. Fúr G.   hân] da habe
D.   2272 iu] wol D.   2273 ez] nicht in D.   2274 sich DG] nicht in A.   nien] nicht in G.   2277 swaz] daz
G.   2278 vliugt] nicht in D.   2284 der G] Die AD.   gevert] geucet D.

2285 Viuwer, luft, wazzer, erde,
die vier natûr sint widerwerte.
diu erde ist trucken unde kalt.
daz wazzer in sînem gewalt
kelte und ouch nezze hât.
2290 der luft ouch des niht verlât,
ern sî heiz unde ouch naz.
so ist daz viuwer ave baz
heiz unde trucken ouch.
nu merke, *swer* niht *sî ein* gouch,
2295 sît sich vereinent dise vier
an unserm lîp, daz danne wier
an unserm willn vereinen niht.
von grôzem nîde daz geschiht.
zwischen wazzer unde erd
2300 ist nihtes niht, der luft ger*t*
ouch nihtes niht zwischen sî
unde dem wazzer. oben bî
dem lufte daz viuwer ist.
ez ziuhet hôhe zaller vrist.
2305 ez ensîget niht her abe baz.
wizzet, daz sîn ringe machet daz.
seht, wie einz bî dem andern vert,
swie si halt sîn widerwert.
ich waen, daz dise vier elmente
2310 habent etlîchez gebende,
daz si underbinden mac;
si enscheident sich niht *naht noch tac.*
idoch swie trucken sî diu erd,
daz wazzer si niht trucken gert.
2315 daz wazzer hât niht den gewalt,
daz ez den luft mache kalt.
der luft nezt, daz viuwer niht,
wan daz deheine wîs geschiht,
daz diu natûre der elemente
2320 sich müg*e* wandel*n* andern ende.
man mac ein wazzer heizen vil,
ein viuwer leschen, swer der wil,
daz viuwer doch niht verlât
sîn hitze un*d* *t*rücken, die ez hât.
2325 man nimtz im mit deheinem list,
die wîle ez niht erloschen ist.
daz wallend wazzer lât ouch niht

Feuer, Luft, Wasser, Erde, diese
vier Naturdinge sind gegensätzlich.
Die Erde ist trocken und kalt.
Das Wasser verfügt über
Kälte und Nässe.
Die Luft existiert nicht anders
als heiß und auch naß.
Dem Feuer ist wohler
heiß und ebenfalls trocken.
Nun beachte, wer kein Narr ist, daß,
wenn sich auch diese vier
in unserem Körper vereinigen, wir in
unserem Wollen nicht einig sind. Das
geschieht der großen Mißgunst wegen.
Zwischen Wasser und Erde
existiert nichts, die Luft will
auch nichts zwischen [sich]
und dem Wasser. Oberhalb
der Luft ist das Feuer. Es steigt
immer nach oben. Es sinkt nicht
lieber nach unten. Merkt euch, daß das
geschieht, weil es so leicht ist. Seht,
wie eines mit dem andern einhergeht,
obwohl sie einander entgegengesetzt sind.
Ich glaube, daß diese vier Elemente
so etwas wie ein Band haben, das
sie miteinander verbinden kann; sie
trennen sich weder bei Nacht noch bei Tag.
Aber wie trocken die Erde auch ist, verlangt
sie nicht, das Wasser solle trocken sein.
Das Wasser hat nicht die Macht,
die Luft kalt zu machen.
Die Luft befeuchtet, das Feuer nicht,
denn es geschieht auf keine Weise,
daß die Natur der Elemente
sich in ihr Gegenteil verkehren kann.
Wer will, kann ein Wasser sehr
heiß machen, ein Feuer löschen,
das Feuer läßt doch nicht von der
Hitze und Trockenheit, die ihm eignet.
Man nimmt sie ihm mit keinem Trick,
solange es nicht erloschen ist.
Das siedende Wasser läßt auch nicht

2285 erde] vnd erde D.   2287 erde] erst D.   2288 sînem] seiner D.   2294 nu merke] das merckt D. nŭ merchet G.
swer niht sî ein gouch (D)] sei wir niht gavch A(G).   2297 an] Jn G.   2300 gert] gerde ADG.   2310 gebende] ge-
went D.   2312 niht naht noch tac] niht tage noh naht A. nicht nacht vñ tag D. wed' naht noch tach G.   2314 si] sich
D.   2316 mache] machet D.   2318 deheine wîs] kain weil D.   2320 müge (G)] mvgen A(D).   wandeln DG] wan-
del A.   andern] an alle D.   2322 swer der] weder er D.   2324 und] vnd sein A(DG).   2325 deheinem] kain' D.

kelte und nezz, diu im geschiht
von sînr natûr; daz merkt dâ bî:
2330 swie heiz einem manne sî,
er küelt sich mit dem wazzer heiz.
ich sagiu ouch, wan ich ez weiz,
daz beidiu luft und erde mac
von ir natûr niht einen tac.
2335 wie kumt der man dan alsô wît
von sînr natûre zaller zît?
man bringet uns ûz harte schier,
wan zaller zît, swenne wier
ezzen und trinken über maht,
2340 daz ist ûz der natûre kraft.
swer sînr natûre volgen wil,
der sol dehein dinc tuon ze vil.
dem vihe ist ezzen vil unmaere,
swenne vol ist sîn bûch laere;
2345 ez trinket ouch ân durst niht.
wan swaz uns ze tuon geschiht
über maht, daz ist vil gar
ûz der natûr, daz wizzt vür wâr.
    Alsô ich gesprochen hân:
2350 her abe niderhalbe des mân
sint diu vier element
und werdent bî dem mân verent.
diu vierd natûre endet dâ.
diu vümfte, diu beginnet sâ.
2355 der himel und die sterne siben
sint an der vümftn natûre beliben.
die andern sterne haftent al
an dem himelischen sal,
ave dise siben haftent niht,
2360 dâ von ze hangen in geschiht.
ir urhap ist hôhe, und ir ende
ist her abe zem vierden elemente.
der êrste ist Sâturnus gnant,
an dem ist kelte und trücken erkant.
2365 der ander heizet Jupiter,
heiz und naz ist ouch der.
der drite ist Mars, der zaller vrist
heiz und ouch trucken ist.
so ist der vierde stern diu sunne;
2370 heiz und trucken ist ir wunne.
geheizen ist Vênus der vumft,
kalt und naz ist sîn kumft.

von der Kälte und Nässe, die ihm seiner
Natur nach zukommt. Das erkennt daran:
Wie heiß einem Menschen auch ist,
er kühlt sich mit heißem Wasser ab. Ich
sage euch auch, denn ich kenne mich aus,
daß weder Luft noch Erde auch nur einen
Tag von ihrer Natur lassen können.
Wieso denn entfernt sich der Mensch
immerzu so weit von seiner Natur?
Man bringt uns ganz schnell heraus,
denn immer, wenn wir übermäßig
essen und trinken, übersteigt
das das natürliche Vermögen.
Wer seiner Natur gehorchen will,
soll nichts übermäßig tun.
Dem Vieh ist Essen zuwider,
wenn sein leerer Bauch voll ist;
es trinkt auch nicht ohne Durst.
Aber was wir im Übermaß
tun, das ist gänzlich außerhalb
der Natur, das merkt euch, es ist wahr.
    Ich habe bereits gesagt:
Hier unten unterhalb des Mondes
existieren die vier Elemente und
finden durch den Mond ihre Grenze.
Das vierte Element endet dort.
Damit beginnt die fünfte Wesenheit.
Der Himmel und die sieben Planeten
haben die fünfte gebildet.
Die übrigen Sterne haften alle
an dem Himmelssaal,
aber diese sieben haften nicht,
deshalb hängen sie [frei im Raum].
Ihr Beginn ist hoch oben, und ihr Ende
reicht herab bis zum vierten Element.
Der erste wird Saturn genannt, von ihm
weiß man, daß er kalt und trocken ist.
Der zweite heißt Jupiter,
der ist heiß und naß.
Der dritte ist Mars, der immer
heiß und trocken ist. Der vierte
Planet ist die Sonne; heiß und
trocken [zu sein] ist ihre Lust.
Venus wird der fünfte genannt,
kalt und naß kommt er daher.

2330 heiz] *nicht in* G.   einem] ettweñ dem D.   2231 dem] *nicht in* G.   2336 von] Avz A(DG).   2337 ûz] daraus D.   2342 tuon] nit tun D.   2343 ezzen] zu essen D.   2349 Alsô] Als DG.   2354 diu beginnet] beginnet
D.   2357 haftent] die haftent G.   al] vberal D.   2367 ist] haisset D.   2371 vumft] fennfte D.

Mercurîus, der sehste, ist
heiz und naz an sînem list.
2375 der sibende ist geheizen mân,
der kelte und nezz hât dicke getân.
man sihtz an allen dingen wol:
der mân, der macht si nezze vol.
swenn der mâne voller ist,
2380 die âder sint vol zuo der vrist.
   Ein sterne heizet dâ von kalt,
daz er hât den gewalt,
daz von im kelte geschiht;
dehein sterne ist kalt niht.
2385 dâ von heizet er heiz, trucken, naz,
daz er ofter machet daz,
daz der luft ist trucken hart,
heiz ode naz nâch sîner vart,
wan als ich gesprochen hân,
2390 swaz oberhalbe ist des mân,
daz hât ein vümft natûre besunder.
dâ von sol iuch niht nemen wunder:
swaz zwischen mân und himel ist,
daz hât staete zaller vrist.
2395 da ist niemêr natûr denn eine,
dâ von muoz sîn ir site gemeine.
gelîche der mit dem andern gât,
der sîn natûre ganzlîch hât.
swes einer muot, der ander gert.
2400 dâ oben ist niht widerwert.
ave her abe ist niht staete an,
swaz niderhalbe ist des mân,
wand diu elemente vier
sint widerwert, geloubet mier.
2405 dâ von ist niht her abe staet.
swie der viere deheinez laet
sîn natûr, di wîl ez ist,
ez laet sich selbe zaller vrist,
wan der luft wil tegelîch
2410 ze viur, daz wazzer semelîch
ze lufte; alsam tuot diu erd.
daz machet ir natûre widerwert.
hitz wider kelte ruowet niht,
und swenne ouch daz geschiht,

Merkur, der sechste, ist heiß und
naß bei allem, was er kann.
Der siebte wird Mond genannt,
der oft Kälte und Nässe bringt.
Das sieht man gut an allen Dingen:
Der Mond macht sie voll Feuchtigkeit.
Wenn der Mond voll ist,
sind zugleich auch die Adern voll.
   Ein Planet heißt deswegen kalt,
weil er die Kraft hat,
Kälte zu verursachen;
kein Planet ist selbst kalt. Er
heißt deshalb heiß, trocken, naß,
weil er oft bewirkt, daß je nach
seinem Lauf die Luft sehr
trocken, heiß oder feucht ist,
denn wie ich schon sagte,
was oberhalb des Mondes ist,
hat eine eigene fünfte Wesenheit.
Deshalb soll es euch nicht verwundern:
Was zwischen Mond und Himmel
existiert, ist ewig unveränderlich.
Da gibt es nur noch eine einzige Natur,
deshalb muß auch ihr Wesen gleich sein.
Auf gleiche Weise geht einer mit dem
andern, der ganz von seiner Natur ist.
Was der eine will, wünscht auch der andere.
Da oben gibt es kein Gegeneinander.
Aber weiter unten ist keine Beständigkeit
bei dem, was unterhalb des Mondes
ist, denn die vier Elemente sind
gegensätzlich, glaubt mir. Deshalb
ist nichts hier unten beständig. Wenn
auch keines der vier von seiner
Natur abläßt, solange es existiert,
will es doch stets von sich selbst weg,
denn die Luft will täglich zum
Feuer, ebenso das Wasser zur
Luft; die Erde macht es ebenso. Das
kommt von ihrer gegensätzlichen Natur.
Die Hitze geht gegen die Kälte an,
und wenn es dazu kommt, daß

2376 kelte (DG)] chalt A.   dicke (DG)] nicht in A.   2378 der macht si (G)] machet sein A(D).   2380 âder] an-
dern G.   der] aller D.   2386 ofter] ofte DG.   2387 ist] wirt D.   2389 als] was D.   2390 des] der D.
2391 ein] die D.   2392 iuch niht] niemen A(D)G.   2393 mân] dē mon D.   2395 niemêr] nicht D. niht mer G.
2396 ir site] ein sit D. ir staete G.   2397 dem] den G.   2401 ist] da ist D.   2404 geloubet (DG)] gelavbe A.
2405 niht her abe] er aber D.   2406 deheinez] kaines D. aeines G.   2409 wil] wirt ADG.   2413 Hicze kelt fewr
ruwent nicht D.

2415 daz nezze vihtet wider trücke*n*,
    dâ geschiht dem ei*me* gelücke.
    wan swelher dâ sterker ist,
    der ander wîchet zuo der vrist
    und muoz im sich selben lân.
2420 der strît wirt alle tage getân.
    ob dem mân ist staetekeit.
    dâ ist niht widerwertikeit.

Nässe gegen Trockenheit kämpft,
ist jeweils eines erfolgreich,
denn welches stärker ist, dem
räumt das andere sogleich das Feld
und muß sich ihm ergeben.
Der Kampf vollzieht sich alle Tage.
Oberhalb des Mondes ist Beständigkeit.
Da gibt es kein Gegeneinander.

Aus dem VI. Kapitel

    Swaz sich gar vereinet wol,
    von reht daz staete wesen sol.
2425 nimmer uns vereinen wier,
    swâ unser *drî sint* ode vier.
    die wîl Rôme vereinte ir sin,
    het *si* an êre grôzen gwin.
    sît si *sich* niht vereinte mêre,
2430 dô rücket hinder gar ir êre.
    do si *sich* vereint, wizzt, daz ir hant
    der werlde vil überwant.
    ave dô si niht vereinte, sît
    was ouch ir kraft niht ze wît.
2435 allenthalben was ir vorht,
    disehalbe mers und ouch dort.
    nu ist ir êre gar enwiht.
    man vürht si ze Biterbe niht.
    Zwiu sagich, daz vor langer vrist
2440 in der werlde geschehen ist?
    wan ez sint bî unse*r* zît
    von unvereinunge und von nît,
    von urliuge und von ungeschiht
    manege stete worden enwiht.
2445 ich bin niht alt drîzec jâr
    und gedenke doch, deist wâr,
    daz Berne an êre truoc *den* kranz.
    ir türne un*d h*iuser wâren ganz.
    die sint bestriuwet ûf die erd.
2450 Presse ist *worden ouch* unwert
    durch urliuge und durch nît.

Was sich zur Einheit zusammenschließt,
wird naturgemäß beständig sein. Wir
schließen uns nie zu einer Einheit zusammen,
wo unser drei oder vier [beieinander] sind.
Solange Rom eines Sinnes war, nahm
es mehr und mehr an Ansehen zu.
Als es nicht länger eines Sinnes war,
ging es abwärts mit seinem Ansehen.
Als es eines Sinnes war, bedenkt, da überwand
seine Hand ein Großteil der Welt.
Aber als es nicht mehr einig war,
reichte auch seine Macht nicht allzu weit.
Überall hat man es gefürchtet,
diesseits und jenseits des Meeres.
Jetzt ist sein Ansehen dahin. Man
fürchtet es nicht einmal mehr in Viterbo.
Warum rede ich von dem, was vor
langer Zeit in der Welt geschehen ist?
Sind doch auch in unserer Zeit
durch Zwietracht und Mißgunst,
durch Streit und Untat viele Städte
zugrunde gegangen. Ich bin noch
keine dreißig Jahre alt und erinnere
mich doch wahrhaftig noch gut,
daß Verona den Ehrenkranz trug.
Seine Türme und Häuser waren unversehrt.
Die liegen jetzt zerstört am Boden.
Auch Brescia ist durch Streit und
Mißgunst bedeutungslos geworden.

2415 daz] die *D.* trücken] trvche *A(G).* die truckē *D.* 2416 das geschicht ein gros vngelucke *D.* eime] aine *A(G).* gelücke] ein gelûche *G.* 2417 swelher] wer *D.* 2418 zuo der] jn zu all' *D.* im ze der *G.* 2426 drî sint] sint drei *A(DG).* 2428 het] da het *D.* si *(D)*] *nicht in AG.* 2429 sich *G*] *nicht in AD.* 2430 dô] so *D.* hinder] hin *D.* gar] ser *G.* 2431 sich *G*] *nicht in AD.* daz *(D)G*] dar *A.* 2433 sît] sich *D.* 2434 niht ze wît] gar zu niht *D.* 2435 vorht] wort *D.* 2436 disehalbe] Einhalb *D.* 2438 Biterbe] biterne *D.* biteze *G.* 2441 unser *(DG)*] vnserm *A.* 2442 und von] vn vor *D.* vnde *G.* 2443 ungeschiht] geschicht *D.* 2444 worden] worden ist *G.* 2446 doch] wol *G.* 2447 den *DG*] *nicht in A.* 2448 und] vnd ir *A(D).* ir *G.* 2449 ûf die] ŷf der *G.* 2450 Presse] Pres *A.* prissan *D.* ir preis *G.* worden ouch *(G)*] avch worden *A(D).* unwert] vnmere *G.* 2451 und] vnde ovch *G.*

daz ist wordn bî unser zît.　　　　Das ist in unseren Tagen geschehen.
von Vincence und von Ferraere　　Von Vicenza und Ferrara
möht man sagen diu selben maere.　könnte man dasselbe sagen.
2455　Daz ich zel, ist ein kleiner garte.　　Was ich aufzähle, ist ein winziger Bereich.
untriu hât sich gebreit sô harte,　　Treulosigkeit hat sich so weit ausgebreitet,
daz nu niemen vinden mac　　　　daß jetzt niemand auch nur für einen halben
triuwe und staete einn halben tac.　Tag Treue und Beständigkeit finden kann.
wâ it nu staet bî unser zît?　　　　Wo ist in unserer Zeit Beständigkeit?
2460　diu werlt hât erwelt strît,　　　　Die Welt hat sich für Krieg, Geiz, Lüge,
erge, lüge, spot, haz, nît, zorn.　　Hohn, Haß, Neid, Zorn entschieden.
die tugende sint nu gar verlorn.　　Die Tugenden sind gänzlich abhanden gekommen.
diu werlt ist vol unstaetekeit.　　Die Welt ist voll Unbeständigkeit.
wâ ist nu triuwe und wârheit?　　Wo ist nun Treue und Aufrichtigkeit?
2465　si ist nu allenthalbn unwert,　　Sie ist nun überall verachtet,
swâ man *sich* inder umbe kêrt.　wohin man sich auch wendet.
si ist von Engelant vertriben.　　Aus England ist sie vertrieben.
ze Kerlingen ist si niht bliben,　　In Frankreich ist sie nicht geblieben,
wand die zwên künege urliugaere　denn die zwei Könige, diese Erzfeinde,
2470　hânt ir lant gemachet laere.　　haben ihre Länder wüst gemacht.
si ist ouch von Provenze gejeit;　Sie ist aus der Provence verjagt;
die ketzer tâten ir dâ leit.　　　dort haben die Ketzer ihr zugesetzt.
ist si ze Spange? nein, si niht,　　Ist sie in Spanien? Nein,
wan ir dâ grôz leit geschiht　　　denn dort wird sie sehr übel behandelt
2475　von heiden und von vernogierten　von den Heiden und den abtrünnigen
kristen, dies dâ übel zierten.　　Christen, die sie arg zugerichtet haben.
ze Püllen ist si niht beliben,　　In Apulien ist sie nicht geblieben,
wan si ist stunt von danne vertriben.　denn sie ist längst von dort vertrieben.
nu wie ob si ze Rôme ist?　　　Ist sie vielleicht in Rom?
2480　daz ervert in kurzer vrist,　　Das erkennt jeder sogleich,
swer dâ iht ze schaffen hât,　　der dort zu tun hat,
an der Rômaer valschem rât.　　an der Heimtücke der Römer.
ze Tuskâne mans niht suochen sol;　In Tuscien braucht man sie nicht zu
die pilgerîne wizzenz wol,　　　suchen; die Pilger merken schnell,
2485　swenn man in ab ziuht ze Mont Flaskôn,　wenn man sie zu Montefiascone
ob triuwe ze Tuscâne won.　　ausplündert, ob in Tuscien Treue wohnt.
si ist ouch niht ze Lamparten,　Sie ist auch nicht in der Lombardei,
wan dâ habents erschrecket harte　denn dort haben die Milanesen sie
die Meilânaere mit unglouben,　verschreckt mit Ketzerei,
2490　mit prant, mit urliuge und mit rouben.　Brandschatzen, Krieg und Raub.
ob si ze tiuschen landen sî,　　Ob sie in deutschen Landen ist,
daz weiz man wol verre und bî.　weiß man hier wie überall.

2452 wordn] auch D.　2453 Vincence] vincenti D.　Ferraere] verrer D.　2454 man] ich DG.　2455 ist] das
D.　2456 sô] *nicht in* G.　2457 daz] Do D.　2462 nu] *nicht in* D.　2463 vol] wol D.　2466 sich DG] sei A.
umbe] hin G.　2468 Kerlingen (G)] cherlinge A. choerlingen D.　si] *nicht in* D.　2469 die zwên] der zweier G.
2470 hânt] hat G.　laere] vnmare D(G).　2471 Provenze] prouencre D.　2472 ir] auch ir D.　2473 Jr ist zu jspa-
nien nicht D.　2476 dies] die sich D.　2478 ist] ez G.　von danne vertriben] dauon getribē D.　2480 in] zu D.
2482 an] von G.　valschem G] valschen AD.　2483 Tuskâne] tvschhan A. tusch kan D. Tvschane G.
2484 wizzenz (DG)] di wizzenz A.　2485 in] im D.　2487 Lamparten] Lanch parte A. lampperte D. lamparte G.
2488 habents] habē D.　2489 Meilânaere] mailander D.

ze Ungern ist ouch niht ir wesen,
wan dâ ists lange niht gewesen.
2495 der Ungern untriu und unsinne
schein wol an ir küneginne.

In Ungarn ist sie auch nicht, denn
dort war sie schon lange nicht mehr.
Untreue und blinde Wut der Ungarn
wurde an ihrer Königin offenbar.

III. Teil
Aus dem II. Kapitel

Von dem himel unz an den mân,
als *ich ê* gesprochen hân,
2605 sint mit staet die sterne siben
an ir orden gar beliben.
von dem mân unz an die erd
sint vier natûre widerwert
beliben ouch nâch ir gewalte;
2610 diu heize *ist* hôher dan diu kalte.
ein ieglîch dinc sîn orden hât,
daz ist von der natûre rât,
âne alters eine der man,
der sînen ordn niht halten kan.
2615 swaz in der werlde gar ringe ist,
daz ziuhet hôhe zaller vrist.
daz swaere niht anders gert,
wan daz ez valle zuo der erd.
zem centrum ziuhet elliu swaere,
2620 diu erd anders zervallen waere.
daz îsen hât ouch den sit,
daz ez ziuhet hin zer calamît.
diu salamandrâ niht enstrebet
ûzem viuwer, dâ si lebet.
2625 diu wazzer îlent hin zem mer.
ez ist in der werlde niht sô hêr,
daz ûz sîm orden welle bestân,
wan alterseine der toersche man.
die vogel vliegent imme luft;
2630 daz wilde ist in des berges gruft
und in dem wald; die vische swebent
in dem wazzer, dâ si lebent.
anders uns ze tuon geschiht,
wan wir welln behalten niht
2635 unsern ordn noch unser leben.
ein ieglîchr wolt daz sîne geben

Vom Himmel [abwärts] bis an den Mond
sind, wie ich zuvor gesagt habe,
die sieben Planeten stets beharrlich
in ihrer festgesetzten Bahn geblieben.
Vom Mond bis an die Erde haben
auch vier gegensätzliche Naturen
ihrem Vermögen gemäß ausgeharrt;
die heiße lagert höher als die kalte.
Jedes Ding hat seinen festen Platz,
das entspricht dem Gesetz der Natur,
nur der Mensch nicht, der seinen ihm
gegebenen Platz nicht einzuhalten
weiß. Was auf der Welt sehr leicht
ist, strebt immer nach oben.
Das Schwere will nichts andres
als zu Boden fallen.
Alle Schwere strebt zum Zentrum, die
Erde wäre sonst auseinandergebrochen.
Es ist die Art des Eisens,
zum Magneten zu streben.
Der Salamander will nicht aus dem
Feuer, worin er lebt.
Die Wasser eilen zum Meer.
Nichts noch so Gewaltiges in der Welt
will außerhalb seines Platzes existieren,
nur der törichte Mensch.
Die Vögel fliegen in der Luft;
das Wild hält sich in den Bergschluchten
auf und im Wald; die Fische schwimmen
im Wasser, wo ihr Lebensraum ist.
Mit uns ist es anders,
denn wir wollen weder unseren Platz
noch unsere Lebensweise einhalten.
Jeder würde die seine für die

2495 unsinne] ir vnsinne A(D)G. 2603 unz an] zu D. 2604 ich ê] e ich A. ê] *nicht in* DG. 2605 die] der D. 2610 heize] hicze D. ist G] *nicht in* AD. diu kalte] der kalt D. 2613 alters eine] alter seine D. 2617 swaere] wer D. 2621 îsen] es D. den sit] die sitte D(G). 2622 ez] *nicht in* D. hin zer] hincz dem D. 2623 diu] Da D. enstrebet] erstrebt D. 2624 dâ] das D. 2626 sô] *nicht in* G. 2627 sîm (DG)] seinen A. bestân] stan G. 2628 alterseine] alter sey D. 2629 imme] jn die D. 2631 und] *nicht in* G. walde] wage G. 2632 in] vñ in G. 2633 tuon] tûnen G. 2635 noch] vnd D.

durch des andern arbeit.
daz ist ein grôz unstaetekeit.
　Der gebûre wolt sîn kneht,
2640 wan in des leben dunket sleht.
der kneht waere gerne gebûr,
swenn in sîn leben dunket sûr.
der phaffe wolt gern rîter wesen,
swenn in betrâgt sîn buoch ze lesen.
2645 vil gern der rîter phaffe waer,
swenn er den satel rûmt dem sper.

Plackerei des andern hergeben.
Das ist eine große Unbeständigkeit.
　Der Bauer möchte Krieger sein,
denn dessen Leben scheint ihm gut.
Der Krieger wäre gern Bauer,
wenn ihm sein Leben hart vorkommt.
Der Geistliche würde gern Ritter sein,
wenn es ihn verdrießt, sein Buch zu lesen.
Sehr gern wäre der Ritter ein Geistlicher,
wenn ihn der Speer vom Sattel holt.

swenn der koufman gwinnet nôt,
sô spricht er: „wê, und waer ich tôt!
mir ist unsaelikeit gegeben.
2650 der wercman hât guot leben.
jâ ist deheim der wercman.

Gerät der Kaufmann in Not,
spricht er: „Ach, wäre ich tot!
Ein schweres Los ist mir auferlegt.
Der Handwerker hat ein gutes Leben.
Der Handwerker sitzt zuhause.

daz ich niht würken kan!
des muoz ich varn hin und her
und bin gemuot harte sêr."
2655 sô sprichet der wercman: „wol
dem koufmanne, wan ich sol
würkent nahtes wachen vil.
der koufman slaefet, swenner wil."
swaz dem ist liep, ist disem leit.
2660 daz ist *ein* grôz unstaetekeit.
wolt der hunt ziehen den wagen
und der ohse die hasen jagen,
si diuhtn uns beidiu wunderlîch.
daz ist noch alsô gemelîch,
2665 daz sich deheiner niht enschampt,
ern well durch nît des ander*n* ampt.
kneht gebûr, gebûre kneht –
daz und ditze ist unreht.
der phaffe ist rîtr, der rîter phaffe;
2670 der und d*er* tuot als der affe,
wan der aff sich niht enschampt,
ern welle haben alliu ampt.
alsô sî wir betrogen gar.
ich wil iu sagen wol vür wâr:
2675 deheiner wolt daz sîne geben,
erkant er wol des andern leben.

Warum kann ich kein Handwerk!
So muß ich hin und her reisen
und bin arg geplagt."
Ebenso spricht der Handwerker:
„Gut hat's der Kaufmann, denn ich muß
nachts oft wach bleiben und arbeiten.
Der Kaufmann schläft, wann er will."
Was diesen freut, ist jenes Leid.
Das ist eine große Unbeständigkeit.
Wollte der Hund den Wagen ziehen
und der Ochse die Hasen jagen,
kämen beide uns absonderlich vor.
Das ist noch ebenso närrisch, daß
keiner sich schämt, aus Neid nach
dem Beruf des andern zu verlangen.
Krieger Bauer, Bauer Krieger –
jenes und dieses ist unrecht. Der
Geistliche ist Ritter, der Ritter Geistlicher;
dieser und jener führt sich auf wie der Affe,
denn der Affe schämt sich nicht,
nach sämtlichen Berufen zu verlangen.
Dabei täuschen wir uns ganz und gar.
Ich sage euch: Tatsächlich würde keiner
das Seine hergeben wollen, wenn er das
Leben des andern wirklich kennen würde.

Aus dem III. Kapitel

Der arm hât müe und ouch der rîche;
ez ist allez geteilt gelîche.
derz wol mit sinne ersehen kan,
2680 jâ hât niht wirs der arme man.
dem armn ist wê mit der armuot,
dem rîche*n* wê mit sînem guot.
sol man mir iht, sô ist mir leit,
daz diu werunge *ist niht* bereit.
2685 sol aver *ich* iht, sô ist mir swaer,
daz ich nien hân, wâ mit ich wer.
derz allez wol erahten wil,
si habent nâch gelîchez zil.
swer *nien* hât, dem nimt man niht;

Der Arme hat seine Plage und der Reiche
auch; es ist alles gleich verteilt.
Betrachtet man die Dinge mit Verstand,
hat es der Arme wirklich nicht schlechter.
Der Arme leidet an der Armut,
der Reiche leidet an seinem Geld.
Greift man mich an, bekümmert mich,
daß das Abwehrgerät nicht bereitsteht.
Soll dagegen ich angreifen, ist mir arg,
daß ich nichts habe, womit ich kämpfen
kann. Wenn man es genau betrachtet,
haben sie beinah ein gleiches Los.
Wer nichts hat, dem nimmt man nichts;

2652 daz ich niht G] Des ich niht A. vil wol D.   2654 und] jch D.   2656 dem] zum D.   2657 würkent] wurcken D(G).   2658 slaefet] wachet D.   2660 ein DG] nicht in A.   2662 die] den D.   2663 Das deucht vns vil wunderleich D.   2666 andern (DG)] ander A.   2670 der und der D(G)] der vnd dirre A.   tuot als der] ist als ein D.   2673 sî] sein D.   2679 derz] Der D.   2680 hât niht wirs] het nicht weis D. hat niht wirser G.   2681 armn] arm D.   2682 wê] ist we ADG.   2683 iht] nicht D.   2684 ist niht] niht ist A(D)G.   2685 ich DG] nicht in A.   2687 wol erahten] ertrachtē D.   2688 habent nâch (G)] habent avch nach A. haben noch D.   2689 nien (DG)] min A.

2690 dem rîchen man *vil* abe briht.
der rîche durch sîn eigen guot
muoz *dicke haben* trüeben muot,
urliuge, zorn und grôzen haz.
im waer *der âne* lîhte baz.
2695 der rîch durchz guot muoz vil vertragen
unwirde, di ich niht wolt vertragen.
wil erz ave vertragen niht,
leit im amme guot geschiht.
  Der arme man muoz haben guot,
2700 so bedarf wol der rîche huot.
umbe guot der arme man bit,
so ist der rîche gemuot dâ mit,
daz er umb helfe biten muoz.
wol gelîche gât ir vuoz.
2705 dem armen ist wê nâch dem guote,
so ist noch wirser ze muote
dem rîchen, wier müg rîcher sîn.
rîchtuom macht niemen sorgen vrî.
swer hât genuoc und mêre wil,
2710 dem hilft sîn guot alsô vil
als der rouch hilft den ougen,
des mag er mir nimmer gelougen.
der ist vil arm mit grôzem guot,
swem mêre geret sîn muot.
2715 der hât an kleinen dingen vil,
swer danne niemêr haben wil.

dem Reichen nimmt man viel fort.
Der Reiche muß seines Geldes
wegen oft Sorgen, Streit, Zorn
und großen Haß ertragen. Ohne dies
alles ginge es ihm vielleicht besser.
Der Reiche muß des Geldes wegen viel
Kränkungen hinnehmen, die ich nicht hinnehmen
möchte. Will er sie aber nicht hinnehmen,
erleidet er Einbußen an seinem Vermögen.
  Der Arme braucht Geld,
der Reiche hat Schutz nötig.
Der Arme bittet um Geld,
entsprechend ist der Reiche damit
geplagt, daß er um Hilfe bitten muß.
Sie treten den gleichen [Bitt]Gang an.
Der Arme wünscht sich sehnlichst Geld,
den Reichen plagt noch mehr der
Wunsch, noch reicher zu werden.
Reichtum befreit niemanden von Sorgen.
Wer genug hat, aber noch mehr will,
dem nutzt sein Geld genau so viel
wie der Rauch den Augen,
das kann er mir nicht leugnen.
Der ist bei großem Vermögen sehr
arm, den nach mehr verlangt.
Der hat mit kleinem Vermögen viel,
der mehr gar nicht haben will.

Aus dem VII. Kapitel

Ich hân gesaget ein lange zît,
waz kumbers hêrschaft gît.
nu hoeret ouch, wie si den man
bekumbert, der si nie gewan.
3225   Swenn ein giresch man nâch êre
dar an gedenket harte sêre,
ervindet er einen listegen rât;
alsô er in erwischet hât,
so ist er alsô vrô zehant,
3230 sam er erworven habe ein lant.
in dunkt, er habe, swaz er wil:
er hât êre und hêrschaft vil.

Ich habe des längeren gesagt, was für
Schwierigkeiten Herrschaft verursacht.
Nun hört auch, wie sie den Menschen
beschwert, der sie nie erlangt hat.
  Wenn ein Mensch, der nach Ansehen
lechzt, unentwegt daran denkt, verfällt
er auf eine schlaue Lösung;
wenn er die erwischt hat,
ist er sogleich so gut gelaunt,
als ob er ein Land erworben hätte.
Er bildet sich ein, er habe, was er will:
Er hat großes Ansehen und Herrschaft.

2690 vil] *nicht in* ADG. 2692 dicke haben] han dicke A(DG). 2694 der âne] deran AG. daran D. 2696 vnwirde das wil ich uch sagē D. wolt vertragen] wolde tragen G. 2698 leicht jm ein gut geschicht D. 2704 ir vuoz] er zu fus D. 2707 Der reichen wie er reicher sey D. sîn] si G. 2712 gelougen] gelauben D. 2713 grôzem] seinē D. 2714 swem] wē D. 2716 niemêr] icht mer D. 3221 ein] *nicht in* D. 3223 den] dem DG. 3224 si nie] synne D. 3225 giresch] geitiger D. 3226 seinē mut wil vast keren D. 3227 ervindet er] Er findet in D. 3228 alsô] als DG. in] im D. 3232 hêrschaft (D)] herschefte A(G).

er hât sîn lant harte wol,
als erz von rehte haben sol.
3235 er ist volkomen gar an êr.
daz schenken ampt lîhet er,
und wer ze truhsaezn sî guot,
daz stift er gar in sînem muot.
sîn ampt verliuset denne,
3240 der guot dar inn was etewenne.
er gît ez, swem erz geben wil,
wan er hât danne hêrschaft vil.
sô gênt die kameraere umb in
mit grôzer *zühte* und mit sin
3245 und werent vaste daz gedranc.
sô ist im wol – in sîme gedanc.
    Ob in lüst ze jagen lîht,
sô sint in vil kurzer zît
die hunde bereit, die jeger sint
3250 alle komen und ir wind.
dâ vâhents hasen alsô vil,
daz ir ze tragen ist ze vil.
ein eber kumbert vast die hunde,
der in zuo kumt zuo der stunde.
3255 er bringt die hunde in grôze nôt,
doch wirt ouch er ze jungest tôt.
dâ wirt mit sîn*en* horn*en* langen
– mit gedank*e* – ein hirz gevangen.
ze jungest sticht der selbe herr
3260 einn per*n* ze tôd mit sînem sper.

Er regiert sein Land tadellos,
wie er es rechtens regieren soll.
Sein Ansehen ist makellos.
Er verleiht das Amt des Schenken,
und wer sich zum Truchsess eignet,
in seiner Phantasie verleiht er auch
das. Da verliert dann einer sein Amt,
der darin durchaus erfolgreich war.
Er gibt es, wem er es geben will,
er hat ja die unumschränkte Herrschaft.
Entsprechend umgeben ihn die Kämmerer
höchst wohlerzogen und aufmerksam und
wehren die herandrängende Menge ab.
Dann fühlt er sich wohl – in seiner Phantasie.
    Wenn ihn vielleicht die Lust ankommt zu jagen,
sind in kürzester Zeit die Hunde
bereit, alle Jäger sind
mit ihren Windhunden zur Stelle.
Dann fangen sie so viele Hasen,
daß es zum Tragen zu viele sind.
Ein Eber macht den Hunden viel Mühe,
der ihnen dann in den Weg läuft.
Er bringt die Hunde in große Bedrängnis,
doch auch der wird schließlich erlegt.
Da wird – in Gedanken – ein Hirsch
mit stattlichem Geweih gefangen.
Zuletzt ersticht der Herr höchstpersönlich
mit seinem Speer einen Bären.

ein per n zu tod mit seine sper

3234 erz] er *DG*.   3240 das gut da er jnne was etewenne *D*.   3242 danne] der *D*.   3244 grôzer zühte (*G*)] grozzer
zvht *A*. grossen zuchtê *D*.   3245 werent] wirt *D*.   daz] sein *D*.   3249 jeger] iagend *D*.   3252 ze vil] on zil *D*.
3254 der in] der jm *D*. die im *G*.   3256 wirt ouch] leit *D*.   3257 sînen hornen (*DG*)] seinem horn *A*.
3258 gedanke (*D*)] gedanchen *AG*.   3260 pern *D*(*G*)] per *A*.

hei wie küene er danne ist,
unz im wert *der* gedanke vrist!
sô blâsent si ir horn sâ;
si hânt genuoc gejage*t* dâ.
3265 si varent heim, si und ir hunde
mit grôzer vreude zuo der stunde.
sô koment dan die valkenaere
und sagent von ir valken maere.
sô hât der herr vil grôz gedranc.
3270 diu hêrschaft ist niht ze lanc.
wan smorgens, swenner ûf stât
und altersein ze gazzen gât,
sô sprichet niemen: „sitzet, herre."
im ist sîn stuol harte verre.
3275 sîn kameraere entwichen sint.
er hât vor im niht ein kint.
ern weiz, wâ daz wiltpraete ist,
nâch dem er ranc sô lange vrist.
der eber mit sînn zenden lanc
3280 genist wol vor sîme gedanc.
nu lât albald, daz er gedenke,
der truhsaeze und der schenke
verliesent dâ von niht ir amt;
jâ habent siz noch bêde samt.

Hei, wie ist er mutig,
so lange die Einbildung dauert!
Dann stoßen sie ins Horn;
sie haben genug gejagt.
Sie kehren dann hochzufrieden
heim, sie und ihre Hunde.
Dann kommen die Falkner dazu
und berichten von ihren Falken.
So hat der Herr viel Betrieb um sich.
Das Herrschen wird ihm nicht langweilig.
Aber des Morgens, wenn er aufsteht
und mutterseelenallein auf die Gasse geht,
dann sagt niemand: „Herr, nehmt doch Platz!"
Sein Sessel ist unendlich weit weg.
Seine Kämmerer sind auf und davon.
Nicht mal einen Knaben hat er bei sich.
Er weiß nicht, wo das Wildbret ist,
dem er so lange nachgespürt hat.
Der Eber mit seinen langen Hauern
ist vor seiner Phantasie sicher.
Laßt ihn denken, was er will,
der Truchsess und der Mundschenk
verlieren dadurch ihr Amt nicht;
sie haben es alle beide noch.

Aus dem VIII. Kapitel

3285 Ir habt nu genuoc gehoeret,
wie der man ist betoeret
und wie kumberlîche er lebet,
der nâch hêrschaft ze harte strebet.
swer ouch nâch maht streben wil,
3290 dern weiz des niht, daz ein zil
hât diu maht und diu unmaht:
si kumbernt uns tag unde naht,
doch ist dem unmehtegen baz.
man mac vil lîht verstên daz:
3295 Der unmehtege ruowet dicke,
swenn der mehtege in dem stricke
louft, den er niht brechen kan.
wan ist *er* ein mehteger man,
er wil die andern vâhen alle

Ihr habt nun genügend lange gehört,
wie der Mensch sich zum Narren macht
und wie erbärmlich er lebt, der
zu sehr nach Herrschaft strebt.
Auch wer Macht erstreben will, weiß
nicht, daß Macht und Machtlosigkeit
auf dasselbe hinauslaufen:
Sie plagen uns Tag und Nacht, doch
geht es dem Machtlosen besser.
Das ist leicht einzusehen:
Der Machtlose macht es sich oft
bequem, wenn der Mächtige in den
Sielen rennt, die er nicht zerreißen
kann. Ist er nämlich ein mächtiger
Mann, will er alle die andern aus

3262 im] in D. der DG] *nicht in* A. 3263 si] *nicht in* D. sâ] do sa D. 3264 hânt genuoc] gnugt D. gejaget
(G)] geiagen A. zu iagen D. 3270 ist] wert DG. 3272 gazzen] straze G. 3281 nu] Daz G. daz] was D.
3288 ze] *nicht in* D. 3290 des] das D. 3292 kumbernt] bekumert D. 3295 Das vnmechtig rewet dich D.
3296 in dem stricke] *nicht in* D. in disem striche G. 3297 den] dem D. 3298 er *Nachtrag a.d.Rand* D] *nicht in* AG.

durch übermuot in sîner valle | Überheblichkeit in seiner Falle
und kumt selber harte dick | fangen und gerät dabei selbst oft
in einen schentlîchen stric. | in schmachvolle Fesseln.

....

Ein man sich loesen waenet dicke, | Ein Mann glaubt oft, sich zu befreien,
swenner kumt in wirser stricke. | gerät aber nur in ein ärgeres Joch. Er sagt
er spricht: „slah *i'n*, den einen man, | sich: „Bringe ich diesen einen Mann um,
3360 sô bin ich vor mînn vînden dan | so bin ich danach vor meinen Feinden
immer sicher." er sleht in | immer sicher." Er erschlägt ihn
und hât dervon den gewin, | und hat sich damit eingehandelt, daß
daz er vür einn vînt drî hât. | er statt des einen Feindes dreie hat.
sus ist zestoeret sîn rât. | So ist sein Plan fehlgeschlagen. Wer seine
3365 swer waent, sîn kumber mit dem tôt | Schwierigkeiten durch einen Mord zu
minnern, der mêret sîne nôt. | mindern glaubt, vergrößert seine Notlage.
alsam sag ich iu vür wâr: | Und so sage ich euch: Wer uns
swer uns waenet undermachen gar, | unterwerfen will, hat stets große
der hât immer müe vil | Mühe und erreicht in Wahrheit
3370 und mac doch niht tuon, daz er wil. | doch nicht, was er will.
Alexander kom unz an sînen tôt, | Alexander hat bis zu seinem Tod
daz er dermit het immer nôt. | damit immer zu kämpfen gehabt.
swenn man vol viht*et* nâch der maht, | Wenn man auch mit aller Kraft die Macht an sich
sô hât si doch unlange kraft. | reißt, hat sie doch nicht lange Bestand.
3375 Alexander lebete zwelif jâr | Alexander erlebte [sie] zwölf Jahre und
und muoste si doch lâzen gar. | mußte sie schließlich doch fahren lassen.

Daz selbe ich iu sagen wil | Das Gleiche möchte ich euch von
von Julîus, der harte vil | Julius sagen, der ein Großteil
der werlde hete undermacht. | der Welt unterworfen hatte.
3380 dône half in niht sîn kraft, | Aber seine Macht half ihm nichts,
wan dô er heim wider kêrt, | denn als er wieder heimkehrte,
als er êr vil hete behert, | nachdem er zuvor viel erobert hatte,
dô lebt *er* niwan zwei jâr | da lebte er nur noch zwei Jahre und
und verlôs sîn maht gar. | verlor dann seine Macht ganz und gar.
3385 da er baz wânte gewis sî, | Wo er glaubte, in größerer Sicherheit zu
dâ stuont im niht sîn maht bî, | sein, da half ihm seine Macht gar nichts,
ern würde doch dâ erslagen. | er wurde doch da ermordet.
Hector wart *ouch* als ein wagen | Hektor wurde auch wie ein Karren
umb sîn stat gezogen tôt; | tot um seine Stadt geschleift;
3390 daz was ein jaemerlîchiu nôt. | das war ein jammervolles Elend.

Waz sag ich von den, die ir maht | Was rede ich von denen, die ihre Macht
liezen durch des tôdes kraft? | durch die Gewalt des Todes verloren
wan der was vil, die bî ir leben | haben? Gab es doch viele, die zu ihren
muosten gar ir maht *be*geben. | Lebzeiten ihre Macht einbüßten.
3395 die dâ heten maht und êre, | Zu Troja wurden die, die damals Macht

---

3300 sîner] seinē D.   3359 slah *i'n* den] slah in den A. slach ich dañ D. sla ich den G.   3361 immer] nymer D.
3362 dervon den] er von dem D.   3364 sus] sunst D.   sîn] der sein D. der sine G.   3365 wer went kumer mit
seinē tod D.   3373 vihtet (D)G] vihte A.   nâch] mit D.   3376 si] sich D.   3383 er DG] *nicht in* A.   3385 baz]
was D.   3386-87 do ward im die macht vnschein / Also das er ward erslagen D.   3388 wart] was D.   ouch (DG)]
nicht in A.   3391 ich] ich uch D.   die] *nicht in* G.   3394 maht] chraft G.   begeben G] geben AD.

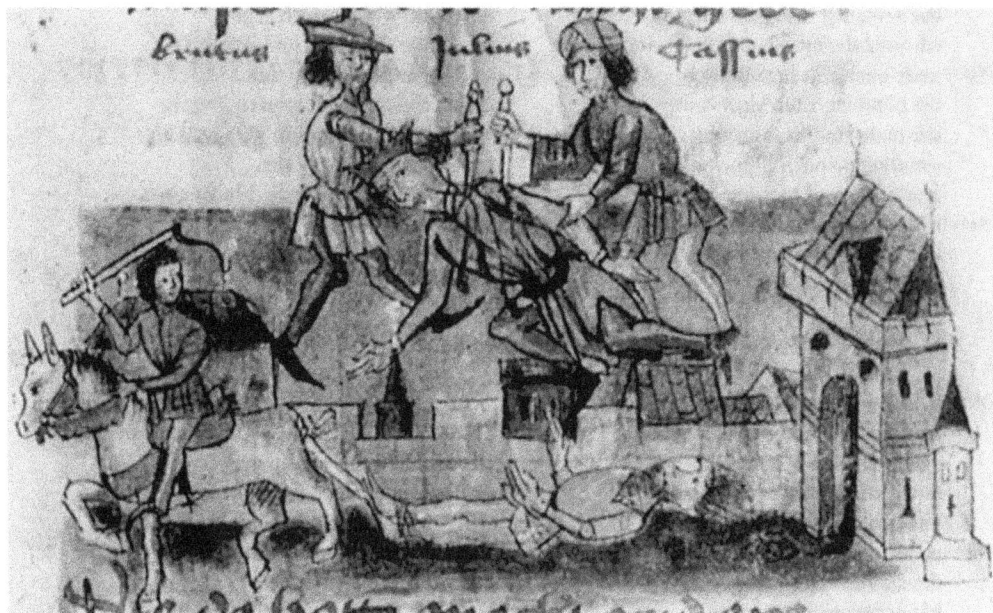

wurden ze Troje genidert sêre.
dô Trojâ gewunnen wart,
si wurden dô gelastert hart,
wan diu vil alte küneginne
3400 von Trojâ wart mit unminne
im horwe gezogen vür einen kneht.
daz was niht hüfscher liute reht.
dô wart Anchîses der alte
ouch vertriben mit gewalte.
3405 der het im viuwer grôze nôt
und lac doch ûf dem wazzer tôt.
    Dô Hannibal den sic gewan,
dô kom ze Rôme manic man
von sîner maht ze grôzr unmaht;
3410 dâ wart genidert wol ir kraft.
    Waz sag ich, daz vor langer vrist
in der werlde geschehen ist?
wan ez bî unsern zîten geschiht,
daz man sîn maht behaltet niht.
3415 nu hoert an maht groz unkraft.
ich weiz den grâven, der sîn grâfschaft
verlorn hât; ich weiz ir vil,

und Ansehen hatten, tief erniedrigt.
Als Troja erobert worden war,
wurden sie übel geschändet,
denn die greise Königin von Troja
wurde brutal wie ein Knecht
durch den Staub gezerrt. Das war
nicht das, was dem Adel gebührt.
Damals wurde auch der alte
Anchises gewaltsam vertrieben. Der
überlebte das Grauen der Feuersbrunst
und fand doch den Tod auf dem Meer.
    Als Hannibal den Sieg errungen hatte,
fiel in Rom so mancher von der
Macht zu großer Machtlosigkeit;
ihr Einfluß wurde zunichte gemacht.
    Doch warum erzähle ich, was vor langer
Zeit in der Welt geschehen ist?
Geschieht es doch in unseren Tagen,
daß man seine Macht nicht behält.
Macht und Ohnmacht liegen dicht beieinander.
Ich kenne den Grafen, der seine Grafschaft
verloren hat; ich kenne noch viele,

3396 wurden] warde sie D.   3400 von] vnde G.   3401 horwe] hore AG. har D.   3403 dô (D)] Doch AG.   Anchîses] Enchises D.   3411 daz] uch D.   3413 wan] was D.   unsern zîten] vnser zeit D.   3414 sîn maht behaltet] sein macht behaltē D. mach chraft behaltē G.   3415 unkraft] vnrecht D.   3416 grâfschaft] geschaefte G.

daz selbe ich iu sagen will:
ich weiz die marke und daz bistuom
3420 unde ouch den herzentuom,
die bî mînen zîten vlorn sint;
der maht unkraft ane wint.
ich erkenne ouch lîhte den
künic, der wol etewenn
3425 hiete eins rîchen keisers maht
und hât nu niht eins küneges kraft.

eben dies will ich euch sagen:
Ich kenne die Mark und das Bistum
und sogar das Herzogtum,
die zu meiner Zeit verloren gingen;
Macht zieht Ohnmacht geradezu an.
Ich kenne auch wohl den
König, der zeitweilig die Macht eines
mächtigen Kaisers besaß und jetzt
nicht einmal mehr die Königsgewalt hat.

Aus dem XI. Kapitel

3855 Daz adel uns alsam kan
machen troumen. swelich man
edeler danne ein ander ist,
er waent sîn tiuwer zaller vrist
unde triuget sich dar an;
3860 niemen ist edel niwan der man,
der sîn herze und sîn gemüete
hât gekêrt an rehte güete.
Ist ein man wol geborn
und hât sîns muotes adel verlorn,
3865 ich kan iu sagen wol vür wâr,
in schendet sîn geburt gar.
wan swer wol geborn ist,
sîn geburt gert zaller vrist,
daz er wol und rehte tuo.
3870 ob er sich niht dwingt derzuo,
sô hât er danne lasters mêre.
sîn geburt minnert sîne êre.
Des wundert mich ouch harte vil,
daz dehein vrumman wil
3875 durch sîner vorvarn guot
und durch ir adel hân übermuot.
mag er selbe tuon daz,
dâ von er möhte heizen baz
von im edel denn von in,
3880 daz diuhte mich ein bezzer sin.
Vaterhalbe ist ein ieglîch man
edel, derz verstên kan.
swer sîn geburt behalten wil,
der hât adels harte vil.

Adel kann uns gleichermaßen zum
Träumen veranlassen. Wer nämlich von
edlerer Herkunft als ein anderer ist,
glaubt immer, auch der Wertvollere zu
sein, und macht sich damit etwas vor;
edel ist nämlich nur der,
der Herz und Gemüt dem
wahrhaft Guten zugewandt hat.
Ist einer adlig geboren und hat
den Adel der Gesinnung verloren,
dann, kann ich euch sagen, ist seine
hohe Geburt in Wahrheit ein Makel.
Wer nämlich hochgeboren ist,
dessen Herkunft verlangt immer,
daß er gut und korrekt handelt.
Zwingt er sich nicht dazu, ist
seine Verfehlung um so größer. Seine
hohe Abkunft mindert sein Ansehen.
Das erstaunt mich auch immer wieder,
daß sich ein [sonst] tüchtiger Mann
auf den Reichtum seiner Vorfahren
und auf deren Adel etwas einbildet.
Soll er doch selbst das ausrichten,
wodurch er mehr seinetwegen
als ihretwegen edel genannt würde,
das käme mir vernünftiger vor.
Väterlicherseits ist jeder Mensch
adlig, versteht sich. Wer diese
seine Kindschaft zu erhalten versteht,
der ist in höchster Weise adlig.

3419 marke] marckt D. 3420 den] das D. 3424 wol] vor D. 3856 troumen] trewme D(G). 3858 sîn] er sey D. 3860 niwan] wen D. denn G. 3861 der] Das D. 3862 rehte güete] rechtes gut D. 3873 ouch] nicht in D. harte vil DG] hart sere vil A. 3874 dehein] kain D. 3875 sîner] seinen D. 3876 adel D] edel AG. 3878 möhte] mvge G. 3879 im] jm selber D(G). in G] im A(D). 3880 diuhte] dŷche G.

3885 die sint alle gotes kint,	Gottes Kinder nämlich sind alle
die sîn gebot leistende sint.	jene, die sein Gebot erfüllen.
swer niht enleistet sîn gebot,	Wer sein Gebot nicht erfüllt, der hat
der hât daz adel, daz im got	den Adel, den Gott ihm verliehen hat,
gap, von sînen schulden vlorn	durch eigene Schuld verloren
3890 und hât im dar zuo erkorn	und hat sich dazu noch einen Vater
einen vater, der unedel ist	gewählt, der durchaus nicht edel ist
von sînem übel zaller vrist.	seiner ewigen Bosheit wegen.
swer sînn edelen vater lât,	Wer seinen edlen Vater verläßt,
sîn adel er verworht hât.	hat seinen Adel verwirkt.
3895 Got hât uns alle geschaft;	Gott hat uns alle geschaffen;
uns hât sînes willen kraft	die Macht seines Willens hat uns
ze der werlde brâht, daz ist wâr.	zur Welt gebracht, das ist wahr.
dâ von sî wir sîniu kint gar,	Deshalb sind wir wirklich seine Kinder,
ân den, derz verworht hât	nur der nicht, der es mit seiner
3900 mit sîner übelen getât.	Missetat verwirkt hat.
hie bî möht ir merken wol,	Daraus könnt ihr zu Recht ableiten,
daz niemen edel heizen sol	daß niemand edel heißen soll
niwan der, der rehte tuot.	außer dem, der korrekt handelt.
swer hât einn unrehten muot,	Wer einen schlechten Charakter hat,
3905 der muoz âne tugende leben	muß ohne Tugenden leben
und hât sînn edeltuom gegeben	und hat seinen Adel aus Liebe
durch der untugende minne.	zum Laster dahingegeben.
daz kumt niht von grôzem sinne.	Von viel Verstand zeugt das nicht.
er hât boesen kouf getân,	Einen schlimmen Handel hat
3910 der sîns adels ist worden ân	getätigt, wer für Geiz und Bosheit,
durch erge und durch bôsheit,	für Lüge und Treubruch, für
durch lüge und durch unstaetekeit,	Ausschweifung und Laster
durch unzuht und durch untugent,	seinen Adel losgeschlagen hat,
ez sî an alter ode an jugent.	er sei jung oder alt.

IV. Teil
Aus dem I. Kapitel

Ein ieglîch biderbe herre sol	Jeder treffliche Regent soll sich
4210 sich behüeten harte wol	sorgfältig hüten vor der Sklaverei
vor der untugent eigenschaft,	des Lasters, damit er nicht
daz er niht kome in ir kraft.	unter dessen Einfluß gerate.
swer sich dervor wil wol bewarn,	Wer sich davor sicher bewahren will,
dern sol deheine wîse varn	der soll auf keine Weise nach

3885 die] Das D.   3886 leistende] laisten D.   3888 daz adel daz] den adel den D.   3891 unedel] nw edel D.
3893 sînn] eine D.   lât] hat D.   3894 verworht] vor vorcht D.   3896 uns] vnd D.   3899 nicht in D.
3900 sîner übelen (DG)] seinem vbelem A.   3903 niwan der] dañ D.   3904 hât einn] aber hat G.   hât] nicht in
D.   3908 niht von grôzem] nicht vô grossen D. von chranchem G.   3909 er (G)] Der AD.   hât] hat nicht D.
4211 der untugent] den vntvgenden G.   4213 wil] wöll D.   4214 dern G] Der A(D).   wîse] weile D.

4215 nâch rîchtuom und nâch hêrschaft,
nâch dem namen und nâch der maht.
er sol sich ouch niht hart verlân
an sîn adel und sol niht gân
nâch sîme geluste, so ist er wol
4220 behuot, als ein herre sol.

Reichtum und Herrschaft streben,
nach Rang und Namen und Macht.
Er setze auch nicht zu sehr auf seinen
Adel und gebe seinen Trieben
nicht nach, dann ist er geschützt,
wie es sich für einen Herrn gehört.

Aus dem II. Kapitel

Ein herre, der sînn muot verlât
an rîchtuom, wizzet, daz er hât
die girescheit ze vrowen erkorn.
solt mir dan niht wesen zorn,
4225 ob mir der gebieten solde,
der selbe eigen wesen wolde
und der selbe ligen muoz
under der girescheite vuoz?
zwiu sint im bürge unde lant,
4230 sît er selbe im ze schant
der girescheite eigen ist
und muoz ir dienen zaller vrist?
    Swer an hêrschaft verlaet den muot,
daz enist im ouch niht guot,
4235 wan der ist eigen der hôhvart.
er hât sich geschendt ze hart.
zwiu ist im dehein dienestman,
sît er selbe niht enkan
vliehen der hôhvart eigenschaft?
4240 ern hât niht staetes herzen kraft,
sît er sô redet unde tuot,
daz er dient der übermuot.
    Swer sich verlaet an die maht,
der hât ouch sîns herzen kraft
4245 verlorn und muoz boeslîch
dienen einem schalke gelîch
der vrowen versmâcheit,
ez sî im liep ode leit.
daz möht im vesmâhen baz,
4250 hiet er sin, wizzet daz.
im möht ouch daz versmâhen wol,

Bedenkt, daß ein Regent, der auf
Reichtum setzt, die Habgier
zur Herrin gewählt hat. Muß es
mich denn nicht zornig machen,
wenn mir einer befehlen soll,
der selbst ein Leibeigner sein will
und selbst unter dem Fuß der
Herrin Habgier liegen muß? Wozu
hat er Burgen und Länder,
wenn er selbst zu seiner Schande
Leibeigener der Habgier ist
und ihr allzeit dienen muß?
    Setzt einer auf Herrschaft, ist
das auch nicht gut für ihn, denn
er ist ein Leibeigener der Hoffart.
Das ist eine zu große Schande.
Wieso verfügt er über Dienstleute,
wenn er doch selbst der Sklaverei
der Hoffart nicht entfliehen kann?
Er hat nicht die Kraft eines aufrechten
Herzens, wenn er so spricht und handelt,
daß er der Überheblichkeit dient.
    Setzt einer auf Macht, hat auch er
die Kraft seines Herzens verloren
und muß schmählich
wie ein Knecht der Herrin
[Menschen]Verachtung dienen,
ob es ihm gefällt oder nicht. Eben
dies sollte er verächtlicher finden,
wohlgemerkt, wenn er Verstand hätte.
Er sollte es auch verächtlich finden,

4215 nâch (DG)] nach dem A.   4217 hart] sere G.   4222 er] der G.   4223 girescheit] geittigkait D.   4224 dan] nicht in D.   4225 mir] jm D.   solde (D)G] wolde A.   4228 girescheite] geittigkait D.   4230 im ze schant] nw zu hant D.   4231 girescheite] geittigkait D.   4233 den G] seinn A(D).   4234 im ouch] nicht in G.   4235 der] er G.   4239 vliehen] vber D.   4240 ern] Er A(G). der D.   niht staetes herzen (G)] dehaines herzens A. kain herczes D.   4241 redet] reit D. lebet G.   4242 daz er] vnd D(G).   der] dem D.   4244 sîns herzen kraft] stetes hercen aht G.   4245 muoz] mus auch D.   4246 einem] eigem G.   4247 Versmâcheit] versmâcht D.   4251 ouch (DG)] nicht in A.

daz in der vâlant rîten sol.
sîn vriunde mugen im helfen niht,
swaz im ze dulten geschiht
4255 von sîner vrouwen. swaz si tuot,
ez muoz in allez dunken guot.
    Swer dem namen volgen wil,
der dienet der untugende vil,
die wir dâ heizen üppekeit.
4260 waz hilfet daz, hât er gebreit
sîn namen, sît er eigen ist
und muoz *ouch* dienen zaller vrist
einer vrouwen, diu unstaete
ist an aller ir getaete?
4265 ist niht unstaete üppekeit,
sô ist staete unstaetekeit.
    Swer sich an sîn adel verlât,
die toerscheit er ze vrouwen hât,
wan im versmâht ze lernen iht.
4270 ich waen, von im werde niht
dehein lant berihtet wol,
der niht lernet, daz er sol.
mir waer sîn adel vil unmaere,
swer mit dem dinge bekumbert waere.
4275 waz hilfet daz, ob etewenn
edel was sîn alter en,
sît er selb ze dirre vrist
der toerscheite eigen ist?
swer die siule ûz nemen wil,
4280 des daches blîbt dâ niht ze vil.
swer selbe ist ein boesewiht,
hât sîner vorvarn adel niht.
    Swer dem geluste volgen wil,
der hât vrouwen harte vil:
4285 trâkeit unde leckerheit,
huorgelust und trunkenheit,
die habent über in gewalt;
er ist ir erbeigen halt.
wie wil der ein herre sîn,
4290 dem dâ hêrscht met unde wîn?
swer trunken wirt von wînes kraft,
derst wol in sîner eigenschaft.
wie aver der, der zaller vrist
mit dem dinge unmüezic ist,

daß ihm der Teufel im Nacken sitzt.
Seine Freunde können ihm nicht helfen,
was er auch von seiner Herrin
ertragen muß. Was sie auch tut,
er muß es gut finden.
    Wer auf Rang und Namen setzt,
dient eifrig dem Laster,
das wir Eitelkeit nennen. Was
nutzt es, daß er seinen Namen
weithin bekannt gemacht hat, wo er doch
Leibeigener ist und auch jederzeit einer
Herrin dienen muß, die unbeständig ist
in allem, was sie tut? Wenn
die Eitelkeit nicht unbeständig ist, ist
doch die Unbeständigkeit beständig [?].
    Wer auf seinen Adel setzt,
hat die Torheit als Herrin, denn er
verschmäht es etwas zu lernen.
Ich glaube, kein Land wird
von so einem gut regiert, der
nicht lernt, was er [dazu] braucht.
Wer mit so etwas behaftet ist, dessen
Adel wäre mir ziemlich gleichgültig.
Was nützt es, wenn irgendwann
sein alter Vorfahr ein Adliger war,
wenn er selbst zu seiner Zeit
Leibeigener der Torheit ist?
Entfernt einer die [tragende] Säule,
bleibt nicht viel vom Dach heil.
Wer selbst ein Lump ist, besitzt
auch den Adel der Vorfahren nicht.
    Wer seinen Trieben folgen will,
hat viele Herrinnen:
Trägheit und Völlerei,
Geilheit und Trunksucht
haben Gewalt über ihn;
er ist nun mal ihr Eigenmann.
Wie will der ein Herr sein,
den Met und Wein beherrschen?
Wer von der Kraft des Weins
trunken wird, der ist sein Sklave.
Und was ist der, der immer nur
damit beschäftigt ist,

4254 dulten] liden G.   4255 si] sie jm D(G).   4256 ez] das D(G).   4260 was frum ist nu wordē prait D.   gebreit]
breit (D)G.   4261 sîn] nicht in G.   4262 ouch (G)] nicht in AD.   4263 diu] die ist D.   4265-66 nicht in G.
4268 er] der G.   4271 lant] man D.   4275 Waz frᵒmt daz disen oder den G.   4276 edel] ob edel G.   4278 der
toerscheite] so gar der torhait D.   4280 dâ] doch D.   ze] nicht in G.   4282 hât] der hat DG.   4288 erbeigen]
erbe vnd aigē D.   4290 dem] den D.   4291 (G)] Swen der wein trvnchen machet A(D).   4292 sîner] wines G.
4293 der der] der selbe G.

4295 waz er ezze? der ist ouch
der leckerheit ein wârer gouch.
wie aver der, der zaller zît
mit beine über beine lît?
der ist ein schalc der trâkeit;
4300 er mac der vrouwen sîn gemeit.
sol aver der vrî wesen,
der ân ein wîp niht kan genesen
und der niht hât sô vil kraft,
ern müeze ir meisterschaft
4305 dulten und gar ir gebot?
der machet ûz im selben spot,
der alle wege ligen muoz
under eines wîbes vuoz.
wie wil *mir* dan gebieten der,
4310 der durch ein wîp hât sô sêr
sînen muot nider lâzen?
ich wil immer sîn verwâzen,
ob ich sîn *ze* genôzen jehe,
ich ensprich, daz mir geschehe,
4315 daz ich in *ze* herren welle hân.
daz wirt von mir nimmer getân.

was er essen soll? Der ist auch
ein wahrer Narr der Völlerei.
Was ist der, der immerzu mit
übergeschlagenen Beinen daliegt?
Der ist ein Knecht der Trägheit;
auf diese Herrin kann er stolz sein.
Kann wiederum der ein freier Mann sein,
der ohne eine Frau nicht leben kann
und der nicht Energie genug hat,
um ihre Herrschaft und ihr
Regiment nicht zu dulden?
Der macht sich selbst zum Gespött,
der stets den Fuß einer Frau
im Nacken spüren muß.
Wie will mir einer befehlen, der
einer Frau wegen seinen Willen
so vollständig aufgegeben hat?
Ich will ewig verflucht sein, ehe ich
ihn meinen Freund nenne, geschweige
denn, daß es mit mir so weit kommt,
daß ich ihn zum Herren haben wollte.
Das werde ich nie und nimmer tun.

Aus dem VI. Kapitel

Alse ich gesprochen hân,
wirn *wizzen,* war umbe ein man
siecher welle spîse süeze,
5030 der ander sûre haben müeze,
und wellen wizzen, wâ von der
habe sô vil, der ander mêr,
und sprechen: „hiete dirre daz,
ez waere an im gestatet baz.
5035 got hât wunderlîche getân,
daz er den vrumen wil verlân
an armuot, unde der boesewiht
ist rîch. daz solde got tuon niht.“
hie schînet unser nerrischeit:
5040 swenn uns der arzât tuot leit,
daz er uns snîdet ûf die wunden,
wirn geturren ze den stunden

Wie ich gesagt habe,
wissen wir nicht, warum der eine
Kranke süße Speise braucht, der
andere saure bekommen muß,
wollen aber wissen, wieso der eine
[nur] so viel hat, der andere mehr,
und sagen: „Hätte dieser das,
es wäre bei ihm besser aufgehoben.
Das hat Gott seltsam eingerichtet,
daß er den Tüchtigen der Armut
überläßt, und der Nichtsnutz
ist reich. So etwas sollte Gott nicht tun.“
Hier wird unsere Narrheit offenbar:
Wenn uns der Arzt Schmerzen zufügt,
indem er unsere Wunden aufschneidet,
dann wagen wir nicht

4297 der der] der *D.*   4300 gemeit] gemaint *D.*   4301-4 Suln aber die vri wesen / die ane wip niht mvgen genesen / vñ die niht habent so vil chraft / sine mv̊zen ir maisterschaft *G.*   4305 dulten] leiden *D(G).*   4306-8 die machent v̊z in selben spot / die alle wege ligen mv̊zzen / vnder eines wibes fv̊ezzen *G.*   4309 wil mir dan *(D)*] wil dann *A.* möhte mir *G.*   4313 ze *(D)G) nicht in A.*   4314 ensprich] geswige des *G.*   mir] mir nicht *D.*   4315 ze] fvr *A(G).* fur ein *D.*   4316 nimmer] nicht *D.*   5027 ich] ich nw *D.*   5028 wirn wizzen *(D)G)* Wirn enwizzen *A.*   5033 dirre] diser *D.*   5039 nerrischeit] tumhait *D.*   5041 uns] *nicht in G.*

niht sprechen, daz er übel tuo.
wir lâzen in einen derzuo,
5045 daz er tuo, swaz er wil.
wir*n* geturren niht klagen vil.
wie getar danne dehein man
wider den klagen, der *dâ* kan
ein ieglîch sêle erzen wol
5050 dar nâch, und er si erzen sol?
etlîch man hât den muot,
daz im rîchtuom niht ist guot,
wan er würd tumbe, waer er rîche.
ein ander ist dem ungelîche
5055 an sînem willn un*d* sînem muot;
dem ist der rîchtuom guot.
dem dritten ist der ungesunt
harte nütze zaller stunt,
wan er waere lîht ze noetlîch,
5060 waer er dem gesunden glîch.
so ist dem vierden zaller vrist
guot, ob er wol gesunt ist,
wan er kêret sînn gesunt
ze guoten dingen zaller stunt.
5065 daz weiz allez got wol,
der niht tuot, niwan daz er sol.

....

Ein arzât, der wol erzen kan,
5090 der erzent dicke einn siechen man
mit durst, mit hunger und mit prant.
er bint in ûf zuo einer want,
er snîdet und stichet in vil hart.
eim andern rouft er sînen bart
5095 und sîn hâr, wan er wil,
daz er niht enslâf ze vil.
sô machet er dem andern daz,
wie er müge slâfen baz,
unde lât in hungern niht.
5100 wir sehen wol, daz ez geschiht.
alsam unser herre tuot,
swenner erzent unsern muot:
er erzent den mit saelikeit,
den andern erzent er mit leit.
5105 er erzent uns zeinr ieglîche*n* vrist
dar nâch, und unser siechtuom ist.

....

zu sagen, er tue etwas Falsches.
Wir ziehen ihn als Autorität hinzu,
damit er tue, was er will. Wir wagen
nicht groß darüber zu klagen.
Wieso wagt dann einer
den anzuklagen, der da
jede Seele so zu kurieren weiß,
wie sie kuriert werden muß?
Mancher ist so geartet, daß
Reichtum nicht gut für ihn ist, denn
er würde töricht, wenn er reich wäre.
Ein zweiter ist jenem an Willen
und Gesinnung ganz unähnlich;
für den ist Reichtum gut.
Für einen dritten ist Krankheit
allezeit sehr heilsam,
denn er wäre vielleicht zu eitel,
wäre er dem Gesunden gleich.
Entsprechend ist für den vierten
immer gut, daß er ganz gesund ist,
denn er benutzt seine Gesundheit
alle Zeit zu guten Werken.
Das alles weiß Gott genau,
der nur das tut, was richtig ist.

....

Ein Arzt, der gut zu kurieren versteht,
der kuriert oft einen Kranken durch
Durst, durch Hunger und durch Glut.
Er bindet ihn aufrecht an eine Wand,
er schneidet und sticht ihn kräftig.
Einem zweiten rauft er Bart
und Haar, denn er will erreichen,
daß der nicht zu viel schläft.
Entsprechend richtet er es einem
andern so, daß er besser schlafen
kann, und läßt ihn nicht hungern.
Wir sehen also, wie es zugeht.
Ebenso handelt unser Herrgott,
wenn er unsere Gesinnung kuriert:
Den einen kuriert er durch Glück,
den zweiten kuriert er durch Leid.
Immer kuriert er uns so, wie
unsere Krankheit es verlangt.

....

5046 wirn] wir ADG.   5048 dâ (DG)] *nicht in A*.   5055 und] vnd an A(DG).   5057 der] er G.   5059 ze] *nicht in D*.   5090 dicke] *nicht in D*.   5094 eim] einen D.   sînen] bey dẽ *in D*.   5066 der nymäd nit tut dañ dz er tun sol D.   D.   5095 sîn] bey dem D.   5096 ze] *nicht in DG*.   5097-98 *nicht in G*.   5099 in] jn auch D.   5103 den] jn D.   5105 ieglîchen (DG)] iegeleicher A.

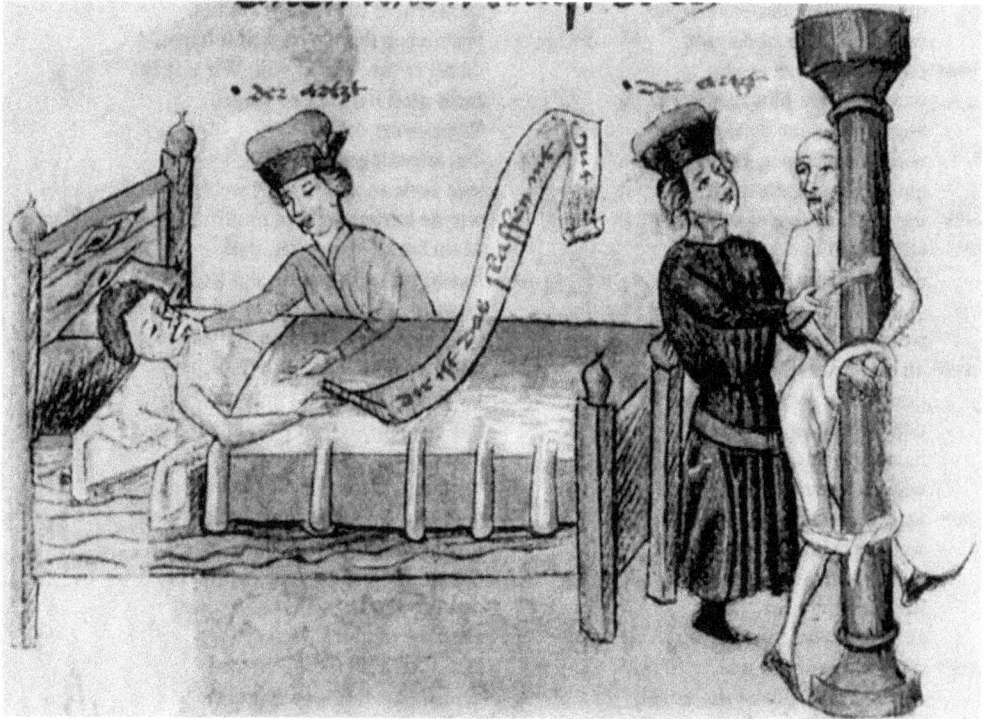

5125 Ob ir mich rehte habt vernomen,
sô sult ir haben war genomen,
daz der tugenthafte man
nie deheinen schaden gewan
weder von manne noch von wîbe,
5130 wan als ich schreip unde schrîbe,
swaz man im zunrehte tuot,
ist im niht schade, ez ist im guot.
lîhte sprichet etlîch man:
„man mac mir wol schaden dar an,
5135 swenne man mir unreht tuot,
daz ich die tugent lâz ûzem muot
und wirde untugenthaft;
sô bin ich worden schadehaft.
untugent nimt mir gotes rîche,
5140 daz schadet mir sicherlîche.“
sô sprich ich: ich hân niht gesehen,
daz ez iemen vrumen sî geschehen,

Wenn ihr mich richtig verstanden
habt, solltet ihr erkannt haben,
daß der Tugendhafte niemals,
weder durch einen Mann noch durch
eine Frau, geschädigt worden ist, denn
wie ich schreibe und geschrieben habe,
ist, was man ihm zu Unrecht zufügt,
für ihn nicht schädigend, sondern gut.
Vielleicht sagt manch einer: „Man
kann mir sehr wohl dadurch schaden,
daß ich, wenn man mir Unrecht zufügt,
von der Tugend ablasse
und lasterhaft werde; dann bin
ich sehr wohl geschädigt worden.
Das Laster bringt mich um das Reich
Gottes, das schadet mir ganz gewiß.“
Dazu sage ich: Ich habe nie erlebt, daß
dies einem tüchtigen Mann widerfahren sei,

5130 als ich e schraib vñ noch schreibe D. 5131 swaz] wañ was D. zunrehte] vnrechte D. 5132 ist im niht] daz jm nicht D. daz ist im niht G. 5136 das tugend gar lat meinẽ mut D. 5137 wirde] wurde vil D. 5138 aller erst wurd ich schadhaft D. 5139 untugent] wañ vntugẽt D. 5140 mir] mir mer D. 5141 ich ich] ich G. hân] hans ADG. 5142 ez] nicht in D. iemen] einem G.

wan sô waer tugent ân staetekeit,
ob si vertribe liep od leit.
5145 niemen mac haben die kraft,
daz er mache, daz ein tugenthaft
man müge lâzen sîne tugent,
weder an alter noch an jugent.
nimt man im sîn guot,
5150 man rüert niht tugenthaftes muot.
nimt man im sînen gewin,
sô rüert man doch niht sînen sin.
sîn tugent und sîn manheit
mac im vür die wârheit
5155 niemen wan er selbe nemen.
daz ist lîhte ze vernemen,
wan swaz innerthalben ist,
entwîcht dem ûzern deheine vrist.
der schât mir, merket irz mit sin,
5160 der mir dâ nimt, daz ich dâ bin.
bin ich ein tugenthafter man,
ich mac mir schaden wol dar an,
daz ich werde ein boesewiht.
mich mac ein ander boesern niht.
5165 sô ist daz wâr, daz man seit,
daz niemen wan im selben scheit.
ich meine ez an dem wâren schaden,
dâ mac einr dem andern niht geschaden.
ich enschade deheinem man,
5170 sîn untugent helfe mir dar an.
ist, daz er untugende hât,
man schadet im mit lîhter tât.
ist der mûre nâhe der grabe,
si rîset von ir selben abe.

denn dann wäre Tugend ohne Beständigkeit,
wenn Freude oder Leid sie vertreiben
könnte. Niemand kann die Macht haben
zu erreichen, daß ein tugendhafter
Mensch von seiner Tugend läßt,
im Alter nicht und nicht in der Jugend.
Nimmt man ihm sein Geld, erschüttert man
doch das Gemüt des Tugendhaften nicht.
Nimmt man ihm, was er erworben hat,
bringt man ihn nicht um den Verstand.
Seine Tugend und seine Tapferkeit
kann ihm in Wahrheit niemand
nehmen außer er sich selbst.
Das ist leicht zu verstehen,
denn niemals weicht, was im Innern
ist, dem, was von außen kommt.
Der schadet mir, wenn ihr es richtig
durchdenkt, der mir nimmt, was ich bin.
Bin ich tugendhaft, kann ich mir
dadurch schaden, daß ich ein
böser Mensch werde. Ein anderer kann
mich nicht schlechter machen. Es ist
nämlich wahr, was man sagt, daß einem
niemand schadet, nur man sich selbst.
Ich beziehe das auf den wirklichen
Schaden, den kann nicht einer dem
andern zufügen. Ich schade niemandem,
es sei denn, sein Laster hilft mir dabei.
Ist er lasterhaft, schadet
man ihm mit Kleinigkeiten.
Steht eine Mauer nahe am
Graben, bröckelt sie von allein.

Aus dem VII. Kapitel

Zwiu solde ein guot man
dehein dinc vürhten? wan
ich zeigte, daz dehein geschiht
5320 dem guoten manne wirret niht.
ist, daz er niht hât guot,
sô ist doch rîche sîn muot.

Weshalb sollte ein guter Mensch
irgendetwas fürchten? Denn
ich habe gezeigt, daß nichts
den guten Menschen berührt.
Hat er kein Geld, ist sein
Gemüt doch reich. Auch wird

5144 si] ich D. 5149 im] jm alhie D. 5150 tugenthaftes] sein' tugêt D. 5152 doch] jdoch D. 5155 wan er] dan er im D. niwan er G. 5158 das entweichet in kain frist D. entwîcht] daz enwichet G. 5159 schât] seit DG. 5160 ich dâ] ich D. 5163 werde] wurde D. 5164 ander] andern A(D). anderre G. 5165 seit] da sagt D. 5166 scheit G] schat A(D). 5167 dem] des D. 5170 helfe G] helfen A. hilft D. 5172 schadet im (D)G] schait in A. lîhter (DG)] leithem A. tât] getat ADG. 5173 nâhe] nahend D. nahen G. 5317 Zwiu solde] Es sol D. 5319 zeigte] erczaige D. zeige G.

sô schînet ouch sîn tugent baz,
ob er sich hüetet, wizzet daz,
5325 wan swer schiuhet boesen gwin
in sîner armuot, er hât den sin,
daz ez im waere lîht unmaere,
ob er ein rîcher man waere.
    Ein guot man sol ouch vürhten niht,
5330 swaz im von siechtuome geschiht;
wan wirt *der* man ungesunt,
sîn muot wirt zuo der selben stunt
gesunder, wan er dultic ist,
swaz im geschiht zaller vrist.
5335 dem guoten man ist siechtuom guot,
wan *dâ von kreftigt sich* sîn muot.
    Dehein guot man vürhten sol,
daz getar ich *râten* wol,
daz in iemen müge vertrîben,
5340 wan bî im muoz belîben,
daz er aller liebest hât.
swer sîn tugent niht verlât,
der ist dâ heime zaller zît,
swie verre halt sîn hûs lît.
5345 hât er niht tugent unde guot
und hüfscheit in sînem muot,
waer er dâ heime zaller vrist,
wizzet, daz er doch vertriben ist.
    Ein guot man mac vürhten niht
5350 vancnüsse, ob *si im* geschiht.
ob man in vaehet, waz wirret daz?
im ist doch in sîm muote baz,
danne eim übelen manne sî.
swâ er ist und ouch swî
5355 er *sînen* willen müge hân,
er ist der unsaelde undertân.
der guot ist saelic zaller vrist.
waz wirret, ob er gevangen ist?
wan er hât in sînem muote
5360 von tugenden und von guote,
swaz er in der werlde wil.
er hât kurzwîle vil.
ist sîn karker niht ze schône,
sô hât sîn muot gezierdes krône.

Seine Tugend um so mehr offenbar,
wenn er sich vorsieht, merkt euch das,
denn wer in seiner Armut unredlichen
Erwerb scheut, ist so gesonnen, daß
es ihm wohl [auch dann] zuwider wäre,
wenn er ein reicher Mann wäre.
    Ein guter Mensch soll auch nicht fürchten,
was ihm durch Krankheit widerfahren kann;
denn wird der Mensch krank,
wird sein Gemüt sogleich gesünder,
wenn er alles geduldig erträgt,
was auch immer ihm geschieht. Für
den guten Menschen ist Krankheit gut,
denn dadurch kräftigt sich sein Gemüt.
    Kein guter Mensch soll fürchten,
wage ich zu raten, daß irgendwer
ihn heimatlos machen könne,
denn bei ihm muß bleiben,
was er am allerliebsten hat.
Wer von seiner Tugend nicht läßt,
ist alle Zeit zuhause, wie weit
entfernt auch sein Heim ist.
Hat er aber nicht Tugend und Reichtum
und höfisches Wesen in seinem Gemüt,
dann merkt euch, daß, wäre er auch immer
zuhause, er doch ein Vertriebener ist.
    Ein guter Mensch braucht Gefangenschaft
nicht zu fürchten, wenn sie ihm widerfährt.
Fängt man ihn, was macht das schon?
In seinem Gemüt geht es ihm besser,
als es einem bösen Menschen geht.
Wo immer der ist und wie sehr es
auch nach seinen Willen geht,
er ist dem Unheil anheimgegeben.
Der Gute ist immerzu glücklich.
Was macht es, wenn er gefangen ist?
Hat er doch in seinem Gemüt
durch Tugenden und Reichtum
alles, was er in der Welt begehrt.
Er hat Zeitvertreib genug. Ist auch
sein Kerker nicht allzu schön, sein
Gemüt ist prächtig ausgestattet.

5323 ouch sîn tugent] doch sein' tugẽt craft D. sin tvgende G.   5325 schiuhet] schohen *über dem* o *ein* u G.
5326 er] der DG.   5327 ez] er DG.   5328 rîcher man] gut richter D. richer G.   5331 wirt der G] wirt ain A. wer
ein D.   5333 dultic] gewaltig D. gedultich G.   5336 dâ von kreftigt sich (DG)] sich chreftigt A.   5339 müge] mag
D.   5344 halt] doch D. so G.   5345 unde guot] noch gute D.   5346 und] noch D.   muot] gemute D(G).
5349 mac] sol DG.   5350 si im (D)G] ez A.   5351 ob (DG)] Daz A.   wirret] irret D.   5354 und ouch swî] auch
da bey D.   5355 sînen (DG)] in seinem A.   5358 wirret] irret D.   5360 tugenden] tugent D.   5363 ze] *nicht in*
DG.   5364 muot gezierdes] hût gezirde G.

5365 sît sîn hûs innerthalben ist
schoene, waz wirret daz zer vrist,
ob sîn karkaere ist schoene niht?
wan swer in sînem herzen siht
der tugende lieht, dem ist unmaere,
5370 ist dan vinster sîn karkaere.

Da sein inneres Haus schön ist,
was macht es dann,
wenn sein Kerker nicht schön ist?
Denn wer in seinem Herzen das Licht
der Tugend leuchten sieht, dem ist es
gleich, wenn sein Kerker finster ist.

V. Teil
Aus dem II. Kapitel

Mir seit mîn sin und ouch mîn muot,
swaz hin zem oberisten guot
reichen sol, daz muoz vür wâr
wesen ûz erwelt gar.
5785 diu stiege, diu dar reichen sol,
diu sol gemacht sîn harte wol.
die steine, die man dar in tuot,
die suln sîn gerlîchen guot.
die stafel suln ganz wesen,
5790 dar zuo sol man guot steine erlesen.
die tugende müezen sîn diu stiege.
ob iemen dunket, daz ich liege,
der sage, waz sî gerlîch guot,
wan ob er danne daz getuot,
5795 sô muoz er sagen wol vür wâr,
daz die tugende guot sint gar,
wan niht anders zer werlde ist,
daz gar sî guot zaller vrist.
sô mac ouch niht gereichen baz
5800 zem obersten guote, wizzet daz.
daz swaere, daz muoz ziehen nider
und kumt von sîner kraft niht wider.
daz übel erreichet niht daz guot,
daz anderswâ hât sînen muot.
5805 daz ringe ziuht hô zaller vrist.
ein guot bî dem andern ist.
sô ist ouch reht, daz zaller zît
ein übel bî dem andern lît.
Nu habet ir vernomen wol,
5810 von wiu ein man machen sol
die stiege, diu zem obersten guot

Mich lehren Verstand und Gemüt, daß,
was zum höchsten Guten hinaufführen
soll, wahrhaftig äußerst
erlesen sein muß.
Die Treppe, die dort hinaufführen soll,
die soll sehr sorgfältig gemacht sein.
Die Steine, die man dafür verwendet,
sollen vollkommen sein.
Die Stufen sollen tadellos sein,
dazu muß man gute Steine wählen.
Die Tugenden müssen die Treppe bilden.
Wenn jemand meint, ich löge, soll er
benennen, was wirklich vollkommen ist,
denn wenn er das tut,
so muß er wahrheitsgemäß sagen,
daß die Tugenden vollkommen sind,
denn nichts anderes gibt es auf der Welt,
das immer gänzlich vollkommen ist.
Also kann auch nichts besser zum
höchsten Guten führen, beachtet das.
Das Schwere muß nach unten sinken und
kommt aus eigener Kraft nicht wieder hoch.
Das Böse, das anderswo siedelt,
erreicht das Gute nicht.
Das Leichte steigt immer in die Höhe.
So ist das eine Gute bei dem andern.
Entsprechend ist es recht, daß ein
Böses immer bei dem andern haust.
Ihr habt nun gehört, woraus
man die Treppe machen soll,
die zum höchsten Guten führen

5366 wirret] irret D.   daz zer] zu der D.   5370 ist dan vinster] ob vinster ist DG.   5782 oberisten G] oberistem A.
oberstĕ D.   5783 muoz] wiß D.   5784 wesen] muß wesen D.   5785 dar] da G.   5786 harte] nicht in G.
5787 dar in] darzŭ G.   5789 stafel] stapfen G.   5791 Tugent sullen sein die stiegen D.   5792 dunket] duncke D.
spreche G.   5793 sî gerlîch] darzu sey D.   5794 wan] nicht in G.   er] der D.   5796 guot sint (G)] sein gvt
A(D).   5797 zer] jn der D(G).   5799 gereichen G] raichen AD.   5802 von] vns vŏ D.   5803 erreichet G] raichet
AD.   5804 daz ander swach an sinem mŭt G.   5806 dem] der G.   5808 ein] daz ein G.   5810 von wiu] von
weuwe A. von new D. wa von G.   5811 die] Ein G.   diu (DG)] nicht in A.

komen müge. swer hât den muot,
daz er dar ûf komen wil,
der muoz gedenken harte vil,
5815 wier die stiege machen sol,
daz er dar ûf stîge wol.

Ein ieglîch staphel muoz sîn
ganz von einer tugent, deist mîn
wille unde ouch mîn rât.
5820 swenn man dar ûf danne gât,
sô mac man varn sicherlîchen.
doch sol man varn staetelîchen.
....
Man würket in alter und in jugent
5870 ein stiege ûz der untugent,
diu hât in dirre werlde ein ort,
und daz ander hât si dort.
die staffel sint gemachet gar
von untugenden, daz ist wâr.
5875 ein iegelîch untugent hât
von des nidersten übels rât.
die staffel sint nider gekêrt,
wan ir iegelîcher gert,
swer drûf trete, daz er valle nider
5880 und kome ouch nimmer wider.
ir sult wizzen, swelich man
sich dervor niht hüeten kan,
daz er kumt in kurzer zît,
dâ daz niderst übel lît,
5885 wan der man slîfen muoz,
der ûf die stiege setzt den vuoz.
man slîfet drabe zaller stunt
von hinne in der helle grunt.
ôwê, wie snelle man komen mac,
5890 dâ nimmer schînt der liehte tac!
man kumt ze himel sô lîhte niht.
mich dunkt, daz ez dâ von geschiht,
daz daz swaere schierre vellet nider
dannez müge stîgen wider.
5895 den man machent swaer sîn sunde,
daz er vellet lîhte zaller stunde.
wil er zem oberisten guot
stîgen, er muoz staeten muot
hân; er muoz mit müe dar,

soll. Wer den Willen hat,
sie zu besteigen, der muß
gründlich darüber nachdenken,
wie er die Treppe machen muß,
damit er leicht hinaufsteigen kann.

Eine jede Stufe muß gänzlich
aus einer Tugend bestehen, so
will ich es haben und lehren.
Wenn man dann darauf tritt, kann
man sicher fortschreiten. Doch soll
man im Fortschreiten nicht nachlassen.
....
Im Alter und in der Jugend baut
man ein Treppe aus dem Laster,
die hat ein Ende in dieser Welt,
das zweite in jener.
Die Stufen sind gänzlich aus
Lastern gemacht, das ist wahr.
Jedes Laster kann der Hilfe des
niedersten Bösen sicher sein.
Die Stufen sind nach unten gerichtet,
denn jede möchte, daß der,
der darauftritt, hinunterfällt
und auch nicht wiederkehrt.
Ihr müßt wissen, daß der,
der sich davor nicht hüten kann,
in kurzer Zeit dorthin kommt,
wo das niederste Böse haust,
denn wer den Fuß auf diese
Treppe setzt, der muß ausgleiten.
Man gleitet immerzu abwärts
von hier in die Tiefe der Hölle. O weh,
wie rasch kann man dorthin kommen,
wo niemals der helle Tag leuchtet!
In den Himmel kommt man nicht so
leicht. Mir scheint, das kommt daher,
daß das Schwere schneller hinabfällt,
als es wieder aufsteigen kann.
Seine Sünden machen den Menschen
schwer, so daß er jederzeit leicht fällt.
Will er zum höchsten Guten
aufsteigen, muß er ausdauernd sein;
er muß mit Anstrengungen dorthin,

5812 müge] mag D. 5820 swenn] so G. 5822 doch] auch D. 5871 dirre] der D. 5876 des nidersten übels (D)] des nideristem vbels A. dem nidersten vbel G. 5877 nider] indert D. 5880 und] vñ daz er G. ouch] *nicht in* DG. 5882 dervor] dauon D. 5883 zît] vrist G. 5884 lît] ist G. 5885 slîfen] vleissen D. 5889 man] *nicht in* D. 5890 dâ] dar G. der liehte] lieht' G. 5893 schierre] schier D. schierer G. 5895 man machent] mag machen D. man macht G. sîn] die G. 5899 er] vñ G.

5900 daz geloubet wol vür wâr.
doch ist diu müe gar ein niht,
ob uns ze komen dar geschiht.
jâ ist reht, daz der vehten sol,
dem dâ geschehen sol sô wol.

das könnt ihr wahrlich glauben.
Doch ist die Mühe ein Nichts,
wenn es gelingt, dorthin zu kommen.
Ist es doch recht, daß der kämpfen
muß, dem es dort so gut gehen soll.

Aus dem III. Kapitel

5915 Nu sage ich iu, waz zaller vrist
beidiu guot und ouch übel ist.
guot und übel heizet wol,
daz uns werren unde helfen sol.
des tiuvels haken tuont daz,
5920 wan dem wirt gelônet baz,
der sich sô habet zaller vrist,
daz er niht gezogen ist
von den haken dar, dâ lît
daz niderst übel zaller zît.
5925 swer aver sich dar ziehen lât,
wizzet, daz er gebiten hât
der haken durch unsaelikeit;
si ziehent in ze grôzem leit.
die haken sint: rîchtuom, maht,
5930 adel, name, gelust, hêrschaft.
wizzet, daz von den sehs dingen
mag einem tôren misselingen.
si ziehent in vil lîhte dar,
dâ er wirt geschendet gar.
5935 dâ von sint si bereitschaft
des nidersten übels. er hât die kraft,
daz er dâ mit ziuhet einen man,
der sich niht behüeten kan,
dar er niht varn solde,
5940 ob er rehte varn wolde.
swenn ein guot man varn wil
ûf die stiege, diu von vil
tugenden gemachet ist,
die haken sint dâ zaller vrist
5945 und wellent in ziehen wider,
daz er zer andern stiege valle nider.
swer ze der milte und zer diumuot
stîgen wil, hêrschaft unde guot
ziehent in snelle wider;

Nun sage ich euch, was stets
sowohl gut als auch böse ist.
Gut und böse heißt das,
was uns beirren und helfen kann.
Und das tun die Haken des Teufels,
denn dem wird besser gelohnt,
der sich allezeit so halten kann,
daß er nicht von den Haken
dorthin gezogen wird, wo
ewig das niederste Böse haust.
Bedenkt, daß, wer sich dorthin
ziehen läßt, zu seinem Unheil die
Haken erwartet hat;
sie ziehen ihn in bitteres Leid.
Die Haken sind: Reichtum, Macht,
Adel, Name, Triebe, Herrschaft.
Bedenkt, daß ein Tor dieser sechs
Dinge wegen fehlgehen kann.
Sie ziehen ihn mit Leichtigkeit dorthin,
wo er gänzlich zuschanden wird.
Deshalb sind sie die Hilfsmittel des
niedersten Bösen. Er hat die Macht,
mit ihnen einen Menschen, der sich
nicht hüten kann, dorthin zu ziehen,
wohin er nicht gehen sollte, wenn
er den rechten Weg gehen wollte.
Will ein guter Mensch die Treppe
betreten, die aus vielen
Tugenden gemacht ist,
so sind immerzu die Haken da
und wollen ihn zurückziehen, damit
er auf die andere Treppe hinunterfalle.
Wer zu Freigebigkeit und Demut
aufsteigen will, den ziehen Herrschaft
und Reichtum schnell zurück;

5902 dar] wol D.   5903 jâ] daz G.   5904 sô] *nicht in* G.   5916 ouch] *nicht in* DG.   5918 werren] verren D.
schaden G.   helfen] frvmen G.   5923 den haken dar] den haken da A. dem hacken da D. den hacken al dar G.
5924 daz] da D.   5926 er] der G.   5927 durch] zu D.   5928 ze grôzem] in grozziv G.   5929 maht] vñ macht
D.   5930 adel] edel G.   hêrschaft] vñ herschaft D.   5935 si] sein D.   5937 einen] den G.   5944 haken] hat..
vñ *Punkte in der Hs.* G.   5946-5995 (DG)] *nicht in* A.   5949 snelle G] vil schnelle D.

5950 sô muoz er zer erge nider
vallen und ze der übermuot.
swer milt wil sîn, dem spricht daz guot:
„du wilt werden gar ein wiht.
ein man ist âne guot ze niht."
5955 swer diumüete ist, dem spricht hêrschaft:
„dune hâst deheines herren kraft.
du möhtest dich schamen hart",
und bringet in in die hôchvart.
swer wirt hôchvertic durch sîn êre,
5960 den vellet sîn êre ze sêre.
swer wil zer dritten staffel komen,
daz hân ich ouch wol vernomen,
daz in adel ziuhet dan,
wan ir sult wizzen, swelich man
5965 gedenket, wie edel er sî,
er gewinnet einen nît dâ bî,
daz einem andern man sî baz
denn im erboten, wizzet daz.
alsô ziuht in zaller zît
5970 adel von liebe hin zem nît.
der kan sich boeslîch versinnen,
der daz nîdet, daz er solde minnen.
swer zer vierden staffel komen ist,
den schündet sîn maht zaller vrist,
5975 daz er niemen vertragen sol,
und ziuht in alsô harte wol
von der senfte hin zem zorn;
sô hât er den strît verlorn.
swenner vürbaz treten wil
5980 hin zem reht, sô schadet im vil
sîn gelust. swer wil gân
nâch gelust, muoz daz reht lân.
der gelust machet harte sleht
den wec vom reht zem unreht.
5985 swer zer wârheit komen mac,
der hüete sich vor des ruomes slac.
wan ist er ein genanter man
unde vrewet sich dar an,
der lât gern liegen zaller zît,

also muß er zum Geiz
hinunterfallen und zur Hoffart. Wer
freigebig sein möchte, dem redet der
Reichtum zu: „Du wirst ein Niemand
werden. Ein Mann ist nichts ohne Geld."
Ist einer demütig, redet Herrschaft ihm zu:
„Du bist gar kein richtiger Herr,
du solltest dich wirklich schämen",
und bringt ihn zur Hoffart.
Wer ob seines Ansehens hoffärtig wird,
den bringt sein Ansehen ins Unglück.
Wer auf die dritte Stufe gelangen will,
von dem weiß ich wohl, daß
Adel ihn hinunterzieht,
denn ihr müßt wissen, wer
darüber nachdenkt, wie edel er ist,
den kommt auch der Neid an, weil
ein anderer respektvoller behandelt
wird als er, merkt euch das.
Also zieht Adel ihn immerzu
aus der Nächstenliebe in den Neid.
Der kommt auf schlimme Gedanken,
der beneidet, was ihn erfreuen sollte.
Wer die vierte Stufe erreicht hat,
den reizt seine Macht immerzu,
niemanden [neben sich] zu dulden,
und zieht ihn auf diese Weise mit Macht
von der Gutmütigkeit zum Zorn;
und schon hat er den Kampf verloren.
Wenn er weiter steigen will zur
Gerechtigkeit, dann setzen ihm seine
Triebe heftig zu. Wer seinen Trieben folgen
will, muß die Gerechtigkeit hinter sich
lassen. Die Triebe machen den Weg vom
Rechten zum Unrechten schnurgerade.
Wer zur Wahrhaftigkeit kommen will,
hüte sich vor dem Angriff der Ruhmsucht.
Ist er nämlich ein namhafter Mann
und macht ihm das Freude, dann
läßt er immer gern Lügen verbreiten,

5950 muoz (G)] steigt D.   5951 G] Vnd auch zu dē vbermut D.   5952 dem G] zu dē D.   5953 ein wiht G] en
wicht D.   5955 dem G] zu dē D.   5956 dune hâst (G)] die hat D.   deheines (D)] dehein G.   5958 (G)] du hast
kain hoffart D.   5959 sîn (G)] nicht in D.   5960 (G)] den fellet hochfart sere D.   5961 (D)] Swer zem dritten
stapfel chomen / wil G.   5962 wol D] nicht in G.   5963 adel G] der adel D.   5967 andern] vnedeln D. edelen
G.   5968 erboten G] fur war D.   5969 alsô (G)] Sunst D.   5970 hin zem G] jn den D.   5972 solde (G)] sol
D.   5973 zer (D)] zem G.   5974 den schündet (G)] dem duncket D.   5977 hin zem G] jn den D.   5978 strît
(G)] trit D.   5980 hin zem G] zu dem D.   5981 swer wil gân (G)] wenn wer vil gar D.   5982 muoz (G)] der mus
D.   5983 der (G)] Des D.   5984 zem unreht (G)] ze recht D.   5986 (G)] der fürchte des rumers slag D.
5988 unde (G)] vnd ob er D.

5990 daz man von im sage wît.
er muoz sich von der wârheit
zer lüge seln und zem meineit,
wan im hebt unhôh, ob er liege.
alsô ziuht in von der stiege
5995 der tugent sîn name wider,
daz er zer andern stiege nider
valle. des ist er vil gemeit,
der doch niht kumt ûz dem leit.
daz niderst übel mein ich dermite,
6000 wan der hât sô seltsaene site,
daz er der liute unsaelikeit
sich vreut, und hât doch selbe leit.
lîhte, daz er waenet daz,
im geschehe dervon baz,
6005 ob uns ouch allen geschiht
übel unde guotes niht.
er triuget sich vast dar an.
ist bî im ein brinnunder man,
er brinnet niht dar umbe min.
6010 swenn ir ie mêre ist dar inn,
sô waen ich, daz daz viuwer ist
mêrer zuo der selben vrist.
swer grôziu viuwer haben wil,
der leit dar in holzes vil.
6015 dar umbe sol dehein man,
der dehein dinc erahten kan,
sprechen: „swâ ich varn sol,
dâ vinde ich gesellschaft wol",
wan er dar an niht gewinnet,
6020 der mit vil liuten brinnet.
im wirt dar umbe niht baz,
ir sult mir wol gelouben daz.
swenner d'andern slahen siht,
daz nimt im sîne nôt niht.
6025 sîner vorhten wirt halt mêre,
swenn man die andern martert sêre.

damit man ihn allenthalben rühme.
Er muß sich von der Wahrheit weg
zur Lüge gesellen und zum Meineid,
denn Lügen findet er nicht schlimm.
Also zieht ihn Berühmtheit von der
Treppe der Tugend zurück, damit er
auf die andere Treppe hinunterfalle.
Darüber ist der froh, der doch [selbst]
den Qualen nicht entkommt.
Ich meine damit das niederste Böse,
denn dieser hat die aberwitzige Art,
daß er sich über das Unglück der
Menschen freut, und doch selbst
leidet. Mag sein, daß er glaubt,
es gehe ihm dadurch besser,
wenn auch uns allen Schlimmes
und nichts Gutes widerfährt.
Darin täuscht er sich sehr.
Ist ein brennender Mensch bei ihm,
brennt er darum nicht weniger.
Wenn mehr und mehr darin sind,
dann ist, meine ich, das
Feuer um so gewaltiger.
Wer mächtige Feuer haben
will, legt viel Holz dazu.
Deshalb soll kein Mann, der
die Dinge abzuwägen versteht,
sagen: „Wohin ich gehe,
finde ich gute Gesellschaft",
denn er gewinnt nichts dabei, mit
vielen Leuten zusammen zu brennen.
Er fühlt sich deshalb nicht wohler,
das müßt ihr mir glauben.
Sieht er, wie die andern erschlagen
werden, befreit ihn das nicht von seiner
Not. Seine Furcht wird nur größer,
wenn man die andern foltert.

5991 (G)] von sterck vnd von manhait D.   5992 seln] gseln, g späterer Zusatz G. nicht in D.   5993-98 Hebt jn vn-
hoch kumt er daran / also zeuhet jn von der stiege dan / Die vntugent seines namẽ wider / das er zu der stiege valle nider
/ Des ist er her vnd gemait / dem selbẽ empflewhet nit dz laid D.   5993-95 (G).   5993 im] in G.   liege] biege G.
5997 er G] dann A.   5998 kumt (G)] enchvmt A.   6000 der] er G.   6003 waenet] wente D.   6009-10 Ob dẽ
von prinnẽ not geschicht / er brinnet dester mynder nicht D.   6011 sô waen ich] ich wane D.   6014 leit] leg
D(G).   6016 dehein] kain D.   erahten] ertrachten D.   6017 sprechen] Sie sprechen D.   6018 dâ (DG)] nicht in
A.   6021 niht] nicht vil D.   6022 wol] nicht in D.

Aus dem V. Kapitel

Ein ieglîch man tuot gerne daz,
dâ von man in handel baz.
man handelt tugenthafte liute
bî alten zîten baz dan hiute,
6295 dâ von wurvens vast nâch tugent.
nu handelt man baz die untugent
dan die tugent, daz ist wâr,
dâ von dring wir alle dar.

Jeder tut gern das,
wofür man ihn besser behandelt.
Tugendhafte Leute behandelte man in
alten Zeiten besser als heute, weshalb
sie eifrig nach Tugend strebten.
Nun behandelt man das Laster besser
als die Tugend, das ist wahr,
deshalb streben wir alle dorthin.

Kumt ze hove ein biderbe man,
6300 den wil der herr niht sehen an.
kumt aver dar ein boesewiht,
der kumt ân êre wider niht.
ob ein vrum man ze hove waere,
koem danne *dar ein* wuocheraere,

Kommt ein trefflicher Mann an den
Hof, will ihn der Herr nicht beachten.
Kommt aber ein Schurke dorthin,
geht er nicht ungeehrt wieder fort.
Wäre bei Hofe ein tüchtiger Mann
und käme ein Wucherer dazu,

6292 da von er wirt gehandelt baz G.   6295 vast] *nicht in* G.   6296 die] nach D.   6297 die] der D.   6298 alle]
nicht in D.   6299 ze hove] zu jm D.   6302 dauon kompt er nicht D.   wider] von dan G.   6304 dar ein] der AD.

6305 man hiet den biderben man vür niht.
als der boese herre siht
den wuocheraere, gewislîchen,
im muoz der biderbe man entwîchen.
sô gedenket lîht dâ bî
6310 ein man: möht ich sô rîche sîn,
als dirre ist, man êrt mich ouch;
sus hât man mich vür einen gouch,
swie biderbe und swie wîse ich bin.
ich muoz kêren an gewin
6315 mînen sin und mînen muot.
ich sihe wol, daz der tuot,
swaz er wil, der guot hât.
man hoeret gerne sînen rât.
ich muoz werdn ein boesewiht;
6320 ich *erwirb* mit vrümkeit niht.
    Seht, daz ist der herren schulde.
ich sol verliesen niht ir hulde
dar umbe, daz ich sage daz.
ich wolde, daz si taeten baz.

würde man den tüchtigen mißachten.
Sowie der schlechte Herr den Wucherer
sieht, muß ihm ganz gewiß der
treffliche Mann Platz machen. Deshalb
kommt einer leicht auf den Gedanken:
Könnte ich so reich sein, wie dieser
ist, würde man mich auch ehren; so
hält man mich für eine Null, ganz gleich
wie vortrefflich und weise ich bin.
Ich muß mein Denken und Planen
auf den Gelderwerb richten.
Ich sehe ja, daß der, der Geld hat,
erreicht, was er will. Man hört gern
auf das, was er zu sagen hat.
Ich muß ein Schurke werden;
mit Tüchtigkeit richte ich nichts aus.
    Seht, das ist die Schuld der Herren.
Möge ich ihr Wohlwollen nicht verlieren,
weil ich dies ausspreche.
Ich wollte, sie handelten besser.

Aus dem VI. Kapitel

Swer selbe gern nâch êre*n* strebt,
der minnet ouch biderbe liute.
6420 die wîsen *und* biderben, *die* sint hiute
âne lop und âne prîs.
die wîsen hât der unwîs
mit sîner kraft genidert sêre.
der boesen ist sô vil mêre,
6425 daz die vrumen sint ze niht.
der boese ist wert, daz geschiht
dâ von, daz die hôhen tann
sint zem mose komen, wan
daz mosgras ist *nu* gestigen
6430 ûf zem gebirg. nu müezen ligen
die geslahten boume nider.
daz ist geschehen stunt. sider
wart diu werlt âne geriht
und ân êre. daz geschiht

Wer gern selbst bestrebt ist ehrenhaft
zu sein, der schätzt auch treffliche Leute.
Die Weisen und Vortrefflichen finden
heute nicht Ruhm, nicht Anerkennung.
Die Weisen hat der Unweise mit
seinem Einfluß arg herabgewürdigt.
Es gibt so viel mehr Schlechte,
daß die Tüchtigen nichts gelten.
Der Schlechte gilt etwas, das kommt
daher, daß die hohen Tannen
in den Sumpf geraten sind, denn
die Sumpfgräser sind jetzt zu den
Höhen aufgestiegen. Nun müssen
die edlen Bäume darnieder liegen.
Das ist seit langem so. Seitdem
verlor die Welt Gerechtigkeit
und Ehre. Das geschieht, weil man

6305 hiet] hat D. het G. 6307 den] dem D. gewislîchen] richen G. 6308 im] *nicht in* D. dem G. man] *nicht in* G. 6309-11 So gedêchet lihte eteswer / wer ich nꝰ riche alsam der / So mvste man mich eren ovch G. 6309-10 So spricht der biderb man dabey / mocht ich von armut sein frey D. 6311 dirre] er D. 6314 muoz] wil G. 6316 daz] was D. der] er G. 6320 erwirb (DG)] wirve A. mit] mir D. niht] nv niht G. 6321 Daz chꝰmt von der herren schulde G. 6322 sol] wil G. 6323 sage] spriche G. 6418 êren (DG)] ere A. 6420 und (G)] di A(D). die sint (D)] sint AG. 6422 die] den DG. 6425 ze niht] enwiht G. 6428 sind in das mos gedigē danne (vō danne G) D(G). 6429 nu] *nicht in* ADG. 6430 zem gebirg] zu perg D. vf daz gebirge G. 6432 stunt] nu D. 6433 wart diu werlt] Das die welt stund D. Div werlt stet G.

6435 *von diu,* daz man ist den boesen holt.
die unedeln stein sint in daz golt
und in diu vingerlîn gesprungen.
die edeln stein sint ûz gedrungen.
die schamel, die dâ solden ligen
6440 under den benkn, die sint gestigen
ûf die benke, diu banc ist
ûf dem tisch ze langer vrist.
    Der unwîse wîses zungen hât.
der wîse kan niht geben rât.
6445 vür den alten dringt der junge.
daz vihe hât eines mannes zunge
erwischet und waent sprechen wol.
ein iegelîch man, *der* sol
hinne vür sîn zunge hân
6450 stille und sol daz vihe lân
reden, daz ist worden reht.
der herre sol êren den kneht.
die rîter suln gên ze vüezen,
von reht die loter rîten müezen.
6455 der heilege wîssage sprach,
daz er die schalke rîten sach,
dô die herren muosten gên.
daz sol man alsô verstên,
daz die boesen habent êre,
6460 die vrumen sint genidert sêre.
daz ist nu allez worden schîn.
war umbe sol daz alsô sîn?
dâ habent die untugenthaft
in der werlde meisterschaft.
6465 „wie?" habt ir mich niht vernomen,
daz die bercboume sint bekomen
her abe zem mos? dô daz mosgras
her abe in dem mose was
und dô die schamel nider lâgen
6470 und dô wir hôher tische phlâgen
und niderre benke, wizzet daz,
daz diu werlt dô stuont baz.
dô tet der herre und der kneht,
daz si solden tuon von reht.
6475 ein ieglîcher het sîn zunge.
bêde, der alte und der junge,
beidiu, daz vihe und der man

die Schlechten hochschätzt. Die
billigen Steine haben die Goldfassung
und die Ringe erobert. Die edlen
Steine sind herausgestoßen worden.
Die Schemel, die unter den Bänken
liegen sollten, sind jetzt auf die
Bänke gestiegen, die Bank hat sich
längst auf dem Tisch breit gemacht.
    Der Tor hat des Weisen Zunge.
Der Weise darf keinen Rat mehr erteilen.
Vor den Alten drängt sich der Junge.
Das Rindvieh hat eine Menschenzunge
ergattert und meint, großartig zu reden.
Jeder Mann soll künftig
seine Zunge ruhen und das
Rindvieh reden lassen, das ist
Recht und Gesetz geworden.
Der Herr soll den Knecht hofieren.
Die Ritter sollen zu Fuß gehen, von
Rechts wegen sollen die Nichtsnutze
reiten. Der heilige Prophet sagte,
er habe die Knechte reiten gesehen,
während die Herren laufen mußten.
Das soll man so verstehen,
daß die Schlechten geehrt, die
Tüchtigen tief erniedrigt werden.
Das liegt nun alles offen zu Tage.
Warum das so sein muß?
Weil die Lasterhaften in der Welt
die Oberhand gewonnen haben.
„Wie das?" Habt ihr nicht von mir
gehört, daß die Bäume der Berge
im Sumpf verkommen sind? Als das
Sumpfgras noch unten im Sumpf war
und als die Schemel unten lagen
und wir uns hoher Tische und niedriger
Bänke bedienten, wißt, daß es
damals besser zuging in der Welt.
Damals taten Herr und Knecht, was
sie von Rechts wegen tun sollten.
Jeder hatte seine Zunge.
Der Alte und der Junge,
das Rindvieh und der Mann

6435 von diu (G)] *nicht in* AD.   6438 die edeln] edel G.   6442 ze langer] zu der D. nv lange G.   6443 zungen (D)] zvnge AG.   6446 eines mannes] menschen G.   6447 erwischet und] Begriffen G.   6448 der G] *nicht in* AD.   6451 worden] nȝ worden G.   6452 êren] eren ovch G.   6455 sprach] vor sprach D. versprach G. 6456 daz] da D.   schalke] schache' G.   6457 Vnd sach die herñ gan D.   6460 die vrumen sint] vñ sint die frvmen G.   6463 habent die] habent die da sint D. hat der G.   6464 in] leider in G.   6468 her abe] hie niden G. 6470 hôher (DG)] hohe A.   6472 da stund die welt michels bas D.

Der vnweise weises zvnge hat.
Der weise chan niht geben rat.
fvr den alten dringer der zvnge.
Daz vibe hat aines manns zvnge.
Erwischet vnd went sprechen wol.
Ain iegelich man sol.
Hinne fvr sein zvnge han.
Stille vnd sol daz vibe lan.
Reden. daz ist worden reht.
Der herre sol eren den chneht.
Di ritter svln gen zefvzzen.
Von reht di lorer reiten mvzzen.
Der hailige weissage sprach.
Daz er di schalche reiten sach.
Do di herren mvsten gen.
Daz sol man also versten.
Daz di boesen habent ere.
Di frvmen sint genidert sere.
Daz ist nv allez worden schein.
Warumbe sol daz also sein.
Da habent di vntvgenthaft.
In der werlde maisterschaft.
Wi habt ir mich niht vernomen.
Daz di berch bavme sint bechomen
herab zem mos. da daz mos gras
herabe indem mos was.
Vnd ov der schamel nider lagen
Vnd ov wir hohe tische phlagen.
Vnd nidert bench wizzet daz.
Daz der werlt do stvnt baz.
Do tet der herre vnd der chneht.
Daz si solten tvn von reht.

Heidelberg, Universitätsbibliothek Cpg 389 fol. 100ᵛ (leicht vergrößert)

Gotha, Universitäts- und Forschungsbibl. Memb. I 120 fol. 49vb (verkleinert)

Dresden, Sächsische Landesbibliothek Mscr. M 67 fol. 49va (verkleinert)

heten, daz si solden hân.
bêde, der wîse und der unwîse
6480 heten ir prîse und ir unprîse.
die edelen steine muosten sîn
in den guldînen vingerlîn.
dô wârn die unedelen steine
allenthalben gar gemeine.
6485 seht, dô stuont diu werlt wol.
wîse liute minnen sol,
swer in der werlt wil sîn geriht
und sîn êre minnern niht.

....

6505 Ob die herren strebten baz
nâch êren, sô waer ir reht daz,
daz si den vaste helfen solden,
die ze schuole varen wolden.
wizzet, daz in eins mannes jugent
6510 verderbent dicke sin und tugent,
der ze schuol niht mac gesîn.
hulfez, daz waer der rât mîn,
daz man dem schuoler helfen solde
ze schuole, der gerne lernen wolde.
6515 des entuot man leider niht,
wan sît den herren daz geschiht,
daz si die wîsn niht wellent sehen,
sô mag ich *des* vür wâr gejehen,
daz si dar ûf niht wellent wachen,
6520 daz si wîse liute machen.
Hie sint gemeint die herren gar,
doch sult ir wizzen wol vür wâr,
daz ich ez hân gesprochen mêre
durch die bischolf, die ir êre
6525 dâ von genomen hânt von got,
daz si suln sîn gebot
leisten und sîn ê ervollen,
wan ez ist in verre enpholhen.
gebrist uns amme gelouben iht,
6530 lîht daz ez dâ von geschiht,
daz wir nien haben predigaere.
dâ von, swer guot bischolf waere,
der solt sich vlîzen zaller zît,
swenner unnützlîchen gît,

besaßen, was ihnen zukam.
Der Weise hatte seinen guten,
der Tor seinen schlechten Ruf.
Die Edelsteine mußten
in goldne Ringe gefaßt werden.
Damals wurden die billigen Steine
überall verachtet. Seht,
damals stand es gut um die Welt.
Der soll weise Leute schätzen,
der in dieser Welt sein Richteramt
und seine Ehre nicht erniedrigen will.

....

Wenn die Herren mehr nach Ansehen
strebten, wäre es ihre Pflicht,
denen nach Kräften zu helfen,
die eine Schule besuchen möchten.
Bedenkt, daß in der Jugend Verstand und
Tugend eines Mannes, der keine
Schule besuchen kann, oft verkümmern.
Würde es nützen, wäre mein Rat, daß
man dem Schüler den Schulbesuch
ermöglicht, der gern lernen möchte.
Betrüblicherweise tut man das nicht,
denn seit es um die Herren so steht,
daß sie die Weisen nicht um sich haben
wollen, muß ich wahrheitsgemäß sagen,
daß sie nicht darauf aus sind,
weise Leute zu machen.
Hier sind zwar nur die Herren
angesprochen, doch sollt ihr wissen, daß
ich es in Wahrheit mehr der Bischöfe
wegen gesagt habe, die ihr hohes Amt
deshalb von Gott empfangen haben,
damit sie sein Gebot erfüllen und
seinem Gesetz Geltung verschaffen,
denn es ist ganz in ihre Obhut gegeben.
Fehlt es uns an Glauben,
kommt es vielleicht daher,
daß wir keine Prediger haben.
Deshalb sollte, wer ein guter
Bischof wäre, sich stets bemühen,
wann immer er etwas unnütz

6481 sîn] schein *D.*   6483 dô] Vñ *G.*   6484 allen allenthalben gemeine *G.*   6486 liute] lewte man *D(G).*
6487 sîn] han *G.*   6505 strebten] streben *D.*   6510 sin und] sine *G.*   6513 dem] den *G.*   6516 sît den] sind der
D.   6518 des *G] nicht in AD.*   6521 Hie sint] Ich han *D.*   6525 dâ von] Dar vmbe *G.*   6527 ervollen] behalten
G.   6528 des suln si von rehte walten *G.*   in] jm *D.*   6529 iht] nicht *D.*   6530 lîht daz ez] daz vil lihte *G.*
6531 daz] Dar *G.*   haben] *nicht in D.*   6532 swer guot] wer gut wer *D.*   6534 swenner] so er *G.*   unnützlîchen]
jm nuczleichen *D.*

6535 daz erz dem geben solde,	ausgibt, es dem zu geben, der
der ze schuol gern varn wolde.	gern die Schule besuchen möchte.
seht, taete er daz, ez waere guot,	Seht, wenn er das täte, es wäre gut,
wan des er selbe niht entuot,	denn was er selbst nicht tut,
daz möht dirre wol ervollen,	könnte jener ausführen, wenn
6540 ob ez im würde lîht enpholhen.	es ihm nur übertragen würde.
Seht, wie der bischolf hât behuot	Seht, wie ein solcher Bischof seiner
sîn ê unde ouch sîn guot,	Pflicht und seinem Besitz gerecht wird,
der selbe niht gepredegen kan,	der selbst nicht predigen kann, aber
und swâ er weiz einen man,	dort nicht Hilfe leistet, wo er
6545 der gerne lernt, dem hilft er niht.	jemanden kennt, der gern studiert.
wizzet ir, wâ von daz geschiht?	Wißt ihr, woran das liegt? Er möchte,
er wil, daz sîne phaffen gar	daß seine Geistlichen genau so
sîn âne kunst als er, deist wâr.	ungebildet sind wie er, das ist die Wahrheit.
des entuot ein blinde niht,	Ein Blinder würde sich so nicht verhalten,
6550 wan ein man, der niht gesiht,	denn ein Mann, der nicht sieht,
dem ist doch liep zaller vrist,	hat es doch immer gern, daß
ob ein gesehender bî im ist.	einer bei ihm ist, der sehen kann.
der bischolf, daz er solde geben	Was der Bischof denen geben sollte,
den, die ze schuol hânt armez leben,	die auf der Schule ein karges Dasein
6555 daz gît er den, die umbe in	fristen, das gibt er denen, die in seiner
strebent mit girde nâch gewin,	Umgebung zu Geld kommen wollen,
unde ahtet dar ûf nihtes niht,	und er achtet überhaupt nicht darauf,
waz dem armn ze schuole geschiht.	wie es dem Armen auf der Schule geht.
Seht, wie si gotes ê behabent,	Seht, wie sie Gottes Gesetz einhalten,
6560 die gotes ê enphangen habent,	denen Gottes Gesetz anvertraut ist,
daz die ze schuole verderbent,	wenn die auf der Schule zugrunde gehen,
die umbe gotes ê werbent.	die göttliches Recht studieren wollen.
und der dâ heim unnütze ist	Und dem, der zuhause nichts taugt
und ouch müezec zaller vrist,	und nur müßig herumlungert,
6565 dem gît ein herre, swaz er wil.	dem gibt ein Herr, was er nur will.
dem gevellet lützel, disem vil.	Diesem fällt wenig, jenem viel zu.
dem schadet ‚lützel‘, wan er enmac	Diesem schadet dies ‚wenig‘, denn er kann
vor hunger lernen durch den tac.	vor Hunger keinen Tag hindurch studieren.
sô schadet ‚vil‘ disem ouch:	Jenem schadet aber auch das ‚viel‘:
6570 swenn man ie mêr gît einem gouch,	Je mehr man einem Schnorrer gibt, desto
sô er ie mêr nâch guote strebet	gieriger strebt er nach Reichtümern und
und enruochet, wie er lebet.	bedenkt nicht, was für ein Leben er führt.
seht, wie der herre teilet wol,	Seht, wie vortrefflich der Herr das austeilt,
daz er nâch rehte teilen sol.	das er austeilen sollte, wie es sich gehört.

6536a/b Wann er (der G) mus haben etwas / der zu schul ist wisset das D(G). 6537 seht] Vñ G. er daz ez G] erz daz A. er das D. 6539 dirre] diser D. ervollen] began G. 6540 w°rde im div stivre inder getan G. 6542 ê] Er D. gotes e G. 6546 ir] nicht in D. 6547/48 sîne phaffen gar / sîn âne (G)] sein phaffen sein gar / Ane A(D). 6548 deist wâr] furwar D(G). 6549 blinde G] blinter A(D). 6551 doch G] nicht in AD. liep] lieber D. 6556 nâch] vmb D(G). 6559 behabent D. aus behaltent korr. G] behaltent A. 6564 ouch (G)] nicht in AD. 6566 gevellet] geschicht D. schadet G. 6567 schadet DG] gevellet A. wan] was D. enmac (G)] mach A(D). 6569 sô schadet vil] so gevellet vil A. Das vil schadet D(G). 6570 swenn] so G. 6573 Seht ob der herre iht teile wol G.

6575 er ersticket einen mit guot
und laet den andern mit armuot
ân guote kunst gar verderben,
der wol kunst kan erwerben.
wirt danne von sînen schulden niht
6580 der und dirre ein boesewiht?

Den einen erstickt er mit Reichtümern
und läßt den andern in Armut ohne
solide Kenntnisse zugrunde gehen,
der Kenntnisse zu erwerben fähig ist.
Ist es dann nicht seine Schuld, wenn
dieser wie jener ein Schurke wird?

6575 ersticket] erstecket D. erstechet G.   6578 kan] mocht D(G).

Aus dem VII. Kapitel

Nu wil ich iu noch sagen mêre,
daz die vrumen müet *vil* sêre:
swenn si von schuole komen sint,
sô hât man dâ ze hove ein rint
6585 baz danne si. swer rîcher ist,
der sol sîn tiwerre zaller vrist.
ir sult gelouben wol vür wâr,
daz uns daz hât gemachet gar
ungenaem kunst unde sin.
6590 wir werven alle nâch gewin.
seht, daz ist der herren schulde.
wolden si haben gotes hulde,
sô solden si einn ieglîchen man
dar nâch handeln, und er kan,
6595 und nâch sîm tugenthaften muot
und dar nâch, unde er getuot.
sô würve wir alle nâch tugent
beidiu an alter und an jugent.
wir würven alsô gern nâch sin,
6600 als wir tuon nâch gewin.
sô waere *ouch* triuwe und wârheit
mêr zwischen der kristenheit.
Ez waer mîn rât, ob si wolden,
daz die herren ervarn solden,
6605 wer in ir lant guot sinne hât,
und daz si in gaeben rât
und helfe, und daz si sîn
der lernunge zallen zîten bî,
wan von den wîsen liuten sol
6610 werden diu werlt berihtet wol.

Nun will ich euch noch etwas sagen,
das die Tüchtigen sehr betrübt:
Wenn sie die Schule verlassen haben,
schätzt man bei Hofe ein Rindvieh
höher als sie. Wer begütert ist,
wird allemal der angesehenere sein.
Ihr könnt wahrlich glauben,
daß uns das Bildung und
Wissen verleidet hat.
Wir streben alle nach Geld. Seht,
daran sind die hohen Herren schuld.
Wollten sie Gottes Gnade verdienen,
dann sollten sie einen jeden
seinen Fähigkeiten und seinem
guten Charakter und seinen
Werken entsprechend behandeln.
Dann würden wir alle, jung
und alt, nach Tugend streben.
Wir strebten ebenso eifrig nach
Wissen, wie wir es nach Geld tun.
So gäbe es auch mehr Treue und
Wahrheit innerhalb der Christenheit.
Mein Rat wäre, daß die Herren, wären
sie willig, nachforschen sollten, wer in
ihrem Land einen tüchtigen Verstand
hat, und daß sie denen Unterstützung
und Hilfe zukommen ließen, und daß
sie allezeit die Ausbildung förderten,
denn von weisen Leuten wird die
Welt gut regiert werden.

VI. Teil
Aus dem III. Kapitel

Swer wil haben kiusche leben,
dem hât unser herre gegeben
senfte leben unde guot.
7200 unkiusche liute sint gemuot
beidiu an alter und an jugent.
si ist ein ungeslaht untugent.

Wer sich für ein keusches Leben
entschieden hat, dem hat unser Herr ein
friedvolles und gutes Leben beschert.
Die Unkeuschen sind Umgetriebene
im Alter wie in der Jugend.
Es ist ein bösartiges Laster.

6581 noch] *nicht in G.* 6582 vil G] *nicht in AD.* 6589 ungenaem] Vngemeine G. 6590 nâch] vmbe G. 6593 si] sie habê D. 6594 handeln D] handel A. haben G. und] als G. 6596 unde] als G. 6600 tuon] tvn nv A(D). werben G. 6601 ouch (G)] *nicht in AD.* 6602 mêr zwischen] vil grozer in G. 6606 daz] e' daz G. in] jm D(G). 6607 und daz si sîn] das er sey D(G). 7202 mit einer bosen vntvgende G. si ist] sunst D.

unkiusche ist selten âne nît
und ân gebaege und âne strît.
7205 swenn der unkiusche eraltet ist,
so ist im wê zaller vrist,
wan er gedenket durch den tac:
wol dem jungen, der dâ mac
tuon, daz diu wîp dunket guot.
7210 swaz er danne selbe getuot,
so ist doch sîn geloube daz,
daz sîner vrowen gevalle baz
verre ein junger man dan er.
dâ ist er mit gemuot sêr.
7215 daz selbe tuot ein toerschez wîp,
diu mit unkiusche hât ir lîp
zir alter brâht; diu nîdet daz,
daz ein junc wîp gevellet baz.
seht, alsô sint si von ir jugent
7220 unz anz alter mit der untugent
gemartert unz an ir tôt,
und koment dan in groezer nôt.

Geilheit ist nie ohne Neid,
nie ohne Gezänk und ohne Streit.
Ist der Geile alt geworden,
leidet er immerzu Qualen,
denn er denkt den ganzen Tag:
Glücklich der junge Mann, der noch
kann, was den Weibern gefällt.
Wie sehr er sich auch anstrengt,
argwöhnt er doch, daß
seiner Frau ein junger Mann
weit lieber wäre als er.
Das quält ihn fürchterlich.
Ebenso verhält sich eine törichte Frau,
die ihr Leben bis ins Alter in
Geilheit zugebracht hat; die beneidet,
daß eine junge Frau besser gefällt.
Seht, so werden sie von der Jugend
bis ins Alter von diesem Laster
gemartert, bis zu ihrem Tod, und
dann kommen sie in noch größere Not.

Aus dem IV. Kapitel

Waz hilfet daz, ob ein man
7440 stete unde lant beherten kan,
den untugent behertet hât
und der zir gebote stât?
swer untugenden an gesît,
der strît einn rîterlîchen strît.
7445 jâ heize ich daz niht rîterschaft,
daz ein man bricht einen schaft.
daz ist rîterschaft gar,
swenn man der untugende schar
ûf die erde bestriuwet nider
7450 und lât sî niht ûf komen wider.
Alsô ich iu vor hân geseit,
der untugende schar ist breit.
ich hân iu geteilet gar
die untugende in vier schar.
7455 swer mit den vier scharn strîten sol,
der bedarf gotes helfe wol.

Was hilft es, wenn einer Städte
und Länder regieren darf, ihn selbst
aber das Laster regiert
und er ihm untergeben ist?
Wer die Laster besiegt,
der kämpft einen ritterlichen Kampf.
Das nenne ich doch nicht Ritterschaft,
daß einer einen Speer kaputtmacht.
Das ist wahre Ritterschaft,
wenn man die Schar der Laster
zu Boden zwingt und sie
nicht wieder hochkommen läßt.
Wie ich euch zuvor gesagt habe,
ist das Heer der Laster groß.
Ich habe für euch die Laster in vier
Heerscharen eingeteilt. Wer mit
den vier Heerscharen kämpfen will,
dem tut wahrlich Gottes Hilfe not.

7205 swenn] So G.   7207 durch] al durch D.   7212 daz] das er D.   7213 verre] *nicht in* G.   7215 toerschez] sa-
lig D.   7216 hât] tut D.   7217 zir] zu der D. Jn ir G.   brâht] hab D.   nîdet] vindet G.   7219 seht] *nicht in* G.
von] vor D.   7220 unz] bis D.   anz] in daz (D)G.   mit] von D.   7221 unz] denne vncz G.   7222 dan] dar nach
G.   groezer] gros D.   7441 den] Der D.   7443 an gesît] an gesigt hat G.   7444 des strit vil ritterlichen stat G.
7445 jâ] *nicht in* G.   7447 rîterschaft] ritterlich G.   7448 swenn] so G.   7449 bestriuwet nider] bestrebet nider D.
strevt der nider G.   7450 sî] sich D   ûf] wider G.   7454 vier] jr D.   7455 vier] *nicht in* G.

nu tuo war, edel rîter, tuo!
si rîtent allenthalben zuo.
hôhvart rîtet, daz ist wâr,
7460 ze vorderst an der êrsten schar.
unkiusche treit ein brinnent sper.
erge ist gewâfent mit unêr.
trâkeit ist mit bôsheit
vom houbt unz an die vüeze gekleit.
7465 den vieren volget gar ir her.
nu wer dich, edel rîter, wer!
ir schal sol dich niht schrecken.
du solt dîne tugende wecken,
daz si dich wâfen gegen in.
7470 den vanen sol dir geben der sin,
daz du dîner tugende her
beleiten künnest wol ze wer.
daz swert nim du vomme reht,
daz du daz krumbe machest sleht.
7475 den schilt gît dir bescheidenheit
und den halsperc sicherheit,
wan swelich man bescheiden ist,
der ist ouch sicher zaller vrist.
geloube setzet ûf daz houbet
7480 den helm dem, der dâ reht geloubet.
daz werc ist ân geloube enwiht;
der lîp ânz houbt ist ouch ze niht.
daz ros geding dir geben sol,
daz du rîtest âne zwîvel wol
7485 under der untugende schar.
si sol dir entwîchen gar.
die sporn gebe dir vrümkeit,
wan du solt niht durch zageheit
dîn ros wider ziehen;
7490 du solt den strît nimmer gevliehen.
kiusche sol dir den zoum geben,
du solt dermit rihten dîn leben;
man sol sich enthaben wol
des, daz man niht tuon sol.
7495 den satel gebe dir staetekeit,
wan dich sol weder liep noch leit
neigen weder hin noch her.

Nun gib acht, edler Ritter, gib acht!
Sie reiten von allen Seiten heran.
Hoffart reitet, das ist wahr, an der
Spitze der ersten Schar. Unkeuschheit
trägt einen brennenden Speer.
Geiz ist mit Ehrlosigkeit bewaffnet.
Trägheit ist von Kopf bis Fuß
mit Bosheit gepanzert. Den vieren
folgt ihr ganzes Heer. Nun wehre
dich, edler Ritter, wehre dich! Ihr
Getöse braucht dich nicht zu schrecken.
Du sollst deine Tugenden aufrufen,
damit sie dich gegen sie bewaffnen.
Die Fahne soll dir der Verstand geben,
damit du das Heer deiner Tugenden
verständig zur Gegenwehr führen kannst.
Das Schwert empfange von der Gerechtigkeit,
damit du das Krumme gerade biegst.
Den Schild gibt dir Verständigkeit
und den Halsschutz Zuversicht,
denn wer verständig ist, der ist
auch stets zuversichtlich.
Der Glaube setzt dem den Helm auf,
der rechtgläubig ist. Das Werk ist
ohne den Glauben vergeblich; ist doch
auch der Leib ohne den Kopf ein Nichts.
Das Pferd wird dir die Hoffnung geben,
damit du ohne Zaudern in die Schar
der Laster hineinreiten kannst.
Sie wird gewiß vor dir weichen.
Die Sporen soll die Tapferkeit geben,
denn du sollst nicht durch Feigheit
dein Pferd zurückhalten; du
sollst dem Kampf nicht ausweichen.
Enthaltsamkeit soll dir den Zügel geben,
damit sollst du dein Leben meistern;
soll man sich doch fernhalten von dem,
was man nicht tun soll. Den
Sattel soll dir die Beständigkeit geben,
denn weder Freude noch Leid
sollen dich schwankend machen.

7460 êrsten] *nicht in* D. 7461 treit] fur D. fûret G. brinnent] prinender D. brinnendez G. 7462 gewâfent] gewanet D. 7463 mit] mit der G. 7464 unz an die vüeze] bis auf die fus D. vncz vf den fÿz G. 7465 vieren] vierdē D. gar] nach G. 7470 der] dein D. 7473 nim du vomme] sol dir geben D. 7475 den] Der D. Din G. Bescheidenheit] gedulticheit G. 7476 din halsperch die sicherheit] G. 7477 wan] *nicht in* G. man] man ovch G. 7478 ouch] *nicht in* D. sicher] schir D. 7479 setzet ûf] siczet jm auff D. 7480 dâ] *nicht in* DG. 7481 daz werc ist] Die werck sind D. 7482 vñist d' lip an daz hovbt ze niht G. ouch] *nicht in* D. 7486 sol] mÿzzen G. 7487 gebe] geben D(G). 7488 wan du solt] dÿ solt ovch G. 7489 dîn] deinē D. 7490 noch den strit so gevliehen G. 7491 den] der D. 7493 enthaben] enthalten G. 7494 des daz] des der G. 7495 den] Der D.

du solt mit der diumuot sper
an dem êrsten poinder sîn,
7500 daz du dich rîter lâzest schîn.
    Du solt die übermüete stechen
abe, sô maht du schier zebrechen
wol der untugende schar.
du solt si überrîten gar.
7505 du solt mit der vrümkeit sporn
über graben, über dorn
der gedinge ros machen springen.
du solt ez halt des betwingen,
daz im berge unde steine
7510 *und* ouch mos sîn gemeine.
    Wirf dîn ros snellîchen
umbe, wan dir muoz entwîchen,
daz wizze, vor und hinder gar
der untugende breitiu schar.
7515 swar du dîn ros kêren wil
mit der kiusche zoum, dâ müezen vil
untugende vallen, daz ist wâr.
jâ soltu *ni*der treten gar
unkiusche unde trâkeit,
7520 erge, nît, zorn unde nerrischeit.
ob dir sîn durft geschiht,
du solt des swerts vergezzen niht,
daz du enphienge vomme reht,
und mache dermit die wege sleht
7525 ze beiden sîten unde wît.
der biderbe man sol imme strît
slac über slac ân zal geben.
swer wil êwiclîchen leben,
der muoz vehten zaller vrist,
7530 alsô hie geschriben ist.

Mit dem Speer der Demut
sollst du den ersten Angriff vortragen,
damit du zeigst, daß du ein Ritter bist.
    Du sollst den Hochmut [vom Pferd]
stechen, so kannst du die Schar der
Laster leicht auseinander treiben.
Du sollst sie in Grund und Boden reiten.
Du sollst mit den Sporen der Tapferkeit
das Roß der Hoffnung anstacheln,
über Graben, über Strauch zu setzen.
Du sollst es so fest im Griff haben,
daß ihm Berge und Felsen
und Sümpfe eins sind.
    Wirf dein Roß rasch herum,
denn vor dir und hinter dir, mußt du
wissen, muß die große Schar der
Laster vor dir zurückweichen.
Wohin du dein Pferd am Zaum
der Enthaltsamkeit wendest, müssen
viele Laster fallen, das ist wahr.
Gänzlich zertreten sollst du Geilheit
und Trägheit, Geiz, Neid,
Zorn und Narrheit. Wenn es
nötig ist, sollst du auch das Schwert
nicht ruhen lassen, das du von
der Gerechtigkeit empfangen hast,
und mache damit die Wege zu
beiden Seiten gerade und breit.
Der Treffliche soll in diesem Kampf
Schlag auf Schlag ohne Zahl austeilen.
Wer das ewige Leben erreichen will,
der muß immerzu so kämpfen,
wie es hier beschrieben ist.

Aus dem V. Kapitel

gedenket, rîtr, an iuwern orden!
7770 zwiu sît ir ze rîter worden?
durch slâfen? weizgot ir ensît.
dâ von, daz ein man gerne lît,

Ihr Ritter, denkt nach über euren Stand!
Weshalb seid ihr Ritter geworden?
Um zu schlafen? Weißgott, deshalb nicht.
Soll einer deshalb ein Ritter sein,

7498 mit] durch D.   der diumuot] diumůte G.   7499 poinder] panir D.   7500 Das dein ritterschaft werde schein D. da sol din frŏmcheit werden schin G.   7501 die] dē D.   stechen] nider stechen DG.   7502 abe] *nicht in* G. schier zebrechen] durh prechen G.   7504 über] nider G.   7505 du] Vñ G.   7506 über] vnd vber D(G). 7507 der gedinge] Des gedingen G.   machen] heizen G.   7508 halt] *nicht in* G.   7510 und (DG)] *nicht in* A. ouch] *nicht in* DG.   sîn gemeine] sey gemaine D. si algemeine G.   7512 umbe] wider G.   7515 du] *nicht in* D. kêren] hinkern D.   7518 nider G] vnder AD.   7520 unde] *nicht in* G.   7524 die wege] dē weg D(G). 7525 unde wît] an die weitte D.   7526 sol] *nicht in* D.   7530 alsô] also dañ D. reht als G.   7770 zwiu] warvmbe G.   ze] *nicht in* G.

sol er dar umbe rîter wesen?
ichn hânz gehoeret noch gelesen.

7775 waenet dar umbe ir rîter sîn,
durch guote spîse und guoten wîn?
dar an sît ir betrogen gar.
jâ izzet daz vihe gern, deist wâr.
durch kleider und durch schoene gesmît

7780 sît ir niht rîter; swerz gît
eime gebûren, er wirftz niht hin.
jâ hât der gouch wol den sin,
ob man im ein schellen bint zem vuoz,
daz er si hin tragen muoz.

7785 Swer wil rîters ambet phlegen,
der muoz mêre arbeit legen
an sîne vuor dan ezzen wol.
mêr ze tuon er haben sol
danne tragen schoene gewant

7790 und varen swingent sîne hant.
der mac niht rîters ambet phlegen,
der niht enwil wan samfte leben.
swelich man müezec ist,
der ist unmüezec zaller vrist,

7795 wan er gedenket lîhte daz,
daz im waer ze houwen baz.
Dehein man sol müezec sîn.
swer müezec ist, der machet schîn,
daz muoze dicke unmuoze bringet,

7800 swenner mit ungedanken ringet.
Wil ein rîter phlegen wol,
des er von rehte phlegen sol,
sô sol er tac unde naht
arbeiten nâch sîner maht

7805 durch kirchen und durch arme liute.
der rîter ist vil lützel hiute,
die daz tuon. wizzet daz,
swerz niht entuot, ez waere baz,
daz er ein gebûre waere,

7810 er waere got niht sô unmaere.
....
Daz selbe ich von den phaffen wil
sprechen. er hât harte vil
ze tuon, wil er âne schant
nâch reht begên sîn ampt.

weil er gern herumliegt? Derlei
habe ich weder gehört noch gelesen.
Glaubt ihr, ihr seid Ritter wegen
des guten Essens und des guten
Weins? Da täuscht ihr euch gewaltig.
Das Vieh frißt gern, das ist die Wahrheit.
Der Kleider und des kostbaren Schmucks
wegen seid ihr nicht Ritter; gibt man es
einem Bauern, wirft der es nicht fort.
Der Narr weiß es nicht besser,
als sogar die Schelle herumzutragen,
die man ihm an den Fuß bindet.
Wer aber das Amt des Ritters ausüben
will, der muß mehr Mühe aufwenden
in seinem Leben als gut essen.
Er soll mehr zu tun haben als
schöne Kleider tragen, herumreiten
und mit der Hand winken. Der
kann dem Ritteramt nicht genügen,
der nur ein bequemes Leben haben
will. Wer müßig ist,
ist immer auch unmüßig, denn
er kommt leicht darauf, es täte
ihm gut, Händel anzufangen.
Kein Mensch soll müßig sein. Wer
müßig ist, zeigt, daß aus der Muße
oft Unruhe entsteht, wenn er nämlich
auf dumme Gedanken kommt.
Will ein Ritter tun, was
er von Rechts wegen tun soll,
dann soll er sich Tag und Nacht,
soweit seine Kraft reicht, einsetzen
für Kirchen und für arme Leute.
Heutzutage gibt es wenig Ritter,
die das tun. Merkt euch, daß der,
der es nicht tut, besser
ein Bauer wäre, dann
wäre er Gott nicht so zuwider.
....
Genau das will ich auch von den
Geistlichen sagen. Der hat viel zu tun,
wenn er ohne Schande sein Amt
so ausüben will, wie es rechtens ist.

7773 sol er] Solt ir D. Solde er G. 7776 und] vnd dvrch A(DG). 7778 daz (D)G] nicht in A. gern] auch gern
D. 7783 schellen G] schelle AD. bint zem] bûnde an die G. 7785 rîters (DG)] reiter A. 7787 dan] denne an
G. 7790 vñ e'varn swigende div lant G. varen swingent] varent swingê D. 7792 der sich niwan wil in senfte le-
gen G. 7796 ze houwen] zu hofe D. howende G. 7799 daz] Die D. bringet] bringe D. 7800 swenner] so er
G. ungedanken (DG)] vndanchen A. 7802 des] das D. 7804 maht] krafft D. 7808 swerz] wer D. ez] er
D. 7821 den] dem G. 7823 zu thun ob er sich schambt D.

7825 er hât ouch ze tuon mêre
dan singen ode schrîen sêre.
er sol guotiu bilde geben
mit kiuschem lîp, mit reinem leben,
mit guotem werc, mit rede schône.
7830 er sol an tugenden tragen krône.
....
7865 Jâ sol man sînen eigenkneht
lâzen leben nâch mannes reht.
man sol an im got êrn.
man sol von im des dienstes gern,
daz man an die menscheit
7870 gedenke, diu hôhe ist beleit.
wil du vertreten mit dem vuoz
den, der lîht hôher sitzen muoz
denne du in unsers herren rîche?
daz enstêt niht rîterliche.
7875 Ein man ist niht eigen gar,
daz sol man wizzen wol vür wâr.
swer sîn waent, hât niht vernomen,
daz daz beste teil ist ûz genomen,
wan die sêle und den gedanc
7880 nie dehein man bedwanc.
dâ von sô gebiut nimêre,
dan du wellest, daz dîn herre
gebiete dir; wan hâstu reht,
ze gebieten dînem kneht,
7885 daz selbe reht hât an dir
dîn herre, dâ von sô volge mir.
....
Heize ich slahen einen man
7980 den, der mir ist undertân,
wir haben bêde sünde gar.
du sprichest lîhte: „ine getar
niht lâzen mînes herrn gebot.“
sô sprich ich: du solt vürhten got
7985 harter. er ist dîns herren herre,
dâ von soltu in vürhten mêre.
dîn herre mac dir geschaden wol.
ein ieglîch man doch vürhten sol
got mêre danne deheinen man,
7990 der sêle und lîp dar senden kan,
dâ unruowe nimmer ende hât.

Er hat wirklich mehr zu tun
als zu singen oder zu predigen.
Er soll ein gutes Vorbild abgeben
mit keuschem und reinem Leben, mit
gutem Werk, mit wohlgesetzten Worten.
Er soll mit Tugenden gekrönt sein.
....
Man soll seinen leibeigenen Knecht
leben lassen, wie es Menschenrecht ist.
Man soll an ihm Gott die Ehre geben.
Man soll von ihm so Dienst fordern,
daß man seines Menschseins eingedenk
ist, das von hohem Wert ist.
Willst du den mit Füßen treten, der
in unsers Herren Reich vielleicht
weiter vorn sitzen darf als du?
Das ist nicht ritterlich gehandelt.
Ein Mensch ist nie gänzlich leibeigen,
das soll man sich wahrhaftig gut merken.
Wer das meint, hat nicht gelernt,
daß das beste Teil ausgenommen ist,
denn die Seele und den Gedanken
hat noch nie einer in Besitz genommen.
Deshalb befiehl nie mehr
als das, was du willst, daß dein Herr
es dir befiehlt; denn wenn du ein Recht
hast, deinem Knecht zu befehlen,
hat dein Herr das gleiche Recht über
dich, deshalb hör auf mich.
....
Befehle ich dem, der mir untertan
ist, einen Menschen zu töten,
begehen wir beide ein Verbrechen.
Du wendest vielleicht ein: „Ich wage es
nicht, meines Herrn Gebot zu mißachten.“
Ich aber sage: Du sollst Gott mehr
fürchten. Er ist der Herr deines Herrn,
deshalb sollst du ihn mehr fürchten.
Sicher kann dein Herr dir etwas antun.
Dennoch soll jeder mehr als irgendeinen
Menschen Gott fürchten, der
Seele und Leib dorthin schicken kann,
wo das Quälen niemals ein Ende hat.

7829 guotem werc] gûten werchen G.   7830 tugenden (G)] tvgende A(D).   7865 man] ein man G.   7867 im] in
A(D)G.   7868 vnd solch dienst an sich keren D.   im] in G.   7870 beleit] gelait D.   7871 Ob den vertreten wil
din fûz G.   mit] die mit D.   7872 den] nicht in G.   7873 unsers herren] gotes G.   7875 eigen] ritter D.
7877 hât] der hat A(D)G.   7879 den gedanc (G)] di gedanche A(D).   7880 nie] noch nie G.   7881 nimêre] in
nicht mere D(G).   7981 sünde] di svnt A(DG).   7985 er ist] ist er D.   dîns] vber dinē G.   7989 deheinen] kai-
nen D.   7991 unruowe (D)] rve A. pine G.

dâ von sô habe mînen rât   Deshalb nimm meinen Rat an und
und leiste dînes herrn gebot,   erfülle den Auftrag deines Herrn [nur],
swenn ez niht ist wider got.   wenn er Gott nicht entgegensteht.

VII. Teil
Aus dem I. Kapitel

nu solt ir wizzen, daz ich schrîbe   Nun werdet ihr erfahren, was ich über
von der sêle und von dem lîbe.   die Seele und den Leib schreiben will.
8485 ich sage iu des lîbes kraft   Ich sage euch, was der Leib kann
und sage iu, waz meisterschaft   und sage euch, wie die Seele
diu sêle im lîbe müge hân.   den Leib regieren soll.
wirt ez schier niht ûf getân,   Wird es nicht zügig dargelegt,
ir sult mirz güetlîch vergeben   müßt ihr mir das gütigst vergeben
8490 und sult mir eine vrist geben,   und mir eine Frist einräumen,
wan ich muoz undersprechen   denn ich muß dazwischenschieben,
daz, dâ mit ich müge swechen   womit ich Laster und Bosheit
untugende unde bôsheit.   schädigen kann.
mich hât mîn muot dar beleit,   Ich bin versucht, wo immer es
8495 swâ ich mac gevüeclîche,   paßt, mich von meinem
daz ich ûz mînr materje slîche   Stoff wegzustehlen und
und die untugende sô bereit,   die Laster so zu behandeln,
daz ez den boesen werde leit.   daß es die Schlechten trifft.
Hie wil ich iuch wizzen lân,   Jetzt also werde ich euch
8500 daz ein iegelîch man   darlegen, daß jeder Mensch
von sêle und lîbe geschaffen ist.   aus Seele und Leib geschaffen ist.
dâ von sô muoz er zaller vrist   Deshalb kann er stets von
von in bêdn die krefte hân,   beiden die Kräfte benutzen,
die in bêdn sint undertân.   die ihnen beiden unterstellt sind.
8505 die tugende der sêle krefte sint;   Die Tugenden sind die Kräfte der
den lîp diu sterke ane wint,   Seele; zum Leib gehört die Stärke, die
diu snelle und diu behendekeit.   Schnelligkeit und die Geschicklichkeit.
daz wizzet vür die wârheit: Merkt euch: Wie in Wahrheit
alsô diu sêle tiwerre ist   die Seele stets kostbarer ist
8510 danne der lîp zaller vrist,   als der Leib, ist auch die
alsô ist ouch der sêle kraft   Kraft der Seele kostbarer als
tiwerrre danne des lîbes maht.   das, was der Leib vermag.
ein ieglîch wîse man seit,   Jeder Weise sagt,
daz vür sterke gê bescheidenheit;   daß Einsicht Stärke übertrifft;
8515 sô ist der sin zaller vrist   ebenso ist der Verstand stets
tiwerre, dan diu snelle ist.   kostbarer als die Schnelligkeit.
bescheidenheit gewinnt uns mêre   Einsicht bringt uns mehr
beidiu guotes und ouch êre,   an Gut und Ehre ein, als uns
dan uns des lîbes sterke gewinne.   des Leibes Stärke einbringt. Wir

---

7994 so daz ez niht si wider got G.   8484 sêle] nicht in D.   8489 ir sult] Doch sult ir G.   8490 und] ir D.
8492 daz] nicht in D.   8495 Daz ich si sweche gefůcliche G.   8501 und (D)] vnd von A(G).   8503 krefte] chraft
G.   8504 die] nicht in G.   8505 krefte] chraft G.   8506 den] dem G.   8514 gê (G)] sei A(D).   8516 snelle]sele
D.   8518 guotes (G)] gvt A(D).   ouch] nicht in DG.   8519 sterke] maht G.

8520 wir handeln sneller mit dem sinne,
daz ein grôz dinc wirt bereit,
dan mit des lîbes snellekeit;
hie bî muget ir wizzen wol,
daz man der sêle kraft hân sol
8525 verre vür des lîbes kraft.
der sêle kreft hânt meisterschaft.
von sinne und von bescheidenheit
sol sterke und snelle werdn beleit.
sterke und snelheit sint enwiht,
8530 ob siu der sin beleitet niht.

Man vindet in dem walde wilde,
diu sneller sint ûf dem gevilde
unde sterker danne dehein man,
und mugen sich niht wern, wan
8535 des mannes bescheidenheit
hât vil schier diu netze bereit,
diu sô gevlohten sint mit sinne
und sô gedraet, swaz kumt dar inne,
daz muoz des mannes meisterschaft
8540 dulten durch der sêle kraft.
swaz vliuget, gât ode swebet
und swaz in der werlde lebet,
daz dult des mannes meisterschaft;
daz machet niht *des* lîbes kraft.
8545 Solt ein man mit sterke ringen,
er möhte niht alsô betwingen
einen lewen, daz er taete gar
nâch sînem willen, daz ist wâr.
daz möht uns ouch wesen leit,
8550 solde man mit snellekeit
die vogel imme lufte ersnellen.
man möht dervür einn slâf wellen,
der vogel würde gevangen niht,
ez enkoeme von ungeschiht.
8555 nu seht, daz uns der sin gît,
daz ez allez vor uns lît.
swaz lebt, *daz* stêt zunserm gebot;
alsô hât uns geêret got.
sin unde bescheidenheit
8560 tuont mit lîhter arbeit,
daz sterke und snelle niht enmac
getuon *unz an* den suontac.

schaffen es schneller mit dem Verstand,
daß etwas Großes zuwege gebracht wird,
als mit der Schnelligkeit des Leibes;
hieran könnt ihr leicht erkennen,
daß man die Kraft der Seele weit höher
als die Kraft des Leibes schätzen soll.
Die Kräfte der Seele führen das Regiment.
Von Verstand und Einsicht sollen
Stärke und Schnelligkeit angeleitet werden.
Stärke und Schnelligkeit sind nichts,
wenn der Verstand sie nicht anleitet.

Man findet im Wald wilde Tiere,
die da draußen schneller und
stärker sind als irgendein Mensch und
sich doch nicht verteidigen können,
denn des Menschen Einsicht
hat alsbald die Netze hergestellt,
die mit Verstand so geknüpft und
geflochten sind, daß, was hineingerät,
die Herrschaft des Menschen jener
Seelenkraft wegen ertragen muß.
Was fliegt, geht oder schwimmt
und was überhaupt lebt auf der Welt,
muß des Menschen Herrschaft erdulden;
die Stärke des Leibes bewirkt das nicht.
Müßte ein Mann nur mit Stärke
kämpfen, könnte er einen Löwen
wahrhaftig nicht so bezwingen, daß
der sich gänzlich seinem Willen fügt.
Es würde uns auch hart ankommen,
müßte man mit Schnelligkeit
die Vögel in der Luft erjagen. Selbst
wenn man dafür ihre Schlafenszeit wählte,
würde der Vogel nicht gefangen,
wenn es nicht durch Zufall geschähe.
Seht also, daß der Verstand ermöglicht,
daß uns alles unterlegen ist.
Was lebt, steht zu unsrer Verfügung;
so hat Gott uns geehrt.
Verstand und Einsicht
schaffen mit geringer Mühe,
was Stärke und Schnelligkeit bis
an den jüngsten Tag nicht schaffen.

8520 dem] *nicht in* D.   8523 hie] Da G.   8526 kreft hânt] chraft hat G.   8533 dehein] kain D.   8536 vil] *nicht in* G.   8537 sint mit sinne] hat der sin G.   8540 dulten] liden G.   8542 und] oder G.   8543 dult] lidet G.   8544 daz] ez G.   des G] seines A(D).   8546 er] der G.   8551 imme lufte ersnellen] in den luften snellen D.   8554 enkoeme] nchôme denn G.   8557 daz (D)G] *nicht in* A.   zunserm] in vnserm D.   8559 sin] Sint D.   8560 mit] mir D.   8562 (DG)] Tvn zan den svntach A.

Swer waenet, daz eins mannes prîs
an der sterke sî, der ist unwîs.
8565 swer waenet, an der snellekeit
vinden eins mannes vrümkeit,
der ist ouch ein tôre gar,
daz geloubet *wol* vür wâr.
solden sterke und snellekeit
8570 geben tugende und vrümkeit,
sô waere ouch tugenthaft ein rint,
wan ez ist starc. eins gouches kint
vliuget vaste, sô waer ouch
tugenthaft der *selbe* gouch.
8575 ir sult aver wizzen wol,
daz man daz niht gelouben sol,
wan uns sol komen vrümkeit
von sinne und von bescheidenheit.
swaz niht mannes sêle hât,
8580 wizzet, daz ez âne sin bestât.
dâ von ist unbescheiden gar
daz vihe, daz geloubt vür wâr.
hie bî muget ir wizzen wol,
daz diu bescheidenunge sol
8585 von reht heizen der sêle kraft:
hiet der lîp sinnes meisterschaft,
sô hiet ein vihe und ein gouch
sin und bescheidenunge ouch.

Wer meint, eines Mannes Ruhm
beruhe auf seiner Stärke, ist dumm.
Wer meint, in der Schnelligkeit eines
Menschen Tüchtigkeit zu finden,
ist auch ein rechter Narr, das
könnt ihr wirklich glauben. Wenn
Stärke und Schnelligkeit Tugend
und Tüchtigkeit verleihen könnten,
wäre auch ein Rindvieh tugendhaft,
denn es ist stark. Das Kuckucksjunge
fliegt schnell, also wäre auch
dieser Kuckuck tugendhaft.
Ihr müßt aber einsehen,
daß man das nicht glauben darf,
denn Tüchtigkeit soll uns durch
Verstand und Einsicht zukommen.
Wißt, daß, was nicht des Menschen
Seele hat, ohne Verstand existiert.
Deshalb ist das Vieh ohne Einsicht,
glaubt mir das, es ist wahr.
Hieran könnt ihr erkennen,
daß die Kraft der Seele zu Recht
Erkenntnisfähigkeit heißen soll:
Regierte der Leib, nicht der Verstand,
hätten auch Rindvieh und Kuckuck
Verstand und Erkenntnisfähigkeit.

Aus dem II. Kapitel

Ein ieglîcher vier krefte hât,
8790 von den er sol suochen rât.
die vier kreft sint sô getân,
daz in sint undertân
aller wîstuom und alle tugent
beidiu an alter und an jugent.
8795 swaz man in der werlde kan,
daz muoz man immer kêren an
die vier krefte od etlîche
der vier, *daz* wizzet sicherlîche.
Einiu heizt imaginâtiô,
8800 diu ander heizet râtiô,
diu drite memorjâ ist,
diu phleget der kamer zaller vrist,

Jeder hat vier Kräfte, deren
Hilfe er in Anspruch nehmen kann.
Die vier Kräfte sind so beschaffen,
daß ihnen untertan sind
alle Weisheit und alle Tugend
im Alter wie in der Jugend.
Was man in der Welt ausrichtet,
muß sich immer auf die vier
Kräfte stützen oder auf einige der
vier, dessen könnt ihr sicher sein.
Eine heißt *imaginatio*,
die zweite heißt *ratio*,
die dritte ist die *memoria*,
die hütet stets die Vorratskammer,

8563 daz] des *D.* 8566 eins] des *G.* 8567 ein] *nicht in G.* 8568 wol *DG*] *nicht in A.* 8569 solden] solde *D(G).* 8574 selbe *DG*] *nicht in A.* 8575 aver] alle *G.* 8584 bescheidenunge] bescheidenheit *G.* 8587 und] *nicht in D.* 8588 bescheidenunge] bescheidenheit *G.* 8790 den] dem *D.* 8791 sint *G*] di sint *A(D).* 8793 aller (*DG*)] Alle *A.* 8796 daz *G*] Da *A(D).* 8798 der] die *D.* daz *G*] *nicht in AD.* 8802 phleget] phligt *G.*

die vierd ich intellectus heiz.
von der êrsten man nimêre weiz,
8805 wan daz si bringet die gedanke
zer dinge getât, die man lange
vor des niht gesehen hât.
daz kumt von der krefte rât,
diu dâ memorjâ ist genant.
8810 si habent vil nâch ein amt,
wan si sint swester, die zwô,
memorjâ und imaginâtiô.
imaginâtiô ir swester gît,
swaz vor den ougen lît.
8815 memorjâ behalten kan
wol, swaz ir swester ê gewan.
intellectus und râtiô
hânt ane imaginâtiô
und an ir swester meisterschaft;
8820 die dienent ir nâch eigenschaft.
Swaz imaginâtiô begrîft,
ez sî anders od mit gesiht,
ez sî wâzend ode rüerent,
ez sî smeckend ode hoerent,
8825 daz sol si hin zir vrouwen bringen,
sô mag ir niht misselingen.
râtiô bescheiden sol,
waz stê übel ode wol,
und sol emphelhen, swaz ist guot
8830 der memorjâ ze huot.
intellectus sol wesen bot
hin zen engeln und ze got.
Dâ von ich gesprochen hân,
swer sînen muot wil verlân
8835 nâch gewinnunge ze hart,
er verliust an solher vart
die besten krefte, die er hât,
und die im solden geben rât
ze hüfscheit und ze guoten dingen,
8840 wan anders mag im niht gelingen.
Als ich gesprochen hân,
râtiô, diu kraft kan
bescheiden daz übel vomme guot.
die verliust, swer sînen muot

die vierte nenne ich *intellectus*.
Von der ersten weiß man nicht mehr,
als daß sie die Gedanken mit der Gestalt
der Dinge zusammenbringt, [auch mit denen],
die man lange nicht mehr gesehen hat.
Das geschieht mit Hilfe der Kraft,
die *memoria* genannt wird. Sie
haben annähernd die gleiche Aufgabe,
denn sie sind Schwestern, die beiden,
memoria und *imaginatio*.
imaginatio liefert ihrer Schwester,
was vor Augen liegt. *Memoria*
kann aufbewahren, was ihre
Schwester zuvor aufgenommen hat.
intellectus und *ratio* haben
die Herrschaft über *imaginatio*
und über ihre Schwester;
sie dienen ihr als Untergebene.
Was *imaginatio* aufnimmt,
sei es durch Sehen oder sonstwie,
sei es riechend oder tastend,
sei es schmeckend oder hörend,
das soll sie zu ihrer Herrin bringen,
dann kann sie nicht fehlgehen.
Ratio soll unterscheiden,
was gut und was böse ist,
und soll, was gut ist, der *memoria*
zur Aufbewahrung empfehlen.
Der *intellectus* soll die Verbindung
zu den Engeln und zu Gott sein.
Wer, wovon ich gesprochen
habe, allzu sehr
auf Gelderwerb setzt,
verliert bei solchem Verhalten
die besten Kräfte, die er hat, und
die ihm zu höfischem Wesen und
zum Guten verhelfen sollten, denn
ohne das sieht es schlecht für ihn aus.
Wie ich gesagt habe, kann
die Kraft *ratio* das Böse
vom Guten unterscheiden.
Die verliert, wer sich auf

8805 die gedanke] den gedanck D. 8806 zer dinge] ze irer dinge D. gedinge G. 8808 der] ir G. 8814 swaz] was ir D. lît (G)] geleit A. gelit D. 8815/6 behalten kan / wol] wol behalten kan D. 8816 ê] ie D. e' G. 8820 dienent DG] dient A. ir] in D. 8821 Swaz] Swa G. begrîft] begreift icht D(G). 8822 sî (DG)] sein A. gesiht] geschicht D. 8823 wâzend] wissent D. 8829 emphelhen swaz] enpfahen das D. 8832 und ze] vnd hinz A(DG). 8835 gewinnunge] gwinne G. 8841 ich] ich vor D. 8842 diu] der G. 8843 bescheiden] Zu schaiden D. gescheiden G. daz (D)G] ze A. 8844 die] der G. swer sînen muot (G)] swer sein gemvte A. war sein gemut D.

8845 an gewinnunge wenden wil.
er weiz niht, wenner hât ze vil,
er weiz niht, wan er ensol,
waz stê übel ode wol.
der intellectus ist verlorn,
8850 der uns alln ist an geborn,
wan er wil niht erkennen got,
leistent sînen willn und sîn gebot.
imaginâtiô ist im bliben,
wan daz habe wir geschriben,
8855 daz iegelîch vihe die kraft hât
von der gemeinn natûre rât.
    Nu merket, waz sinne der müge hân,
der dise krefte muoz verlân:
swer nâch gewin lât sînen muot,
8860 der muoz dâ mit lâzen groezer guot,
und dunket in doch, er habe sin,
swer sich verlaezet an gewin.

den Gelderwerb konzentriert. Er
weiß nicht, wann er zu viel hat, er
weiß nicht, wann er Schulden
hat [?], ob es schlecht oder gut steht.
Der *intellectus* ist [auch] verloren,
der uns allen angeboren ist, denn
jener will Gott nicht erkennen, indem er
seinen Willen und sein Gebot erfüllt.
Imaginatio ist ihm geblieben,
denn das wissen wir aus den Schriften,
daß jedes Vieh diese Kraft hat gemäß
dem allgemeinen Naturgesetz.
    Nun erkennt, wie es um den Verstand
dessen steht, der diese Kräfte aufgibt:
Wer [nur] auf Gelderwerb setzt, muß damit
ein größeres Besitztum aufgeben,
und doch glaubt Verstand zu haben,
wer [nur] auf Gelderwerb setzt.

Aus dem III. Kapitel

wir haben künste vil geschriben;
8900 der sint ûz erwelt siben.
liste heize wir die künst
und heizens vrî, wan niemen wünscht,
der sich dran verlât, haben mêre.
man vindet dâ wünneclîche lêre.
8905 dem argen wirt niht baz ze muot,
swenn er an siht sîn eigen guot,
enem werde alsô wol,
der an den listen vlîzen sol.
si heizent ouch dar umbe vrî,
8910 swer sich dran verlât, muoz sîn
ân sorge und muoz doch haben guot,
aver sô, daz er sînen muot
deheine wîse dar an kêre,
wan guot verstoezt der liste lêre.
8915   Diu êrste heizt grammaticâ,
diu ander dîaleticâ,
diu drite rethoricâ ist genant,
sô sint die vier dar nâch zehant
arismeticâ und gêometrie,

Viele Wissenschaften sind uns aufgezeichnet;
sieben davon haben einen besonderen Status.
Diese Wissenschaften nennen wir Künste
und nennen sie frei, denn niemand, der sich
ihnen widmet, wünscht sich etwas darüber hinaus.
Man findet in ihnen höchst köstliche Belehrung.
Der Geizhals fühlt sich nie besser,
wenn er seine Reichtümer überschaut,
als jener sich fühlt, der sich mit
den Künsten beschäftigen kann.
Sie heißen auch deshalb frei, weil
der, der sich ihnen widmet, zwar
sorgenfrei sein muß, aber doch in der
Weise begütert, daß er sich keinerlei
Gedanken darüber macht, denn Reichtum
verträgt sich schlecht mit dem Studium der Künste.
    Die erste heißt *grammatica*,
die zweite *dialectica*,
die dritte wird *rhetorica* genannt,
die vier folgenden sind
arithmetica und *geometria*

8852 leistent] laistē D(G).   8855 kraft (G)] chreft AD.   8856 von DG] vnd A.   8857 (DG)] Nv mvget ir merchen
waz der sinn mvg han A   sinne] sinn A. sinnes DG.   8858 krefte] kraft D.   8900 dar vz sint erwelt siben G.   sint]
ist D.   8904 dâ] doch D.   wünneclîche] w°nchlicher G.   8906 eigen] *nicht in* D.   8907 enem] Ainē D. Jenem G.
werde] enwerd D.   8910 verlât] lat AD. v'let G.   muoz sîn] der mus sey D. daz der si G.   8911 doch] *nicht in*
D.   8913 deheine] in kain D. Deheinē G.   8919 Arismeticâ] Arismetrica D.

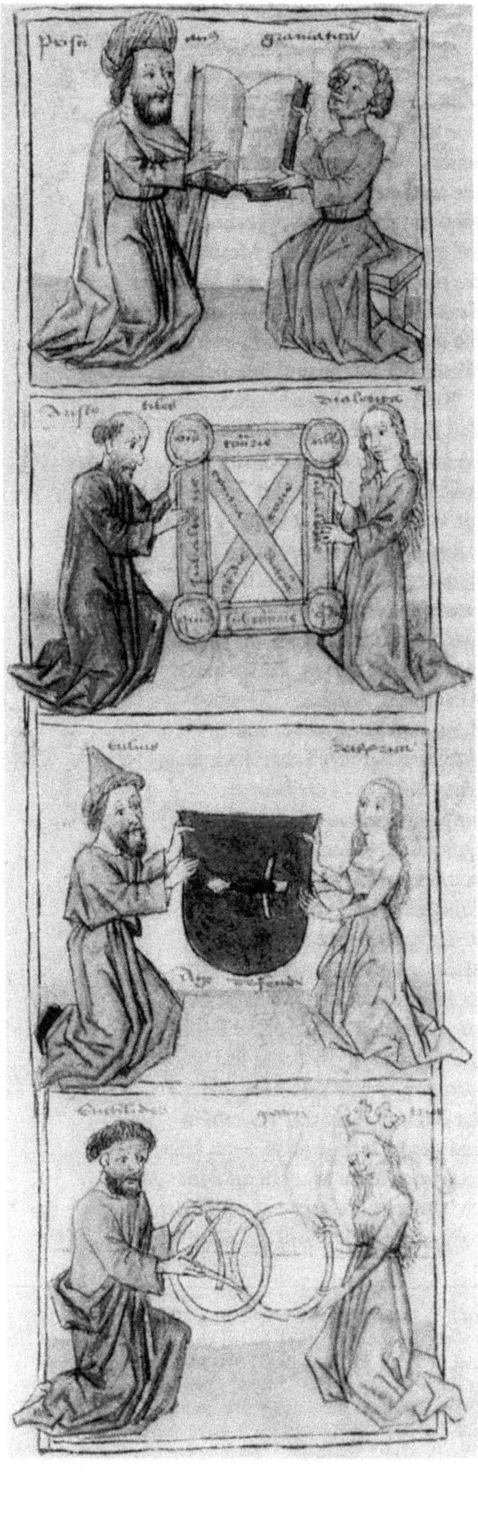

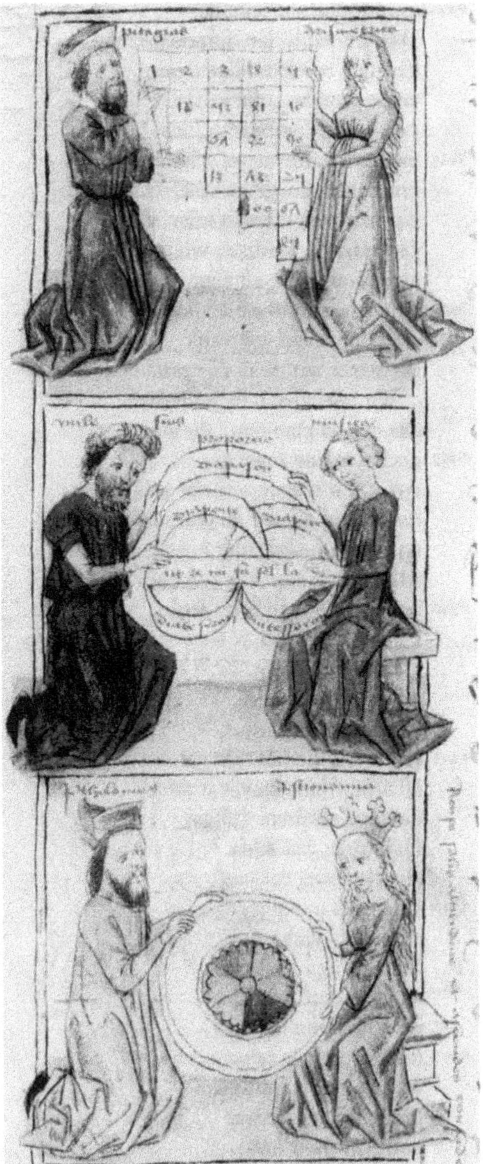

8920 musicâ und astronomie.

Grammaticâ lêrt sprechen rehte;
dîaleticâ bescheidt daz slehte
vome krumben, die wârheit
vom valsche; rethoricâ kleit
8925 unser rede mit varwe schône;
arismeticâ, diu gît ze lône,
daz man von ir kunst zelen sol;
gêometrie lêrt mezzen wol;
musicâ mit wîse schoene
8930 gît uns wîstuom an die doene;
astronomie lêrt âne wanc
der sterne natûre und ir ganc.

Wir envinden niht geschriben
daz dehein man kund die siben
8935 noch der *liste einen* gar,
daz solt ir wizzen wol vür wâr.
die besten, die wir an grammaticâ hân,
daz was Dônâtus und Priscjân.
Aristarchus man von rehte sol
8940 under die besten zelen wol.
dialeticâ hât ouch ir diet;
die sint die besten, die si hiet:
Aristôteles, Bôêcjus,
Zênô und Porphirjus.
8945 rethoricâ, diu hât niht gar
ân vrume liute bewîst ir schar;
die besten wâren: Tulljus,
Quintiljân, Sîdônjus.
an arismeticâ der beste was
8950 Crisippus und Pîtâgoras,
an musicâ Grêgorjus,
Micalus *und* Millesjus.
an gêometrie was Thâles
der tiurist und Euclŷdes.
8955 der astronomîe schar
was meister Albumasar,
Ptolomêus vaner was
und vorvehter *Atlas.*
seht, der deheiner möht nie vür wâr
8960 jehen, er kunde sîn kunst gar.
wie wil dan sîn wîse der,

musica und *astronomia.*

Die *grammatica* lehrt korrekt sprechen;
die *dialectica* unterscheidet das Grade
vom Krummen, die Wahrheit
von der Lüge; die *rhetorica* schmückt
unsere Worte mit schönen Farben;
die *arithmetica* belohnt damit, daß
man mit ihrem Wissen rechnen lernt;
die *geometria* lehrt das Messen;
die *musica* verleiht uns mit Melodien
Kenntnisse auf dem Gebiet der Töne;
die *astronomia* lehrt das unveränderliche
Wesen der Sterne und ihre Bahnen.

Wir finden nirgends geschrieben,
daß ein Einzelner die sieben beherrschte
noch eine der sieben Künste vollständig, das
sollt ihr euch merken, es ist so. Die Besten,
die wir auf dem Gebiet der *grammatica*
haben, waren Donatus und Priscian.
Aristarch soll man gerechterweise
[auch] unter die Besten zählen.
Die *dialectica* hat auch ihr Gefolge;
dies sind die besten, die sie hatte:
Aristoteles, Boetius,
Zeno und Porphyrius. Die
rhetorica hat ihre Schar auch nicht
ohne tüchtige Leute besetzt;
die besten waren: Tullius,
Quintilian, Sidonius.
In *arithmetica* war der beste
Crisippus und Pythagoras,
in der *musica* Gregorius,
Micalus und Milesius.
In der *geometria* war Thales der
am meisten geschätzte und Euklid.
Der Meister in der Schar der
astronomia war Abŭ'Mašar,
der Bannerträger war Ptolemäus
und der Anführer Atlas. Seht, keiner
von ihnen hätte je ernsthaft behaupten
können, er beherrsche seine Wissenschaft
vollkommen. Wie will der dann ein

8921 lêrt] lernt D.   rehte (DG)] wol reht A.   8923 die] mit D.   8924/5 rethorica auch ist geclait / Sie lernt vns re-
den schon D.   8926 diu] auch D.   8930 an] on D.   8933 niht] des nit D.   8934 kund] chvnne A(D). chönde
G.   8935 noch] Nach G.   der liste einen DG] der ainne list A.   8939 Aristarchus G] Aristarcus A. Aristartum
D.   8940 under die] zu dem D.   8941 diet] dieb D.   8942 die sint] ditz sint G.   8945 niht] auch nicht D.
8946 bewîst] v'weiset G.   8948 Quintiljân] quintianus D. Quintinian vnde G.   8949 Arismetica an ir d' beste was
G.   8950 Crisippus] crispius D.   8952 Micalus und (G)] Micalus A. michalus vnd D.   8953 an] Jn D.
8955 der] An der D.   8958 Atlas (G)] Athlas A. achlas D.   8959 möht] macht D.   8960 iehen siner chθste gar G.

der nie gevleiz an deheiner lêr,
weder an zuht noch an vrümekeit,
niwan an boeser kündekeit,
8965 und der niht anders enkan
wan, wie er triege *einen* man?
Salomôn, der wânde nie,
er waer ze wîs, sô waenent die
wîse sîn, den nihtes niht
8970 anders ze wizzen geschiht
wan sprechen nâch einer gewer,
und wellent dâ von sîn sô hêr.
si wellent daz ze rehte hân,
daz si lange übel hânt getân.
8975 ich wil in lâzen ir gewinne,
die si behabent mit dem sinne.
    Ich wil si *zuo der* bûre*n* kint
zeln, die nie ûz komen sint,
und zel si ouch *zuo* dem, der
8980 nie kom ûz einem karkaer
unde dem niemen hât geseit
der werlde lenge noch ir breit.
waz wesse der, ob iht waere
anderswâ der werlde mêre?
8985 alsam ist ouch umbe den man,
der deheine kunst enkan
wan lan*treh*ten nâch gewonheit.
der weiz niht des wîstuomes breit,
weder *sîn* tiefe noch *sîn* hô,
8990 und waenet volkomen sîn alsô.
    Der erkennt des sinns hoeh, tiefe, breit,
der sich in dirre werlde beleit
sô, daz im niht enslîft der vuoz,
und daz er hôhe stîgen muoz.
8995 der erkennet niht des sinnes wît,
weder hoeh noch tiefe, der dâ lît
mit boesen werken zaller stunt
der hoehe verre in der helle grunt.
    Der kan grammaticâ wol,
9000 der rehte lebet, als er sol.
ob er niht rehte sprechen kan,
so ist *er* doch ein wîse man.

Weiser sein, der sich nie um irgendeine
Belehrung, um Erziehung oder Tüchtigkeit
bemüht hat, nur um üble Tricks,
und der nichts anderes kann
als seinen Mitmenschen betrügen?
Salomon meinte niemals,
er wäre zu weise, aber die meinen,
weise zu sein, die nichts anderes
kennen als nachzubeten, was einer ihnen
vorschwatzt [?], und kommen sich dabei
großartig vor. Sie wollen das für richtig
halten, was sie lange schon [mehr]
schlecht [als recht] gemacht haben.
Ich will ihnen den Gewinn lassen,
den sie mit dieser Gesinnung erwerben.
    Ich zähle sie zu den Bauernkindern,
die kein bißchen herumgekommen sind,
und sehe sie auch wie jemanden an, der
nie aus seinem Loch herausgekommen
ist und dem niemand von der Weite
und Breite der Welt erzählt hat.
Was wüßte so einer, ob es anderswo
nicht mehr von der Welt gäbe?
So steht es auch um den Menschen,
der nichts anderes kennt als nach
altgewohntem Brauch zu verfahren.
Der kennt nicht die Breite der Weisheit,
weder ihre Tiefe noch ihre Höhe, und
meint, er sei so, wie er ist, vollkommen.
    Der weiß etwas von der Höhe, Tiefe, Breite
des Wissens, der sich in dieser Welt so
hält, daß er nicht ausgleitet,
auch wenn er hoch steigen muß.
Der weiß nichts von der Weite des Wissens,
weder von seiner Höhe noch seiner Tiefe,
der mit bösen Werken immerzu fernab
von der Höhe auf dem Grund der Hölle liegt.
    Der versteht sich auf *grammatica*,
der lebt, wie er leben soll.
Kann er auch nicht korrekt sprechen,
ist er doch weise. Der versteht sich

8962 der] der sich G.   lêr] er D.   8966 einen man G] andern man A.   arm man D.   8969 wîse] weiser D(G).
den] deñ D.   nihtes niht] ichtes iht G.   8970 den anders zewizzen niht geschiht G.   8976 die G] den AD.
8977 zuo der bûren] zerbauwern A. zu gebauren D. der geb̄ren G.   8979 und] Ich G.   zuo (G)] *nicht in* AD.
8982 wie lanch div werlt si vñ wie breit G.   8984 der] in der G.   mêre] märe D.   8985 alsam] Also G.
8987 lantrehten (DG)] lanthrenhten A.   8989 sîn...sîn (G)] ir ... ir AD.   8991 erkennt] keñet D.   breit] vñ preit
D(G).   8992 beleit] leit D.   8993 sô] *nicht in* D.   8997 mit] In G.   8999 grammaticâ] gramaticam D(G).
9001 rehte] *nicht in* G.   9002 er DG] der A.

der kan dîaleticâ ze reht,
der an guoten dingen ist sleht
9005 und sich vor lügen hüeten kan,
daz er niht triege einn andern man.
der kan rethoricâ garwe,
der mit der einvalte varwe
verwen sîne rede kan.
9010 wizzet, daz er ist ein wîse man.
ob er ez tuot ân boesen list,
sô weiz ich, daz er wîse ist.
der kan gêometrie wol,
der nimêre tuot, danner sol,
9015 und der niht minner ze tuon muot,
danne er von rehte tuot.
swer arismeticâ kunnen wil,
der sol âne zal harte vil
guotes tuon nâch sîner maht
9020 beidiu tac unde naht.
der kan die musicâ ze reht,
der sîn leben sô machet sleht,
daz er machet sîner worte dône
mit den werken eben hellen schône.
9025 ir sult wizzen, daz der man
wol astronomîe kan,
swer sich zieret mit der tugent
sterne an alter und an jugent.

gut auf *dialectica*, der ein
aufrechter Mensch von guten Werken
ist und sich vor Lügen hüten kann,
auf daß er keinen anderen betrüge.
Der beherrscht die *rhetorica*
vollkommen, der mit der Farbe der
Einfalt seine Worte färben kann.
Begreift, daß er ein weiser Mensch ist.
Wenn er es ohne Arglist tut,
weiß ich, daß er weise ist.
Der versteht sich auf *geometria*,
der nie mehr tut, als ihm obliegt,
und nicht weniger zu tun bestrebt ist
als das, was rechtens ist.
Wer in *arithmetica* bewandert sein
will, soll unzählig viel
Gutes tun nach seinem Vermögen
am Tag wie in der Nacht.
Der kennt sich recht in der *musica*
aus, der sein Leben so ordnet,
daß er den Klang seiner Worte
mit den Werken in Einklang bringt.
Ihr müßt wissen, daß der sich
auf *astronomia* versteht,
der sich im Alter wie in der Jugend
mit dem Stern der Tugend schmückt.

Aus dem IV. Kapitel

Ân die siben liste breit,
von den ich iu hân geseit,
9065 sint ander zwô künste grôz,
die enen sint übergenôz.
die heizent dâ von liste niht,
wan in ze hêrschen geschiht
über die siben. ir küneginne
9070 sint si und ir gebieterinne.
diu ein divînitas ist genant,
diu ander physicâ. ir bêder amt
ist vil süeze unde guot.
swer dar an kêret sînen muot,

Außer den inhaltsreichen sieben Künsten,
von denen ich berichtet habe, gibt
es noch zwei erhabene Wissenschaften,
die jenen übergeordnet sind.
Sie heißen deshalb auch nicht Künste,
denn sie sind zum Herrschen bestimmt
über die sieben. Sie sind ihre
Königinnen und ihre Gebieterinnen.
Die erste heißt *divinitas*, die zweite
physica. Beider Gegenstandsbereich
ist höchst beglückend und gut.
Wer sich ihnen widmet, wird nichts

9003 dialeticâ] dialeticam *D(G)*. ze reht] rechte *D*. 9005 lügen] lug *D*. luge *G*. 9006 triege] trivget *G*. 9007 rethoricâ] die Rethorica *A*. die rethoricam *D*. Rethoricam *G*. garwe *G*] gar *AD*. 9008 der] Swer *A(DG)*. varwe *G*] var *AD*. 9010 daz er] der *G*. 9011 ez] *nicht in D*. boesen *(G)*] boese *A(D)*. 9013 gêometrie] geometriam *D*. Geometrien *G*. 9015 der niht] *nicht in D*. minner] nymêr *D*. muot] mit mŏt *G*. 9017 arismeticâ] arismeticâ *D(G)*. 9019 tuon] *nicht in D*. 9021 die musicâ] musicâ *D(G)*. 9022 der] daz er *G*. sô] *nicht in DG*. 9023 daz] So daz *G*. 9024 eben hellen *(G)*] eben hellent *A*. ebenthalbē *D*. 9063 die] der *D*. 9064 den] der *DG*. 9065 sint] Sint noch *DG*. 9066 enen] einē *D*. ienen *G*. 9067 heizent] hiezent *G*. 9068 in] im *D*. hêrschen] hersche' *D*. 9073 unde] vnd vil *D*. 9074 sînen muot *(DG)*] sein gemvet *A*.

9075 der mac vreude genuoc gewinnen
und kurzwîle an tiefen sinnen.

Diu physicâ lêrt uns harte wol,
wie man sînen lîp behüeten sol
an guotem stal und an gesunt,
9080 daz man niht sieche zaller stunt,
und lêret, ob man siech sî,
waz ezzens und waz erzenî
zeim ieglîchem siechtuom sî guot,
und wâ vor sich der sieche behuot.
9085 Divînitas lêrt harte wol,
wie man die sêle behüeten sol,
daz man niht valle in die sunde
mit boesen werken zaller stunde,
und ob man drin gevallen sî,
9090 daz man bîht vür erzenî
neme zehant. daz ist guot;
sus ist diu sêle wol behuot.
man möht gerner gesunt sîn,
dan man dar nâch suoche erzenî.
9095 swenn man von schulden siech ist,
sô muoz mans suochen zaller vrist.
man möht sich ouch gerner behuoten
vor sünden danne dar nâch muoten,
daz man im loese die hende
9100 von dem sîner sünde gebende.

Swem in daz ouge vellet iht,
sî lange ân erzenîe niht,
wan sûmt er sich, er mac vil drât
verliesen ez ouge, daz er hât.
9105 niemen sol sîner sêle wunden
heln dem priester, wan von sunden
kumt dicke diu geschiht,
daz man nimt bîhte niht.
der sieche vordert zaller stunt,
9110 daz man im gebe spîse ungesunt.
der sündaere ouch niht anders gert
wan, daz im sîne sünde mêrt.

Jâ sult ir noch hoeren mêre
von der zweier künste lêre:
9115 von physicâ man wizzen sol
aller ding natûre wol,

als Freude aus ihnen ziehen und den
Genuß tiefschürfender Gedanken.

Die *physica* lehrt uns bestens,
wie man den Leib bewahren soll
in gutem Stand und Gesundheit,
damit man nicht immerzu kränkle,
und wenn man krank ist, lehrt sie,
welches Essen und welche Medizin
gegen jedwede Krankheit gut ist, und
wovor der Kranke sich hüten muß.

Die *divinitas* belehrt bestens darüber,
wie man die Seele behüten soll,
damit man nicht mit bösen Werken
immer wieder in Sünde falle, und daß
man, wenn man hineingefallen ist,
sogleich die Beichte als
Medizin nehme. Das ist gut;
so ist die Seele gut geschützt.
Man möchte lieber gesund sein als
im nachhinein Medizin zu nehmen.
Wenn man durch eigene Schuld krank
ist, muß man sie immerzu nehmen.
Ebenso sollte man sich auch lieber vor
Sünden hüten, statt sich im nachhinein
abzumühen, sich die Hände wieder
von der Sündenfessel frei zu machen.

Wem etwas ins Auge gerät, der
darf nicht lange ohne Medizin bleiben,
denn zögert er, kann er sehr rasch
das Auge, das er hat, verlieren.
Niemand soll die Wunden seiner Seele
vor dem Priester verbergen, aber
[gerade] der Sünden wegen geschieht
es oft, daß man nicht zur Beichte geht.
Der Kranke fordert immerzu, daß man
ihm unverträgliche Speisen gebe.
Der Sünder verlangt auch nichts anderes
als das, was seine Sünde vermehrt.

Aber ihr sollt noch mehr von den Lehren
der beiden Wissenschaften hören:
Durch die *physica* kann man
das Wesen alles dessen erfahren,

9078 sînen] den G. 9079 guotem stal] gûter stete G. gesunt] gutē gesunt D. 9080 niht sieche] niht werde siehe A. nit sich werd D. iht sieche G. 9082 und] oder G. 9083 zeim] ze G. 9084 wâ vor] vor wiv G. behuot (DG)] hvete A. 9086 die DG] sein A. 9089 und] nicht in D. 9090 man] man die G. 9094 suoche erzenî] sûhte erzenin G. 9096 mans] nicht in D. 9097 sich ouch gerner] gerne auch D. 9098 vor] von D. 9100 dem] nicht in G. 9101 Swem] Swenne G. 9102 sî] so si man G. 9104 ez ouge] zavge A. das aug D(G). 9108 daz man immer gebihtiget iht G. 9109 vordert DG] vadert A. 9111-12 Alsam ist ovch des svnderes ger / da von siner svnde werden mer G.

swaz niderhalbe des mânen ist.
divînitas gît uns den list,
daz wir die engel unde got
9120 erkennen unde sîn gebot.
    Nu merket: swaz ûf dem himel ist,
dâ gît uns an kunst unde list,
diu ie der künste vrouwe was,
diu vil edel divînitas.
9125 und swaz niderre ist dan der mân,
dâ gît uns kunst und list an
diu schoene physicâ, wan von ir
erkennet man diu element vier.
swaz zwischen mân und himel gêt,
9130 die natûre man verstêt
von der wârhaftn astronomie.
arismeticâ und gêometrie
helfent derzuo, diu ein mit zal,
diu ander mizzt des himels sal.
9135   Als ich sprach in dirre vrist,
aller künste vrouwe ist
divînitas, wan si seit,
wie man daz êwiclîche leit
in dirre werlde vertrîben sol
9140 und wie man immer lebe wol.
von wanne kumt, daz man deheine kunst
ze wizzen minner niht enwunscht
dan dise, diu aller beste ist
an tiefem sinne und guotem list?
9145 daz kumt dâ von, daz si niht enmuot
werltlîchen ruom und werltlîch guot.
wir vlîzen uns lützel an sinne
und ouch an deheiner minne.
verworfen ist divînitas,
9150 diu ie der künste vrouwe was.
    Daz wir decrête und lêges hôren,
daz kumt dâ von, daz wir die tôren
mügen effen deste baz.
und wil iemen sprechen, daz
9155 des niht ensî, der antwurte:
zwiu lâze wir der lêre porte,
daz ist diu divînitas,
diu ie meisterinne was,
niwan daz wir unsern sin

was unterhalb des Mondes ist.
Die *divinitas* setzt uns in Stand,
die Engel und Gott zu
erkennen und sein Gebot.
    Nun gebt acht: Von dem, was über
dem Himmel ist, gibt uns Wissen und
Kenntnis, die stets die Herrin der
Wissenschaften war, die edle *divinitas*.
Und was niedriger ist als der Mond,
davon gibt uns Wissen und Kenntnis
die schöne *physica*, denn durch sie
weiß man von den vier Elementen.
Was zwischen Mond und Himmel
liegt, dessen Wesen erfährt man durch
die aufklärende *astronomia*.
Arithmetica und *geometria* helfen
dabei, die eine mit der Zahl, die zweite
mißt das Himmelsgewölbe aus.
    Wie ich soeben gesagt habe,
ist die *divinitas* die Herrin aller
Wissenschaften, denn sie zeigt,
wie man in diesem Weltleben
die ewige Pein verhindern kann
und in Ewigkeit gut lebt. Woher
kommt es, daß keine Wissenschaft
weniger zu kennen gewünscht wird
als diese, die die allerbeste ist an
Gedankentiefe und hilfreicher Erkenntnis?
Das kommt daher, daß sie nicht auf
irdischen Ruhm und irdisches Gut aus ist.
Wir kümmern uns nicht um Erkenntnis
und nicht um die [wahre] Liebe [?].
Verachtet ist die *divinitas*, die einst
die Herrin der Wissenschaften war.
    Daß wir *decrete* und *leges*
studieren, geschieht, um die Toren
um so leichter aufs Kreuz zu legen.
Und wenn jemand behauptet, das
sei nicht so, der antworte: Warum
meiden wir die Pforte der Weisheit,
das ist die *divinitas*, die von jeher
die Meisterin war, wenn nicht
deswegen, weil wir unser Denken

9118 uns] vns ovch G.   9122 gît uns an] geit sie vns an D. da git vns G.   9125 und] *nicht in* G.   9131 wârhaftn (DG)] warhafte A.   9135 in dirre] an diser D. an dirre G.   9138 êwiclîche] ewige G.   9140 lebe wol] leben sol wol G.   9141 von] *nicht in* DG.   deheine] deheiner G.   9142 minner] nyḿer D(G).   9143 dise] diser G. 9144 und] vnd an A(D). an G.   9145 dâ von] dan D.   9146 und] noh A(DG).   9148 ouch (G)] doh A(D). 9151 Lêges] legê D.   9152 daz kumt dâ von (G)] Chvmt dich da von A. kumpt daz dick D.   9156 zwiu] des G. porte] ort D(G).

9160 haben verlâzen an gewin?
diu decrête ich niht enschilt;
si solden sîn des rehtes schilt.
nu mach wir dermite, daz unreht
dunket sumelîche sleht.
9165 dar ûf wurdns niht gemachet.
swer dar ûf sorget unde wachet,
daz er verkêret guote lêre,
ez riuwet in dar nâch vil sêre.
die phaht machten mit wîsem rât
9170 die keiser, swers gelesen hât.
die phaht man verkêren mac;
man tuot ez ouch alle tac.
  Decrête und diu phaht sint guot,
swer in niht unrehte tuot,
9175 wan diu decrête sint komen
von got, als wir hân vernomen.
ez wart dô durch guot getân.
nu hab wirz verkêrt dar an,
daz wir wenden gar nâch gwinne
9180 der phaht und der decrête sinne.

auf Besitz gerichtet haben? Ich
sage nichts gegen die *decrete*; sie
sollten der Schild der Gerechtigkeit sein.
Aber wir wenden sie so an, daß manchen
das Unrecht Recht zu sein scheint.
Dafür wurden sie nicht gemacht.
Wer grübelt und lauert, wie er
gute Vorschriften verdrehen kann,
den reut das im nachhinein sehr.
Die Gesetze machten in weiser Fürsorge
die Keiser, wie man hat lesen können.
Die Gesetze kann man [aber]
verdrehen; man tut es auch alle Tage.
  Decrete und Gesetze sind gut,
wenn man sie nicht falsch anwendet,
denn die *decrete* sind von Gott
erlassen, wie wir gehört haben.
Damals geschah es in guter Absicht.
Nun haben wir es so verkehrt, daß wir
den Inhalt von Gesetzen und *decreten*
zu unserem Vorteil auslegen.

Aus dem V. Kapitel

Ich seite harte gerne mêre
der künste geverte und ir lêre
und seite ouch gerne, wî
einiu under der andern sî,
9185 wan daz waer ze vernemen schône
und gaebe uns *wîstuom doch* ze lône.
ez möht aver niht gezemen
den, diez niht kunnen vernemen.
taet ichz, mîn rede waer unwert
9190 den, die der buoch sint ungelêrt.
dâ von ichz niht tuon wil;
ich so*l* niht *übergên* daz zil,
daz der leie gereichen mac.
jâ sint nu stunt vür die tac,
9195 daz die leien wârn gelêrt.
diu lernunge ist *nu* wordn unwert.
Bî den alten zîten was,
daz ein ieglîch kint las.
dô wâren gar diu edeln kint

Ich würde gern mehr über Verfahren
und Lehrinhalt der Wissenschaften
sagen und auch darüber, wie sich
eine der anderen unterordnet,
denn das wäre gut anzuhören und
belohnte uns obendrein mit Weisheit.
Es wäre aber denen nicht angemessen,
die es nicht verstehen können. Täte ich
es dennoch, hätten meine Worte für die
keinen Sinn, die kein Buchwissen haben.
Deshalb will ich es nicht tun;
ich will die Grenze nicht überschreiten,
die [auch] der Laie erreichen kann.
Sind doch längst die Tage dahin,
da die Laien gelehrt waren. Die
Bildung steht jetzt in geringem Ansehen.
  In den alten Zeiten war es so,
daß jedes Kind studierte.
Damals war die edle Jugend gelehrt,

9164 dunket] duncken D.   9165 wurdns] werdē sie D.   9167 daz] wie D.   verkêret] verkere D.   9169 phaht]
pfat D.   wîsem] weisen D.   9171 die phaht] Der pfat D.   9173 phaht] leges D.   9174 in] im D.   9180 phaht]
pfat D.   9181 harte] auch D.   9186 wîstuom doch] doch weistvm A(D).   doch G.   9189 waer] w°rde G.
9190 die der] der die D.   9192 sol DG] solt A.   übergên (DG)] verbergen A.   9194 stunt] nicht in D. stvnde G.
9196 nu (G)] nicht in AD.

9200 gelêrt, des si nu niht ensint.
dô stuont ouch diu werlt baz
âne nît und âne haz.
dô het ein ieglîch man êre
nâch sîner kunst und sîner lêre.
9205 die herren wâren wol gelêrt,
dâ von wâren si ouch wert.
nu ist der herrn vil lützel wîs;
dâ von bejagent si nimmer prîs.
....
die zaller zît vlîzec sint,
wie si ir vil liebiu kint
9265 lâzen rîche amme guot,
die solden rîchen ouch ir muot
an zuht und an hüfscheit.
man mac dehein erbe sô breit
sînn kinden lâzen, noch sô guot
9270 als wol gelêrten muot,
wan von der kunst vindt man wol,
wie man got gevallen sol.
diu kunst phlegt *ouch* wol ze geben,
wie man sol zer werlde leben.
9275 ez hilfet ouch dem vater baz,
dan ob er im lieze daz,
dâ mit er würde ein wuocheraere
ode sus ein boese samenaere.
jâ mant uns nihtes niht daz guot,
9280 daz wir kêren unsern muot
an unser vorvarn. wizzt vür wâr:
uns muoz der sin des manen gar,
wan guot verirrt uns harte dicke
mit dem sînn unstaeten blicke,
9285 daz wir niht kêren unsern muot
an unsern vater, der uns daz guot
liez, und vergezzen sîn gar.
dâ von sô wizzet wol vür wâr,
daz man kinden *laet* dehein guot
9290 bezzer danne gewizzen muot.
      Swer verderbt sîns kindes sin
durch sparunge und durch gewin,
daz ern ze schuole niht ensendet,
und ze hove, wizzt, daz er wendet

was sie heute nicht ist.
Damals stand es besser in einer Welt
ohne Neid und Haß. Damals genoß
jeder das Ansehen, das seinem Können
und seiner Bildung angemessen war.
Die Regenten waren hochgelehrt,
deshalb waren sie auch angesehen.
Jetzt ist kaum einer der Herren gebildet;
deshalb erringen sie kaum noch Ansehen.
....
Die immerzu rackern,
um ihre geliebten Kinder
in Reichtum zurückzulassen,
die sollten sie auch reich machen an
Eziehung und hofgemäßem Verhalten.
Man kann seinen Kindern kein
größeres und besseres Erbe
hinterlassen als Bildung, denn
durch dieses Wissen erkennt man,
wie man Gott gefallen kann.
Die Wissenschaft vermittelt gemeinhin
auch, wie man in der Welt leben soll.
Das hilft auch dem Vater mehr,
als wenn er ihm vererbte, womit
er ein Wucherer würde oder
sonst ein arger Geldeintreiber.
Auch nötigt uns der Reichtum durchaus
nicht dazu, daß wir uns um unsere
Vorfahren kümmern. Merkt euch: In
Wahrheit muß die Einsicht uns daran erinnern,
denn der Reichtum mit seinem vergänglichen
Glanz verdirbt uns sehr oft, so daß
wir uns durchaus nicht um unseren Vater
kümmern, der uns den Reichtum vererbte,
und wir ihn gänzlich vergessen.
Merkt euch also, daß man den Kindern
wahrhaftig kein besseres Gut
hinterläßt als wohlunterrichtet zu sein.
      Bedenkt, daß, wer den Verstand
seines Sohnes aus Geiz und Gewinnsucht
verdirbt, weil er ihn nicht zur Schule schickt
und an den Hof, aus seinem

9200 des] daz D.   nu] nu leid' D(G).   9204 und] vnd nah A(DG).   9205 gelêrt] geleit D.   9208 nimmer] minner
G.   9264 vil] *nicht in* D.   9265 rîche] richen G.   9268 breit] berait D.   9269 sînn kinden] sinem chinde G.   lâ-
zen noch sô] noch lassen D.   9270 als wol] als wol als D.   9273 phlegt] pfligt G.   ouch G] *nicht in* AD.   wol]
nicht in G.   9275 ez (DG)] er A.   vater] rate D.   9278 sus] sunst D.   boese] *nicht in* D.   9281 unser (DG)] vn-
sern A.   9284 dem sînn] seinē D(G).   unstaeten] vnstatem D.   9289 laet (G)] leit A. lat D.   9290 bezzer danne]
daz bezzer si denne G.   9291 verderbt] v'treibt D.   9292 sparunge D(G)] sparnvnge A.   9293 ern] er ez G.
9294 und] oder G.   ze hove wizzt] zu hoffen wirt D.

9295 ze grôzer vlust sînen gwin.
swer sînem kinde niht laet sin
und laet im guot, er weiz niht wol,
waz er dâ mit tuon sol.

Gewinn einen großen Verlust macht.
Wenn einer seinem Sohn nicht Einsicht
hinterläßt, aber Reichtum, weiß der doch
gar nicht, was er damit machen soll.

Aus dem VI. Kapitel

Jâ hât ieglîch man und wîp
9450 vümf tür in sînem lîp:
ein ist gesiht, diu ander gehoerde,
diu dritte wâz, diu vierde gerüerde,
die vümften ich gesmac heiz.
swaz man in der werlde weiz,
9455 daz muoz in uns immer vür
ze etlîcher der vümf tür.
sô nimt ez imaginâtiô
und bringetz der vrouwen râtiô,
wan si bescheiden sol,
9460 als ich hân geseit wol.
dâ von sprich ich, swaz zeiner tür
niene gêt dem leien vür,
daz gêt im doch zer andern in,
wil er haben guoten sin.
9465 ervert er niht, waz mein diu schrift,
sîn trâkeit beret in niht,
ern sî schuldic wider got
und leistet er niht sîn gebot;
der leie sol durch der ôren tür
9470 lâzen die guoten lêre vür.
sperret er der ôren tür vast,
dar in kumt niht der lêre gast.
Die vümf tür heizent vümf sin
und habent ûzerhalbe gewin.
9475 der vier krefte meisterschaft,
diu hât innerthalben kraft.
die vümf sinne dienent in
mit ir ûzerme gewin.
die vümf sinne sint der krefte kneht.
9480 die vier krefte habent grôzez reht.
die vier kreft sint râtgebinne,
diu sêle ist ir küneginne.
Nu merket, daz dehein man
ân den vümften sin niht leben kan,

Jeder Mann und jede Frau hat bekanntlich
fünf Pforten an seinem Leib: Die erste
ist das Sehen, die zweite das Gehör, die
dritte der Geruchs-, die vierte der Tastsinn,
die fünfte nenne ich den Geschmackssinn.
Was man von der Welt zur Kenntnis nimmt,
das muß in unser Inneres durch
eine oder mehrere der fünf Pforten.
Dann übernimmt es *imaginatio*
und bringt es der Herrin *ratio*,
denn sie soll es bewerten,
wie ich ja gesagt habe. Deshalb
sage ich, was dem Ungelehrten
nicht durch die eine Pforte eingeht,
geht doch zu der andern hinein,
wenn er recht verständig sein will.
Lernt er nicht, was die Schrift bedeutet,
überredet seine Trägheit ihn nicht,
er sei nicht schuldig Gott gegenüber,
wenn er seine Gebote nicht erfülle;
der Ungelehrte soll durch die Pforte der
Ohren die gute Lehre einlassen. Macht
er die Pforte der Ohren fest zu, sucht
ihn die Lehre in der Tat nicht auf.
Die fünf Pforten heißen die fünf Sinne
und betreiben ihr Geschäft außen.
Das Regiment der [Seelen]Kräfte
übt innen seine Macht aus.
Die fünf Sinne dienen ihnen mit dem,
was sie außen erreichen. Die fünf
Sinne sind die Diener der Kräfte.
Die vier Kräfte haben einen weiten
Aufgabenbereich. Die vier Kräfte sind die
Beraterinnen, ihre Königin ist die Seele.
Merkt euch, daß kein Mensch
ohne den fünften Sinn leben kann,

9297 er weiz niht] das wais er D. ern weiz niht G.   9449 Jâ] Es D.   9450 sînem (D)] seinn A. sinen G.
9451 gesiht G] gesehen AD.   9453 ich] ist D.   9454 weiz] vleisse D.   9459 si] sie es D.   9460 geseit] e gesait
D.   9463 zer] zu dê D.   9466] beret] betreit D. beredet G.   9467 ern] Er G.   9472 dar in] dar ein D.
9476 diu hât] die hant D.   9477-8 *nicht in* D.   9477 dienent G] di dienent A.   9482 ir] *nicht in* D.   9484 den
vümften] die funff D.

9485 den wir dâ heizen gerüerde.
er mac leben ân gehoerde,
ân smac, ân wâz und ân gesiht,
aver ân gerüerd niemen geschiht,
daz er müge lange leben;
9490 er muoz dermit sînn lîp geben.
dar umbe sprach ein wîse man,
von dem man vil dinges kan:
„von den vieren lebt man wol,
aver von dem vümftn man leben sol,
9495 wan deheiner niht enmac
ân gerüerde leben einen tac."
nu hüetet, daz iu hie nützer ist,
daz ez nien werde zeiner andern vrist
wirs und unnützer michels mêre.
9500 dâ vor sol sich behüeten sêre
ein wîse man, daz er niht
komen sol, dâ im geschiht
an der gerüerd vil wundernwê
von viuwer und von kaltem snê.
9505 Mit slegen weckt man sîn gerüerde,
sîn wâz mit stanc, und sîn gehoerde
mit grôzem dôn, und sînen smac
mit bitter galle naht und tac.
der tac schînt ze helle niht,
9510 wan dâ muoz den gesiht
diu vinster wecken und diu naht;
dâ hât niht wan unvreude kraft.
Hie sint entslâfen unser sin,
aver swelch man kumt dar in,
9515 dem werdnt erweckt unsaeleclîchen
die vümf sinne sicherlîchen.
entslâfen ist unser geruorde
an linden dingen, diu man ruorde,
unser gehoerde an süezem dône,
9520 unser gesiht an wîbes schône,
an sanftem wâze unser wâz,
den gesmac ich niht verlâz,
der ist entslâfen gar an suoz.
ein ieglîch sin haben muoz,

den wir den Tastsinn nennen.
Er kann leben ohne Gehör, ohne zu
schmecken, ohne zu riechen und ohne
zu sehen, aber ohne Tastsinn vermag
niemand lange zu leben; er muß
mit ihm zugleich das Leben aufgeben.
Deshalb sprach ein weiser Mann,
von dem man viel gelernt hat:
„Durch die vier lebt man angenehm,
aber man lebt durch den fünften,
denn niemand kann ohne Tastsinn
auch nur einen Tag lang leben."
Nun gebt acht, daß das, was euch hier
von Nutzen ist, nicht zu anderer Zeit
sehr viel schädlicher und unnützer werde.
Davor soll sich ein weiser Mann sehr
in Acht nehmen, daß er nicht dahin
kommt, wo ihm von seinem Tastsinn
maßloser Schmerz bereitet wird
durch Feuer und kalten Schnee.
Mit Schlägen weckt man seinen Tastsinn,
seinen Geruchssinn mit Gestank und sein Gehör
mit wüstem Lärm, und seinen Geschmackssinn
mit bitterer Galle, Nacht und Tag.
Der Tag leuchtet nicht in der Hölle,
denn dort muß Finsternis und
Nacht die Sehkraft aufwecken;
da herrscht nur die Qual.
Hier sind unsere Sinne eingeschlafen,
aber wer dort hineinkommt,
dessen fünf Sinne werden
ganz gewiß fürchterlich aufgeweckt.
Unser Tastsinn wurde eingeschläfert
von den weichen Dinge, die man berührt
hat, unser Gehör von süßen Melodien,
unsere Sehkraft von Frauenschönheit,
von köstlichen Düften unser Geruchssinn,
den Geschmackssinn lasse ich nicht aus,
der wurde von Süßem eingeschläfert.
Für jeden Sinn muß es etwas geben,

9485-7 Den ich gerurde nenne / on horen lebt man etwenne / Jn smack vnd was vñ an gesicht D. 9488 geschiht] nicht D. 9493 den] der G. 9496 leben] nit leben D. 9497 hüetet] horet D. hie] ie D. 9498 werde DG] enwerde A. 9500 dâ vor] dauon D(G). 9505 Mit] Sit D. 9506 und] nicht in G. 9507 grôzem dôn] grozzem dron A. grosser dro D(G). sînen] mit D. 9508 bitter] pitterre G. 9510 gesiht] geschicht D. 9511-12 kain frewde da gewesen mag / der hat vinster nacht vñ tag D. 9511 wecken (G)] werden AD. 9513 Hie] Die D. 9515 dem] Da G. 9517 geruorde] gerurde gar D. 9518 an linden dinge fur war D. 9519 süezem] sussen D. 9520 wîbes (DG)] weibe A. 9521 sanftem wâze] säfften wassen D. 9522 den gesmac wil ich niht lazzen G. ich] icht D. 9523 an suoz] on susse D(G).

9525 der in weck nâch sînem rehte,
wan, als ich sprach, si sint knehte
der vrowen imaginâtiô,
der memôrje und der râtiô.
den dienent si hie niht ze wol,
9530 wan slâfent dienet niemen wol.
    Vil ofte wirt der herren reht
versûmet durch die boesen kneht.
alsam den vier kreften geschiht,
wan si habent ir reht niht
9535 durch die boesen vümf sinne,
die sich versûment durch gewinne.
aver daz ist billîch unde reht,
daz der herre slahe den kneht,
swenner sich versûmt ze hart
9540 an sîner traeclîcher vart.
alsam sol tuon vrou râtiô
mit samt imaginâtiô:
si suln zühtigen die sinne,
daz si niht toben nâch gewinne.
9545 si sint verschoben mit dem guot,
dâ von siht niht unser muot.
die vümf sinne sint verschoben sô,
daz bêde imaginâtiô
und ouch râtiô sint verirret,
9550 daz ist, daz der hûsvrouwen wirret.
    Ich mein die sêl, die küneginne
des lîbs, sît si die râtgebinne,
die vier krefte verlorn hât;
des muoz boeser sîn ir rât.
9555 si mag ez aver verliesen niht,
ez ensî, daz ez geschiht
von ir willn und von ir schulde,
wan râtiô wider ir hulde
niht in der werlde tuon getar;
9560 wan diu sêl, diu hât vil gar
an den vier kreften gewalt.
si vrumt dermit vil manicvalt
raete beidiu übel unde guot.
der lîp nâch dem gedanke tuot,
9565 swaz er getuot reht und unreht.
jâ tuot dicke übel der kneht,
swenn imz der herre verbiutet niht.

was ihn seiner Art entsprechend weckt,
denn sie sind, wie ich schon sagte,
Knechte der Herrinnen *imaginatio*,
der *memoria* und der *ratio*. Denen
dienen sie hier nicht sonderlich gut,
denn schlafend dient niemand gut.
    Sehr häufig wird, was den Herren zusteht,
von schlechten Knechten vernachlässigt.
So geschieht es auch den vier Kräften,
denn sie bekommen nicht, was ihnen
zusteht, von den argen fünf Sinnen, die
um des Gelderwerbs willen nachlässig
sind. Aber das ist billig und recht,
daß der Herr den Knecht züchtigt,
wenn er allzu nachlässig wird
bei seinem Schlendrian.
So soll es auch Herrin *ratio*
mitsamt der *imaginatio* halten:
Sie sollen die Sinne züchtigen, damit
sie nicht im Übermaß nach Geld gieren.
Sie sind verstopft von dem Geld,
deshalb sieht unser Inneres nichts.
Die fünf Sinne sind so verstopft,
daß sowohl *imaginatio* wie *ratio*
fehlgeleitet sind, und das ist es, was
die Herrin des Hauses verwirrt.
    Ich meine damit die Seele, die Königin
des Leibes, weil sie die Ratgeberinnen,
die vier Kräfte, verloren hat;
deshalb muß böse sein, was sie plant.
Sie kann sie aber nicht verlieren,
es sei denn, es geschieht mit ihrem
Willen und auf ihre Veranlassung,
denn *ratio* wagt nichts auf der Welt
gegen ihren Willen zu tun;
denn die Seele hat die absolute
Gewalt über die vier Kräfte.
Sie bewirkt damit ganz unterschiedliche
Unternehmungen, böse wie gute.
Was der Leib Rechtes und Unrechtes
tut, er führt [nur] die Gedanken aus.
Bekanntlich tut der Knecht oft Böses,
wenn es ihm der Herr nicht verbietet.

9528 und der] vnd D.   9529 ze] gar D.   9532 die] den G.   9536 versûment durch] v'saumet durch D. vercherent
nach G.   9540 traeclîcher] täglichen D. thracheite G.   9541 alsam] Also D.   9542 mit samt] vnd auch D.
9543-9548 *nicht in D.*   9549 ouch] *nicht in DG.*   9552 sît si] ist si D.   9553 die] Der G.   9554 boeser] pose
D(G).   9556 daz] ob G.   9559 Nichtes nicht getun getar D.   tuon (G)] getvn A(D).   9560 diu hât] hat DG.
9565 und] oder G.   9567 swenn] So G.

alsam umbe den lîp geschiht:
verbüte ez im diu sêle wol,

9570 er lieze, des er niht tuon sol.

So geht es auch mit dem Leib:
Würde die Seele es ihm verbieten,
unterließe er, was er nicht tun soll.

Aus dem VII. Kapitel

Lîht, daz ein man sprechen mac:
„du hâst mir hiute disen tac

9665 geseit von vil tiefen dingen,
von vier kreften, von vümf sinnen,
von einlef künstn; wie möht ich gar
wizzen die? ich engetar
noch enwil komen in ir lêre.

9670 ich wil mir hin vür immer mêre
mit gemache samfte leben.“
dem wil ich antwürte geben:
Vriunt, ich wil dîner trâkeit
kürzen ein lange arbeit:

9675 wil du wîse sîn kurzlîche,
sô habe geloubn und werc gelîche
wol mit staete nâch ir reht,
sô ist dir der wec sleht,
der dich bringet hin zem sinne

9680 und zaller hande vreude gewinne.
du maht den glouben lîhte hân,
wil du wol gedenken an
got und an sîne kraft
und wie grôze meisterschaft

9685 er hât erzeigt in dirre werlde
beidiu oben und ûf der erde.
Nu lâ ez ander und gedenke an einen
man, dern lîp hât harte kleinen
und hât doch grôze meisterschaft.

9690 got, der hât im gegeben kraft,
daz er alliu dinc hât
undermacht mit sînem rât.
nu lâze wir sîn sinne belîben,
von den ich möhte vil geschrîben,

9695 und merke, waz man unde wîp
wunders hânt in ir lîp
von âdern unde von gebeine.

Vielleicht möchte einer sagen:
„Du hast mir heute den ganzen Tag
von vielen schwierigen Sachen erzählt,
von vier Kräften, von fünf Sinnen,
von elf Künsten; wie kann ich die alle
richtig behalten? Ich will
und werde sie nicht lernen.
Ich will weiter bequem und
angenehm vor mich hin leben.“
Dem will ich so antworten:
Freund, deiner Bequemlichkeit will
ich eine lange Plage verkürzen:
Willst du auf die Schnelle weise sein,
so glaube und handle beständig
so, wie es recht ist,
dann ist der Weg schnurgerade,
der dich zum Wissen und zum
Erreichen von vielerlei Freuden führt.
Den Glauben erlangst du leicht,
wenn du nur nachdenkst
über Gott und seine Macht und
darüber, welch große Meisterschaft
er an dieser Welt dort droben
und auf der Erde bewiesen hat.
Aber laß auch das beiseite und denke
an den Menschen, der einen schmächtigen
Körper hat und doch über so viel herrscht.
Gott hat ihm die Kraft gegeben,
daß er sich alle Dinge untertan gemacht
hat mit seiner Geistesstärke. Nun
lassen wir auch seinen Verstand beiseite,
von dem ich noch viel schreiben könnte,
und vergegenwärtige dir, was Mann und
Frau für ein Wunderwerk im Körper
haben an Adern und Knochen.

9569 verbüte] Verpewtet D.   9570 des] das das D.   9663 daz ein man] ein man daz G.   9666 von vümf] vñ von funff D(G).   9667 künstn] kunst D.   9668 die gewissē der ich nit entar D.   9670 immer] nymēr D.
9674 kürzen (DG)] Chvrze A.   ein] an D.   9675 kurzlîche (DG)] chvrzleichen A.   9678 dir DG] di A.
9679 hin zem] zv dē D(G).   9683 kraft (DG)] chrefte A.   9684 meisterschaft (D)G] maisterschefte A.
9686 beide vf dem himel vñ vf erde G.   9687 ez ander] zander A. das ander D(G).   9688 dern] der ainē D. der G.   9690 der] nicht in G.   9693 sîn sinne] seinē sin D.   9695 man unde wîp (D)] man vnd weibe A. manne vñ wibe G.   9696 in ir lîp (D)] in ir leibe A. an ir libe G.

du solt wizzen, daz niender eine
âder ist überec. der lîp ist
9700 harte wol geworht mit list.
daz diu sêl dar inne bestât
und doch ander natûre hât,
daz ist ein grôziu meisterschaft,
die dar geleit hât gotes kraft.

Du mußt wissen, daß auch nicht eine
Ader überflüssig ist. Der Körper ist
ungemein kunstvoll zusammengesetzt.
Daß die Seele sich darin aufhält und
doch von anderer Beschaffenheit
ist, das ist wahre Meisterschaft,
die Gott damit bewiesen hat.

Aus dem VIII. Kapitel

beidiu man unde wîp
hânt vümf dinc in ir lîp
und vümfiu ûzem lîp vür wâr;
diu muoz diu sêle rihten gar,
9735 ode si bringent grôze untugent
beidiu an alter und an jugent.
diu vümf man imme lîbe treit:
sterk, snelle, glust, schoene, behendekeit.
ûzem lîbe hânt vümf kraft:
9740 adel, maht, rîchtuom, name, hêrschaft.
swer diu zehen niht rihten kan
mit sinne, der sol niht heizen man.
swer sterke, snelle und pendekeit,
glust, schoene mit bescheidenheit
9745 niht zieren und niht rihten wil,
si bringent im untugende vil.
swer rîchtuom, adel, maht, namen, hêrschaft
niht enriht mit sinnes kraft,
der ist ungeslahter vil
9750 dan ein vihe, swerz verstên wil.
hât ein man ân sin grôzez guot,
der gwinnet dâ von übermuot.
des entuot ein vihe niht.
würde ein ros tumber iht,
9755 swer dem rosse waer sô holt,
daz er im macht einn zoum von golt?
ez würde niht tumber, daz ist wâr,
swerz mit golde bedahte gar.
mache einn toerschen man rîche,
9760 er wirt im selben ungelîche.
er waent zehant ein keiser wesen;
mit im kan niemen genesen.

Es ist so: Männer wie Frauen haben
haben fünf Dinge in ihrem Leib
und fünf außerhalb;
die muß die Seele lenken, oder
sie erzeugen große Laster bei alt
und jung. Diese fünf hat man im
Leib: Stärke, Schnelligkeit, die
Triebe, Schönheit, Geschicklichkeit.
Außerhalb des Leibes wirken fünf:
Adel, Macht, Reichtum, Name, Herrschaft.
Wer die zehn nicht mit Verstand lenken
kann, der soll nicht Mensch heißen.
Wer Stärke, Schnelligkeit und Geschicklichkeit
die Triebe, die Schönheit nicht mit Einsicht
veredeln und lenken will,
dem bringen sie viele Laster. Wer
Reichtum, Adel, Macht, Namen,
Herrschaft nicht mit der Kraft des
Verstandes lenkt, der ist, recht
betrachtet, noch roher als ein Vieh.
Besitzt einer ohne Verstand großen
Reichtum, der wird dadurch hochmütig.
Ein Tier tut das nicht.
Würde ein Pferd auch nur ein bißchen
dümmer, wenn einer es so gern hätte,
daß er ihm Zaumzeug von Gold machte?
Es würde wahrhaftig nicht dümmer, auch
wenn man es mit Gold ganz zudeckte.
Mach einen törichten Menschen reich,
der wird ein völlig anderer.
Er meint sogleich Kaiser zu sein;
neben ihm gilt keiner mehr etwas.

9698 eine] *nicht in D.* 9704 die G] den AD. geleit (G)] gelert AD. gotes] die gotz D(G). 9732 in] an D.
9733 vümfiu] funf dig D. ûzem lîp] vzers libes G. 9739 ûzem] Vzerm G. 9742 man] ein mä G.
9743 pendekeit] behendichait D. bescheidēheit G. 9744 bescheidenheit] behendicheit G. 9746 im] in in G.
9751 grôzez (G)] grozze A. gros D. 9755-56 Swer im w°rchen solde / einen zovm von rotem golde G. 9756 einn]
nicht in D. 9757 würde] enwerde D. enw°rde G. daz ist wâr] für war G. 9758 swerz] wer es D. bedahte] be-
decket D. 9759 toerschen] tůmben G.

lobe einen hunt, swie vil du wil,

daz er vâhe hasen vil,

9765 er wirt dâ von tump niht.

ob aver dir daz geschiht,

daz du lobest einn toerschen man,

der sich niht verstên kan,

der wirt dan sô noetlîch,

9770 daz er waenet niemen hân gelîch.

der hase hât grôze snelheit,

sô wizzet vür die wârheit,

daz der olbent starc ist

und ist doch senfte zàller vrist.

9775 ist aver snel ein toersche man

und starc, der niht verstên kan,

der versuocht sich zaller zît,

unz er ze jungest under lît.

der bedarf dinges vil,

9780 der sich ân durft versuochen wil.

diu tûbe ein schoener vogel ist

und ist doch senfte zaller vrist.

hât ein man ode ein wîp

vlaetigen und schoenen lîp,

9785 die vallent zehant an übermuot,

des ein vihe niht entuot.

dâ von hân ich iu geseit:

swer niht mit bescheidenheit

diu zehen dinc berihten kan,

9790 ist baz ein vihe dan ein man.

er ist wirs danne ein rint vil,

swerz nâch reht verstên wil.

ein vihe sîn untugende hât,

sone wil der tôr niht haben rât,

9795 ern habe aller vihe untugent

beidiu an alter und an jugent.

swer sîn maht niht riht mit sinne,

der hât dâ von solhe gewinne,

daz er dem wolve gelîch ist

9800 an gewalte zaller vrist.

swer sîn gelust niht rihten wil,

der volget dem vihe gar ze vil,

dem esel an der trâkeit,

dem swîne an unreinekeit;

9805 er ist an leckerheit ein hunt,

an zorn ein marder zaller stunt.

Lobe einen Hund, so viel du willst,

weil er viele Hasen fängt,

er wird dadurch nicht blöde.

Läßt du es dir aber einfallen, einen

törichten Menschen zu loben, der sich

selbst nicht richtig einschätzen kann,

der wird dann so eingebildet,

daß er meint, es gebe keinen wie ihn.

Der Hase besitzt große Schnelligkeit,

und bedenkt auch, daß das Kamel

wirklich stark ist, und

ist doch immer sanftmütig.

Ist aber ein Dummkopf, der sich

selbst nicht einschätzen kann, schnell

und stark, der beweist sich dies

immerzu, bis er schließlich unterliegt.

Der muß über viel verfügen,

der sich ohne Not beweisen will.

Die Taube ist ein schöner Vogel

und doch immer sanftmütig.

Hat aber ein Mann oder eine Frau

ein angenehmes und schönes Äußere,

verfallen sie sogleich dem Hochmut,

was ein Tier nicht tut.

Deswegen habe ich euch gesagt:

Wer nicht mit Einsicht

die zehn Dinge lenken kann,

ist mehr Tier als Mensch.

Er ist viel schlimmer als ein Rindvieh,

wenn man es genau betrachtet.

Ein Tier hat sein je eigenes Laster,

ein Tor ist nicht zufrieden, ehe er

nicht die Laster aller Tiere hat,

im Alter wie in der Jugend.

Wer seine Macht nicht mit Verstand

lenkt, dem bringt das ein, daß er

an Gewalttätigkeit immerzu

dem Wolf gleicht.

Wer seine Triebe nicht lenken kann,

der gleicht dem Vieh gar zu sehr,

dem Esel an Trägheit,

dem Schwein an Unsauberkeit;

der Gefräßigkeit nach ist er ein Hund,

dem Zorn nach immerzu ein Marder.

9765 tump] thun D. tŭmber G.   9767 toerschen] tŭmben G.   9769 dan] da von G.   9773 der] das D.
9775 toersche] torscher D. tŭmber G.   9780 durft] not G.   9781 schoener (G)] schoen A(D).   9787 hân] so han
D.   9790 ist] der ist G.   9792 swerz] wer D.   nâch] ze G.   9793 sîn] niwan sin G.   9795 aller vihe] alles vihes
G.   9797 niht riht mit] richtet ane G.   9798 solhe gewinne] solchen gewin D(G).   9800 an] an dem G.
9804 unreinekeit] der frumkait D.   9806 marder] morder DG.

VIII. Teil
Aus dem I. Kapitel

9895 Unmâze ist der nerrescheit	Maßlosigkeit ist der Vorbote
bote und der trunkenheit	der Torheit und der Kumpan
gespil unde der übermuot	der Trunksucht, und, recht betrachtet,
niftel, swer sîn war tuot.	die Nichte des Hochmuts.
unmâze ist des zornes kraft,	Maßlosigkeit ist die Kraft des Zorns,
9900 unmâze hât niht meisterschaft.	Maßlosigkeit kann sich nicht beherrschen.
unmâze ist des vrâzes munt,	Maßlosigkeit ist das Maul der Gefräßigkeit,
der erge slôz, der girde hunt,	das Schloß des Geizes, der Hund der
wan si suochet unde jaget,	Begierde, denn sie spürt auf und erjagt,
daz der girde wol behaget.	was der Begierde zusagt.
9905 wizzet vür die wârheit,	Begreift, sie ist wahrhaftig auch
si ist ouch zunge der leckerheit.	die Zunge der Völlerei.
unmâze ist des nîds vergift,	Maßlosigkeit ist das Gift des Neides,
wan daz saget uns diu schrift:	denn das sagt uns die Schrift:
swer nîdet unmaezeclîchen,	Wer maßlos neidisch ist,
9910 der toet sich selben sicherlîchen.	gibt sich selbst den Tod.
unmâze ist vorht der zageheit	Maßlosigkeit ist die Furcht der Feigheit
unde slâf der trâkeit.	und der Schlaf der Trägheit.
iuch sol niht nemen wunder:	Es braucht euch nicht zu erstaunen:
unmâze ist der unkiusche zunder.	Maßlosigkeit ist der Unkeuschheit
9915 ich wilz iu sagen kurzlîchen:	Zunder. Ich will es kurz machen:
ir sult ez wizzen sicherlîchen:	Seid dessen gewiß: Maßlosigkeit
unmâze ist der untugende schar	ist der Stachel für die ganze Schar
gart, wan si menet dar	der Laster, denn sie treibt die
unde wecket die untugende	Laster an und stört sie auf
9920 beidiu an alter und an jugende.	sowohl im Alter wie in der Jugend.
daz ist der unmâze maht,	Das ist die Macht der Maßlosigkeit,
daz si tuot über ir kraft.	daß sie über ihre Kraft strebt.
daz ist der unmâze site:	Das ist die Gewohnheit der Maßlosigkeit:
si volget der untugende mite.	daß sie mit dem Laster zusammengeht.
9925 sô ist ir gewerve daz:	Und das ist, was sie bewirkt:
unsaelikeit und gotes haz.	Unheil und Gottes Abscheu.
unmâze, diu ist âne zil,	Maßlosigkeit kennt keine Grenze,
si heizet ,ze lützel' und ,ze vil'.	sie heißt ,zu wenig' oder ,zu viel'.
der ist vervluochet und verwâzen,	Verflucht und verdammt ist, wer dem,
9930 der sîn dinc niht kan gemâzen.	was seine Sache ist, kein Maß setzen
diu mâze sol sîn an allen dingen,	kann. Maß gehört zu allen Dingen,
von der mâze mac niht misselingen.	mit Maß kann nichts fehlschlagen.
der ist gar ein unsaelec man,	Der ist ein unseliger Mensch,
der sîn gevert niht mezzen kan.	der seinem Tun kein Maß setzen kann.
9935 Wizzet, daz diu mâze ist	Bedenkt, daß das [rechte] Maß stets
des sinnes wâge zaller vrist.	die Waage des Verstandes ist.
diu rehte mâz, diu hât ir zil	Das rechte Maß hat seinen Ort

9897 gespil] Spil DG. 9898 swer] vnd D. 9912 unde] vnd auch D. vñ ein G. 9913 sol] sol des ADG. 9916 ez] *nicht in* ADG. 9918 dar] gar DG. 9923 ist] sie D. 9928 ze lützel] luczel G. 9937 diu hât] hat DG.

124 VIII. Teil

enzwischen lützel unde vil.
swer mit der mâz kan mezzen wol,
9940 der tuot ez allez, als er sol.
man sol mezzen nâch sîner kraft.
unmâze ist an übermaht.
man sol mezzen grôz und kleine,
diu rehte mâz sol sîn gemeine.
9945 verliese wir mâze, wâge, zal,
daz ist dem rehte ein michel val.
diu mâze gît uns êre und guot,
unmâze ist an übermuot.
diu mâze behalt und gît nâch reht.
9950 den herren macht unmâze kneht.
diu mâze riht bürge unde lant;
unmâze bringt schaden unde schant.
diu mâze mizzet aller slaht;
unmâze hât niht die maht,
9955 daz si mezze ihtes iht.
si ist gestraht und mizzet niht,
si ist gestraht unde gesmogen;
si ist diu senewe und der bogen
unde mac râmen niht.
9960 wizzt ir, wâ von daz geschiht?
ir geschôz ist âne veder gar,
daz geloubet wol vür wâr.
dâ von schiuzt si von dem zil
verre, swerz verstên will.
9965 si schiuzet minner ode mêr,
danne daz schuzzil ger.
swer sîn gevert niht mezzen kan,
der sol den wolf sehen an:
der vliuhet drât, jeit man in drât.
9970 an sîner vluht die mâze er hât,
daz er deheiner vluht muot
wan dar nâch, unde der jeger tuot.
er vert an sîner vluht wol,
wan er loufet niwan, sô er sol.
9975 an swiu der man maezec ist,
dâ wert er an lange vrist.
ich wil mîn bett nâch mîner lenge,
ich wil den schuoch ze wît noch zenge.
ist er enge, er dwingt den vuoz,

zwischen wenig und viel. Wer
mit diesem Maß richtig messen kann,
der tut alles, wie er es tun soll. Man soll
ausloten, was man kann. Mehr als
man kann, das ist Maßlosigkeit. Man
soll Maß halten bei großem und kleinem,
richtiges Maß soll allgemein gelten.
Verlieren wir Maß, Waage, Zahl, tut
Gerechtigkeit einen tiefen Fall.
Das Maß gibt uns Ehre und Gut,
Hochmut ist Maßlosigkeit. Das Maß
behält ein und gibt aus, wie es korrekt ist.
Den Herrn macht Maßlosigkeit zum Knecht.
Das Maß hält Burgen und Land in Ordnung;
Maßlosigkeit bringt Schaden und Schande.
Das Maß bringt alles ins Lot;
Maßlosigkeit hat nicht die Fähigkeit,
irgendetwas ins Lot zu bringen.
Sie ist gespannt, mißt aber nicht, sie
ist gespannt und zusammengeschnurrt;
sie ist Sehne und Bogen zugleich
und kann kein Ziel anpeilen.
Wißt ihr, woher das kommt?
Ihr Pfeil hat überhaupt keine Feder,
glaubt mir, es ist wahr. Wenn man
es recht bedenkt, verfehlt sie
deswegen weit ihr Ziel.
Sie schießt kürzer oder weiter,
als es das Ziel verlangt.
Wer seinem Tun kein Maß geben
kann, der soll den Wolf anschauen:
Der flüchtet schnell, wenn man ihn schnell jagt.
Bei seiner Flucht weiß er so Maß zu halten,
daß er keine andere Flucht wählt als die,
die am Tun des Jägers ausgerichtet ist.
Er macht das gut mit seiner Flucht,
denn er läuft nur so viel, wie er muß.
Der Mensch kann lange bei dem
bleiben, worin er mäßig ist. Ich will
mein Bett passend zu meiner Länge,
ich will den Schuh weder zu weit noch zu eng.
Ist er zu eng, quetscht er den Fuß,

9940 der DG] Er A. als] daz G. 9942 an] ein D. 9946 dem] an G. ein] an D. 9948 an] ain D.
9951 riht] reicht D. 9953 mizzet] nuczet D. 9958 ist] hat G. senewe] senue A. senne D. senewen G. der] den
G. 9959 mac] mag doch D(G). 9960 wizzt ir] wizzet G. 9965 minner (D)G] minne A. 9966 ger] ste G.
9970 die mâze er] er masse D. 9973 vert DG] wert A. 9974 wan ern lavfet wan so er sol A. er lauft nicht deñ als
er sol D. wan er lovft niht wan swenn er sol G. 9975 an swiu] An si wie D. 9976 wert] vert D. 9978 ich wil]
nicht in D. ze DG] nicht in A.

9980 von wîtem schuoch man strûchen muoz.
     mînen vînden ich verlâze,
     swaz in der werlde ist âne mâze.
     swaz man in der werlde tuot,
     daz mac ân mâz niht wesen guot.
9985 jâ wil ich halt sprechen mêre:
     man möhte mit der mâze lêre
     die untugent ze tugent bringen.
     swer dernâch wolde ringen,
     der möht mit der unmâze wol
9990 (des man doch niht tuon sol)
     von tugende untugent machen;
     nu vernemt, in welhen sachen:

durch weiten Schuh gerät man ins Straucheln.
Ich überlasse meinen Feinden,
was in der Welt kein Maß hat.
Was man in der Welt tut,
kann ohne Maß nicht gut werden.
Ja, ich möchte noch weitergehen:
Man könnte, unterwiesen vom Maß,
das Laster zur Tugend wandeln.
Wer es anstreben wollte, könnte
mit der Maßlosigkeit natürlich auch
(was man freilich nicht tun soll)
aus der Tugend ein Laster machen;
hört, wobei das vorkommt:

Aus dem II. Kapitel

     Zwischen zwein untugenden ist
     ein tugent zaller vrist.
9995 diumuot ist vür die wârheit
     zwischen hôhverte und bloedekeit.
     ir sult wizzen, daz diumuot
     ist ein tugende harte guot.
     swer gerne wil diumüetec sîn,
10000 dem gibe ich den rât mîn,
     daz er sich hüet vor bloedekeit;
     wan wizzet vür die wârheit:
     swelch man treit bloede*n* *m*uot,
     *der*st vor untugende*n* niht behuot.
10005 sô sol an diumuot mâze wesen,
     daz uns diu bloede lâze genesen.
     swer über mâz diumüetec ist,
     sîn diumuot wirt zuo der vrist
     untugent unde bloedekeit,
10010 daz wizzet vür die wârheit.
     seht, wie unmâze machen kan
     von tugend*e* untugende: swelich man
     sich vor unmâz niht kan bewarn,
     mac wol unsaeleclîchen varn.
10015 swer sich vor bloede hüeten wil,
     der übertrete niht daz zil
     der semfte und der diumuot,
     daz er niht valle an übermuot.
     der sol die mittern strâze varn,

Zwischen zwei Lastern
ist immer eine Tugend.
Demut ist, das ist wahr,
zwischen Hochmut und Schwäche.
Ihr müßt wissen, daß Demut
eine wunderbare Tugend ist.
Wer gern demütig sein möchte,
dem rate ich,
daß er sich vor Schwäche hüte;
denn bedenkt die Tatsache:
Wer schwach ist, ist vor Lastern
nicht geschützt. Deshalb soll in
der Demut Maß gehalten werden,
damit uns keine Schwäche ankommt.
Wer maßlos demütig ist,
dessen Demut wird alsbald
Laster und Schwäche,
das bedenkt, es ist wahr.
Seht [also], wie Maßlosigkeit aus
Tugend Laster machen kann. Wer
sich vor Maßlosigkeit nicht hüten kann,
geht einen unheilvollen Weg.
Wer sich vor Schwäche schützen will,
überschreite nicht die Grenze
der Sanftheit und der Demut,
damit er nicht in Hochmut verfalle.
Den Mittelweg soll gehen,

9980 wîtem schuoch] witen schvhen *G.*   schuoch] *nicht in D.*   9984 daz (D)G] *nicht in A.*   9985 ich] *nicht in*
G.   9998 ein] one *D.*   9999 diumüetec] demut *D.*   10003 treit] hat *D.*   bloeden muot D(G)] bloede gemvte *A.*
10004 derst (DG)] Ist *A.*   untugenden (G)] vntvgent A(D).   10005 sô] Ouch *G.*   10011 machen] *nicht in D.*
10012 tugende (DG)] tvgenden *A.*   10014 mac wol] der mag *D.* der mach wol *G.*   10016 übertrete] vber trit *D.*
10018 an] î D(G).   10019 der] Er *G.*

10020 der sich nâch rehte wil bewarn.
    Einvalt hât einhalp kündekeit
und anderhalben nerrescheit.
man sol ze rehte einvalt sîn
und hüete der nerrescheit dâ bî.
10025 swer vliehen wil die nerrescheit,
hüete sich vor boeser kündekeit.
niemen arc wesen sol.
man sol sich doch behüeten wol,
daz man niht verwerf sîn guot.
10030 der ist ein tôre, der daz tuot.
diu milte gêt die mittern strâze;
si behaltet unde gît nâch mâze.
swer den durst schiuhen wil,
der hüete, daz er niht trinke *zu* vil.
10035 swer den hunger schiuhen wolde,
d*en* vrâz er ouch vliehen solde.
swer niene wil unkiusche tragen,
der sol dar umbe niht versagen
sîner konen sînen lîp.
10040 (man mac doch mit sîn selbes wîp
wol leben unkiuschlîchen,
wil man toerschen unmaezlîchen.)
    Swer dem rehte volgen wil,
der sol niht zürnen ze vil.
10045 man muoz dicke zürnen amme geriht,
doch sol man ze harte zürnen niht,
wan man sol tuon nimêr
rihtende, dan diu schulde ger.
swer amme gerihte unmaezlîchen
10050 zürnet, er riht unredelîchen.
ân gnâde sol daz geriht
gerlîchen blîben niht.
swer genaedic sîn wil,
der vergebe doch niht ze vil.
10055 swer amme geriht wil vil vergeben,
der wil ouch boese bilde geben.
swer minnen wil die dultekeit,
der hüete sich vor zageheit,
daz er dultec sî durch got,
10060 niht durch der zageheit gebot.
swer durch got *ge*dultec ist,
der hüete sich doch zaller vrist,

wer sich richtig schützen will.
    Einfalt hat auf der einen Seite
Gerissenheit, auf der anderen Narrheit.
Man soll auf rechte Weise einfältig sein
und sich dabei vor Narrheit hüten.
Wer die Narrheit vermeiden will,
hüte sich vor arglistiger Gerissenheit.
Niemand soll geizig sein.
Jedoch soll man sich hüten,
sein Vermögen zu verschleudern.
Wer das tut, ist ein Narr.
Die Freigebigkeit geht den Mittelweg;
sie behält ein und gibt aus mit Maß.
Wer den Durst vermeiden möchte,
gebe acht, daß er nicht zu viel trinke.
Wer den Hunger vermeiden möchte,
sollte auch Gefräßigkeit scheuen. Wer
nicht Unkeuschheit treiben möchte,
soll deswegen doch nicht seiner
Ehefrau seinen Leib verweigern.
(Man kann allerdings auch mit seiner
eigenen Frau unkeusch leben, wenn
man es allzu ausgelassen treibt.)
    Wer Recht sprechen will,
soll nicht zu hart sein. Zwar
muß man bei Gericht oft hart sein,
doch soll man nicht zu hart sein,
denn als Richter soll man nie mehr
tun, als die Schuld verlangt.
Wer bei Gericht maßlos hart ist,
richtet unredlich.
Das Gericht soll nicht ganz
ohne Gnade ausgeübt werden.
Dennoch vergebe, wer gnädig
sein will, nicht zu viel.
Wer bei Gericht zu viel vergibt,
schafft schlechte Vorbilder.
Wer die Duldsamkeit liebt,
hüte sich vor Feigheit,
damit er um Gottes willen und nicht
auf Geheiß der Feigheit duldsam ist.
Wer um Gottes willen duldsam ist,
hüte sich doch stets, zu dulden,

10020 rehte] strasse D.   10021 hât] halt D.   10023 man sol] das man D(G).   sîn] sey D(G).   10026 hüete] Der hut D(G).   10030 der daz] swer daz G.   10034 zu D] *nicht in* AG.   10036 den DG] Di A.   10038 versagen] v'czagen D.   10039 konen] tohter G.   10042 so sies treiben massiclichen D. wil man tvmp sin vmezlichen G. 10046 doch] da D.   10048 rihtende] richten D.   ger] ge G.   10050 er] der D.   10055 amme] ainē D.   vil] *nicht in* D.   10061 gedultec (G)] dvltich A(D).

daz er nien dulte in sîme geriht,
daz dâ geschehe gewaltes iht,
10065 wan wizzet, daz diu gedultekeit
ist unruoche unde trâkeit.

daß dort, wo er Richter ist,
Gewalttaten ungeahndet bleiben, denn
bedenkt, daß solche Duldsamkeit
Gleichgültigkeit und Trägheit ist.

Aus dem V. Kapitel

Nu seht: swie guot ein dinc sî,
dâ sol doch mâze wesen bî.
10385 guot ist reden unde lachen,
guot ist slâfen unde wachen,
swer ir mit mâze phlegen wil
und ir dewederes tuot ze vil.
tagalten ist dicke guot,
10390 swerz niht mit unmâze tuot.
sumelîche hânt einen site
und waenent sîn volkomen dâ mite,
daz si sich vlîzent, wie si machen
die liute zannen unde lachen
10395 zallen zîten. si sint gar
in und uns unnütz vür wâr.
swenn man wol gelachet hât,
ist dâ iemen, der sich verstât,
der hât in doch vür einen tôren.
10400 ir sult wizzen, daz mîn ôren
wendent wol dicke ane ganc
von sô getânem vrosche sanc.
wes vreuwet sich der arme man,
der sich daz hât genomen an?
10405 hât er daz himelrîche gewunnen,
ode ist er dem tiuvel entrunnen,
ode waz ist dem geschehen?
ich mac des wol vür wâr gejehen,
daz er lachet, des er weinen solde,
10410 ob er sich erkennen wolde,
wan swenner klaffet über al,
sô sint bî im verirret al,
daz si mugen niht vernemen,
dâ von si guot bilde nemen.
10415 er ist des tiuvels goukelaere,
wan er macht mit sînem maere,
daz ein tôre den vîent übersiht,
wan er ist sîn gevaere niht.
....

Nun seht: Wie gut eine Sache auch ist,
sie muß doch ausgewogen sein.
Gut ist reden und lachen,
gut ist schlafen und wachen,
wenn man sie mit Maß betreibt
und keins von ihnen zu viel tut.
Scherzen ist oft gut,
wenn man es nicht übertreibt.
Einige haben die Gewohnheit und
kommen sich damit auch noch großartig
vor, sich Mühe zu geben, alle immerzu
dazu zu bringen, daß sie grinsen
und lachen. In Wahrheit sind sie sich
selbst und uns vollkommen nutzlos.
Wenn einer schallend gelacht hat,
und ein anderer sieht dafür keinen Grund,
hält er jenen doch für einen Narren.
Ihr sollt wissen, daß meine Ohren
sich oft abwenden
von derartigem Froschgesang.
Worüber freut sich der arme Tor, der
sich das zur Gewohnheit gemacht hat?
Hat er das Himmelreich erworben,
oder ist er dem Teufel entronnen,
oder was ist ihm passiert?
Ich möchte wahrhaftig sagen, daß
er belacht, worüber er weinen sollte,
wenn er sich selbst richtig erkennen würde,
denn wenn er überall sein Gewitzel
losläßt, sind durch ihn alle so gestört,
daß sie das nicht hören können,
wovon sie gute Beispiele nehmen.
Er ist des Teufels Possenreißer,
denn er bewirkt mit seinem Geschwätz,
daß ein Tor den Feind übersieht,
denn er achtet nicht genug auf ihn.
....

10064 dâ] nicht in D.   10065 wan] Vñ G.   gedultekeit (DG)] dvltichait A.   10388 dewederes] ietweders D.
10389 tagalten] Tagalt G.   10390 wer sie (ez G) mit masse tut D(G).   10391-10418 (DG)] nicht in A.
10392 waenent (G)] wollē D.   10394 die G] das die D.   10395 si G] die D.   10402 von sô getânem (G)] so geta-
nen D.   10406 er G] nicht in D.   10407 dem G] im D.   10408 des G] es D.   10410 sich G] sich recht D.
10412 sint G] sein si D.   10416 macht (G)] mache D.   10418 ist sîn gevaere (G)] wirt sein gewar D.

128 VIII. Teil

10425 Swer an sîm schilde vüeren solde
rôsen, ob er danne wolde
die bluomen gar ûz dem gevilde
ouch vüeren an dem schilde,
des diuhte mich gar ze vil.
10430 daz selbe ich iu sagen wil,
swer die sunnen vüeren solde,
ob in diuhte, daz er vüeren wolde
die sterne und dar zuo den mân
und den himel, ez waer seltsân,
10435 sîn waere halt gar ze vil.
vür wâr ich ez iu sagen will:
daz man ûzerhalben siht,
daz ist ân bezeichenunge niht,
wan ez bezeichent zaller vrist,
10440 daz ouch innerthalben ist.
ane wâfen und ane gewant
wirt daz herze dicke erkant.
ich wil iu sagen: swelich man
mit vrümekeite vüegen kan,
10445 daz man sîn baz war tuot
dan sîns gewaefens, daz ist guot.
swaz er vüeret amme schilde,
ist ot er vrum ûfme gevilde,
ich vertragez deste baz,
10450 ir sult mir wol gelouben daz.
doch sol man dar an mâze hân.
ez diuhte mich niht wol getân,
swer die meründen vüeren solde,
ob er dar umbe mâlen wolde
10455 ûf sîn gewaefen diu merwunder
und die vische gar besunder.
swer den eber vüeren sol
an sîme gewaefen, hüete wol,
daz er nin vüere ein swînhert gar,
10460 wan daz stüend übel, daz ist wâr.
swer den hunt vüeren wil,
der sol im niht enblanden vil,
daz er vüer gar ein gejeit,
dâ kêre niht an sîn arbeit.

Wenn der, der auf seinem Schild
Rosen führen sollte, außerdem noch
sämtliche Blumen des Feldes auf dem
Schild führen wollte, käme mir das
entschieden zu viel vor.
Dasselbe will ich euch sagen, wenn
es den, der die Sonne führen sollte,
gutdünkte, er solle auch noch
die Sterne und den Mond und den
Himmel führen, das wäre verrückt,
es wäre eben auch viel zu viel.
Ich sage euch: Was man außen
sieht, ist in Wahrheit
nicht ohne Zeichenhaftigkeit,
denn es deutet immer auf etwas
hin, das auch im Innern ist.
An den Waffen und am Gewand
wird oft das Herz erkannt.
Ich sage euch: Wenn ein Mann
mit Tüchtigkeit erreichen kann,
daß man mehr auf ihn achtet
als auf seine Bewaffnung, ist das gut.
Was er auch auf dem Schild führt,
ist mir um so gleichgültiger,
wenn er im Feld tüchtig ist,
das könnt ihr mir wirklich glauben.
Dennoch soll man dabei Maß halten.
Es schiene mir nicht gut, wenn
der, der Meereswellen führen soll,
deshalb auch noch auf seine Waffen
die Meerungeheuer, insbesondere
die Fische, malen wollte.
Wer den Eber auf seinen Waffen
führen soll, hüte sich davor, eine
ganze Schweineherde zu führen,
denn das sähe wahrhaftig furchtbar
aus. Wer den Hund führen will,
soll sich nicht vornehmen,
eine ganze Jagdszene zu führen,
darauf soll er keine Mühe verwenden.

10425 solde] wolde D.   10426 er danne wolde (G)] er dann fvren wolde A. der denne wolde D.   10428 (G)] Fvren avf seinem schilde A. vnd furen an seinem schilde D.   10431 sunnen (DG)] svnne A.   solde] wolde ADG.   10432 wolde] solde ADG.   10433 und dar zuo (G)] derzv vnde A(D).   10435 halt] ovch G.   10436 ez] nicht in G.   10438 daz (D)G] nicht in A.   bezeichenunge] bezaigenvnge A(D).   10439 bezeichent G] bezaiget A. bezeuget D.   10446 sîns gewaefens (G)] seiner gewaffen AD.   10448 ot] nicht in D.   10449 ich vertragez] jst er frum D.   10453 die meründen] die merbunder D. des mers w°nder G.   10455 sîn gewaefen] seinē waffē D. sinem wafen G.   10456 gar] nicht in D.   10457 sol] solde D.   10458 gewaefen] gewaffen D. wafen G.   hüete wol] hütē wolde D. der hůte wol G.   10459 vüere] vor D.   10462 vil] so vil D.   10464 kêre] kert D.

10465 swer den wolf vüeren solde,
      wie stüende daz, ob er wolde
      die wülpinne und diu wölvelîn
      gar ûf daz gewaefen sîn
      vüeren? man mag ez loben niht,
10470 swem daz ze tuon geschiht.
         Do der her Otte was ze Lamparten,
      dem nu ist misselungen harte,
      und was *ouch* ze Rôme komen,
      als ir wol habt vernomen,
10475 dô kom ich zuo den zîten dar
      und was in sînem hove, deist wâr,
      wol ahte wochen unde mêre.
      dô misseviel mir harte sêre,
      daz an sîm schilde erschinen gar
10480 drî lewen und ein halber ar.
      ez was getân unmaezlîche
      bêdenthalben sicherlîche.
      an drin lewen was ze vil.
      swer einen lewen vüeren wil,
10485 ob er sich nâch im rihten kan,
      der dunket mich ein biderbe man.
      sô sult ir wizzen ouch vür wâr:
      gebresten hât ein halber ar.
      ich wil iu dar an niht liegen,
10490 ein halber ar mac niht gevliegen.
      dâ was an lützel und an vil
      unmâze, swerz verstên wil.
      ich waen, ez bezeichen wolde,
      waz dar nâch geschehen solde.
10495 ein lewe bezeichent hôhen muot,
      drî lewen bezeichent übermuot.
      swer drîer lewen herze hât,
      volget der übermüete rât.
      swer hât eines lewen muot,
10500 mich dunket, daz er genuoc tuot.
      der ar vliuget harte sêre;
      sîn hôher vluc bezeichent êre.
      sô bezeichent ouch vür wâr
      der êre schidunge ein halber ar.
10505 nu wellent jehen sumelîche,
      daz der her Otte sî vom rîche
      gescheiden durch sîn übermuot.

Wer den Wolf führen soll,
wie sähe das aus, wenn er
auch die Wölfin und die Wolfsjungen
sämtlich auf seiner Bewaffnung führen
wollte? Man kann es nicht gutheißen,
wenn das jemandem einfällt.
   Als Kaiser Otto in der Lombardei war,
dem es nun so übel ergangen ist,
und als er auch nach Rom gekommen
war, wie ihr gewiß gehört habt,
da bin ich gleichzeitig dort gewesen
und war tatsächlich etwa acht Wochen
oder länger an seinem Hof.
Da mißfiel es mir sehr, daß auf
seinem Schild drei Löwen und ein
halber Adler zu sehen waren.
Es war offensichtlich in jeder Hinsicht
ohne rechtes Maß gemacht. Es war
zu viel, was die drei Löwen angeht.
Wenn der, der einen Löwen führen will,
sich diesen zum Vorbild nimmt, scheint
er mir ein trefflicher Mann zu sein.
Als ebenso wahr sollt ihr beachten:
Ein halber Adler ist ein Krüppel.
Ich will euch damit nichts vormachen,
ein halber Adler kann nicht fliegen.
Richtig verstanden war es Maßlosigkeit
im Kleinen wie im Großen.
Ich glaube, es sollte versinnbildlichen,
was später dann geschehen sollte.
Ein Löwe bedeutet noble Gesinnung,
drei Löwen bedeuten Überheblichkeit.
Wer das Herz dreier Löwen hat,
erliegt dem Einfluß der Überheblichkeit.
Wer das Wesen eines Löwen hat,
der tut, scheint mir, genug.
Der Adler fliegt gewaltig hoch;
sein hoher Flug bedeutet Ehre.
Entsprechend bezeichnet in Wahrheit
ein halber Adler die Zertrennung der Ehre.
Nun möchte manch einer sagen,
daß der Herr Otto seiner Überheblichkeit
wegen vom Reich getrennt sei.

10467 diu] *nicht in* D.   10468 gewaefen] gewaffen D. wafen G.   10469 man mag] mag man D.   10471 der]
nicht in G.   10473 ouch (G)] *nicht in* AD.   10475 dô] Doch D.   10478 mir] im D.   10481 ez] daz G.
10486 biderbe] salig D.   10487 ouch] wol D.   10493 bezeichen DG] bezaigen A.   10494 waz] das D.
10495 bezeichent (D)G] bezaichet A.   10496 bezeichent (D)G] bezaigent A.   10498 volget] der volget D. volget er
G.   10499 hât] volget D.   10502 seinê hohê flug bezeugt er D.   bezeichent G] bezaiget A.   10503 bezeichent G]
bezaiget A(D).

swer wil über mannes muot
mit drîer lewen herze stîgen,
10510 der muoz in kürze abe sîgen.
swie hôhe waer ein halber ar,
er müeste vallen, daz ist wâr.
daz ensprich ich dâ von niht,
daz ich in zîhe iht,
10515 daz er habe übermuot.
taete ichz, ez diuhte mich niht guot,
wan swie er halt sî gevarn,
ich wil mich doch gerne bewarn,
daz ich mich an im niht verspreche,
10520 wan dâ mit ich mich selben sweche,
ob ich ez tuon. ez engeschiht,
ob ich ez kan bewarn, niht.
daz aver ich gesprochen hân,
daz hân ich alsô getân,
10525 daz ich sprich, daz man sîn giht,
aver ich ensprichez niht.
doch mag ich daz sprechen wol,
daz ein iegelîcher merken sol
unde nemen bilde derbî,
10530 daz im alsô geschehen sî.
jâ ist in kurzer zît geschehen
an im, swerz kan ersehen,
wunderlîcher dinge vil.
sîn ist niht lanc, swers gedenken wil,
10535 bî des künec Philippes zît
wâren ins herrn Otten strît
sô mange, daz man waenen wolde,
daz erz rîche behaben solde.
dô nam zehant abe sîn maht
10540 und zuo des hern Philippen kraft,
sô daz man seite vür wâr,
er müest hân daz rîche gar.
under diu verschiet ouch er,
dô viel gar des rîches êr
10545 allen gâhs hern Otten an.
nu ist er aver gescheiden dan.
swer dinget an der werlde êre,
der wirt betrogen harte sêre.
swer an sîne maht dinget,

Wer sein Menschsein mit den
Herzen dreier Löwen überhöhen will,
der muß sehr bald zu Fall kommen.
In welcher Höhe ein halber Adler auch
wäre, wahr ist, er müßte herunterfallen.
Ich sage das nicht deshalb, weil ich ihn
irgendwie beschuldigen möchte,
er sei überheblich. Das zu tun
schiene mir nicht recht zu sein,
denn wie er sich auch verhalten hat,
will ich mich doch lieber vorsehen,
in Bezug auf ihn nicht zu viel zu sagen,
denn es fällt auf mich selbst zurück,
wenn ich das tue. Es geschieht nicht,
wenn ich es vermeiden kann.
Was ich aber [schon] gesagt habe,
habe ich in der Weise getan, daß
ich weitersage, was man so über ihn
redet, von mir aus rede ich nicht so.
Aber das kann ich doch sagen,
daß jeder bedenken und sich
ein Beispiel nehmen soll an dem,
was jenem geschehen ist.
Sind ihm doch in kurzer Zeit
für den, der genau hinschaut, viele
merkwürdige Dinge widerfahren.
Es ist nicht lange her, wie man sich
erinnert, da standen zu König Philipps
Zeit auf Seiten des Herrn Otto
so viele, daß man meinen konnte,
er würde das Reich bekommen.
Dann aber nahm seine Macht rasch ab
und Herr Philipp an Stärke zu,
so daß man tatsächlich sagte, dieser
werde das ganze Reich bekommen.
Dann aber starb der,
und die Herrscherehre landete
plötzlich ganz bei Herrn Otto.
Nun steht er wiederum ohne sie da.
Wer auf weltliche Ehre baut,
wird arg betrogen.
Wer auf seine Macht baut,

10510 kürze] kurczer zeit D. chvrzer wile G.   10511-12 Swie hohe ein halber ar were / er mûste doch vallen ze der erde G.   10514 in zîhe] enziehe D.   10516 ichz] ich D.   10518 gerne] vil gern G.   10519 niht] icht DG. 10522 ob ich ez] ich G.   10525 sprich] spreche D.   10527 daz] nicht in G.   10533 wunderlîcher] wunderliche D.   10534 lanc] nicht in D.   10535 künec] chvnges A(DG).   10536 hern (D)G] her A.   10537 mange] manger DG.   10539 zehant abe] alczehant D.   10540 zuo] nam zv A(DG).   10543 diu] des D.   10545 hern] den herren G.   Otten] nicht in G.   10546 er DG] nicht in A.

10550 vil dicke im dâ von misselinget.
swer zeinem mâl hât missevarn,
sol sich zeiner andern zît bewarn.
swer in einen stric vellet zwir,
der hât niht sin, geloubet mir.
10555 swer an got dingen wil,
dem mac dehein dinc werren vil.
swer sich diumüeteget under got,
der wirt niht schentlîch ze spot.
swer wil an sich selben dingen,
10560 dem mac lîhte misselingen.
swer got nien wil sîn undertân,
der muoz einn swachern herren hân.
swer in vürht, der vürht niht den tôt;
man sol mit im alle nôt
10565 harte wol überkomen.
ich hânz gelesen und vernomen,
daz der gar ein herre ist,
der got dienet zaller vrist.

hat damit oft kein Glück.
Wer einmal gescheitert ist, soll sich
bei der zweiten Gelegenheit vorsehen.
Wer zweimal in dieselbe Schlinge fällt,
ist nicht gescheit, glaubt mir.
Wer auf Gott baut,
den kann nichts wirklich erschüttern.
Wer sich vor Gott demütigt,
wird nicht schändlich zum Gespött.
Wer nur auf sich baut,
geht leicht in die Irre. Wer
Gott nicht untertan sein will, muß
einem schlechtern Herrn gehorchen.
Wer ihn fürchtet, fürchtet den Tod nicht;
mit ihm wird man alle Not
leicht überstehen.
Ich habe gelesen und gehört,
daß der ein wirklicher Herr ist,
der stets Gott dient.

Aus dem VI. Kapitel

Nu nemet ouch bilde dâ bî,
10570 wie unser kint gestigen sî.
dô man gewis sîn wolde,
daz er Püllen vliesen solde,
dô gab im got tiuschiu lant
dannoch derzuo in sîne hant.
10575 nu merket, wie diu wurze geslaht
in kurzer vrist von gotes kraft
sîn schüzzelinge geschozzen habe.
dâ der boum vellet abe,
der ân geslahte wurze ist,
10580 dar sol wahsen zaller vrist
diu geslahte gerte guot.
got sol untriuwe und übermuot
vellen, so er dicke hât getân.
wol dem, der im ist undertân!
10585 Ir muget ouch dâ bî bilde nemen,
ob irz gerne welt vernemen,
wie Pülle zwir zervüeret ist

Nun nehmt auch als Gleichnis, wie
unser junger Mann aufgestiegen ist.
Als man schon sicher war,
daß er Apulien verlieren würde,
gab ihm Gott die deutschen .
Lande noch dazu in die Hand.
Erkennt, wie die edle Wurzel
in kurzer Zeit durch die Kraft Gottes
ihren Schößling hervorgebracht hat.
Wo der Baum niederfällt,
der ohne edle Wurzel ist,
wird die edle gute Gerte
immer weiter wachsen. Gott
wird Untreue und Überheblichkeit
zu Fall bringen, wie er es oft getan
hat. Wohl dem, der sein Diener ist!
Ihr könnt auch darin ein Gleichnis sehen,
wenn es euch beliebt, zuzuhören, wie
Apulien zweimal in kurzer Zeit verwüstet

10550 vil] wie D. 10552 sol] der sol DG. 10553 einen stric (D)] ainem striche A. den strich G. 10554 niht sin] sein nicht D. 10556 dem DG] Im A. dehein dinc] nicht D. 10557 sich diumüeteget] sie demut D. 10558 der DG] nicht in A. schentlîch] schamlich D. 10561 sîn] wesen G. 10562 swachern (DG)] swachen A. herren] ze herrẽ D. 10566 hânz] han G. 10570 kint] chv̓nich G. sî] nicht in D. 10572 vliesen] v'leihen D. 10575 merket (DG)] merchez A. 10576 kraft] maht G. 10580 dar sol G] dar so A. der sol D. 10583 so] als D. 10585 bî] nicht in D.

durch ir untriuwe in kurzer vrist,
und enwil noch niht lân,
10590 sin erzeige, dem si undertân
solde sîn, untriuwe vil.
nu merke, swer ez merken wil,
daz ir lîht noch unsaelekeit
wirt in kurzer zît bereit.
10595 Von Kriechen mac ouch bilde nemen,
swer ir geverte wil vernemen:
si heten ander liut vür niht.
nu sint si von ir ungeschiht
vrömeden liuten wordn ze spot.
10600 alsô kan ez vüegen got.
si heten die Kerlinge vür tôren
unde müezen nu erhôren
gar ir willn und ir gebot.
daz ist komen gar von got.
10605 der keiser von Kriechen wolde,
daz man in ‚heilic' heizen solde.
nu ist der heiligen tôt in zehen
jâren siben, des mag ich jehen:
daz ist ein kleiniu heilikeit,
10610 von der man sô lützel seit,
daz si gezeichent habe, sît
der heilige Andrônjus lît
schentlîchen, swâ er sî.
man möhte nemen bilde derbî,
10615 daz er alsô wart erslagen,
daz in getorste niemen klagen.
als ich iezuo hân geschriben,
sît ist ir noch wol siben
alle erslagen unde tôt;
10620 daz ist ein jaemerlîchiu nôt.
daz man si heilege keiser nande
in ir rîche und in ir lande,
daz moht Andrônjô helfen niht,
dô man in vür einn boesewiht
10625 vuort hin und her in daz hor.
dô was der wîs man worden tôr.
dô wart der keiser ze kneht;
er het dô niht keisers reht.
dô wart der heilige ein diep;

worden ist seiner Treulosigkeit wegen
und dennoch nicht davon lassen will,
dem, dem es untertan sein sollte,
mit viel Verräterei zu begegnen.
Nun gebe acht, wer achtgeben kann,
ob ihm vielleicht nicht in Kürze
noch mehr Unheil widerfahren wird.
   Auch von den Griechen kann als Gleichnis
nehmen, wer ihr Geschick anhören will:
Sie verachteten andere Völker.
Nun sind sie ihrer Niederlagen wegen
anderen Völkern zum Gespött geworden.
So kann Gott es fügen.
Sie hielten die Franken für Toren
und müssen nun ihrem Willen
und ihrem Gebot gehorchen.
Das hat Gott so verhängt.
Der Kaiser der Griechen wollte, daß
man ihn ‚heilig' nennen sollte. Nun
sind von den Heiligen in zehn Jahren
sieben tot, da darf ich wohl sagen:
Das ist eine erbärmliche Heiligkeit,
von der man so gar nicht sagen kann,
sie habe etwas bedeutet, da
der heilige Andronius so
geschändet daliegt, wer weiß, wo.
Man könnte ein Gleichnis darin sehen,
daß er so erschlagen wurde,
daß ihn niemand zu beklagen wagte.
Wie ich soeben geschrieben habe,
sind seither noch weitere sieben
alle erschlagen und tot;
das ist ein jammervolles Elend.
Daß man sie heilige Kaiser nannte
in ihrem Reich und ihrem Land,
das konnte Andronius nicht helfen,
als man ihn wie einen Verbrecher
im Kot um und um zog.
Da war der Weise zum Toren geworden.
Da wurde der Kaiser zum Knecht;
des Kaisers Recht wurde ihm nicht zuteil.
Da wurde der Heilige zum Dieb;

10588 in kurzer] ze all' D.   10589 noch] doch D.   10590 sin erzeige] sie erzaiget D.   10592 merke] mercket
D.   10593 ir lîht noch] er leicht nach D.   10602 vnd musten en fur horen D.   10606 in heilic] jm herlich D.
10608 siben] nicht in D.   10611 gezeichent habe G] gezaichen habe A. erzeiget haben D.   10612 Andrônjus (D)]
Androni A. androni G.   10617 iezuo] yczunt D.   10618-19 si ist schuldich an ir siben / Die alle erslagen sin vñ tot
G.   10623 Daz moht androni wesē leit helfē niht G.   moht] machte D.   Andrônjô] Andronoi A. androniē D.
10624 in] nicht in G.   10625 in] durch D.   10629 ein] zu einē D(G).

10630 im was daz spil niht ze liep.
 dâ viel dô diu übermuot
 under, als si dicke tuot.

das Spiel gefiel ihm gar nicht.
Da tat der Hochmut einen tiefen
Fall, wie er es oft tut.

Aus dem VIII. Kapitel

Got hât uns einen meister geben,
der *rihten solde* unser leben,
den schelte wir zaller zît
niwan durch haz ode durch nît,
11095 daz ist der bâbest, daz geloubet,
nâch got der kristenheit houbet.
nu wizzet vür die wârheit:
der schendet hart die kristenheit,
der durch sînen übermuot
11100 sprichet, ir houbet sî niht guot.
swer ze lange zungen hât,
ich wil im geben mînen rât,
daz ers kürzen heizen sol.
ich wolt gerner sprechen wol
11105 ân zunge, danne ich mit zunge
wider got und êre runge.
der phlegt sîner zunge boeslîchen,
der sînen vater geistlîchen
übel handelt âne schulde;
11110 der verworht ouch gotes hulde.
jâ ist bî mir zehen jâr
ein man, und weiz *doch* niht vür wâr,
ob er sî übel ode guot,
und spriche dan dur*ch* übermuot,
11115 daz der bâbest sî ein übel man.
seht, wie ich mich bewarn kan:
er tuot übel, swer ez tuot,
des offen ich im wol mînen muot.
der in nie gesach, sprichet über a*l*,
11120 daz im der bâbst niht wol gevall,
und waent dar umbe tiwerre sîn.
dâ ist sîn nerrescheit schîn.
er sprichet lîht: „eist mir geseit.
jâ ist sîn dinc wol ûz gebreit."

Gott hat uns einen Meister gegeben
der unser Leben leiten soll,
den beschimpfen wir immerzu
nur aus Haß oder aus Neid,
das ist der Papst, glaubt mir, nach
Gott das Haupt der Christenheit.
Nun merkt euch: Der erniedrigt in
Wahrheit die [ganze] Christenheit
tief, der aus Überheblichkeit
spricht, ihr Haupt sei schlecht.
Wessen Zunge zu lang ist,
dem will ich den Rat geben,
daß er sie kürzen lassen soll.
Ich würde lieber ohne Zunge
sprechen, als daß ich mit Zunge
gegen Gott und Ehre eiferte.
Der gibt schlecht acht auf seine Zunge,
der seinen geistlichen Vater
ohne Grund schlecht macht; er
verwirkt auch Gottes Wohlwollen. In
meiner Umgebung kann sich einer zehn
Jahre lang aufhalten und ich weiß wahrhaftig
dennoch nicht, ob er gut oder böse ist,
sage aber aus Überheblichkeit,
der Papst sei ein schlechter Mensch.
Seht, wie ich mich hüten kann:
Er versündigt sich, wer so etwas tut,
ich sage es ihm ganz offen.
Wer ihn nie gesehen hat, sagt überall,
der Papst gefalle ihm nicht gut, und
meint, dadurch etwas Besseres zu sein.
Es kommt nur seine Narrheit zum Vorschein.
Vielleicht sagt er: „Man hat es mir gesagt.
Was ihn betrifft, ist ja allgemein bekannt."

10630 spil] wechsel G. 10631 diu] der D. 10632 si] er D. 11092 rihten solde (G)] vns solde rihten A. richtẽ sol D. 11094 niwan G] Ode A. mit D. ode] vñ DG. 11095 daz geloubet] des glaubet D. 11098 der] er D. 11101 zungen] zunge D(G). 11102 ich wil im] dem wil ich G. 11103 kürzen heizen] kurczer machen D. 11104 gerner] gerne D. gernern G. 11105 ich] *nicht in* D. 11106 êre] wid' meī er D. wider ere G. 11107 der phlegt] Er pfligt DG. 11110 ouch] *nicht in* D. 11112 doch DG] *nicht in* A. 11114 und spriche] sprich ich D. durch D] dvrh meinen A(G). 11115 daz] *nicht in* D. sî] ist D. 11117-18 Des offen ich in meinẽ mut / das er daran vil vbel tut D. 11119 sprichet] der sp'ht D. über al] vber alle A. mit schalle DG. 11120 niht wol] vbel DG. 11121 dar umbe tiwerre] da von getivret G. 11122 ist] wirt DG. nerrescheit] thumheit D. tvmpheit an G.

11125 sô ist der lîhte ein lügenaere,
der im geseit hât solhiu maere.
man sol niht sagen vür wâr,
man enhabez wol ervarn gar.
sô sprichet er lîhte: „ich hânz gesehen."
11130 sô getar ich wol gejehen,
daz man harte vil gesiht
und kanz erkennen dannoch niht.
der waent lîht, daz er übel tuo,
und kunde er wol sehen derzuo,
11135 daz ez in diuhte getân baz,
ir sult mir wol gelouben daz.
ich wil den gelouben hân,
swaz von im wirt getân,
daz er waenet tuon reht unde wol.
11140 niemen daz gelouben sol,
daz er mit sînen witzen tuo,
daz er dem tiuvel kome zuo,
wan er uns von im nemen sol,
wil er reht tuon unde wol.
11145 er hât wol sinnes sô vil,
daz in niht bringet sîn will
dâ hin, dâ er sî verlorn;
er hât einn bezzern sin erkorn.
    Nu lât, daz er tuo etwaz,
11150 dâ er möhte getuon baz,
sô triuget er sich lîhte dran;
er ist niht got, er ist ein man.
ich wil iu dar an niht liegen,
sîn wân möht in ouch betriegen.
11155 tuot aver erz ân boesen list,
sô wizzt, daz er min schuldec ist.
des enwell wir aver niht,
wan swie ez im ze tuon geschiht,
wir wellen, daz er zaller vrist
11160 habe gekêrt dran boesen list.
nu lât, daz er halt rehte tuo –,
wir kêren boese rede derzuo.
    Er het sîn prediger gesant
durch daz vil heilige lant,
11165 dâ Krist was lebendic unde tôt
und dâ er leit grôze nôt
durch uns alle. unser sin

Nun ist der, der ihm solche Geschichten
erzählt hat, vielleicht ein Lügner.
Man soll nichts als wahr weitergeben,
wenn man es nicht ganz sicher weiß.
Vielleicht sagt er auch: „Ich habe es gesehen."
Dazu darf ich nun doch sagen,
daß man vieles sieht und es doch
nicht richtig durchschauen kann.
Er meint vielleicht [nur], jener tue Böses,
und wenn er genauer hinsehen könnte,
käme es ihm besser vor,
das könnt ihr mir wirklich glauben.
Ich werde immer der Überzeugung sein,
daß er, was immer er tut, korrekt
und gut zu machen glaubt.
Niemand kann annehmen, daß
er wissentlich darauf hinarbeite,
an den Teufel zu geraten, denn
er soll uns doch von ihm befreien,
indem er korrekt und gut handelt.
Er hat doch wohl so viel Verstand,
daß er sich nicht absichtlich dorthin
bringt, wo er verloren wäre;
er hat Besseres im Sinn.
    Nun setzt den Fall, er tue etwas,
wo er es besser machen könnte,
dann täuscht er sich vielleicht;
er ist nicht Gott, er ist ein Mensch.
Ich will euch hier nichts vormachen,
sein Irrtum könnte auch ihn täuschen.
Wenn er es aber ohne böse Absicht tut,
dann müßt ihr einsehen, daß er weniger
schuldig ist. Das wollen wir aber nicht,
denn wir wollen, daß er,
was immer er tut, alles
stets in böser Absicht getan hat.
Nun setzt den Fall, er handelt korrekt –,
wir begleiten es mit übler Nachrede.
    Er hatte seine Prediger ausgesendet
um des heiligen Landes willen,
wo Christus gelebt hat und gestorben ist
und wo er um unser aller willen die große
Marter erlitten hat. Unser Verstand

riet uns, er taetez durch gewin
dâ von, daz er geschaffen heit
11170 durch der armen gewarheit,
daz man einen stoc setzen solde
in die kirchen, swer danne wolde
helfen zer vart, daz erz dar leit.
wan wizzet vür die wârheit:
11175 man möht der helfer mêr ervarn
dan der, die selbe wolden varn.
seht, daz tet er gar durch guot.
dô riet uns unser toerscher muot,
daz erz taete durch gewin.
11180 daz dûhte uns ein grôzer sin,
daz wirs gedâhten. daz ist wâr,
ez dûhte mich ein unsin gar,
wan ich bin dâ gewesen,
da ich hôrt offenlîchen lesen
11185 sînen brief, daz er wolde,
daz manz guot behalten solde
dâ, dâ manz gesamnet heit,
unz manz in gotes dienst leit.
des bâbstes bote den brief las,
11190 dâ manic biderbe man was.
    Nu wie hât sich der guote kneht
an im gehandelt âne reht,
der dâ sprach durch sînn hôhen muot,
daz der bâbest wolt mit tiuschem guot
11195 vüllen sîn welhischez schrîn?
hiet er gehabt den rât mîn,
er hiet daz wort gespochen niht,
dâ mit er hât gemacht enwiht
manige sîne rede guot,
11200 daz man ir minner war tuot.
    Die herren und die tihtaere
unde ouch die predigaere
suln sprechen mit grôzer huot.
swenn ein herre iht redet ode tuot,
11205 *ern sol niht sô harte gâhen,*
ern merke ê, wie manz müge vervâhen.
der predigaer sol rinclîchen
sprechen und bediuteclîchen,
daz man sîn rede müg niht verkêren

argwöhnte, er habe es aus Geldgier
getan, weil er aus Rücksicht auf die
Armen veranlaßt hat, daß man
einen Opferstock in den Kirchen
aufstellen sollte, damit, wer den Kreuzzug
unterstützen wollte, es dort hineinlege.
Denn bedenkt: Tatsache ist, daß man
mehr Unterstützer finden kann als
solche, die selbst aufbrechen wollen.
Seht, das tat er also aus gutem Grund.
Aber unser kleiner Verstand argwöhnte,
er habe es aus Geldgier getan.
Es kam uns richtig scharfsinnig vor,
daß wir so dachten. Mir aber kam
es wahrhaftig wie der pure Unsinn
vor, denn ich bin dort gewesen,
wo ich seinen Brief habe öffentlich
vorlesen hören, daß er wollte, daß man
das Geld dort aufbewahren sollte,
wo man es gesammelt hatte, bis man
es dem Dienst Gottes zuleiten würde.
Der Bote des Papstes verlas den Brief
in Anwesenheit vieler vortrefflicher Leute.
Wie also hat sich jener wackre Mann ohne
Grund ihm gegenüber verhalten, der aus
seiner hochfahrenden Gesinnung heraus sprach,
der Papst wolle mit deutschem Geld
seine italienische Truhe füllen?
Hätte er meinen Rat eingeholt,
hätte er das Wort nicht gesprochen,
mit dem er manche seiner guten
Sprüche entwertet hat,
so daß man sie weniger beachtet.
    Die Herren und die Dichter
und auch die Prediger sollen mit
großer Behutsamkeit sprechen.
Wenn ein Herr redet oder handelt, soll
er nicht so sehr eilen, sondern zuvor
überlegen, wie man es aufnehmen wird.
Der Prediger soll einfach
und verständlich sprechen, damit
man seine Worte nicht verdrehen kann

11168 ez] *nicht in* D.   11169 heit] het ADG.   11170 gewarheit] warhait vñ ir pet D. frvmē vñ bet G.   11173 vart] verte ADG.   erz dar] es dar D. erz d'in G.   11178 toerscher] tumēr D(G).   11179 erz] er D.   11180 grôzer] gancz' D.   11182 ez] das D.   11184 da] das D.   11185 sînen brief] Sein brieffe D.   11187-88 Da (Da da G) es gesamet wurde / vncz man (manz G) in gottes dienst wurde (furde G) D(G).   11187 heit] hiet A.   11192 im] in D.   11193 sprach] spricht G.   11194 daz] *nicht in* D.   11195 sîn welhischez] seinē welschen D(G).   11200 minner] minne A. nymēr D(G).   11201-11238 (DG)] *nicht in* A.   11201 tihtaere] rittere D. richtere G.   11203 suln (D)] Jr sult G.   11204 ein G] ir D.

11210 *(der übele geist phligt des ze lêren)*
und daz man in müge vernemen.
dem tihter mac ouch niht wol zemen,
wil er sîn ein lügenaere,
wan beide er und der predigaere
11215 *suln staeten die wârheit.*
ein man, der möht der kristenheit
mit einem worte mêr zunstaten kumen,
dan er ir müge hin vür gevrumen.
ich waen, daz allez sîn gesanc,
11220 *beide kurz unde lanc,*
sî got niht sô wol gevallen,
sô im daz ein muoz missevallen,
wan er hât tûsent man betoeret,
daz si habent überhoeret
11225 *gotes und des bâbstes gebot.*
uns koment boten unde bot
beide von himel und von der helle.
swar man nu varn welle,
dâ enphaehet man uns wol
11230 *dar nâch, als man tuon sol.*
nu sage mir, lieber vriunt mîn,
trouwestu imer mit al dem dîn
bî allem dînem leben
sô vil almuosens gegeben,
11235 *sô du hâst verirrt in kurzer zît*
in der werlde harte wît?
kanstu dich verstên, nâch mînem wân,
du muost sîn grôze schame hân.
zwâr ez ist mir leit umb in,
11240 *er hât erzeigt zuht unde sin*
an maniger sîner rede guot.
dâ von ez mir noch wirser tuot,
wan missesprichet ein man,
der sich niht verstên kan,
11245 *man aht drûf lützel ode niht.*
anders dem wîsen man geschiht,
wan swaz er spricht, des nimt man war.
dâ von sol er sich hüeten gar,
daz man niht spreche, daz er ist
11250 *worden tobende zuo der vrist.*
　　Nu lât, daz man nien spreche daz,
und daz sîn rede gevalle baz,

(der böse Geist lehrt das gern)
und damit man ihn verstehen kann.
Und auch für den Dichter gehört es sich
nicht, als Lügner daherzukommen,
denn beide, er und der Prediger,
sollen die Wahrheit festigen.
Ein Mann könnte mit einem Wort der
Christenheit mehr Schaden zufügen,
als er ihr weiterhin nutzen könnte.
Ich meine, daß alle seine Lieder,
die kurzen wie die langen,
Gott nicht im gleichen Maße zusagen,
wie ihm das eine mißfallen muß, denn
er hat tausend Menschen dazu verführt,
daß sie Gottes und des
Papstes Gebot überhört haben.
Zu uns kommen Boten und Botschaften
sowohl vom Himmel wie von der Hölle.
Wohin man sich nun wendet,
da empfängt man uns so,
wie es dem entspricht.
Nun sage mir, mein lieber Freund,
traust du dir zu, mit allem, was du
hast, Zeit deines Lebens
so viel Almosen zu geben,
wie du auf die Schnelle weit in
der Welt herum verhindert hast?
Wenn du das einsiehst, muß du dich,
meines Erachtens, gewaltig schämen.
Zwar tut es mir leid um ihn,
er hat in manchem seiner guten Sprüche
gute Erziehung und Verstand gezeigt.
Deshalb schmerzt es mich noch mehr,
denn wenn einer dumm daherredet,
der von nichts eine Ahnung hat,
achtet man wenig oder gar nicht darauf.
Anders verhält es sich mit dem Weisen,
denn was der spricht, wird gehört.
Deshalb soll er sich wohl in Acht nehmen,
daß man nicht von ihm sage,
jetzt habe er den Verstand verloren.
　　Nun setzt den Fall, man sagt so etwas
nicht, und seine Worte kommen besser

11212 tihter] richt' *D(G).*　wol *G*] *nicht in D.*　11214 der *G*] ein *D.*　11215 staeten *(G)*] bestatten *D.*
11216 der möht] mag *D.* d' macht *G.*　11217 zunstaten *(G)*] ze statē *D.*　11220 *(G)*] es sei kurcz oder lang *D.*
11221 sî *(G)*] Mug *D.*　11226 uns *(G)*] vnd *D.*　11228 varn *G*] vallen *D.*　11232 imer *(G)*] *nicht in D.*
11235 du hâst *(G)*] hastu *D.*　verirrt *(G)*] vereret *D.*　11236 harte *G*] vil *D.*　11237 *(G)*] Kundest du dich nach
mein' red v'stan *D.*　11242 noch] *nicht in D.*　11249 niht *(D)*] nin *A.* iht *G.*　daz er] secht d' *D.*　11250 zuo
der] in kurczer *D.*　11251 nien] iht *DG.*　11252 daz] *nicht in G.*

danne ich hie gesprochen hân,
sô mag er niht ân vorht bestân,
11255 daz er boese bilde gît,
wan man geloubet zaller zît
daz boese schierre dan daz guot.
doch ist unsaelec, swer daz tuot.
man wendt daz guot lîht zaller vrist
11260 mit kleinem sinne und kleinem list.
daz übel wendt man niht sô drât
dâ von, daz manz ungerne lât.
daz man ungern tuot zaller vrist,
daz wendet man mit lîhtem list.
11265 wizzet, daz ein toerscher man,
der niht guotes râten kan,
gît er einen boesen rât,
man volget im des alsô drât.
Dâ von ist ketzer alsô vil.
11270 ich sagez, swerz vernemen wil:
sine râtent weder vrum noch guot,
niwan daz man gerne tuot.
der ketzer spricht zem wuocheraere:
„der phaffen rede sî dir unmaere.
11275 tuostu zeinem mâle sunde,
sô tuos als mêre zaller stunde.
du büezest alsô lîhte zehen
als eine." dâ sult ir sehen
an sîner rede grôz nerrescheit:
11280 tuot mir mîn kneht leit
zeinem mâle, ich vertragez baz,
dan ob erz mêr taet, wizzet daz.
er gewinnt ouch baz mîn hulde
von kleiner dan von grôzer schulde.
11285 swaz unrehts dehein man tuot,
daz dunket den ketzer harte guot
und kumt im mit der rede zuo,
daz er aver wirser tuo,
wan erz vür in büezen sol.
11290 dâ mit brichet er abe wol
den tôren ir sêle und ir guot.
ir sult ez wizzen, daz erz tuot.
    Ir sult wizzen sicherlîchen,
daz der lebet ketzerlîchen,

an, als ich hier gesagt habe, so
kann er nicht ohne die Furcht sein,
daß er schlechte Beispiele gibt,
denn man glaubt allemal
das Schlechte leichter als das Gute.
Doch wer das tut, ist böse.
Mit spitzfindiger Schlauheit entzieht
man sich dem Guten immer leicht.
Dem Bösen entzieht man sich deshalb nicht
so rasch, weil man ungern von ihm abläßt.
Was man ungern tut, dem entzieht
man sich stets mit flinker Schlauheit.
Merkt euch, daß, wenn ein törichter
Mensch, der nichts Gutes raten kann,
einen schlechten Ratschlag gibt,
man ihm ebenso rasch folgt.
    Deshalb gibt es so viele Ketzer.
Ich sage es jedem, der es hören will:
Sie lehren weder Nützliches noch Gutes,
nur das, was man gern befolgt.
Der Ketzer sagt zum Wucherer:
„Gib nichts auf die Worte der Geistlichen.
Begehst du einmal eine Sünde,
tu es ruhig immer öfter.
Du büßt ebenso leicht zehn
wie eine." Am Folgenden könnt ihr den
großen Unsinn seiner Worte erkennen:
Macht mir mein Knecht einmal Ärger,
ertrage ich das viel leichter, als wenn er
es mehrmals tut, merkt euch das. Er erhält
auch leichter meine Vergebung für ein
kleines als für ein großes Vergehen.
Was an Unrecht einer tut,
findet der Ketzer sehr gut und er
bestärkt ihn mit seinen Worten, damit
jener es wieder und noch schlimmer tue,
denn jener soll mehr büßen als er [?].
Damit bringt er die Toren
um Seele und Habe. Ihr müßt
wissen, daß er das wirklich tut.
Ihr könnt auch dessen sicher sein,
daß der in Ketzers Weise lebt,

11254 sô mag er] er mag doch D.   11255 boese] so poses D.   11257 boese] bosen G.   11258 doch] er D.   swer]
der D.   11259 lîht] nicht in D.   11260 und] mit D.   11262 lât (DG)] hat A.   11264 man mit lîhtem] ein vil
leichter D.   11265 toerscher] tumber D.   11266 râten] erraten D.   11267 gît er] Ob der gibt D.   11272 niwan]
niemant D.   11278 dâ] das D. dar G.   11279 nerrescheit] tumbhait D. törheit G.   11282 mêr] ofte D.
11283 ouch] nicht in D.   11285 wa kain man vnrechte tut D.   unrehts] vnrecht G.   11287 im] dem G.
11292 ir] vnd D.   11293-11298 (DG)] nicht in A.   11293 Ir G] Vnd D.   11294 der G] er D.

11295 der dâ wert mit widerstrît
sîne bôsheit zaller zît,
und den allez daz dunket guot,
daz er aller gernest tuot.
der ketzer hân ich wol gesehen
11300 tûsent und mac vür wâr gejehen,
daz ich zuo deheiner stunde
deheinn sach, der nâch rehte kunde
antwürten ode sprechen.
ein phaffe sol sich niht swechen
11305 dâ mit, daz er strît mit in;
si sint âne lêre und âne sin.
si râtent iegelîchem daz,
daz in dunkt, daz im tuo baz.
dâ von varnt vil nâch in
11310 mit untugent und mit unsin.
swer zuntugenden ist bereit,
man ziuht in dar ân arbeit.
alsam sprich ich: ein ieglîch man,
der dâ kan und niht enkan,
11315 mac vil lîhte geben den rât,
daz man die gotes vart lât
über mer, wan swer dar wil
varn, ez muoz in kosten vil.
wesse wir dâ iht gewinnes,
11320 der bedorft wol grôzes sinnes,
der uns daz erwern wolde,
daz man dar niht varn solde.
man mag uns ouch daz râten wol,
daz man dar zuo niht helfen sol.
11325 diu stiure ist uns vil unmaere,
dâ von der biutel wirt laere.
solt ein phenning zehen bringen,
man saehe einn vür den andern dringen
mit ir bîgürteln alle dar;
11330 si würden ûz geschüttet gar.
seht, von sô getânen sachen
ist undurft, daz wir machen
liet, dâ mit man wenden wil,
daz man niht diene got ze vil,
11335 wan ân unserm getiht
dient man got lützel ode niht.

der im Ungehorsam stets
seiner Schlechtigkeit nachgibt,
und der alles das, was er am
liebsten tut, auch gut findet.
Tausende Ketzer habe ich
gesehen und kann wahrhaftig sagen,
daß ich niemals einen getroffen
habe, der etwas Zutreffendes
antworten oder sagen konnte.
Kein Geistlicher soll es sich
zumuten, mit ihnen zu streiten;
sie sind unbelehrbar und ohne Vernunft.
Sie empfehlen jedem das, wovon
dieser glaubt, es sei besser für ihn.
Deshalb ahmen viele sie an
Laster und Unvernunft nach.
Wer für die Laster bereit ist,
den verführt man ohne Mühe.
Und so sage ich: Jeder Mann, er mag
[zum Kreuzzug?] imstande sein oder
nicht, kann es leicht erreichen, daß
man die Gottesfahrt über das Meer
unterläßt, denn wer dorthin fahren will,
muß es sich viel kosten lassen.
Wüßten wir da etwas zu holen,
müßte der seinen Verstand mächtig
anstrengen, der uns davon abhalten
wollte, dorthin zu fahren. Man
kann uns auch leicht dazu bringen,
keine [finanzielle] Hilfe zu leisten.
Die Unterstützung ist uns arg zuwider,
durch die der Beutel leer wird. Wenn
ein Pfennig zehn hecken würde,
sähe man einen vor dem andern sich
herandrängen mit ihren Geldkatzen;
die würden restlos ausgeschüttet.
Seht, bei dieser Lage der Dinge besteht
keine Notwendigkeit, Lieder zu machen,
mit denen man erreichen will,
daß man Gott nicht zu viel dient,
denn auch ohne unser Gedicht
dient man Gott wenig oder gar nicht.

11295 wert G] wirt D.   11300 vür wâr (G)] niht fvr war A. doch nit D.   11302-3 den vande d' sprechē kunde / mit antworte od' mit sprechē D.   11305 Das er icht streitte mit in D(G).   11307 iegelîchem] iglichen D.   11308 in] sie D.   11309 varnt vil] vert ir vil D.   11310 mit ... mit] durch ... durch D.   11312 in] nicht in D. 11313 alsam] Da von G.   sprich] sprach D.   ieglîch] torsch G.   11314 der niht oder lutzel d' wisheit chan G.   dâ] nicht in D.   11318 varn] nicht in DG.   ez] daz G.   vil] harte vil G.   11321 erwern] erwerben D. 11329 bîgürteln (G)] beigvrtel A(D).   11333 liet] liecht D.   11334 damit man got nit dienet vil D.   ze G] nicht in AD.   11335 getiht] gerith G.

ân unser reizunge ist ez wâr,
daz man got nien vürhtet gar,
sô man in von rehte vürhten solde,
11340 swer nâch rehte leben wolde.
welle wir danne dar zuo
reizen, daz man übel tuo,
sît manz doch gerne tuot,
wir haben einn seltsaenen muot
11345 und werven dâ mit gotes haz,
ir sult mir wol gelouben daz.

Auch ohne unser Aufhetzen ist es wahr,
daß man Gott durchaus nicht so fürchtet,
wie ihn der zu Recht fürchten sollte,
der auf rechte Weise leben wollte.
Wenn wir also dazu aufhetzen,
daß man Böses tut,
da man es doch [sowieso] gern tut,
sind wir nicht recht bei Verstand
und verdienen damit Gottes Zorn,
das könnt ihr mir wirklich glauben.

IX. Kapitel

Vernim mir, tiuschiu rîterschaft:
ich weiz wol, daz dîn kraft
und dîn lop ist gebreitet wît,
11350 wan du bist zaller zît
diu tiurest rîterschaft gewesen,
von der wir an den buochen lesen.
nune schiuhe niht die arbeit
und erzeige dîne vrümekeit,
11355 wan man uns gewalt tuot.
die heiden mit übermuot
habent unser lant besezzen.
gotes grap sol man niht vergezzen,
daz hânt si uns vor mit kraft.
11360 nurâ, edele rîterschaft,
jâ sol dîn rîterlîcher muot
vertragen niht ir übermuot.
swerz mit sinne kan ersehen:
wie möht der kristenheit geschehen
11365 groezer laster dan dar an,
daz in daz lant ist undertân,
dâ daz heilige grap ist,
dâ unser herr lac inne, Krist?
si habent uns geschendet hart.
11370 ir unmâze und ir hôhvart
ist gestigen wider got.
nu ist sîn wille und sîn gebot,
daz manz in niht vertragen sol.
uns sol daz reht des manen wol,
11375 daz uns ir unreht missevalle
und ir geuden und ir schallen.

Höre mich an, deutsche Ritterschaft:
Ich weiß sehr wohl, daß deine Macht
und dein Ruhm weithin bekannt ist,
denn du bist immer
die erlesenste Ritterschaft gewesen,
von der wir in den Büchern lesen.
Nun scheue die Mühe nicht
und zeige deine Tüchtigkeit,
denn wir erleiden Gewalt.
Die Heiden haben frevelnd
unser Land erobert.
Gottes Grab soll man nicht vergessen,
das enthalten sie uns gewaltsam vor.
Nun denn, edle Ritterschaft,
dein Rittersinn kann doch
ihren Frevel nicht hinnehmen.
Wenn man es recht bedenkt: Wie
könnte der Christenheit eine größere
Schande angetan werden als damit,
daß jene das Land beherrschen,
wo das Heilige Grab ist, in dem
unser Herr, Jesus Christus, gelegen hat?
Sie haben uns zutiefst erniedrigt.
Ihre Maßlosigkeit und ihr Hochmut
ist gegen Gott aufgestanden. Sein
Wille und sein Gebot ist aber, daß man
es ihnen nicht durchgehen lassen soll.
Das Recht soll uns ermahnen,
daß uns ihr Unrecht beleidigt und
ihr Prahlen und Triumpfgeschrei.

11337 reizunge] raittunge D.   11338 vürhtet] fůrhte G.   11339 sô] Als D.   11344 wir haben einn] das ist ain
D.   11345 und] wir D.   11347 mir] mich D.   11351 rîterschaft] maisterschaft D.   11352 der] dē D.
11353 nune (D)] Nv A. Dvne G.   11358 sol man] sult ir D.   11359 kraft (DG)] ir chraft A.   11360 nurâ] nu dar
D.   11368 lac inne (G)] inne lach A(D).   Krist] ihu' crist D.   11374 uns] vnd D.   11376 und ir schallen] vnd ir
schalle A(G). mit schalle D.

swer kristen heizet ode ist,
der sol erzeigen, daz im Krist
liep sî und sîn selbes êre,
11380 den si hânt genidert sêre.
im und uns ist genomen
sîn lant, wan ir habt vernomen,
waz wunders er dâ begie,
dô er ûf der erde gie.
11385 er het im daz lant erkorn,
wan er wart dâ geborn
und gemartert unde getôt.
er leit durch uns dâ grôze nôt.
solten danne âne strît
11390 daz lant lân, die sô wît
ir namen und ir prîs hânt gepreit,
ir lop und ir werdekeit?
man sol dâ niht verzagen,
dâ man daz lop mac bejagen,
11395 daz nimmer sol haben ende.
daz wizzet âne missewende:
swaz lobes man hie bejagen mac,
daz wert niht vür den suontac.
aver enez wert immer mêre.
11400 daz ist tugent unde êre,
swer daz lop bejagen kan,
dâ von er hie ein biderbe man
schînt und dient doch gote wol;
wizzet, daz er saelic werden sol.
11405 swer daz lop erwerven wil,
der sol niht ervürhten vil
die verlust, wan daz ist wâr:
swer die verlust vürhtet gar,
der enmac ze deheiner zît
11410 prîs bejagen imme strît.
ez ist doch âne durft gar,
daz wirz ervürhten, deist wâr,
wan wir enmugen dâ niht verliesen,
swerz nâch rehte wil erkiesen.
11415 verliese wir ein ros dâ,
got gît uns hundert anderswâ.
verliese wir dâ unser guot,
got ist sô rîch wol, daz er tuot,
daz wir gewinnen michels mêre
11420 beidiu rîchtuom unde êre.
verliust man sînen lîp dâ,

Wer sich Christ nennt oder ist,
soll beweisen, daß ihm Christus,
dem sie Schmach angetan haben,
und seine eigene Ehre teuer sind.
Ihm und uns ist sein Land genommen
worden, denn ihr habt gehört,
welche Wunder er dort gewirkt hat,
als er auf Erden wandelte.
Er hatte sich dies Land auserwählt,
denn dort wurde er geboren
und gemartert und getötet.
Für uns litt er dort die große Pein.
Könnten dann die kampflos
das Land aufgeben, die ihren Namen
und ihren Ruf so weit verbreitet haben,
ihren Ruhm und ihr Ansehen?
Man soll doch nicht dort klein beigeben,
wo man den Ruhm erwerben kann,
der niemals vergehen wird. Denn
das dürft ihr als unumstößlich ansehen:
Was man an Ruhm hier erwerben kann,
reicht nicht über den Jüngsten Tag hinaus.
Aber jener währt immer und ewig.
Das ist [wahre] Tugend und Ehre,
wenn einer diesen Ruhm erringen kann,
durch den er hier als trefflicher Mann
erscheint und dabei doch Gott redlich dient;
begreift, daß der glückselig werden wird.
Wer diesen Ruhm erwerben will,
der soll keinen Verlust
fürchten, denn das ist wahr:
Wer Verlust sehr fürchtet,
der kann niemals
im Kampf Ruhm erringen. Es
besteht auch wahrhaftig gar kein
Grund, daß wir ihn fürchten,
denn wenn man es recht betrachtet,
können wir da gar nichts verlieren.
Verlieren wir dort ein Pferd,
gibt uns Gott anderswo hundert.
Verlieren wir dort unser Vermögen,
ist Gott doch wohl so mächtig, es
einzurichten, daß wir viel mehr an
Reichtum und Ansehen gewinnen.
Verliert man dort sein Leben,

11378 erzeigen] vns zaigē D(G).   11384 do er was auf der erde hie D.   11387 unde getôt] vncz an den tot D.
11389 solten] Sol dem D. Soltē wir G.   11398 niht vür] nit vncz fur D.   11399 enez] iens D. ez G.   wert] wer
D.   11400 daz (D)G] Da A.   11408 swer] wie D.   11413 enmugen dâ (G)] mvgen da A. mugē D.   11421 man]
ein man G.

got behaltet anderswâ
lîp unde sêle êweclîche
vür wâr: in sînes vater rîche.
11425 dâ mac man mit gewarheit
erzeigen sîne vrümkeit,
dâ man mac gewinnen vil
und verliesen niht, derz tuon wil.
wer möht mir danne gesagen,
11430 war umbe man dem solt versagen
helfe und dienst, der zaller zît
uns hilfet und uns mêre gît,
dan wir mugen durch in verliesen,
swerz nâch rehte wil erkiesen?
11435 Hie sult ir ouch daz vernemen:
swer unserm herren wolde nemen
sîn lant, wir wâgten unsern lîp,
unser guot, kint unde wîp,
und wertenz nâch unser kraft,
11440 und wellen dâ sîn zagehaft,
dâ wir lîp unde guot
behalten, swer sîn war tuot?
ein lantherre hietz vür übel gar,
daz geloubet wol vür wâr,
11445 swer im der sînn niht helfen wolde,
ob er sîn lant verliesen solde.
im würde halt an in sô zorn,
und ob sîn lant nien würde verlorn,
daz er in dâ niht lieze belîben;
11450 er solt in ûz dem lande vertrîben.
hie bî sô nemet bilde wol,
waz uns danne got tuon sol,
der uns selbe geschaffen hât
und hât uns geben sin unde rât,
11455 guot, êre, sêle unde lîp,
liut, eigen, kint unde wîp
und allez, daz man haben mac.
waz sprichet er an dem suontac
den, die im niht dienen wolden,
11460 dô siz von rehte tuon solden?
wir solden gedenkn an sînen tôt
und an die marter und die nôt,
die er durch uns lîden wolde.
dar nâch uns niht unbillîch solde

beherbergt Gott wahrlich anderswo
Leib und Seele für ewige Zeit:
im Reich seines Vaters.
Völlig gesichert also kann man dort
seine Tüchtigkeit beweisen, wo man
viel gewinnen und nichts verlieren
kann, wenn man es unternimmt.
Wer könnte mir denn begründen,
warum man dem Hilfe und Dienst
verweigern soll, der uns immerfort hilft
und uns, wenn man es recht
betrachtet, mehr gibt, als wir um
seinetwillen verlieren können?
Auch dies sollt ihr anhören: Wollte
einer unserem Landesherren sein
Land wegnehmen, setzten wir unser
Leben, unser Vermögen, Kind und Frau
daran und wehrten es ab, so gut wir
könnten, und wollen da feige sein,
wo wir, richtig gesehen, Leben
und Vermögen behalten? Ein
Landesherr nähme es sehr übel, das
könnt ihr mir wirklich glauben, wenn einer
von den Seinen ihm nicht helfen wollte,
wenn er Gefahr liefe, sein Land zu verlieren.
Er würde so zornig über ihn, daß er,
ginge sein Land nicht verloren, ihn
dort nicht bleiben ließe; er würde
ihn aus dem Land jagen.
Nehmt das als Gleichnis dafür,
wie Gott mit uns verfahren soll,
der uns selbst erschaffen hat und uns
Verstand und Einsicht, Vermögen,
Ehre, Seele und Leib, Untertanen,
Eigentum, Kinder und Frauen und alles
gegeben hat, was man besitzen kann.
Was spricht er beim jüngsten Gericht
zu denen, die ihm nicht dienen wollten,
als sie es von Rechts wegen tun sollten?
Wir sollten an seinen Tod denken
und an die Marter und die Pein,
die er für uns hat erleiden wollen.
Dann würde uns nicht unangemessen

11422 behaltet] behaldet im G.   11425 dâ] So D.   11427 man mac] mach man G.   11428 derz] wers D(G).
11432 mêre] imm' mere G.   11433 durch] *nicht in* D.   11436 unserm herren] vnsern lantherrē D.   11439 und
wertenz] vertens D.   11445 swer im der sînn] Ob der seinē D.   11446 ob] so D.   11447 in] im D.   11452 waz]
wañ D.   11456 unde] *nicht in* D.   11462 und die] vnd an di A(DG).

11465 dunken, swaz man taet durch in;
daz waere tugent unde sin.
    Der grôze solt, den uns got gît,
und diu triuwe, die er zaller zît
uns durch sîn güete erzeiget hât,
11470 die solden uns wol geben rât,
daz wir im gerne dienen solden,
ob wir rehte tuon wolden.
vür wâr ich *iu ez* sagen wil:
gaeb uns ein vrömeder man sô vil
11475 und sô grôzen solt, sô got gît,
wir waeren gerne in sînem strît.
swer zwîveln an dem lône wil,
merke doch daz, wie vil
uns got ân dienst gegeben hât,
11480 und sî gewis dan alsô drât,
daz uns got mêre geben sol,
ob wir im wellen dienen wol.
wir hieten im gedienet niht,
dô er uns gap, swaz man siht
11485 der werlde gar in unser hant:
viuwer, wazzer unde lant.
swer im niht getrouwen wil,
der hât selbe untriuwe vil.
er hât uns daz erzeiget wol,
11490 daz man im wol getrouwen sol.
sone schiuhet niht die arbeit
durch in und lât iu wesen leit,
daz sîn grap, dâ er lac tôt,
dô er durch uns leit die nôt,
11495 under der heidenschefte ist.
daz solt uns wê tuon zaller vrist,
daz ez nien ist alsô geêrt,
alse *des* sîn heiltuom gert.
    Hie sprichet lîhte ein man,
11500 der sich niht verstên kan:
„ich enwil niht arbeiten vil
darumbe, wan swenn got wil,
so ist daz heilige grap erlôst.
got hât an im gar den trôst
11505 und die kraft unde den rât,
daz erz schiere gevüeget hât.“
dem wil ich antwürte geben:

erscheinen, was man um seinetwillen täte;
das wäre tugendhaft und vernünftig.
    Der große Lohn, den Gott uns gibt,
und die Treue, die er zu aller Zeit
uns in seiner Güte bewiesen hat,
die sollten uns wahrhaftig lehren,
daß wir ihm willig dienten,
wenn wir richtig handeln wollten.
Ich sage euch, und es ist wahr:
Gäbe uns irgendein Fremder so viel
und so großen Lohn, wie Gott gibt,
wir würden bereitwillig für ihn kämpfen.
Wer, was den Lohn angeht, Zweifel hat,
der bedenke doch, wie viel Gott uns
ohne irgendeinen Dienst gegeben hat,
und sei alsbald überzeugt,
daß uns Gott noch mehr geben wird,
wenn wir ihm bereitwillig dienen.
Wir hatten ihm nicht gedient,
als er uns, was man von der Welt
sieht, alles in unsere Hand gab:
Feuer, Wasser und Land.
Wer ihm nicht vertrauen will,
der ist selbst sehr untreu.
Er hat es uns wahrhaftig bewiesen,
daß man ihm vertrauen kann.
Scheut also nicht die Mühe um
seinetwillen und ertragt es nicht,
daß sein Grab, in dem er tot gelegen hat,
nachdem er für uns die Marter erlitten hatte,
in der Gewalt der Heidenschaft ist.
Das sollte uns immer schmerzen,
daß es nicht so verehrt wird,
wie es seiner Heiligkeit zukommt.
    Hier sagt vielleicht einer,
der uneinsichtig ist: „Ich will
mich nicht deswegen plagen,
denn wenn Gott will, dann ist
das Heilige Grab erlöst.
Gott hat die Mittel und die Macht
und die Möglichkeit in sich selbst,
so daß er es im Nu erreicht hat.“
Dem will ich Antwort geben: Freund,

11473 iu ez] ez ev A(D). iv daz G.   11476 gerne] *nicht in D.*   11477 dem lône] seine' gute D.   11478 merke
doch] merchet ovch G.   11480 sî gewis] sin gewis D. so wizzt G.   11485 der] Div G.   11498 des DG] *nicht in A.*
heiltuom] heilickeit D(G).   11499 lîhte] *nicht in D.*   11502 swenn] *nicht in D.*   11505 unde] vnd auch D.

geselle, du wil dir samfte leben.
daz weiz ich wol vor manegem tac,
11510 daz man ân got niht tuon mac
guotes, und ist doch vil guot,
swer im erzeigt willigen muot.
    Ich wil dir sagen ein gelîche
rede: got möht machen rîche
11515 die armen alle, ob er wolde.
nu sage mir, wie man danne solde
erzeigen, daz man milte waere,
ob dehein biutel waere laere?
got hât dem rîchn materge geben,
11520 dô er macht daz arme leben,
daz er hiete, wâ er solde
durch in geben, ob er wolde.
diu milte diuhte gar enwiht,
waere dehein arme niht.
11525 ob dehein arme wesen solde,
der arc man sich bereden wolde,
daz er nien hiete, wem ze geben.
sus muoz er offenlîchen leben
boeslîchen, als er ist
11530 boese mit sîm argen list.
er hât sîner missetât
deheinr beredenunge rât.
alsam mac sich bereden niht
ein man dâ von, daz er giht,
11535 daz got mac in kurzer vrist
daz lant, dâ sîn grap ist,
der kristenheit geben wol,
und daz erz tuot, ob er sol.
er hât uns ze materge geben
11540 daz lant, daz wir sulen leben
ân muoze und ân trâkeit.
daz wizzet vür die wârheit:
er wil zebrechen unsern strît,
den wir hie zaller zît
11545 durch unsern übermuot begên,
und wil, daz wir dar gên,
dâ wir strîten âne üppekeit
durch got und durch die kristenheit.
er hât benomen, daz ist wâr,

du willst [nur] ein feines Leben haben.
Das weiß ich seit langem, daß man
ohne Gott nichts Gutes bewirken kann,
und doch ist es sehr gut, wenn einer
ihm seine Bereitwilligkeit beweist.
    Ich will dir etwas Vergleichbares
sagen: Gott könnte alle Armen
reich machen, wenn er wollte.
Nun sag mir, wie man dann beweisen
könnte, daß man barmherzig ist,
wenn kein Beutel leer wäre?
Gott hat, als er den Armen schuf,
dem Reichen die Mittel gegeben, damit
er, wenn er wollte, etwas hätte, wenn er
um seinetwillen etwas geben sollte.
Die Barmherzigkeit stellte keinen Wert
dar, wenn es keinen Armen gäbe.
Wenn es keinen Armen gäbe, könnte
der Geizige sich einreden, daß er ja
niemanden habe, dem er geben könnte.
So aber muß er in aller Öffentlichkeit
so schlecht dastehen, wie er ist mit
seiner schlauen Niedertracht.
Er hat für seine Missetat
keine Ausrede, die ihm hilft.
Ebenso kann sich keiner damit
herausreden, daß er sagt,
daß Gott im Nu das Land,
in dem sein Grab ist, der
Christenheit zurückgeben könne,
und daß er es tut, wenn er will.
Er hat uns das Land als Chance
gegeben, damit wir ohne Müßiggang
und ohne Trägheit leben sollen.
Bedenkt: In Wahrheit will er
unseren Streitigkeiten, die wir
hier immerzu aus Überheblichkeit
ausfechten, ein Ende machen,
und will, daß wir dorthin gehen,
wo wir ohne Eitelkeit kämpfen
um Gottes und der Christenheit willen.
Er hat uns wahrhaftig die Ausrede

11509 daz] Da D.   wol vor] nu D(G).   11516 mir] nicht in G.   wie man] wie er D.   wa mit G.   11518 waere] w°rde G.   11519 dem] den D.   11520 daz arme] des armen D.   11521 wâ er solde] das er wolde D.   waz er solde G.   11522 ob er wolde] was er solde D.   11526 arc (G)] arm AD.   11529 er] er selben G.   11531 hât (D)] en-hat A(G).   11532 deheinr (DG)] Dehainen A.   11536 dâ] das D.   11538 erz] er G.   11541 ân muoze] Vnmussic D.   11543 er] D' G.   11547 dâ] Das D.

11550 uns die beredenunge gar,
daz wir mugen sprechen niht.
ob ez uns got verwîzet iht,
daz er durch uns leit den tôt,
und wir wolden dise nôt
11555 durch in deheinn wîs lîden niht,
waz sprechе wir, ob daz geschiht?
got hât uns genuoc versuochet
und vindet lützel, swaz er suochet,
der, die die werlde wellen lân.
11560 nu hât er die gnâde getân,
daz er uns wil dâ mit gewinnen,
dar nâch wir aller hartest sinnen:
swelich man ist manhaft,
der minnet niht vür rîterschaft
11565 ze kurzwîle zaller stunde
und tuot dermit dicke grôze sunde.
nu merket an got grôze guot:
daz man allergernest tuot
und daz ins tiuvels dienst gert,
11570 daz hât got alsô gekêrt,
daz wir im mugen dienn dermite.
der hât wunderlîche site,
der dâ mit nien wil dienen got,
dâ mit er dient des tiuvels bot.
11575 wir vehten dicke âne nôt.
nu wil er sehen, ob sîn tôt
uns des iht ermanen mac,
daz wir wellen deheinen slac
durch in enphâhen ode geben.
11580 man phlît dar nach vast ze streben,
daz man erzeige sîn vrümkeit.
erzeige si dort ân üppekeit.
wan swer durch ruom got dienen wil,
ez mac im helfen niht ze vil.
11585 swer sîn dienst und sîn arbeit
verliust durch ruom und üppekeit,
der gît umbe blî golt;
im solde niemen werden holt.
 Nu vernemet ein ander reht:
11590 daz selbe lant macht uns sleht
den wec hin ze himel und hin ze got.
swer dar kumt durch sîn gebot,

gänzlich unmöglich gemacht, so
daß wir uns nicht herausreden können.
Wenn Gott uns strafen würde,
weil er für uns den Tod erlitten hat
und wir diese Not durchaus nicht
erleiden wollen, was würden wir
sagen, wenn das geschähe? Gott
hat uns genug Gelegenheiten geboten,
und findet wenig von dem, was er sucht,
solche nämlich, die die Welt lassen wollen.
Nun hat er den Gnadenweg eröffnet,
daß er uns mit dem gewinnen will,
was wir uns am meisten wünschen:
Was ein richtiger Mann ist,
der hat zu keiner Zeit eine liebere
Beschäftigung als die des Ritters
und begeht damit oft große Sünde.
Nun erkennt die große Güte Gottes:
Was man am liebsten tut
und was gern in des Teufels Dienst tritt,
das hat Gott so aufgewertet,
daß wir ihm damit dienen können.
Der hat eine sonderbare Art zu denken,
der nicht in Gottes Dienst stellen will,
womit er des Teufels Gebot erfüllt.
Wir befehden uns oft ohne Grund.
Nun will er sehen, ob nicht sein Tod
uns dazu bewegen kann,
um seinetwillen Schläge zu
empfangen oder auszuteilen.
Im allgemeinen ist man sehr begierig,
seine Tüchtigkeit zu beweisen.
Beweise sie dort ohne Eitelkeit, denn
wenn einer um des Ruhmes willen Gott
dienen will, wird ihm das nicht viel helfen.
Wer seinen Dienst und seine Mühe
aus Ruhmsucht und Eitelkeit hingibt,
der gibt Gold für Blei; niemand
sollte so jemanden mögen.
 Nun hört noch einen Tatbestand:
Dieses Land bahnt uns den Weg
zum Himmel und zu Gott. Wer dorthin
geht seines Gebotes wegen, und wer

11552 ez] *nicht in* D. iht] nicht D. 11555 deheinn wîs] Kein weil D. deheine wis G. 11558 vnd vindet doch luczel d' es ruchet D. swaz] daz G. 11559 der] *nicht in* DG. 11562 sinnen] ringē D. 11566 dicke] *nicht in* DG. 11569 daz G] des AD. 11571 im] *nicht in* D. 11573 der] wer D(G). 11574 bot] gepot D. 11576 er] got D. 11577 des iht] das nit D. 11580 phlît] phlet A. pfligt DG. 11581 erzeige] erzaigt D. 11582 erzeige] er erzaigt D. 11585 und sîn] vñ G. 11588 werden] wesen G. 11591 und hin] vñ G.

wirt er mit bîhte dâ erslagen,
man darf in nimmer geklagen,
11595 wan sô vert er alsô drât,
dâ sîn got phlege hât.
swer niht umbe varn wil
und minnet den slehten wec vil,
der in hin ze got bringet,
11600 ob er dan mit den heiden ringet,
er mac schierer komen dar
dan hie belîbent, daz ist wâr.
er muoz hie umbe varn vil,
swer hin ze got komen wil;
11605 die marteraer varnt alse drât
ze got, sô mans gemartet hât.
    Dô uns Krist von dem vâlant
alrêst erlôste und von sîm bant,
daz tet er, dô er lac tôt
11610 amme kriuze. sît gebôt
er, daz man daz behuot,
daz er erlôst mit sînem bluot.
sît uns Krist kom ze trôste,
daz er uns mit dem kriuze erlôste,
11615 sît hab wir uns gebunden sêr
mit vil sünden. nu wil er
uns mit dem kriuze aver entbinden.
den traken, der uns wil verslinden,
den wil er dâ mit aver toeten.
11620 sîn liebe sol uns noeten,
daz wir unser sünde verderben
mit sîm kriuze, *dran* er wolde sterben
durch unser aller missetât.
swen Kristes zeichn gezeichent hât,
11625 den sol ouch kriuzen sîn kriuze.
er wil, daz man sich alsô kriuze,
daz man sîm lîbe volge niht.
swelhem kriuzer daz geschiht,
daz er volget sînem zorn,
11630 der hât sîns herzen kriuze verlorn.
Kristes kriuze hât die kraft,
daz ez vertreit dehein vîntschaft,
in swelhem herzen ez ist;
wan selbe unser herre Krist
11635 bat amme kriuze und amme tôt
umb daz volc, daz in marterôt,

nach der Beichte dort erschlagen wird,
den braucht man nicht zu beklagen,
denn er gelangt sogleich dorthin,
wo sich Gott seiner annimmt.
Wer nicht viel Umwege machen will,
sondern den geraden Weg liebt,
der ihn zu Gott führt, der kann ihn,
wenn er mit den Heiden kämpft,
rascher erreichen, als wenn er
hier bleibt, das ist wahr.
Hier muß viele Wege gehen,
wer zu Gott kommen möchte;
die Märtyrer fahren sogleich zu Gott
auf, wenn man sie gemartert hat.
    Als uns Christus zum ersten Mal von
dem Teufel erlöste und von dessen
Fessel, tat er es, als er tot
am Kreuz hing. Damals gebot er,
daß man bewahren sollte, was er
mit seinem Blut erlöst hat. Seit uns
Christus die Rettung gebracht hat,
daß er uns mit seinem Kreuz erlöste,
haben wir uns vielfach in Sünden
verstrickt. Nun will er uns
wiederum mit dem Kreuz erlösen.
Den Drachen, der uns verschlingen will,
will er damit noch einmal töten.
Seine Liebe will uns drängen,
daß wir unsere Sünde vernichten
mit seinem Kreuz, an dem er um unser
aller Sünden willen hat sterben wollen.
Wen Christi Zeichen gezeichnet hat,
den soll sein Kreuz auch kreuzigen.
Er will, daß man sich in der Weise kreuzige,
daß man seinem Leib nicht nachgibt.
Der Kreuzfahrer, dem es passiert,
daß er seinem Zorn nachgibt, der
hat das Kreuz seines Herzens verloren.
Christi Kreuz hat die Kraft, in dem
Herzen, in dem es ist,
keine Feindseligkeit zu dulden;
denn Christus unser Herr selbst
bat am Kreuz im Tod noch
für das Volk, das ihn marterte,

11596 got] got selbe G.   phlege] pflegē D.   11599 hin] *nicht in* DG.   11602 belîbent] beleiben D(G).
11604 komen] varen D.   11608 alrêst] *nicht in* D.   11609 lac] lait den D.   11612 erlôst] erlost hat D.
11614 mit] an D.   11621 sünde] sunden D. svnde not G.   verderben] derbn D(G).   11622 dran (G)] *nicht in* A.
dz D.   11624 Kristes zeichn] xp̄us D.   11627 sîm] dē D.   11628 kriuzer] menschen G.   11630 herzen] herren
G.   11632 ez] er D.   11633 herzen] zorn D(G).   11635 und amme] do er lag D.

daz in sîn vater vergaeb die schulde
und liez si haben sîne hulde.
des kriuzes lenge unde breit
11640 *bezeichent triwe und wârheit,*
diu gemeine wesen sol
ze got und zallen liuten wol.
swer sîm geluste volget iht,
der hât sîn herze gekriuzet niht.
11645 swer das zeichn des kriuzes hât
gestricket an sîne wât
(daz ûzer zeichn bezeichent wol,
daz man daz kriuze innen haben sol),
hât erz innerthalben niht,
11650 sô ist sîn münze gar enwiht,
wan dâ ist kuphers übergulde.
man solde im tuon durch die schulde,
daz man tuot dem valschaere.
wer sol heizen ein kriuzaere,
11655 er ode sîn wât,
dar an erz kriuze gestricket hât?
man sol sich selben spannen gar
an daz kriuze, daz ist wâr,
daz man sînen willen niht entuo,
11660 wil man dem kriuzer komen zuo,
der ze sînem vater sprach,
dô im daz kriuz ze lîden geschach,
diumüeteclîche unde still:
„niht als ich wil, sî, swie du wil.“
11665 *der barmunge nagel sol*
uns an daz kriuze heften wol,
daz man habe zallen stunden
vor den ougen sîne wunden.
swer ist arc ode zagehaft
11670 ode anders untugenthaft,
der *sol* sich an dem kriuze strecken,
sô mac er sich ûf gerecken
von untugent und von zageheit.
swer hât gesamnet mit arbeit,
11675 der sendez doch über mer,
daz er sich der erge *erwer,*
und sî mit sînem lîbe bereit,

daß der Vater ihm seine Schuld vergäbe
und sie seine Liebe erfahren ließe.
Die Länge und Breite der Kreuzesbalken
bedeuten Treue und Wahrheit, die
Gott und allen Menschen gegenüber
in gleicher Weise gelten soll.
Wer seinen Trieben nachgibt,
hat sein Herz nicht gekreuzigt.
Hat einer das Zeichen des Kreuzes
auf sein Kleid geheftet (das äußere
Zeichen soll anzeigen, daß man
das Kreuz im Innern tragen will),
und hat es nicht im Innern,
so ist seine Münze nichts wert,
denn sie ist vergoldetes Kupfer.
Man sollte dieser Schuld wegen mit
ihm verfahren wie mit dem Fälscher.
Wer soll Kreuzfahrer genannt
werden, er oder sein Kleid,
auf das er das Kreuz geheftet hat?
Wahr ist, man soll sich selbst ans
Kreuz schlagen, damit man
nicht seinen eigenen Willen durchsetze,
will man dem Gekreuzigten ähnlich
werden, der zu seinem Vater, als er den
Kreuzestod erleiden sollte, demütig
und ergeben sagte: „Nicht wie ich will,
sondern es geschehe, wie du willst.“
Der Nagel des Mitleidens soll
uns an das Kreuz heften,
damit man jederzeit
seine Wunden vor Augen habe.
Wer geizig ist oder feige
oder sonstwie lasterhaft, der soll
sich an dem Kreuz ausstrecken,
so kann er sich herausheben
aus Laster und Feigheit.
Wer unter Mühen etwas erworben hat,
sende es dennoch über das Meer,
damit er den Geiz von sich fernhalte,
und stelle seinen Leib zur Verfügung,

11637 die] ir *D.*   11639-11642 (*DG*)] *nicht in A.*   11639 unde (*G*)] vñ seï *D.*   11643 geluste] gepot *D.*
11646 an sîne] aussen an die *D.*   11647 bezeichent (*D*)*G*] bezaiget *A.*   11648 kriuze] chѡnne *G.*   11649 erz] man
es auch *D.* erz ovch *G.*   11650 sîn münze] die mynne *D.* sin minne *G.*   11651 kuphers (*D*)] chvpher *A*(*G*).
11652 solde im] solde den *D.* sol dem *G.*   durch die] vmb ir *D.*   11655 er] Der selbe *D.* Der *G.*   11656 dar *DG*]
Da *A.* gestricket] geseczet *D*(*G*).   11657 sich] *nicht in D.*   11658 *nicht in D.*   11664 nicht als wir sunder als
dein wille *D.* niht als ich wil svnd' so din wille *G.*   11665-11668 (*DG*)] *nicht in A.*   11666 daz kriuze heften (*G*)]
dem kreucze helffen *D.*   11671 sol *DG*] *nicht in A.*   11674 mit arbeit] sin archeit *G.*   11675 sendez] sendet ez
G.   11676 erwer (*D*)*G*] wer *A.*

sô muoz von im diu zageheit.
　　Got hât uns materge geben,
11680 daz wir mugen von disem leben
hin zim nâch marteraere wîs.
swer dishalp mers hât niht prîs,
daz er mit der untugende veht,
den dunket guot der heiden reht;
11685 die enhabent zuo deheiner zît
mit ir boesem gluste strît.
swer dishalp *mers* in volgen wil,
der scheit in dort niht ze vil.
ich hân den man dicke gesehen,
11690 der offenlîchen *tar* gejehen,
er liez sich martern gern durch got,
und wil niht leisten sîn gebot,
daz im lîht ze tuon ist.
wie *der* sich effet zaller vrist!
11695 ez ist genuoc worden schîn,
daz wir sô wellen heilic sîn,
daz wir weder bîhtegaere
wellen werdn noch marteraere.
waer diu vart durch niht anders guot,
11700 niwan daz man saeh, waz man dâ tuot,
und naem guot bilde zaller stunde
und lieze in riuwen sîne sunde,
dannoch möht man dar gerne varn.
man mac sich ouch dâ baz bewarn
11705 vor grôzen sündn dan anderswâ,
wan man gewinnt die sor*g*e dâ
beidiu ûfm mer und undern heiden,
diu in die sünd *wol mac* erleiden.
　　Ob ez unser herre wolde,
11710 daz man sich niht arbeiten solde,
daz man sîn grap gewunne wider,
sô waere niht geschehen sider,
sît wir daz grap hân verlorn,
sô maniger strît unde zorn
11715 zwischen der kristenheit.
mich dunket sîn vür die wârheit:
ez sint wol zweir min drîzec jâr,
daz wirz verlurn, daz ist wâr.
sît ist ie gewesen strît,

so muß die Feigheit von ihm weichen.
　　Gott hat uns die Chance gegeben,
daß wir in der Weise der Märtyrer
aus diesem Leben zu ihm kommen.
Wer diesseits des Meeres keinen Erfolg
hat im Kampf mit dem Laster, dem
gefällt der Zustand der Heiden;
die liegen niemals im Streit
mit ihren niederen Trieben. Wer sie
diesseits des Meers nachahmen will,
mag ihnen dort nicht allzu sehr zusetzen.
Ich bin manchem begegnet, der
öffentlich zu sagen wagt, er würde
sich willig für Gott martern lassen,
aber nicht das Aufgebot befolgen will,
das er leicht befolgen könnte. Wie
der sich stets selbst etwas vormacht!
Es ist hinreichend deutlich,
daß wir in der Weise heilig sein
wollen, daß wir weder Bekenner
noch Märtyrer werden.
Wäre die Fahrt zu nichts anderem gut,
als daß man sähe, was man dort tut,
und nähme sich gute Beispiele
und ließe sich seine Sünde reuen,
sollte man schon bereitwillig fahren.
Man kann sich dort auch besser
vor großen Sünden hüten als anderswo,
denn man gerät auf dem Meer
und bei den Heiden in Bedrängnisse,
die einem die Sünde verleiden.
　　Wenn unser Herr wollte,
daß man sich nicht abmühen sollte,
sein Grab zurückzugewinnen,
dann wäre, seit wir das Grab verloren
haben, nicht so viel Streit und
Zwietracht entstanden
innerhalb der Christenheit.
Das scheint mir zutreffend zu sein:
Es ist in der Tat achtundzwanzig Jahre
her, daß wir es verloren haben.
Seither haben immer Krieg,

11681 Zu im komē in martrers weise D.　　11682 hât niht] nīmer hat G.　　11687 mers DG] *nicht in* A.
11688 scheit] seit DG.　　11690 tar] getar AG. torste D.　　11691 gern] *nicht in* D.　　11693 daz G] Da ez A. Das es
D. lîht] lichter G.　　11694 der G] er AD.　　11695 genuoc] gn♀gen G.　　11696 wellen heilic] heilig wellen D.
11700 waz man] das man D(G).　　11702 in] sich DG.　　11706 sorge DG] sorgen A.　　11708 diu in] das im D.
wol mac (DG)] mach wol A.　　11708A-B Der arge der ist an der zît / gekreuzig so er ichtes geit D. Ja ist der arge an
der zît / gechrvtzet so er ichtes iht git G.　　11715 der] heiden vnd d' D.　　11717 zweir min drîzec] acht vnd zwainczig
D(G).　　11718 wirz (D)G] wir A.

11720 zorn, vîntschaft unde nît,
vorhte, haz und andriu leit
zwischen der kristenheit.
wir wellen durch got strîten niht,
dâ von, waen, daz uns geschiht,
11725 daz wir durch die vînde hân
sît manigen strît getân.
nu ist uns komen wol diu zît,
daz man durch unsern herren strît.
swer durch got strîten wil,
11730 der überwindet vînde vil.

Zwietracht, Feindschaft und Mißgunst,
Furcht, Haß und andere Plagen
in der Christenheit geherrscht.
Für Gott wollen wir nicht kämpfen,
deshalb, glaube ich, ist es uns verhängt,
daß wir seither der Feinde wegen
so viele Kriege geführt haben.
Nun ist wohl die Zeit gekommen, daß
man für unseren Herrgott kämpfe.
Wer um Gottes willen kämpfen will,
überwindet viele Feinde.

X. Kapitel

Edele vürstn von tiuschen landen,
iuwer sinne und iuwer hande
hânt dâ heim gevohten vil.
swer den sic gewinnen wil,
11735 der sol hin vür vehten durch got.
ez ist sîn wille und sîn gebot,
swer durch in vehten sol,
daz er gewinnt den sic wol.
swer durch den vîent strîten wil,
11740 swennerz waent hân bezzer vil,
sô wizze, daz im ist an gesît;
daz geschiht zaller zît.
Die sîn laster und sîn leit
rechent mit nôt und mit arbeit,
11745 *die möhten sich schamen lân,*
daz si got, von dem wir hân
elliu guot und alle êre,
übersehent alsô sêre.
die durch ir êre gebent ir guot,
11750 *die solten haben ouch den muot,*
daz si gaeben zaller zît
durch den, der inz guot gît.
swer daz guot niht geben wil,
durch den, der im gît sô vil,
11755 *der ist sîn diep; sicherlîchen*
er muoz ouch geben lesterlîchen.
wolt mîn schaffer mîn guot niht geben,

Edle Fürsten aus deutschen Landen,
euer Kopf und eure Hände haben
daheim viel Kämpfe ausgefochten.
Wer den [wirklichen] Sieg erringen will,
soll künftig um Gottes willen kämpfen.
Es ist sein Wille und sein Gebot, daß,
wer um seinetwillen kämpfen wird,
auch wirklich den Sieg erringt.
Wer um des Feindes willen kämpfen will,
der muß wissen, daß, wenn er meint im
Vorteil zu sein, er [in Wahrheit] besiegt ist;
das ist immer so.
Die Schande und Beleidigungen
unter Plagen und Mühsal rächen,
sollten Scham empfinden darüber,
daß sie Gott, von dem wir
alles Gut und alle Ehre haben,
so wenig beachten.
Die um der Ehre willen ihr Vermögen
opfern, sollten auch stets bereitwillig
um dessentwillen opfern, der
ihnen das Vermögen gibt.
Wer das Vermögen nicht hergeben will
um dessentwillen, der ihm so viel gibt,
der stiehlt es; ganz gewiß muß er
es [einst?] in Schande hergeben. Wenn
mein Verwalter mir mein Geld vorenthielte,

11724 ich wän vns das dauon geschicht *D.*   waen] wen ich *A.* wan *G.*   11725 Das wir wurdē mit den han *D.*   die
vînde(*G*)] den veint *A.*   11732 ir habt mit ewren hande *D.*   11733 hânt] *nicht in D.*   11734 swer] wer nu *D.*
11735 sol] *nicht in G.*   hin vür] *nicht in D.*   11737 sol] wil *G.*   11738 der sol niht sich fŏrhten vil *G.*
11740 hân bezzer vil] pessers habē wil *D.*   11741-42 So wisset das im ist gesiget an / das geschicht vil mangē man
D.   11741 wizze] wisset *D(G).*   11743-11786 (*DG*)] *nicht in A.*   11743 Die *G*] Der *D.*   11744 rechent *G*] ri-
chet *D.*   11747 elliu (*G*)] alles *D.*   11753 daz (*D*)] *nicht in G.*   11757 mîn guot (*G*)] dz gut *D.*

daz ez mir gienge an mîn leben
ode sus an mîn êre,
11760 er möhte mich niht schenden mêre
und waer von rehte mîn diep.
wie solt er mir wesen liep?
swer dâ wil arc wesen,
dâ Kristes grap, als wir lesen,
11765 gevangen ist sô lange vrist,
wizzet, daz er gotes diep ist.
swer sich der erg hie hât ergeben,
der sol dâ milteclîchen leben.
man mac gebende mêr hürten dâ
11770 danne samnende anderswâ.
dâ mac man gern ze schuole varn,
swer sich vor erge wil bewarn,
wan swer dâ lernt die milte niht,
der muoz immer sîn ein boesewiht.
11775 dâ sol vliezen ûz den handen
der edelen vürstn von tiuschen landen
rîchlîch silber unde golt.
swer durch êre hie gap solt,
der sol sich des dâ vlîzen sêre,
11780 wan dâ gewinnet er guot und êre.
swer gerne gemach hât,
der sol des volgen mînem rât,
daz er im dâ mit ungemach
mache sô getân gemach,
11785 daz er lebe gemechlîche
nâch sînem willen êweclîche.
    Edel künic Friderîch,
du bist sinns und muotes rîch
und maht tuon harte vil,
11790 ob duz gerne tuon wil.
nu lâ schîn, daz du sîst wîs,
und bejage dir den prîs,
der nimmer ende haben sol.
jâ maht duz tuon harte wol,
11795 wan der rehte wîstuom ist,
got dienen zaller vrist.
    Ich weiz ir zwên ûz dîner slaht,
die dar vuorn mit grôzer maht.
einer was der keiser Friderîch,

so daß es mir ans Leben ginge
oder sonstwie an meine Ehre, könnte
er mir keinen größeren Schaden zufügen
und gälte zu Recht als Dieb an dem
Meinigen. Wie könnte ich ihn gern haben?
Begreift, daß, wer da geizig sein will,
wo Christi Grab, wie wir lesen,
so lange Zeit in Feindeshand ist,
ein Dieb ist an Gottes Eigentum.
Wer hier dem Geiz verfallen ist,
der soll dort freigebig leben.
Man kann dort durch Geben mehr horten,
als durch Sammeln irgendwo anders.
In diese Schule dort soll gern gehen,
wer sich vor Geiz bewahren will,
denn wer dort nicht lernt freigebig zu sein,
der ist und bleibt ein Bösewicht.
Dort soll den edlen Fürsten aus deutschen
Landen reichlich Silber und Gold
aus den Händen strömen. Wer hier
um der Ehre willen Lohn gezahlt hat,
der soll es auch dort reichlich tun,
denn dort gewinnt er Gut und Ehre.
Wer es gern behaglich hat, der soll,
was das angeht, meinem Rat folgen,
sich dort durch Unbehagen eine
solche Behaglichkeit zu schaffen,
daß er, so behaglich er will,
in alle Ewigkeit lebt.
    Edler König Friedrich, du bist
reich an Verstand und Willenskraft
und vermagst viel auszurichten,
wenn du es nur bereitwillig tun willst.
Nun zeige, daß du weise bist,
und erringe dir diesen Ruhm,
der niemals vergehen wird.
Ja, du sollst es wirklich tun,
denn das ist die wahre Weisheit,
Gott immer zu dienen.
    Ich weiß von zweien aus deinem Geschlecht,
die mit großem Aufgebot dorthin gefahren
sind. Der eine war der Kaiser Friedrich,

11758 daz] do D. da G.   mîn (G)] das D.   11761 von rehte (D)] ovch G.   11764 wir G] nicht in D.
11768 milteclîchen (G)] mynniklichen D.   11773 wan (G)] nicht in D.   11775 handen D] landen G.   11776 der
G] den D.   11777 rîchlîch (G)] Rincklichen D.   11779 sich des] sichs D. sich G.   vlîzen (D)] fliezen G.
11782 des volgen mînem (G)] horen mein D.   11785 gemechlîche (G)] gemeinclich D.   11788 muotes (DG) ge-
mvetes A.   11789 harte vil] swaz dv wilt G.   11791 nu] Du D.   schîn] scheinen AD(G).   11794 jâ maht duz] dv
maht ez G.   11796 dienen] dienêt D.   11797 dîner slaht] deine' geslacht D. dînê geslaht G.   11799 einer] Der ei-
ner D. Eines G.

11800 der ander, der was sicherlîch
dîn veter. du solt der drite
wesen, der in volge mite.
der keiser von ungeschiht
volkom über mer niht.
11805 dîn veter volkom dar
und moht ez niht voltuon gar.
du bist der dritte und solt volkomen
und voltuon. ich hân vernomen,
daz an der dritten zal ist
11810 ervollunge zaller vrist.
gotes ervollunge lît
an drin namen zaller zît.
dâ bî muget ir wizzen wol,
daz dâ gebrest niht wesen sol.
11815 sît an der zal niht gebrist
und sît duz der dritte bist,
sô hân ich wol geding ze got,
daz du volvüerest sîn gebot.
ein ieglîch werc ân missewende
11820 hât anegenge un*d ouch* ende.
daz anegenge wart gegeben
dînem enen bî sînem leben.
dîn veter vuor doch vürbaz
hin umb die mitte, wizze daz.
11825 sô solt du daz ende hân,
ob dirz got geruochet lân.
daz ende ervüllet daz werc gar,
und du bist der dritte, daz ist wâr.
und daz ende ist daz dritte teil;
11830 hie vert zuo allenthalben heil.

der zweite war, wie man weiß,
dein Oheim. Du sollst der dritte
sein, der ihnen folgt. Der Kaiser
kam durch ein Unglück nicht ganz
in das Land jenseits des Meeres.
Dein Oheim kam drüben an und
konnte das Werk nicht ganz vollenden.
Du bist der dritte und sollst drüben ankommen
und es vollenden. Ich habe gehört,
daß mit der Zahl drei immer
Vollkommenheit verbunden ist.
Gottes Vollkommenheit ist in seinen
drei Namen auf ewige Zeit beschlossen.
Daran könnt ihr erkennen, daß es an
ihr keinen Makel geben kann.
Da die Zahl vollkommen ist
und da du der dritte bist,
hoffe ich zu Gott,
daß du sein Gebot erfüllen wirst.
Ein jedes löbliche Werk
hat Anfang und Ende.
Der Anfang wurde deinem Ahnherrn
zu seinen Lebzeiten aufgetragen.
Dein Oheim, mußt du wissen, führte es
weiter etwa bis zur Mitte des Weges.
Nun ist dir das Ende anheimgegeben,
wenn Gott es dir überlassen will.
Das Ende bringt das Werk zur Vollendung,
und du bist der dritte, das ist wahr.
Und das Ende ist das dritte Teil; so
deutet alles auf einen glücklichen Ausgang.

IX. Teil

I. Kapitel

„Lâ mich ruowen, sîn ist zît",
spricht mîn veder. „swer niene gît
12225 sînem eige*n*em knehte
ruowe, er tuot im vil unrehte.
sô hân *ich dir*, daz ist wâr,

„Laß mich ausruhen, es ist Zeit",
sagt meine Feder. „Wer seinem
Eigenknecht keine Ruhe gönnt,
behandelt ihn sehr schlecht.
Nun habe ich dir doch wahrhaftig

11800 der was] was D. daz was G. 11801-2 Dein vetter der dritte bistu / du solt in nach vorgen nu D.
11801 drite] ritter G. 11802 mite] mitter G. 11803 ungeschiht] geschiht G. 11804 volkom] chom G. mer]
daz mer G. 11806 voltuon] volbringē D. 11807 volkomen] dar komen D. 11808 voltuon] wol tun D.
11811 ervollunge] vollunge D. 11813 muget ir] mach man G. 11814 gebrest] geprestens D. 11816 duz] du
D. 11820 und ouch (DG)] vnde A. 11822 enen] einē D. 11824 umb] vber DG. wizze G] wizzet A(D).
11826 lân] zu lan D. 11829 daz dritte] der dritte D. 12223 zît] nu zeit D. 12224 veder] vetter D.
12225 eigenem G] aigem A. eigen D. 12226 er] der DG. im vil] nicht in DG. 12227 ich dir DG] dir ich A.

gedienet disen winter gar,
daz du mich niene lieze belîben,
12230 ichn müeste tag und naht schrîben.
du hâst verslizzen mînen munt,
wan du mich mêr dan zehen stunt
zem tage phlîst tempern unde snîden.
wie möht ich daz sô lange erlîden?
12235 du snîdest mich nu grôz, nu kleine
und hâst mich gemacht gemeine
ze schrîben von herren und von kneht.
du tuost mir grôzez unreht.
dô du phlaege guoter site,
12240 dô vuor ich dir vil gerne mite.
dô du mit rîtern und mit vrouwen
phlaege buhurt und tanz schouwen,
dô was ich harte gern bî dir,
wan dô, geloubestu ouch mir,
12245 dô du woldest ze hove sîn
under den liuten, dô was mîn
geloube, daz ich waere baz
bî dir dan inder, wizze daz.
nu hâstu dich des abe getân
12250 und hâst dîn selbes dinc verlân
und ze rukke gar geworfen.
ich hân dar an niht erworven,
wan ich muoz schrîben durch den tac.
wizze, daz ichz niht dulten mac.
12255 du bist wordn ein klôsenaere.
dô du dâ ze schuole waere,
dô muotestu mich niht sô hart.
dîn tor ist über tac gespart.
sag an, waz ist dir geschehen?
12260 du wil *vrowen noch rîter* sehen.
dîn lieht müet mich über maht,
daz du brennest durch die naht.
ob du wil in einem jâr
schrîben unde tihten gar,
12265 swaz du inder hâst ze schrîben,
sô mag ich bî dir niht belîben.
swer sich verlaezet an getiht,
der muoz gar werden enwiht,
wan er sich versendet gar

diesen ganzen Winter so gedient,
daß du mir keine Ruhe gegönnt hast,
ich mußte Tag und Nacht schreiben.
Du hast meinen Mund verschlissen,
denn mehr als zehnmal am Tag pflegst
du mich zu richten und zu beschneiden.
Wie soll ich das so lange aushalten?
Du schneidest mich mal breit, mal spitz
und hast mich ohne Unterschied mal von
Herren, mal von Knechten schreiben
lassen. Du behandelst mich miserabel.
Als du dich noch ordentlich aufführtest,
war ich sehr gern mit dir zusammen.
Als du mit Rittern und Damen
dem Turnier und dem Tanz zusahst,
war ich sehr gern bei dir,
denn damals, glaub mir,
als du gern bei Hof und unter
Menschen sein wolltest, glaubte ich,
ich wäre bei dir besser aufgehoben
als irgendwo anders, mußt du wissen.
Nun hast du damit aufgehört
und hast, was dir gemäß war,
aufgegeben und hinter dir gelassen.
Ich habe nichts dabei gewonnen, denn
ich muß den ganzen Tag über schreiben.
Begreife doch, daß ich das nicht ertragen
kann. Du bist ein Einsiedler geworden.
Als du noch zur Schule gingst,
hast du mich nicht so geplagt. Den
ganzen Tag ist deine Tür zugesperrt.
Sag an, was ist mit dir geschehen?
Du willst weder Damen noch Ritter sehen.
Dein Licht, das du die ganze Nacht brennen
läßt, stört mich mehr, als ich ertragen kann.
Wenn du in einem Jahr
zusammenschreiben und -dichten willst,
was du überhaupt zu schreiben hast,
kann ich nicht bei dir bleiben.
Wer sich ans Dichten macht, wird
bald zu gar nichts mehr taugen,
denn er geht in seinen Gedanken

12229 daz du mich] Darvmb D.   12232 mêr] *nicht in* D.   12233 phlîst] pflegst D. pflege G.   12235 nu grôz nu kleine] gros vnd clain D.   12237 von kneht] knechte D.   12238 grôzez unreht] grozze vnrehte A. gros vnrehte D(G).   12239 phlaege] pflagest D.   12240 vuor] volget D.   vil] *nicht in* D.   12244 dô geloubestu] dv gelavbestv A. du gelaubest D(G).   12248 wizze (DG)] wizzet A.   12251 geworfen] geworfen daz G.   12252 erworven] erworben baz G.   12254 dulten] erliden G.   12257 muotestu] muste D.   12258 tac] nacht D.   12259 dir] *nicht in* D.   12260 wil] wilt wed' D. enwilt G.   vrowen noch rîter (DG)] reitter noh frauwen A.   12262 durch die] vber D.   12263 in einem] ein ganczes D(G).   12269 versendet] versenet D.

12270 mit gedanken, daz ist wâr."
　　　Lâ dîn klage, *klag niht* sô vil,
　　　und hoere, waz ich dir sagen will:
　　　hiet ich mich tihten an genomen
　　　durch kurzwîle, ich waer niht komen
12275 in vier jâren, dâ ich bin,
　　　mich entriege *dan* mîn sin.
　　　du weist wol, daz ich sage wâr.
　　　in aht mânôden hân ich gar
　　　diu aht teil ûz gemachet
12280 (dâ hâstu ouch vil zuo gewachet)
　　　und sol ir noch zwei machen.
　　　noch muostu zwên mânôde wachen.
　　　dâ bî merk, daz mîn getiht
　　　ist mir gar kurzwîle niht.
12285 ich hiet dermit wol vümf jâr
　　　ze kurzwîlen, daz ist wâr,
　　　hiet ichz durch kurzwîle getân.
　　　sus hân ich michz genomen an
　　　durch nôt, wan ich sihe wol,
12290 daz man nien tuot, daz man sol.
　　　dâ von hân ich ze rukke gelân,
　　　swaz ich solt anders hân getân,
　　　wan ich ez schiere sprechen wil,
　　　daz mich verswîgen müet vil.
12295 du sprichest, daz der wirt enwiht,
　　　der sich verlaezet an getiht.
　　　waer man niht bî de*r* alte*n* zît
　　　alsô enwiht worden, sît
　　　waer niht sô vil vrumer man gewesen,
12300 sô wir an den buochen lesen.
　　　wir waeren ouch nu gar enwiht,
　　　wan wir vunden geschriben niht,
　　　dâ bî man neme bilde und sinne.
　　　ich bin eins dinges worden inne,
12305 daz man sich verdenket gar
　　　die wîl man tihtet, daz ist wâr,
　　　sô daz man kûme gebâren kan,
　　　wan man gedenket vil dar an.
　　　swenn man aver ûz komen ist
12310 und an si*ch* gekêret zuo der vrist,
　　　sô mac man noch gebâren baz
　　　danne man ê tet, wizze daz.

völlig unter, das ist eine Tatsache."
　　　Ende deine Klage, klag nicht so sehr,
　　　und höre, was ich dir sagen werde:
　　　Hätte ich mich aus Zeitvertreib aufs
　　　Dichten verlegt, wäre ich, wenn ich
　　　mich nicht täusche, in vier Jahren nicht
　　　dorthin gekommen, wo ich jetzt bin.
　　　Du weißt genau, daß ich die Wahrheit
　　　sage. In acht Monaten habe ich diese
　　　acht Teile ganz fertig gemacht (dafür
　　　hast auch du viel wachen müssen)
　　　und muß noch zwei machen.
　　　Zwei Monate mußt du noch wachen.
　　　Bedenk, daß mein Gedicht
　　　mir kein [bloßer] Zeitvertreib ist.
　　　Als Zeitvertreib reichte es wahrhaftig
　　　für fünf Jahre, wenn ich es denn
　　　aus Zeitvertreib unternommen hätte.
　　　Nun habe ich es aber aus Notwendigkeit
　　　unternommen, denn ich sehe genau,
　　　daß man nicht tut, was man tun soll.
　　　Deswegen habe ich hinter mir gelassen,
　　　was ich anderes hätte tun können,
　　　denn ich will rasch aussprechen,
　　　was mich unausgesprochen sehr quält.
　　　Du sagst, daß der zu nichts mehr taugt,
　　　der sich ans Dichten macht.
　　　Wäre man in alter Zeit nicht in dieser Weise
　　　untauglich gewesen, hätte es seither
　　　nicht so viele tüchtige Männer gegeben,
　　　wie wir sie aus Büchern kennenlernen.
　　　Auch wir heutigen wären untauglich, denn wir
　　　besäßen keine Schriften, aus denen man
　　　Vorbilder und Weisheit nehmen könnte.
　　　Eines habe ich gemerkt, daß man
　　　in seinen Gedanken völlig untergeht,
　　　solange man dichtet, das ist wahr,
　　　so daß man sich kaum zu schicken weiß,
　　　denn man denkt unablässig daran.
　　　Ist man aber wieder aufgetaucht
　　　und wieder zu sich gekommen,
　　　kann man sich noch viel besser schicken,
　　　als man vorher konnte, mußt du wissen.

12271 klag niht (DG)] niht chlage A.　sô] zu D.　12276 dan (DG)] *nicht in* A.　12278 mânôden] moneiden D.
12280 ouch vil zuo] ze vil G.　12282 noch] *nicht in* G.　mânôde] mameid D.　12283 merk] mercket D.
12284 gar] gar ein D. ein G.　12294 das mich zu v'sweigē mut so vil D.　12295 der wirt enwiht] dir werde zu nicht
D. der werde enwiht G.　12297 der alten DG] dem altem A.　12299 man] lewt D(G).　12300 sô] als DG.
12302 wan wir vunden] vñ fẘnden ouch G.　12310 gekêret (D)] ist gechert A(G).　12311 noch gebâren] bewarn
D.　12312 wizze (G)] wizzet A(D).

ist mîn tor die wîle gespart,
daz mac werren niht ze hart,
12315 wan man in einem winkel muoz
machen dem getiht den vuoz,
daz ez loufe nâch der zît
in der werlde harte wît.
mich luste harte wol ze schouwen
12320 beidiu rîter unde vrouwen,
doch dunket mich daz baz getân,
daz ich mich ir ein wîle ân,
in den worten daz ich spreche wol,
daz in bêden vrumen sol.
12325 der hât niht einen wîsen rât,
der vil und wol gedienet hât,
ob er durch ein kleine dienest wil
verliesen, daz er diente vil.
alsam sprich ich umbe dich:
12330 du hâst mit dienste gewunnen mich;
wil du *aver mich* nu verlân,
verlorn ist, swaz du hâst getân.
ich hân von der unstaetekeit
mit dîner helfe vil geseit,
12335 von der staete und von der mâze.
die unmâze ich niht verlâze,
wan von der hân ich ouch geseit;
si ist swester der unstaetekeit.
staete und mâze swester sint;
12340 si sint einer tugende kint.
daz reht der zweier bruoder ist,
von dem ich sol vür dise vrist
sagen ger*n* *u*nd schrîbe*n* wol
swaz ich dervon sagen sol.
12345 schrîb in mîm herzen reht vom reht,
daz ez nin werd ûze*n* stênt unreht.
jane schrîbestu mit tinten niht.
ez ist aver gar enwiht,
swaz ich mit tinten schrîben mac,
12350 dune sehest dar zuo durch den tac.

Ist meine Tür derweil versperrt,
soll das nicht zu sehr verdrießen,
denn man muß im stillen Winkel
seinem Gedicht auf die Füße helfen,
damit es hinterher
weit in der Welt herumkommt.
Sehr gern würde ich
Ritter und Damen begrüßen,
aber es kommt mir richtiger vor, daß
ich eine Zeitlang auf sie verzichte,
damit ich fein in Worte kleide,
was ihnen beiden nützen wird.
Der ist nicht gut beraten,
der viel und gut gedient hat, wenn
er wegen eines geringen Dienstes
hinwirft, was er Großes erdient hat.
Und so sage ich, was dich angeht:
Durch Dienste bist du mir lieb geworden;
wenn du mich jetzt aber verlassen willst,
dann zählt nicht mehr, was du getan hast.
Ich habe mit deiner Hilfe viel
von der Unbeständigkeit, von der
Beständigkeit und vom Maß gesagt.
Die Maßlosigkeit übergehe ich nicht,
denn von der habe ich auch gesprochen;
sie ist die Schwester der Unbeständigkeit.
Beständigkeit und Maß sind Schwestern;
sie sind Kinder einer Tugend.
Das Recht ist der Bruder der beiden,
von dem ich nunmehr
gern sprechen und schreiben möchte,
was ich darüber sagen kann.
Schreib in meinem Herzen richtig über
das Recht, damit es nicht unrichtig werde,
wenn es draußen steht. Du schreibst nicht
mit Tinte. Was ich mit Tinte schreiben
kann, muß ganz untauglich sein, wenn
du es nicht Tag für Tag überwachst.

Aus dem II. Kapitel

12465 Dem armen sol werren niht
sîn armuot ame geriht;

Den Armen soll vor Gericht
seine Armut nicht benachteiligen;

12315 in einem] in ein *D*. im den *G*.   12317 ez] er *D*.   12321 daz baz] das vñ dz *D*.   12323 den worten] dem
worte *G*.   12325 hât niht] nam *G*.   12331 aver mich nu] mich ave nv *A(D)*. aber nv mich *G*.   12333 der] *nicht in*
G.   12337 ouch] euch *D*.   12342 vür dise] zu diser *D*.   12343 *(DG)*] sagen gern nv sage vnd schreibe wol *A*.
12345 vom reht] *nicht in D*.   12346 ûzen *(DG)*] avz *A*.   stênt] sten *D*.   12465 werren] schanden *D*.

dem rîchen ouch niht helfen sol
sîn rîchtuom, swer wil rihten wol.
aver leider des mac niht geschehen,
12470 des mag ich wol vür wâr gejehen.
swenn ein herre rihten wil,
so ist der dinge harte vil,
diu in dwingent, daz er lât
daz reht und nâch unrehte gât.
....
durch vorht laet dicke ein boeser herre
daz reht ûz sîme gerihte verre.
daz vüeget ouch barmunge, unsin,
12490 nît, gâbe, geheiz, minn und unminn,
daz ein man verliuset gar
sîn reht, daz ist wâr.
ein herre tuot dicke durch unsin,
durch gâbe, minne und unminn,
12495 des er niht tuon sol.
er waent ouch dicke tuon wol,
swenn er durch barmunge lât,
daz ein übel man gât
ân sîn reht vomme geriht;
12500 ich enwil ez aver loben niht.
    Man sol von reht barmunge hân,
daz dunket mich *vil* wol getân,
doch sol barmunge daz geriht
deheine wîs brechen niht.
12505 swer sich niht bekêren wil
und hât getân undinge vil,
den sol man scheiden hin
von den liuten, daz ist sin.
ez ist bezzer, daz ist wâr,
12510 ein teil verliesen danne gar.
ob ein gebûre haben solde
ein solhez schâf, daz im wolde
diu andern schâf vrezzen gar,
er liez ez niht leben, deist wâr.
12515 alsam ein herre tuon sol,
der nâch reht wil rihten wol:
der sol dem manne niht vergeben,
der lîht wol drin nimt daz leben.
er sol in doch ungern verliesen,
12520 wan ein vihirt mac niht *ver*kiesen
eins schâfes tôt âne leit,
daz wizzet vür die wârheit.

dem Reichen soll sein Reichtum nicht von
Vorteil sein bei dem, der gerecht richten will.
Aber leider wird es nicht so gehandhabt,
das muß ich wahrhheitsgemäß berichten.
Wenn ein Herr zu Gericht sitzt,
gibt es vieles, das ihn beeinflußt,
so daß er das Recht verläßt
und sich dem Unrecht zuwendet.
....
Aus Furcht hält oft ein schlechter Herr
das Recht von seinem Gericht fern.
Auch Erbarmen, Unverstand, Neid,
Geschenke, Versprechen, Zu- und
Abneigung sind oft die Ursache, daß
einer sein Recht verliert, das ist wahr.
Ein Herr tut oft aus Unverstand,
der Geschenke wegen, aus Zu- oder
Abneigung, was er nicht tun soll.
Oft meint er auch, richtig zu handeln,
wenn er aus Erbarmen zuläßt,
daß ein Verbrecher ohne gerechtes
Urteil das Gericht verläßt; ich
hingegen kann das nicht gutheißen.
    Man soll zu Recht barmherzig sein,
das scheint mir ein gutes Vorgehen,
doch soll das Erbarmen in keiner
Weise das Recht beugen.
Wer sich nicht bessern will
und viele Untaten begangen hat,
den soll man aus der Menschheit
entfernen, das ist vernünftig.
Es ist wahrhaftig besser,
einen Teil zu verlieren als alles.
Wenn ein Bauer ein solches Schaf
hätte, das ihm die übrigen Schafe
alle auffräße, er würde es
wahrhaftig nicht leben lassen.
Genauso soll es ein Herr halten,
der gerecht richten will:
Er soll den Mann nicht begnadigen,
der vielleicht drei umbringt.
Er soll ihn jedoch ungern verlieren,
denn ein Hirt kann den Tod eines Schafs
nicht ohne Schmerz verwinden,
das merkt euch, es ist die Wahrheit.

12470 des] das *D.* wol] auch *D.*   12471 ein] der *G.*   12474 und] daz *G.*   12489 unsin] vñ vnsinne *D(G).*
12490 geheiz] heis *D.*   12496 er] der *G.*   12499 vomme] von *G.*   12500 ich wil sin aber niht *G.*
12502 dunket] dunck *D.*   vil *DG*] *nicht in A.*   12507 scheiden] balde scheiden *G.*   12513 vrezzen] essen *D.*
12520 verkiesen (*G*)] chiesen *A(D).*

Würd ich geschozzen in ein hant
mit eim geiterten phîl, zehant
12525 sult ir wizzen, daz ich wolde,
ob ich wesse, daz daz eiter solde
als dicke geschiht, zem herzen komen,
daz mir diu hant hin würde genomen.
gelouben sult ir mir ein maere:
12530 swie leit mir umb mîn hant waere,
ich wolde sî doch gerner vliesen,
dann ich wolt den tôt kiesen.
alsam ein herre tuon sol,
der nâch *reht wil* rihten wol:
12535 swie übel ein man ist,
er sol barmunge hân zer vrist,
swenn über in gêt daz geriht,
und sol daz geriht doch lâzen niht.
in sol des mannes menscheit
12540 erbarmen, dem er tuot leit,
und sînes wolves vuore sol
machen, daz er rihte wol.
swenn der rihter barmung hât
sô sol er rihten alsô drât.
12545 hât aver er barmunge niht,
so ist nih*t* guot sîn geriht.
der rihter hât einn rehten muot,
der mit barmung tuot, daz er tuot,
und doch daz gerihte niht verlât.
12550 wizzt, daz er gotes hulde hât,
wan er tuot durch daz geriht,
swaz er tuot, durch anders niht.
swer aver lachende rihten wil,
wizzet, daz er rihtet vil
12555 anders, dann er von rehte sol.
swer sich danne gehabet wol,
swenner siht eins mannes tôt,
got vergizzt ouch sîner nôt.

Würde ich von einem vergifteten
Pfeil an der Hand verletzt, müßt ihr
wissen, daß ich, wenn ich wüßte, daß
das Gift zum Herzen vordringen würde,
wie es oft geschieht, wollen würde, daß
mir die Hand sofort abgenommen würde.
Ihr müßt mir glauben, was ich sage:
Wie arg es mir um die Hand zu tun wäre,
würde ich doch lieber sie verlieren
als den Tod wählen.
Genauso soll es ein Herr halten, der
dem Recht entsprechend richten will:
Wie böse ein Mann auch ist, er
soll Erbarmen mit ihm haben,
wenn das Gericht über ihn ergeht,
doch soll er das Gericht nicht aussetzen.
Der Mensch in dem Mann soll ihn
erbarmen, dem er Leid zufügt,
dessen wölfisches Verhalten aber soll
bewirken, daß er gerecht richtet.
Auch wenn der Richter Erbarmen hat,
soll er ebenso rasch sein Urteil fällen.
Hat er aber kein Erbarmen, ist
sein Richten nicht gut.
Der Richter richtet recht, der
mit Erbarmen tut, was er tut, und
doch das Gericht nicht aussetzt.
Merkt euch, daß er Gott wohlgefällig ist,
denn er tut um der Gerechtigkeit willen,
was er tut, um nichts anderes.
Wer aber vergnügt zu Gericht sitzt,
merkt euch, daß der sehr anders richtet,
als er von Rechts wegen soll. Wer
bester Laune ist, wenn er einen
Menschen sterben sieht, den vergißt
auch Gott in seiner [letzten] Not.

Aus dem V. Kapitel

Man sol mit dem rât îlen niht,
13150 ob sîn niht grôz durft geschiht.
swen man vrâgt, man sol in lân
gedenken, daz ist wol getân.

Ratschläge soll man nicht zu eilig abgeben,
wenn keine dringende Notwendigkeit besteht.
Fragt man jemanden, soll man ihn
nachdenken lassen, das ist gut so.

12524 geiterten] gelupten G.   12528 daz] do D.   würde] ward D.   12534 reht wil (G)] got chan A(D).
12538 doch] das D.   12539 in (G)] Im A. Nu D.   12546 guot (G)] gar gvt A(D).   12548 daz] was D.
12551 daz] *nicht in* D.   12554 er] *nicht in* D.   13150 niht] *nicht in* D.   13151 swen] weñ D. Swenn G.   vrâgt
(DG)] vrait A.   man sol in] den sol man D.

man vindet müezeclîchen baz
einn rât dan îlent, wizzet daz.
13155 swenn man müezeclîchen hât
ervarn einen guoten rât
und hât gedâht, waz man welle
tuon, sô tuoz ouch harte snelle.
man sol lange gedenken, waz
13160 man tuo, und sol snelle tuon daz.
ietwederez sîn reht hât:
langer rât und snel getât.
dâ von sol man tuon snelle,
swaz man nâch dem râte welle,
13165 wan der rât, der hiut guot ist,
wirt lîht boese zeiner andern vrist.
daz hiute waere wol getân,
sol man von rehte morgen lân.
    Swenne ein herr ze râte ist,
13170 sô sol er im zuo der vrist
lâzen wesen vil unmaere
anderiu dinc und andriu maere.
der râtgebe sol niht war nemen,
waz sîn herre welle vernemen.
13175 er sol im râten daz,
daz in dunket, daz im kome baz.
vor dem râte sol ein herre behuot
sîn, den man ân vrâge tuot,
ern habe des mannes triuwe
13180 ê erkant. hüete sich vor riuwe.
ein râtgebe sol ouch sîn behuot,
swâ man eine vrâge tuot,
antwürte niht zuo der vrist,
ob dâ ein ander wîserr ist,
13185 wan daz ist zuht unde êre,
daz man sînen meister êre.
man sol einen man lân
vol sprechen, daz ist wol getân,
und sol niht vür sînn gesellen
13190 zantwürten sîn ze snelle.
die râtgeben suln âne strît
sîn, swâ einer guoten rât gît.

Bedenkt, einen Ratschlag findet man
leichter in Ruhe als in Hetze.
Wenn man in Ruhe einen guten
Rat bekommen und sein
Vorhaben bedacht hat,
dann führe man es auch schnell aus.
Man soll lange bedenken, was man
tun will, und soll es schnell ausführen.
Jedes hat seinen guten Grund:
langes Beraten und schnelles Handeln.
Man soll deswegen schnell ausführen,
was man nach der Beratung tun will,
weil der Ratschlag, der heute gut ist,
zu anderer Zeit vielleicht schlecht ist.
Was heute gut zu erledigen gewesen
wäre, soll man zu Recht morgen lassen.
    Wenn ein Herr im Rat sitzt,
soll er sich zur gleichen Zeit um
andere Dinge und andere Geschichten
überhaupt nicht kümmern.
Der Ratgeber soll nicht darauf achten,
was sein Herr hören möchte.
Er soll ihm das raten, was ihm
für jenen zuträglicher erscheint. Vor
dem Ratschlag, den man nicht verlangt
hat, soll ein Herr sich hüten, es sei denn,
er habe die Zuverlässigkeit des Ratgebers
zuvor erprobt. Er soll nichts bereuen müssen.
Ein Ratgeber soll auch vermeiden,
wenn um Rat gefragt wird,
drauflos zu antworten, wenn
ein Weiserer anwesend ist, denn
es ist wohlerzogen und ehrenhaft,
seinem Meister Respekt zu erweisen.
Man soll einen Mann ausreden
lassen, das ist gut so, und soll
nicht vor allen andern zu rasch
mit der Antwort bei der Hand sein.
Die Ratgeber sollen nicht widersprechen,
wo einer einen guten Rat gibt.

13153 baz] das D.   13156 ervarn] erfundē D.   13158 tuoz] tut ers D.   13159 waz] pas D.   13166 boese] böser
G.   13167 waere wol] were leiht wol A(G). leicht wär wol D.   13168 sol] das sol D(G).   13169-71 So der herre
an seinē rat ist / so sol im sein zu der selben frist / lait vnd vnmäre D.   13175 im] ot im D.   13176 daz in dunket]
des in duncke D.   13177-78 sol ein herre behuot / sîn den] sei der herre behut / den D.   13179 ern] Der G.
13182 eine] on D.   13183 niht] auch nit D.   13184 ob da icht mer zu reden ist D.   ander G] nicht in A.
13185 daz] da DG.   13186 meister (D)] maisten A(G).   13189 vür] nicht in D.   gesellen DG] geselle A.
13190 zu antwort gahens snelle D. ze antw°rte sin so snelle G.   13191-2 suln âne strît / sîn swâ] sint auch one streit /
weñ D.   13192 swâ einer] swann ainer A(D). sweiner einer G.

Aus dem VI. Kapitel

Tuot man, als ich hân geseit,
sô wizzet vür die wârheit,
13195 daz man behalt wol sîn geriht,
daz âne rât ist ze niht.
noch wil ich iu sagen mêre:
man sol haben dise lêre,
daz man ân ruom rihten sol,
13200 swer nâch reht wil rihten wol.
durchz reht sol sîn daz geriht.
waer ez aver durch anders iht,
ez möht ‚geriht‘ niht heizen wol.
ein ieglîch man daz wizzen sol:
13205 geriht durch minne und vriuntschaft
mac niht haben gerihtes kraft.
ob ez aver durch ruom geschiht,
ez mac niht heizen ‚geriht‘;
ez mac sînn namen niht wol hân,
13210 ez enwerd durch reht getân.
dâ von suln si hüeten hart,
die amme geriht sint wol bewart,
daz si ir guot geriht
verliesen durch ruom niht.
13215 swer durch ruom gît sîn guot leben,
der hât daz meist durchz minnest geben.
swenne man ie tuot baz
und baz rihtet, sô wizzet daz,
daz man ie baz bewarn sol
13220 vor meile, swaz ist getân wol.
daz meil stêt boeslîchen
an guotem scharlach sicherlîchen;
der ruom ouch vil übel stât
in eins iegelîchen guoter tât.
13225 man sol haben ouch den sin,
daz man nien rihte durch gewin,
wan der vil unrehte tuot,
der einn diep haehet durch guot.
dem diebe ist reht geschehen,
13230 sô mag ich doch vür wâr gejehen,
daz der tuot vil unreht,
der iemen ân reht gît sîn reht.

Tut man, wie ich gesagt habe,
dann, merkt euch, hält man
sein Gericht in gutem Ruf, das
ohne Beratung nichts taugen würde.
Ich will euch noch etwas sagen:
Man soll dies beherzigen, daß, wer
rechtmäßig richten will, nicht richten
soll, um berühmt zu werden. Um der
Gerechtigkeit willen soll gerichtet werden.
Geschieht es aber wegen irgendetwas anderem,
könnte es nicht gut ‚Rechtsprechung‘ heißen.
Jeder muß wissen: Richten, beeinflußt
durch Liebe und Freundschaft, kann nicht
die Kraft [rechten] Gerichts entfalten.
Wenn es aber geschieht, um berühmt zu werden,
kann es nicht einmal ‚Richten‘ heißen;
es verdient diesen seinen Namen nicht,
wenn es nicht der Gerechtigkeit wegen
erfolgt. Deshalb sollen die, denen das
Gerichtswesen obliegt, achtgeben,
daß sie ihr gutes Richten nicht der
Berühmtheit wegen aufgeben. Wer aus
Ruhmsucht sein Wohlverhalten opfert, hat
das Größte gegen das Geringste eingetauscht.
Wenn man es immer besser macht
und besser richtet, dann beachtet auch,
daß man, was gut gemacht ist, stets
aufmerksamer vor Befleckung behüten muß.
Auf gutem Scharlach nimmt sich ein Flecken
bekanntermaßen häßlich aus;
Ruhmsucht nimmt sich auch sehr häßlich aus
bei jedem, der sich sonst gut führt.
Man soll auch so verständig sein,
nicht aus Gewinnsucht zu richten,
denn der handelt sehr ungerecht, der
einen Dieb des Gewinns wegen hängen läßt.
Zwar ist dem Dieb recht geschehen,
dennoch muß ich wahrheitsgemäß sagen,
daß der großes Unrecht begeht, der jenem
Recht ohne rechtes Richten geschehen läßt.

13195 behalt wol sîn] man mag behaldē dz D. 13198 haben] behalden D. behaben G. 13199 ruom] frvm G. 13201 durchz] Durch D. 13203 ez möht] So mag er D. 13204 daz] nicht in DG. 13205 minne] mite D. miete G. 13208 niht] aber nit D(G). 13209 wol] nicht in D. 13211 si] sich G. 13212 sint wol] wellē seī D. 13216 der D(G)] Dar A. hât daz] hatez G. durchz] dvrh A. vmb dz D. vmbez G. 13218 baz] das D. 13220 vor] sich vor G. swaz] das D(G). 13224 (G)] In aim iegeleichem gvt getat A. in gutes mannes guter getat D. tât] getat ADG. 13226 durch] nach D. 13228 haehet] habet D. henchet G.

daz reht muoz rehtes namen lân,
dem reht enwerde reht getân.

13235 der machet daz reht zunreht wol,
der anders rihtet, danner sol.

Noch wil ich einen rât geben:
ein herre sol niht vil drô phlegen.
dâ von, daz nâch dem liehtblicke

13240 kumt der donerslac dicke,
dâ von ist man ân vorhte niht,
swenne man den liehtblic siht.
ob der doner zaller vrist
slüege, swennez bleczend ist,

13245 sô vorhte man in aver baz
dan man tuot. wizzet daz:
swie grôz der schal des doners sî,
solde der slac niht wesen derbî,
man vorhte in lützel ode niht.

13250 wizzet, daz alsam geschiht
einem herrn, der drôn wil,
unde tuot doch niht ze vil.
swelhem herren daz geschiht,
daz er drôt und tuot niht,

13255 sîne drô machent daz,
daz man wese sicher baz.
sîn drôn mir sicherheit gît,
swer âne werc dreut zaller zît,
wan er tuot drônde ûf vil gar,

13260 daz er mit werc niht tuon getar.

Hie sult ir ein bîspel vernemen
und sult derbî ouch bilde nemen:
der ôrohte Baldewîn was
zeinen zîten an dem grüenen gras.

13265 vor vreuden lief er unde spranc,
dar nâch huob er ein gesanc,
daz vil gar der walt erhal.
sîn scherzen unde sîn schal
was sô vreislîch und sô grôz,

13270 daz sîn diu wilden tier verdrôz.
diu wilden tier vorhten über al
wider êrste den grôzen schal.
dô kom der lewe geloufen dar
und began siu troesten gar.

13275 er sprach: „mîn wille und mîn gebot
ist, daz ein sneller bot

Das Richten verliert seinen Namen, wenn
nicht dem Recht Genüge getan wird.
Der macht aus Recht Unrecht,
der anders richtet, als er soll.

Ich will noch einen Rat geben:
Ein Herr soll nicht immer drohen.
Weil auf den Blitz
oft ein Donnerschlag folgt,
ist man nicht ohne Furcht vor ihm,
wenn man den Blitz sieht.
Wenn der Donner immer anschlüge,
wenn es blitzt,
würde man ihn noch mehr fürchten,
als man tut. Bedenkt aber: Wie gewaltig
der Lärm des Donners auch ist,
wäre der Blitzschlag nicht dabei, würde
man ihn wenig oder gar nicht fürchten.
Merkt euch, daß es ebenso einem
Herrn geht, der gern droht
und doch nicht allzu viel ausführt.
Welcher Herr es so hält,
daß er droht und nichts ausführt,
dessen Drohungen bewirken,
daß man sich um so sicherer fühlt.
Dessen Drohen gibt mir Sicherheit,
der ohne Ausführung immerzu droht,
denn er stellt drohend in Aussicht,
was er nicht in Taten umzusetzen wagt.

Hier sollt ihr eine Fabel hören und
euch daran ein Beispiel nehmen:
Der langohrige Baldewin erging sich
einmal im grünen Gras.
Vor Vergnügen lief und sprang er herum,
danach begann er ein Lied zu singen,
daß der ganze Wald widerhallte.
Sein Jubelgeschrei und sein Lärmen
war so grauslich und so gewaltig,
daß es die wilden Tiere aufstörte.
Zuerst fürchteten die wilden Tiere sich
allenthalben vor dem großen Getöse.
Da kam der Löwe angerannt
und begann sie zu beruhigen.
Er sagte: „Es ist mein Wille und mein
Gebot, daß ein gewiefter Kundschafter

13234 enwerde] werde DG.   13235 daz reht] nicht in D.   13239 daz] das man D.   13240 kumt der] sicht den
D.   13242 den liehtblic] den liechtĕ plick D. denne liechte bliche G.   13244 bleczend] plickczent D. blichende
G.   13246 tuot (DG)] tv A.   13247 sî] ist D.   13248 derbî] zu der frist D.   13254 niht] doch nicht G.
13255 machent] machet D.   13257 sîn drôn mir] Des dro vns D. Sine dro mir G.   13259 ûf] ovch G.   13260 mit
werc] nicht in AG. mit werkken D.   tuon] tṽnde G.   13266 ein] sein D.

vil wundernbalde loufe dar
und ervar uns daz vil gar,
wes der schal müge wesen.
13280 muge wir *niht hie* genesen,
sô sul wir von hinne varn.
wir suln uns vor im bewarn,
daz ist gar der rât mîn.
er mac vil wol mîn meister sîn."
13285 er hiez im vil drât gewinnen
den wolf, dem sprach er zuo mit sinnen.
er sprach: „wolf, ich weiz, du bist
küene und wîs. ze dirre vrist
bedurfe wir dîner liste wol
13290 und dîner kuonheit, wan du sol
unser aller bote sîn.
ervar, lieber vriunt mîn,
waz kunders daz müge wesen.
müge wir danne hie genesen
13295 vor im, daz lâ uns wizzen drât."
„hei welch ein vreislîch stimme er hât!",
sprach der wolf, „ich mac wol jehen,
ir welt mich nimmer mêr gesehen."
der tiere samenunge gar
13300 began in biten, daz ist wâr,
daz erz taet, vil wundernhart.
mit vorht huob er sich ûf die vart.
nu hoeret, waz der wolf sprach,
do er den Baldewînen sach:
13305 „si habent mich *vür* einen tôren
her gesant. mit den ôren
möhte er mich slahen ze tôt.
ouwê mir dirre nôt!
bî sîner stimme möht ich hân erkant,
13310 daz er waere der vâlant.
sol ich vliehen ode niht?
ich weiz wol, ob er mich siht,
sô bin ich tôt sicherlîchen.
ich mag im nimmer dan entwîchen.
13315 doch wil ich bî dem holze gên.
ob er mich lîhte wil bestên,
sô vliuhe ich snelle an die dicke.
ich vürht vil harte sîne blicke."
Baldewîn, der sach in an.

schneller als schnell dort hinläuft
und für uns genau herausfindet,
wo das Getöse herkommt. Haben
wir hier keine Überlebenschance,
werden wir auswandern. Wir werden
uns vor ihm in Sicherheit bringen,
schlage ich vor. Vielleicht ist er
mir ja überlegen." Er ließ sich
eilends den Wolf herbeiholen,
dem hielt er eine kluge Rede.
Er sagte: „Wolf, ich weiß, du bist
kühn und weise. Jetzt
brauchen wir deine Schläue
und deine Kühnheit, denn du sollst
unser aller Kundschafter sein.
Finde heraus, mein lieber Freund,
was das für ein Geschöpf ist.
Können wir hier vor ihm sicher sein,
dann laß uns das sogleich wissen."
„Herrjeh, was für eine grausliche Stimme
er hat!", sagte der Wolf, „ich sage voraus,
ihr seht mich nie wieder."
Die ganze Versammlung der Tiere,
das ist wahr, drang in ihn so sehr
wie noch nie, er solle es doch tun.
Voller Furcht machte er sich schließlich
auf. Nun hört, was der Wolf sagte,
als er den Baldewin erblickte:
„Sie haben mich hergeschickt, weil sie
einen Idioten brauchten. Mit diesen
Ohren könnte er mich erschlagen.
Ich Armer, was für eine Katastrophe!
Aus seiner Stimme hätte ich schließen
können, daß er der Teufel sein muß.
Soll ich fliehen oder nicht?
Ich weiß genau, wenn er mich sieht,
bin ich ganz gewiß des Todes.
Entkommen kann ich ihm dann nicht.
Aber ich will mich an den Waldrand stellen.
Wenn er vielleicht auf mich losgeht,
fliehe ich rasch ins Dickicht. Ich
habe ja solche Angst vor seinem Blick."
Da sah Baldewin ihn an.

13277 wundernbalde] wunder drat *D.*   13280 niht hie] hie niht *ADG.*   13284 mîn] ein *D.*   13285 im] in *D.*
13286 den wolf er sprach zv im mit sinnē *G.*   den wolf dem] dem wolf *D.*   13287 weiz] weiz daz *G.*
13289 bedurfe] Bedv̊rfte *G.*   13290 kuonheit] kundichait *D.*   13297 jehen] v’iehē *D.*   13300 began] begundē
D.   13305 vür] als *ADG.*   13309 bî] An *D.*   hân] hant *D.*   13310 er] es *D.*   13314 mag] man *D.*   nimmer]
nȳdert *D.* nind’ *G.*   13316 wil] welle *G.*

13320 vil nâch huop sich der wolf dan.
daz er niht envlôch vil sêre,
des half im sînes vater lêre.
der in hete gelêret wol,
daz er nimmer vliehen sol,
13325 ern saehe, daz man in jaget,
anders waer er gar verzaget.
dô der wolf daz gesach,
daz Baldewîn niht ensprach,
dô huob er sich nâch sîner wîse
13330 nâher zuo zim harte lîse.
er stuont im vil nâhen bî.
„ich muoz sehen, waz daz sî",
sprach der wolf, dô er gesach,
daz er dannoch niht ensprach.
13335 er machte sich vil samfte dar
und beiz in hinden, daz ist wâr,
mit grôzer vorhte unde spranc
von im wol eines schaftes lanc.
hiet Baldewîn gehabt den sin,
13340 daz er sich hiet gekêrt an in,
der wolf waer im zegelîchen
entwichen danne sicherlîchen.
des entet er aver niht.
dô kêrt der wolf zem boesewiht
13345 und beiz in vor und hinden gar.
ir sult gelouben wol vür wâr,
daz er in niht vorhte sît
noch envürhtet zuo deheiner zît.
er sprach: „hin vür hân ich vür niht,
13350 swâ ein schal sô geschiht.
ichn kêr dar an niht mînen muot,
die wîle man mir niht entuot."
dô der wolf seit sîniu maere
dem wilde, swer dâ gewesen waere,
13355 der möhte hân wol vernomen,
daz in der wolf was willekomen.
der hase vorhte sider niht
Baldewînn, den boesewiht.
dehein vrum man sicherlîchen
13360 sol sich dem Baldewîne gelîchen.
swer in sîme gerihte wil
âne werc drôn vil,
der rihtet niht ze wol dâ mite,
wan er hât Baldewînes site.

Beinah wäre der Wolf fortgerannt.
Seines Vaters Lehre half ihm, daß er
nicht sogleich das Weite suchte.
Der hatte ihn gelehrt,
nie zu fliehen, wenn er nicht sähe,
daß man ihn tatsächlich jage,
sonst nämlich wäre er ein Feigling.
Als der Wolf merkte,
daß Baldewin nichts sagte,
schlich er, wie es seine Art ist,
ganz behutsam näher an ihn heran.
Schließlich stand er ganz dicht bei ihm.
„Ich muß sehen, was das hier soll",
sagte der Wolf, als er merkte,
daß jener immer noch nichts sagte.
Er trat ganz vorsichtig heran
und biß ihn, wahr ist's, voller Furcht
ins Hinterteil und machte sogleich
einen Satz rückwärts, einen Schaft lang.
Wäre Baldewin so gescheit
gewesen, sich zu ihm umzudrehen,
der Wolf wäre ganz gewiß
in Panik vor ihm geflohen.
Das tat er aber nicht. Da kam
der Wolf zum Bösewicht zurück
und biß ihn überall vorn und hinten.
Ihr könnt wahrhaftig glauben, daß er
seither keine Angst mehr vor ihm
hatte noch je wieder haben wird.
Er sagte: „In Zukunft achte ich nicht
drauf, wo es so ein Getöse gibt.
Ich kümmere mich nicht darum,
solange man mir nichts tut."
Als der Wolf seine Geschichte
den Tieren erzählte, hätte, wer
dabei gewesen wäre, wohl gemerkt,
daß der Wolf ihnen willkommen war.
Nicht einmal der Hase fürchtete
seitdem Baldewin, den Bösewicht.
Ganz gewiß soll kein tüchtiger Mann
Baldewin nachahmen.
Wer in seinem Gericht
droht ohne Taten, der richtet
damit nicht sonderlich gut, denn er
macht aus sich einen Baldewin.

13331 er] Vnd D.   13333 der wolf] er D.   13336 hinden] in hind'n G.   13344 kêrt (DG)] chert sich A.   zem D]
zainem A(G).   13347 in G] im A.   nicht in D.   13349 er sprach] nicht in D.   niht] nicht in G.   13355 hân] da
han D.   wol] nicht in G.   13356 willekomen] wol komē D.   13359 vrum] nicht in G.   13360 dem] nicht in
G.   13362 vil] zu vil D.

Aus dem VII. Kapitel

Noch wil ich geben einen rât:
man sol niht gelouben drât
13415 allez, daz man hoeret sagen.
ich hoere harte dicke klagen,
daz unklegelîch ist.
swer gerne geloubet zaller vrist
allez, daz man *klagen* wil,
13420 der hoert unnützer klage vil.
swer ein klage vernomen hât,
der habe den sin und ouch den rât;
daz er wol ervar daz,
ê erz geloube, er tuot baz,
13425 wan swer zehant gelouben wil,
wizzt, daz er tuot zunrehte vil.
ouch wizzet, daz der selbe man
daz slehte krump machen kan
unde machet daz krumbe sleht.
13430 jâ ist drîer slahte unreht:
einz, daz man ân sîn wizzen tuot,
daz ander mit gewizzem muot,
daz dritte, daz man wert niht;
wan, swem unreht geschiht,
13435 swer im dan niht helfen wil,
der tuot im selbn unrehtes vil.

Ich will noch einen Rat geben:
Man soll nicht sogleich alles glauben,
was man reden hört.
Oft höre ich Dinge beklagen,
die gar nicht zu beklagen sind.
Wer bereitwillig immer alles glaubt,
was beklagt wird,
hört viel unnütze Klagen.
Wer eine Klage gehört hat,
sei so verständig und besonnen,
gründlich nachzuforschen, bevor
er es glaubt, daran tut er besser,
denn merkt euch, daß, wer sogleich
glaubt, viel zum Unrecht beiträgt.
Bedenkt auch, daß einundderselbe Mensch
das Grade krumm machen kann
und das Krumme gerade macht.
Es gibt ja dreierlei Unrecht: eines,
daß man ohne genaue Kenntnis handelt,
das zweite in genauer Kenntnis, das dritte,
daß man dem Unrecht nicht entgegentritt;
denn wer dem, dem Unrecht geschieht,
nicht helfen will, der
setzt sich selbst arg ins Unrecht.

X. Teil
Aus dem I. Kapitel

13565 Trût veder, du solt dich niht lân
betrâgen, wan ez ist getân
vil schiere, swaz ich schrîben wil.
daz reht hât mich gemant vil,
daz ich nâch im schrîbe von der tugent,
13570 diu an alter und an jugent
nâch reht behaltn und geben kan,
die hât ein ieglîch milte man.
milte heizt diu selbe tugent
und ist *ein* gezierde der jugent
13575 unde ist des alters krône.
si macht die andern tugende schône

Liebe Feder, laß es dich nicht
verdrießen, denn es ist sehr bald
beendet, was ich schreiben will.
Das Recht hat mich dringlich ermahnt,
nach ihm von der Tugend zu schreiben,
die im Alter wie in der Jugend
behalten und geben kann, wie es recht ist.
Jeder freigebige Mensch besitzt sie.
Freigebigkeit heißt diese Tugend
und ist eine Zierde der Jugend
und eine Krone des Alters.
Sie macht in Wahrheit die anderen

13413 ich] ich euch D.   13415 hoeret] hie hort D.   13417 daz] das doch D.   13419 klagen] sagen AD.
13420 hoert] hort dick D.   13426 wisset der tut vnrechtes vil D.   13427 ouch (DG)] *nicht in* A.   13430 jâ] das
D.   13432 gewizzem] gewissen D.   13436 selbn] *nicht in* G.   13565 veder] vetter D.   13567 swaz] wañ D.
13569-70 Das ich nach im schreibe / von der tugent libe / Die in alder vnd in iugent / vnd von der grossen tugent D.
13571 geben] lebn D.   13574 ein DG] *nicht in* A.

unde lieht, daz ist wâr,
si ist der tugende spiegel gar.

Tugenden schön und strahlend.
Sie allein ist der Spiegel der Tugenden.

Aus dem II. Kapitel

Von kalter natûre kumt diu erge;
13790 dâ von erwehset ouch ir sterke,
swenn der man eraltet ist,
wan er ist kelter zuo der vrist.
daz alter grôze erge bringet.
der kelt natûre ist, daz si dwinget;
13795 dâ von mac der arc sîn baz
der kelter ist, wizzet daz.
ist ein man staete niht
in sîner jugent, ez geschiht
dick, daz im in sîner alten zît
13800 got staetekeit gît.
daz selbe ist von der unmâze,
von der ich unkiusch niht enlâze.
der in sîner kintheit
hât unmâze und unkiuscheit,
13805 der laezet vil dicke daz,
swenner eraltet, und tuot baz.
anders von der erge ist:
der muoz sîn arc zaller vrist,
der in sîner jugent erge hât,
13810 wan in diu erge niht verlât.
er muoz sîn gar ein boesewiht.
diu erge kumt von im niht,
und sô er ie eraltet baz,
so er ie erger ist, wizzt daz.
13815 hie bî sult ir verstên wol,
daz man die erge haben sol
gar vür eine boese untugent.
swer si hât in sîner jugent,
der ist des gewis wol,
13820 daz ers in alter haben sol.

Der Geiz rührt von der kalten Natur her;
deswegen wächst er auch an Kraft,
wenn der Mensch alt geworden ist,
denn in dieser Zeit ist er kälter.
Das Alter bringt großen Geiz mit sich.
Die Natur der Kälte ist es, die ihn
regiert; deswegen, merkt euch, muß
der geiziger sein, der kälter ist.
Wenn einer in seiner Jugend
nicht beständig ist, kommt es oft vor,
daß ihm Gott in seinem Alter
Beständigkeit verleiht.
Das gleiche gilt von der Maßlosigkeit,
die Unkeuschheit nicht zu vergessen.
Wer in seiner Jugendzeit
maßlos und unkeusch war,
der läßt häufig davon ab,
wenn er alt wird, und bessert sich.
Anders verhält es sich mit dem Geiz:
Wer in seiner Jugend geizig ist,
der muß immer geizig bleiben,
denn der Geiz verläßt ihn nicht.
Er muß ein Geizkragen bleiben.
Der Geiz läßt ihn nicht los,
und je älter er wird, desto
geiziger ist er, merkt euch das.
Daran sollt ihr erkennen, daß man
den Geiz für ein besonders
schlimmes Laster halten soll.
Wer ihn in der Jugend hat,
der kann sicher sein, daß er
ihn auch im Alter haben wird.

Aus dem IV. Kapitel

Ein ieglîch man sehen sol,
wâ sîn gâbe sî gestatet wol.

Jeder soll genau zusehen,
wo seine Gabe angebracht ist.

13789-90 Von kalter nature die erge ist / dauon wachset ir stercke alle frist D(G). 13791-92 So der man ie mer er altet / so im der leib ie mer erkaltet D. Swenne d' man ist eraltet / so er ie mer erchaltet G. 13793 So das alter ie mer erge bringet D(G). 13799 dick] *nicht in* G. sîner alten] seins alters D(G). 13802 ich unkiusch niht] vnkeusche ich nit D(G). 13806 baz] daz G. 13811 gar] *nicht in* D. 13814 ist] wirt D. 13819 wol] vil wol D.

man sol sehen zaller zît,
wer der sî, dem man dâ gît,
14165 daz man gebe zaller vrist
dar nâch, unde der man ist.
jâ sol man geben dem rîchen
seltsaeniu dinc sicherlîchen
und dem armen zaller vrist,
14170 daz im guot und nütze ist.
swer diu liut niht scheiden wil,
gît umbescheidenlîchen vil.
swâ unbescheidenunge ist,
dâ ist diu milte niht zer vrist,
14175 wan diu untugent lît
verre von der tugent zaller zît.
    Swer bescheidenlîchen geben wil,
gebe niht ze lützel noch ze vil.
der hât sîn gâb ze sîner hab
14180 gemezzen, der nâch rehte gab.
der roubt sich selben, daz ist wâr,
swer daz sîne vertuot gar.
ich waen, erz mîne ungerne lât,
der sich selben beroubet hât.
14185 der gît nâch rehte zaller zît,
der nâch sîner habe gît.
swelich man mêr geben wil,
der muoz zunrehte nemen vil.
er muoz swern unde liegen
14190 unde rouben unde triegen.
swer zunreht iht hât genomen,
der ist dâ ûz der milte komen,
wan diu tugent schadet niht;
von untugent schade geschiht.
14195 Man sol einem geben sô,
daz von der gâb nien werde unvrô
der, dem manz genomen hât;
daz ist der milte wille und rât.
diu milte niemen schaden wil;
14200 si gît ân leit vreude vil.
diu milte entuot niemen leit.
diu milte ist gar ân girescheit.
swer giresch ist nâch dem guot,
der mac niht hân einn milten muot.
14205 Hie wil ich iuch wizzen lân,
daz ein herre und ein ander man

Man soll immer achtgeben,
wer der ist, dem man gibt, damit
man immer dem entsprechend gibt,
wie der Mensch beschaffen ist.
Dem Reichen nämlich soll man
nur ausgefallene Dinge geben
und dem Armen immer das,
was ihm guttut und hilft. Wer
keinen Unterschied macht zwischen
den Leuten, gibt oft unvernünftig.
Wo Unvernunft ist, gibt
es nicht zugleich Freigebigkeit,
denn das Laster ist stets
weit von der Tugend entfernt.
    Wer vernünftig geben will,
gebe weder zu wenig noch zu viel.
Wer richtig gab, hat seine Gabe
seinem Vermögen angepaßt.
Wahr ist, daß der sich selbst beraubt,
der das Seine verschleudert.
Ich glaube, der, der sich selbst beraubt hat,
läßt mir auch das Meine nicht gern.
Der gibt immer, wie es Recht ist, der
nach Maßgabe seines Vermögens gibt.
Wer mehr geben will,
muß viel unrechtmäßig einnehmen.
Er muß schwören und lügen
und rauben und betrügen. Wer
etwas unrechtmäßig eingenommen
hat, hat die Freigebigkeit verfehlt, denn
die Tugend richtet keinen Schaden an;
vom Laster kommt Schaden.
    Man soll einem so geben, daß
durch die Gabe der nicht böse wird,
von dem man es genommen hat;
so rät und will es die Freigebigkeit.
Die Freigebigkeit will niemandem
schaden; sie gibt Freude ohne Kummer.
Die Freigebigkeit fügt niemandem Leid zu.
Die Freigebigkeit kennt keine Begierde.
Wer nach Geld gierig ist,
kann nicht freigebig sein.
    Hier will ich euch lehren, daß ein
Fürst und ein beliebiger anderer das, was

14172 gît] der geit D(G). 14173 unbescheidenunge] vnbescheidenheit DG.   14179 hât] hette G.   14180 gab]
gaebe G.   14181 der] er D.   roubt] nicht in G.   14183 erz] er mir dz D.   14184 beroubet (DG)] geravbet A.
14185 der] Er D.   14190 unde] vnd auch D.   14191 zunreht] vnreht G.   14192 dâ] gar D.   14193 schadet] die
enscheidet D. schaden G.   14196 nien] icht D.   14198 rât] ir rat G.   14201-14520 nicht in G.   14205-
14258 nicht in D.

suln ir zerunge ungelîche
zir habe mezzen sicherlîche.
wan ob ein rîter wil zem jâr
14210 des jâres gelt zern gar,
des enist niht ze vil.
ob ez aver ein vürste tuon wil,
daz gevellt mir niht ze wol,
wan ein ieglîch herre sol
14215 etwaz zem jâre legen
in sîn kamer. des sol er phlegen
dâ von, daz er niemen tuo wê,
ob in ein urliuge ane gê
durchs landes vrumen unde êre.
14220 wan solder danne nemen mêre
dem vriunde, dan der vîent tuot,
der waer weder hüfsch noch guot.
daz eine behaltent d'herren wol,
daz si ir kamer machent vol.
14225 daz ander behaltents aver niht,
wan ob si verzernt iht
durch des landes und ir êre,
si wellent, daz man in gebe mêre
und bringent ir liute in grôzez leit,
14230 daz si stiurn ir girescheit.
swie ichz den herren wîze sêre,
sô wil ichz doch den wîzen mêre,
diez lobent. ez ist komen dar,
daz man lobt ir geverte gar.
14235 ist ein herre arc und âne prîs,
sô spricht man: „herre, ir sît wîs,
daz ir iuwer guot behalten kunt."
sô ist sîn erge wîten kunt,
swenners selbe erkennet niht.
14240 seht, wie in efft der boesewiht!
ob er daz sîne gar vertuot,
man spricht: „ir habt einn milten muot."
mit sô getâner lurzheit
bringt mans in die goukelheit,
14245 daz si enkunnen sterben noch leben,
weder behalten noch geben.
maniger dunkt sich vil ahtbaere,
der wol wesse, daz erz niht enwaere,
seit man vor den herrn als hinder in.
14250 daz ist an in der meiste unsin,
daz si waennt, man sage gar
vor in als hinder in. zewâr,

sie verbrauchen, auf unterschiedliche
Weise ihrem Vermögen anpassen sollen.
Wenn nämlich eine Ritter im Jahr
die Einkünfte des Jahres aufbraucht,
ist das nicht unangemessen.
Wenn aber ein Fürst es so halten will,
gefällt mir das nicht sonderlich,
denn jeder Fürst soll etwas von seinem
Jahreseinkommen in seine Schatzkammer
legen. Das soll er deswegen einhalten,
damit er niemanden zu Nutz und Ehre
des Landes ruinieren muß,
wenn er mit Fehde überzogen wird.
Wenn er nämlich dann dem Freund mehr
nehmen muß, als es der Feind tut,
handelte er weder hofgemäß noch gut.
An das eine halten sich die Herren bestens,
daß sie ihre Schatzkammer füllen.
An das zweite halten sie sich dagegen
nicht, denn wenn sie etwas ausgeben
zu ihrer und des Landes Ehre, wollen
sie, daß man ihnen mehr zuträgt, und
bringen ihre Untertanen in große Bedrängnis,
damit diese ihre Begierden mit Steuern füttern.
So sehr ich die Herren deswegen tadle,
tadle ich jene doch mehr, die es gutheißen.
Es ist soweit gekommen,
daß man ihr Verhalten sogar preist.
Ist ein Herr geizig und ohne guten Ruf,
so sagt man: „Herr, ihr seid weise, weil
ihr das Eure so gut zusammenhalten könnt."
So ist sein Geiz weithin bekannt,
wenn er selbst ihn auch nicht erkennt.
Seht, wie ihn der Schurke zum Narren hält!
Wenn einer das Seine verschleudert,
sagt man: „Ihr seid so freigebig."
Mit solchen Vortäuschungen
macht man sie so närrisch, daß
sie weder sterben noch leben, weder
richtig behalten noch geben können.
Mancher kommt sich hochangesehen vor, der
genau wüßte, daß er es nicht ist, wenn man vor
ihm ebenso reden würde wie hinter seinem
Rücken. Das ist ihre größte Dummheit,
daß sie meinen, man sage alles vor ihnen
ebenso wie hinter ihrem Rücken.

14227 und] vnd dvrh A.

daz bring*et* si in die stricke,
daz die herren waenent dicke,
14255 daz diu toerscheit milte sî
und erge wîstuom. daz merket wî,
wan ich muoz die rede lân
und heven die dritten regel an.

Wahrhaftig, das bringt sie an den
[bewußten] Strick, daß die Herren oft
meinen, [nur] die Torheit sei freigebig
und Geiz Weisheit. Denkt [selbst] nach,
wie es ist, denn ich muß das Thema beenden
und mit der dritten Vorschrift anfangen.

Aus dem V. Kapitel

Swer nâch rehte geben wil,
14260 der sol sich sûmen niht ze vil.
swer sich ze lange biten lât,
wizzet, daz er verkoufet hât,
swaz er im danne gît.
man koufet tiure zaller zît,
14265 daz man mit scham koufen sol,
daz geloubet rehte wol.
swelch man schiere geben wil,
der gît mit kleinen dingen vil,
wan er in der scham erlât
14270 und der vorhte, die man bitende hât.
der gît mit grôzen dingen kleine,
swer gît unde gît seine.
swer lange den andern biten lât,
wizzt, daz er lange den willen hât,
14275 daz er im niht geben wil.
man sol im danken niht ze vil.
swelch man gît und gît drât,
wizzt, daz er zwir gegeben hât.
....
Swenn ein man gegeben hât,
sô sol er danne alsô drât
vergezzen, daz er hât gegeben.
14470 swer aver nimt, sol gar sîn leben
gedenken harte wol dar an,
daz im der man liep hât getân.
der sol swîgen, der dâ gît;
swer nimt, der spreche zaller zît.
14475 der milt man sol gedenken niht,
daz er habe gegeben iht,
niwan swenn in der manen wil,
dem er hât gegeben vil.

Wer geben will, wie es richtig ist,
soll nicht zu lange zögern.
Merkt euch, daß der, der sich zu lange
bitten läßt, dem das, was er schließlich
gibt, verkauft hat.
Immer kauft man teuer,
was man mit Scham bezahlen muß,
das könnt ihr mir wirklich glauben.
Wer rasch gibt, der gibt
auch mit Wenigem viel, weil er
einem die Scham und die Furcht
erspart, die man als Bittender hat.
Der gibt mit Vielem wenig,
der zwar gibt, aber zögerlich.
Merkt euch, daß der, der den andern
lange bitten läßt, lange die Absicht hat,
ihm überhaupt nichts zu geben. Ihm
braucht man nicht allzu dankbar zu sein.
Wer gibt und zwar rasch, merkt euch,
daß der zweimal gegeben hat.
....
Wenn einer gegeben hat,
soll er ebenso rasch vergessen,
daß er gegeben hat.
Wer aber nimmt, soll sein Leben
lang daran denken, daß der Geber
ihm eine Wohltat erwiesen hat.
Wer gibt, der soll schweigen.
Wer nimmt, der soll immer sprechen.
Der Freigebige soll nicht daran denken,
daß er etwas gegeben hat,
außer wenn ihn der daran erinnert,
dem er viel gegeben hat.

14253 bringet] bringent *A*. 14260 sûmen] samen *D*. 14264 tiure] tewrer *D*. 14269 in] im *D*. 14270 und]
von *D*. 14469 daz] was *D*. 14470 nimt sol] mynt so *D*. 14473 dâ] *nicht in D*.

Aus dem VI. Kapitel

swaz dem, der dâ nimt, bringet êr,
daz sol offenlîchen der
geben, der dâ geben sol,
14600 daz ist getân rehte wol.
hüfschiu dinc, vederspil,
pirshunde, swer diu geben wil,
der solz offen, swennerz gît,
wan ez ze vreude hoeret zaller zît.
14605 swaz dâ hilft der armuot,
phenninge od sô getân guot,
daz sol man tougenlîchen geben.
ez êret niht, ez hilft dem leben.

Was den, der nimmt, ehrt,
soll der, der geben soll,
öffentlich geben,
das ist recht und wohlgetan.
Hofgemäße Sachen, Jagdvögel,
Jagdhunde, wer derlei gibt, soll es,
wenn er gibt, offen tun, denn das gehört
stets zum freudigen Ereignis dazu.
Was der Armut aufhilft,
Geld oder derartige Güter,
das soll man heimlich geben. Es ehrt
nicht, es hilft nur zum Überleben.

VII. Kapitel

Ein buoch sol lange wern,
dâ von wil ich dâ mit wern
die, der vriuntschaft ich wil hân
14630 vil gerne, wil mir si got lân.
swer ist ode wirt tugenthaft,
dem gibe ich ze vriuntschaft
mîn buoch, daz er dermite
stiure sîn schoene site.
14635 er sol ouch mit guoter tât
bezzern, swaz er hât
an mînem buoche gelesen,
des sol er ermant wesen.
swer nien hât zuht und schoene site,
14640 der sol niht umbe varn dermite.
dehein lêre hât die kraft,
daz si mache tugenthaft
den, an dem tugent niht enist.
man mac daz wazzer slahen zaller vrist,
14645 daz ez doch enviuwert niht,
wan im daz viur ze hân niht geschiht.
swie kalt ein stein ist,
man gewinnet doch mit list
viuwer drûz, wan ez ist drinn.
14650 ist in einem manne sin,
swie traege er sî an guoten dingen,

Ein Buch kann lange Bestand haben,
deshalb will ich die mit ihm beschenken,
deren Freundschaft ich mir sehr gern erhalten
möchte, wenn Gott sie mir lassen will.
Wer tugendhaft ist oder werden will,
dem schenke ich mein Buch
als einem Freund, damit er mit ihm seine
schöne Art zu leben unterstützt.
Er soll auch mit gutem Tun
übertreffen, was er in meinem
Buch gelesen hat, daran soll er
hier erinnert sein. Wer weder gute
Erziehung noch schönes Verhalten
kennt, soll nicht damit umgehen.
Keine Lehre hat die Kraft,
den tugendhaft zu machen,
in dem keine Tugend steckt.
Man kann das Wasser immerzu schlagen,
es wird sich doch nicht entzünden,
denn Feuer zu enthalten ist ihm nicht gegeben.
Wie kalt auch ein Stein ist,
gewinnt man doch mit Geschick
Feuer daraus, denn es steckt darin.
Ist Verstand in einem Menschen,
kann man ihn, wie träge er zum Guten

14599 dâ geben] do gelten D.   14603 solz offen] sol hoffen D.   swennerz] wenne ers D. swenne er G.
14604 vreude] freudē D(G).   14605 dâ hilft der] hilffet da der D. hilfet fûr div G.   14606 od] vnd D.
14627 Ein] Mein D(G).   14628 dâ von ... dâ mit] damit ... dauō D.   14629 die der] der die D.   14635 er] der D.
guoter tât (D)] gvt getat A. gûter getat G.   14637 an] In ADG.   14645 enviuwert] en wirret D.   14646 wañ dē
fewr dauō nit geschicht D.   14647 ein] aber ein D.   14648 man] er D.   mit] der wisē D.   14649 ist] nicht in
D.   14650 ist] es sint D.   14651 an] zu D(G).

man mag in doch mit lêre bringen
ze tugende un*de v*rümkeit.
daz wizzet vür die wârheit:
14655 der zunder enzündt daz viuwer wol,
niemen doch des waenen sol,
daz er daz viuwer künne machen.
alsam macht diu lêre wachen
den sin und kans doch machen niht.
14660 dâ von ist lêre den tôrn enwiht.
swer dem tôren lêre gît,
tuot im unreht zuo der zît,
wan im bestêt der lêre niht.
swers birget vor dem wîsen iht,
14665 der tuot im unreht zuo der vrist,
wan er nimt im, daz sîn ist.
dehein man sol sîner vriundinne
weder durch lôsheit noch durch minne,
weder sînem herrn noch sîner vrouwen
14670 noch sînem vriunde geben ze schouwen
von mir dise rede mîn,
an im ensî tugende schîn.
man möht von mir mîn buoch geben
dem, der alsô phlegt ze leben,
14675 daz ichs im niht gunde wol,
wan ich sîn niemen gunnen sol
unde wilz ouch niemen geben
wan dem, der mit guotem leben
und mit guoter getât
14680 ervüllet, daz er gelesen hât.
    Mîn buoch heizt ‚der welhisch gast‘,
wan ich bin an der tiusche gast
und kom nie sô verre drin,
als ich alzan komen bin.
14685 nu var hin, welhischer gast,
und hüet durch mînen willen vast,
daz du komest ze herberge niht
zuo deheinem boesewiht.
und ob du im komest zuo,
14690 son sitze niht, wan du tuo,
daz du schiere komest dan,
wan dich sol ein biderbe man

auch ist, mit Belehrung doch zu
Tugend und Tüchtigkeit bringen.
Merkt euch das Faktum:
Der Zunder entzündet das Feuer,
aber niemand soll meinen,
er könne das Feuer erzeugen.
Ebenso kann Belehrung den Verstand
wecken, aber kann ihn nicht erzeugen.
Deswegen ist Belehrung für den Toren
nutzlos. Wer dem Toren Belehrung erteilt,
behandelt ihn damit falsch,
denn die Lehre gibt ihm nichts.
Wer sie dem Weisen vorenthält,
behandelt ihn gleichermaßen falsch,
denn er nimmt ihm, was ihm gehört.
Niemand soll, weder aus Schalkheit
noch aus Liebe, weder seiner Liebsten,
noch seinem Herrn, noch seiner Herrin,
noch seinem Freund diese meine
Verse zu lesen geben, wenn jener
keine Tugend erkennen läßt. Man
mag meinetwegen mein Buch auch dem
zu lesen geben, der so sein Leben lebt,
daß ich selbst es ihm nicht gönnen würde,
denn ich gönne es niemandem
und will es auch niemandem geben
außer dem, der mit gutem Leben
und mit guten Werken
nachvollzieht, was er gelesen hat.
    Mein Buch heißt ‚Der welsche Gast‘,
denn ich bin im Deutschen ein Fremder
und brachte es darin nie so weit, wie
ich gerade eben gekommen bin [?].
Zieh also hinaus, welscher Gast,
und hüte dich um meinetwillen sehr,
bei einem schlechten Menschen
Unterkunft zu suchen.
Und wenn du an einen gerätst,
dann bleib nicht, sondern mach,
daß du bald wieder fortkommst,
denn [nur] ein vortrefflicher Mensch

14652 in] im *G*.   mit lêre] nit fur *D*(*G*).   14653 ze tugende] Tugent *D*. Tvgende *G*.   unde (*DG*)] vnd ze *A*.
14655 der] Daz *G*.   14658 macht] mag *D*.   14660 den] dem *G*.   14662 tuot] der tut *D*(*G*).   14663 bestêt der]
pessert die *D*. bestet div *G*.   14664 swers] wer *D*(*G*).   14668 lôsheit] poshait *D*.   durch minne] mȳne *D*.
14669 sîner] d' *D*.   14670 sînem vriunde] seinē freundē *D*.   14672 ensî] sei dañ *D*.   14673 mîn] mich *G*.
14674 phlegt] pfligt *D*(*G*).   14680 gelesen] gelen *D*.   14682 wañ mir d' deutsche ser gebrast *D*.   14684 alzan] al-
sam *D*.   14685 hin] hin min *G*.   14688 deheinem] dē der do (do *nicht in G*) sei ein *D*(*G*).   14689 und ob] Ob
aber *D*(*G*).   14690 wan du] vnd *D*.   14691 dan] von dan *DG*.

müezeclîchen an gesehen.
sitze ûf sîn schôz, daz hab ze lêhen.
14695 vrume rîtr und guote vrouwen
und wîse phaffen suln dich schouwen.
ob dich begrîft ein boesewiht,
sô habe des dehein angest niht,
daz er dich lange getürre sehen.
14700 ich mac des harte wol gejehen,
daz er an dir siht, daz im tuot
vil wundernwê in sînem muot.
sô wirfet er dich in ein schrîn.
dâ solt du ligen, buoch mîn,
14705 unz du dem kumest ze hant,
dem du wirst lîht baz erkant
und der dich dicke überlist
und dich wol handelt zaller vrist.
    Nu wis gemant, welhischer gast:
14710 swenn du begrîfst einn edelen ast,
sô lâ dich niht einn boesen dorn
ziehen dervon. ez ist verlorn,
swaz man dem wolf gesagen mac
pâter noster durch den tac,
14715 wan er spricht doch anders niht
niwan: „lamp". alsam geschiht

soll dich in Ruhe lesen. Setz dich auf
seinen Schoß, das sei deine Domäne.
Tüchtige Ritter und gute Frauen
und weise Geistliche sollen dich lesen.
Wenn ein schlechter Mensch nach dir
greift, brauchst du nicht zu befürchten,
daß er dich lange zu lesen wagt.
Das kann ich mit Bestimmtheit sagen,
daß er in dir liest, was ihm
außerordentlich unangenehm ist.
Dann wirft er dich in eine Truhe.
Da sollst du dann liegen, mein Buch,
bis du dem in die Hände gerätst, der
dich vielleicht besser zu schätzen weiß
und der dich oft durchliest
und dich immer in Ehren hält.
    Nun laß dich mahnen, welscher Gast:
Wenn du einen edlen Zweig erwischst,
dann laß dich nicht von einem argen
Dorn abwerben. Es ist umsonst,
wie viele Paternoster man dem
Wolf am Tag auch vorspricht,
er wird doch nichts anderes sagen
als „Lamm". Ebenso

---

dem boesen man: swaz man im seit,
daz vert vür die wârheit
zeim ôren ûz, zem andern in.
14720 wie möhte dâ belîben sin,
dâ man dar nâch gedenket niht?
wizzet, daz ein boesewiht
mac sîne gedanke niht twingen
ze guot von unnützen dingen.
14725 wizzet, daz man niht vüllen mac
einen durchstochen sac,
die wîl er niht verschoben ist.
alsam geschiht zaller vrist
dem, der sich durchstochen hât
14730 mit boesem gedanc, mit valschem rât,
mit übelen werken und mit sunde.
dâ enmac ze deheiner stunde
in sîm willn und sînem muot
belîben dehein rede guot,
14735 ez enwelle unser herre got
verschieben mit sînem gebot
diu löcher, dâ ez ûz gât;
sîn mac *niht anders* werden rât.
dâ von solt du, mîn buoch, belîben
14740 bî dem, der dich geruochet schrîben
in sînem herzn und sînem muot.
swer ist sô ganz und sô guot
und sô mit staete ensamt gewallen,
daz du ûz im niht maht gevallen,
14745 den soltu bezzern mit dîner lêr.
sô sol dich bezzern ouch er,
wan der vrum man sol tuon baz
dan du lêrest, wizze daz.
    Hie wil ich dir ende geben.
14750 got gebe, daz wir ân ende leben
durch die drî heiligen namen,
vater, sun, heiliger geist. Âmen.

geht es mit dem schlechten Menschen:
Was man ihm sagt, geht wahrhaftig
zum einen Ohr raus, zum andern rein.
Wie könnte es da zu Einsicht kommen,
wo man überhaupt nicht darüber nachdenkt?
Merkt euch, ein schlechter Mensch
kann seine Gedanken nicht
vom Bösen zum Guten wenden.
Bedenkt, daß man einen durchstochenen
Sack nicht füllen kann,
solange er nicht repariert ist.
So geht es immer dem, der sich mit
bösen Gedanken, mit betrügerischen
Plänen durchstochen hat,
mit bösen Werken und mit Sünde.
Da kann zu keiner Zeit in
seinem Willen und seinem Gemüt
ein gutes Wort haften,
es sei denn, unser Herrgott wollte
gebieten, die Löcher zu verstopfen,
aus denen es herausläuft; anders
kann dem nicht geholfen werden.
Deshalb sollst du, mein Buch, bei dem
bleiben, der dich in sein Herz und sein
Gemüt einschreiben will.
Wer so gefestigt ist und so gut
und so mit Beständigkeit durchtränkt,
daß du ihm nicht entfallen kannst,
den sollst du mit deiner Lehre verbessern.
Und auch er soll dich verbessern,
denn merk dir, der tüchtige Mensch
wird noch besser handeln, als du lehrst.
    Hier will ich dich beenden.
Gott gebe, daß wir ohne Ende leben
durch die drei heiligen Namen,
Vater, Sohn und Heiliger Geist. Amen.

14719 zeim ôren (G)] zainen oren A. Czu einē orē D.   in] ein D.   14720 sin] sein D.   14721 dâ] Das D.
14723 sîne gedanke (G)] seinen gedanch A. seī gedencke D.   twingen] betwingē D.   14724 guot] got D.
14730 boesem gedanc] pose gedencke D.   14733 und] vnd in AD(G).   14737 ûz] vns D.   14738 niht anders] anders niht AG. *Textverlust durch Blattdefekt* D.   14741 sînem herzn] sein hercz D.   und] vnd in AD(G).
14743 ensamt gewallen] cze samen geuallē D. ensamt gevallen G.   14744 gevallen] gewallē D.   14745 bezzern
(D)G] bezzer A.   14746 dich] sich G.   14747 wann der man lernt pas D.   14752 *Schreibervermerke:* Der geschriben hat daz bvch / Himelischer vater den gervch / Dvrh dein hailige gothait / Schaiden von aller vppichait AMEN A.
Finito libro sit laus et gloria Christo Anno dm̄ MCCC°XL feria sexta post assumpcionem beate Marie gloriose virginis G.

Anmerkungen

(Ra. = Ranke; Rü. = Rückert; Th. = Thomasin; WG = der Welsche Gast; alle übrigen Abkür-
zungen sowie die §§ sind die der Mittelhochdeutschen Grammatik oder des Verfasserlexikons
[s. Literaturverzeichnis]. Die Zitate aus den biblischen Büchern nach der Übersetzung von
Paul Riessler und Rupert Storr.)

3 *gestatet* Zuweilen wird der Variante aus G *gestalt* der Vorzug gegeben, doch vgl. v. 5034.

4-10 Die Überzeugung von der Möglichkeit der Vervollkommnung des Menschen durch Er-
ziehung und Belehrung, die sich mit antiken Lehren von der Erlernbarkeit der Tugend deckte,
und die Überzeugung von der Unbelehrbarkeit des durch seine Veranlagung (Säftemischung)
Bösen stehen hier wie häufig in ma. Schriften aller Gattungen unversöhnt nebeneinander, ohne
daß der Widerspruch thematisiert würde, vgl. v. 14639-14748.

24 *will* Zu *wellen* + Inf. als einer der mhd. möglichen Umschreibungen des Futurs s. § 237.

26 *wî* Als md. geltende Form für mhd. *wie*; in Th.s sonst dem Oberdeutschen zuzurechnender
Sprache ungewöhnlich (s. Ra., S. 24f.).

28 *im* Zum Dat. Sg. des Reflexivums, gebildet durch die entsprechende Form des Personal-
pronomens s. § 215.

34-69 *welhische* Adj. zu *walhe*, schon bei den Germanen gebrauchte Bezeichnung der roma-
nisierten Kelten, ahd./mhd. auf alle romanischen Völker, vor allem Italiens ausgedehnt; wenn
Th. sich v. 69 als *walich* bezeichnet, übernimmt er den seinem deutschen Publikum geläufigen
Namen für den Italiener. v. 34-46 bezieht er sich jedoch auf die Übernahme oder Eindeut-
schung französischer Wörter, die bei den deutschen Übersetzern und Bearbeitern französischer
Erzählungen (vgl. v. 94ff. und 1135ff.) in Mode gekommen war; s. dazu Suolahti, Hugo: Der
französische Einfluß auf die deutsche Sprache im dreizehnten Jahrhundert. Helsinki 1929.

36 *worte ... niht* Mhd. *niht*, ehemals Subst. (*ni-wiht*), kann noch, wie hier, mit part. Gen.
konstruiert werden, nachdem es schon lange reine Negationspartikel geworden ist (§ 368).

37 *gewant* Zur metaphorischen Beschreibung der mehr technischen Seite des Verfertigens
von Dichtungen bediente man sich seit der Antike des Vokabulars verschiedener Handwerke,
vor allem der Textil-, Holz- und Metallverarbeitung sowie der Baukunst. Dichten wurde als
Weben, Färben, Schneidern, Zimmern, Bauen, Schmieden usw. bezeichnet, das fertige Produkt
als Kleid, Geschmeide, Bau oder dessen Teile (s. dazu Bickert, Hans Günther: Der Dichter als
Handwerker. Zu Herkunft und Bedeutung einiger Begriffe der Dichtungstheorie. In: Sprache
in Vergangenheit und Gegenwart, hg. v. Brandt, Wolfgang [Marburger Studien zur Germani-
stik 9] Marburg 1988, S. 1-14).

38 *sîme* Da Rü. und Ra. (S. 60) *sîme* nicht auf *gewant* beziehen wollen, was ich für möglich
halte, müssen sie die masc. Form des Possessivpronomens auf ein Femininum (*zuht*) beziehen,
ein Gebrauch, dessen fünfmaliges Vorkommen Ra. als „sehr auffallend" bezeichnet. Er liegt
aber nur v. 10577 und 12668 tatsächlich vor. Hier wie in den beiden weiteren Fällen v. 1379
und 2215 ist der Ansatz nicht zwingend.

41 *strîfelt* Vgl. die Anm. zu v. 34 und 37; *strîfeln* gehört wie das reichlich gebrauchte *halt* (v.
831 u.ö.), *stunt* (v. 63 u.ö.), *drischel* (v. 4980), *begriffen* (v. 8821), Subst. *gesehen* (s. Anm. zu
v. 9451), *hürten* (v. 11769) und *bleczen* (v. 13249) nach Ra. (S. 50) zu den wenigen sog. Dia-
lektwörtern Th.s.

53 *mir* Für intrans. *vernemen* mit Dat. d. Pers. gibt Lexer III 186f. ‚hören auf, anhören' an;
der Kontext legt aber ein ‚richtig verstehen' nahe.

57 *rîm ze überheben* Wenn man *rîm* nicht wie hier mit Ludwig Wolff (Zur Bedeutungsge-
schichte des Wortes Reim. In: ZfdA 67 [1930] S. 262-271), S. 263 als Reim auffaßt, sondern
mit Fedor Bech (Über Nicolaus von Jeroschin. In: Germania 7 [1862], S. 74-101, hier S. 79ff.),
Rü. (S. 507f.), Ra. (S. 86f.), Richter (S. 152), Johnson (S. 443) als Vers, könnte auch ‚metrisch
nicht korrekt gebaut' gemeint sein. Neumann (S. XXVI) vermeidet eine Festlegung, indem er
den Vers auf den Bau „gereimter Verse" bezieht.

63 *stunt* S. die Anm. zu v. 41.

64 *guote* Da Th. vielfach nicht-umgelautete Formen verwendet, ist oft zwischen stn. *guot* und stf. *güete* nicht zu unterscheiden.

68 *wunderliche* Kurzform *-lich* bei Th. selten und nur beim Adv. (s. Ra., S. 13).

77 *Gâweins* Figur aus dem Artussagenkreis (vgl. die Anm. zu v. 1045). Gawein gilt stets als der vorbildlichste aller Ritter der Tafelrunde.

78 *Key* Merkwürdig ambivalent gezeichnete Figur am Artushof (s. dazu Haupt, Jürgen: Der Truchseß Keie im Artusroman. Untersuchungen zur Gesellschaftsstruktur im höfischen Roman. Berlin 1971): einerseits vortrefflicher Ritter der Tafelrunde (vgl. die Verteidigungsreden Wolframs v. Eschenbach ‚Parzival‘ [ed. Lachmann, 6. Aufl. 1926] v. 295,13-297,14 und Hartmanns v. Aue: ‚Iwein‘ [ed. Lachmann/Wolff ³1968] v. 2565-2574, andererseits selbst die Unredlichkeit nicht scheuender Prahlhans, voller Widerspruchsgeist und gefürchtet wegen seines ätzenden Spottes (vgl. ‚Iwein‘ v. 108-241); Th. setzt ihn ausschließlich als negatives Beispiel ein. s. noch v. 1058ff.

87 *Tiusche lant* Zum sw. flekt. Adjektiv im Vokativ s. § 347,1. Rocher (S. 51 Anm. 85) sieht die Lesart der Hs. D *zunge* als „befriedigender" an.

94-95 *welhsche* Substantiviertes st. Adj., eine ‚romanische Sprache‘ (DWB 27,1334), hier das Französische. Die genaue Kenntnis der um die Wende vom 12. zum 13. Jh. entstandenen Übertragungen und Bearbeitungen französischer Erzählwerke wird Th. zuweilen abgesprochen, da er keinerlei Einflüsse von deren Form und Stil zeige, ein nicht sonderlich stichhaltiges Argument, da der WG einer völlig anderen Gattung zuzurechnen ist; s. noch die Anm. zu v. 1030ff.

100 *allem* Rü. hält die Lesart von A; das *allen* der übrigen Hss. wäre Dat. Pl. des substantivisch gebrauchten Indefinitpronomens *al*, danach wäre ein Doppelpunkt zu setzen, diese Lesart scheint Ra. (S. 44) zu bevorzugen.

105ff. *zimberman* S. den Komm. zu v. 37.

115 *wîse* Zum sw. flekt. Adj. s. § 391γ.

> *phlegt* 3. Sg. Präs. vom swv. *phlegen.*

> Anweisung zur Vermeidung des *cogitando loquendo agendo peccare,* das schon auf die ‚Moralia in Iob‘ Gregors des Großen (6. Jh.) zurückzuführende Einteilungsschema für das Sündigen „in Gedanken, Worten und Werken", nach dem jahrhundertelang jeder kleine (und große) Katholik seine Gewissenserforschung betrieben hat.

> *hüfsch* Mhd. *hövesch,* ‚den Hof betreffend, zu ihm gehörig‘ wird im Verlauf des 12. und 13. Jh.s zum Inbegriff des Feinen, Vornehmen, Gebildeten, Noblen sowohl des Benehmens wie der Gesinnung (vgl. Bumke, 1, S. 78-82).

> *alter… junger* Substantivierte, st. flekt. Adj. in der Funktion von Gleichsetzungsnominativen.

181:182 *raete:bestaete* Ra. (S. 16) plädiert für *rât:bestât,* weil die übrigen Verwendungen der Floskel überwiegend Sg. *rât* enthalten und die umgelauteten Formen für Thomasin kaum einmal eindeutig nachzuweisen sind.

204 *daz* Das Bezugswort des übergeordneten Satzes (Objekt *daz*) ist im Relativum enthalten (§ 453).

219 *schalc* Mhd. noch ‚(leibeigener) Knecht‘, häufig mit negativer Bedeutung ‚schlechter, niedrig gesinnter Mensch‘; die Begrenzung auf die entschärfte heutige Bedeutung erst im Verlauf des 16./17. Jh.s.

226 *gescheit = gescheidet* 3. Sg. Präs. des swv. *gescheiden* ‚sich trennen von‘.

285 *vüeget* Subjekt ist entweder ein neutrales ‚es‘ oder aus den vorhergehenden *ir* zu ergänzendes ‚sie‘.

313 *kneht* Bei der großen Bedeutungsbreite oft unsicher, welchen Status *kneht* genau bezeichnet. Im 12. Jh. vielfach synonym mit ‚Ritter‘, das seinerseits um die Zeit ein breites Bedeutungsspektrum hat, wobei die Notwendigkeit der Ausdifferenzierung sich z.B. in der Verbindung *guote knehte* für ritterliche Krieger niederschlug (s. dazu Jackson, William Henry: Zum Verhältnis von *ritter* und *kneht* im 12. und 13. Jahrhundert. In: *Ja muz ich sunder riuwe sin,* FS für Karl Stackmann, hg. v. Dinkelacker, Wolfgang u.a. Göttingen 1990, S. 19-35). Ursprünglich ,männliches Kind, Knabe, junger Mann', dann aber auch Mann allgemein, was in den verschiedenen Kontexten für Männer jeden Standes gebraucht werden kann. Daneben speziell beim Adel ,junger Mann, der sich auf den Ritterstand vorbereitet, Knappe', im Gewerbebereich ,Diener, Gehilfe, Geselle', im bäuerlichen Bereich, aber vielfach auch bei Hofe ,Knecht' in unserer heutigen Bedeutung. Da nur von *edelen kint,* also wohl von Knappen, die Rede ist, die vermutlich nicht mit eigenen Knechten ins Wirtshaus gingen, wäre statt *iegelîches* wohl besser *iegelîcher* einzusetzen.

337-39 Anakoluth, die begonnene Konstr. wird nicht in der zu erwartenden Weise weitergeführt, sondern geht in eine andere über (§ 494). Zu beheben wäre das A. hier durch Umsetzen von *ediliu kint* in einen Dativ. Wenzel (S. 147) behält Rückerts Doppelpunkt bei und übersetzt ,sich nach der höfischen Erziehung richten', versteht also *die lêre* als Akk., was bei *volgen* als Fehler gelten muß, doch vgl. die Anm. zu v. 1034.

341 *ir* Bezieht sich auf einen Singular. *dem* (v. 340) in *den* zu ändern ist aber nicht notwendig. Inkongruenzen (§ 430) dieser Art läßt Thomasin häufig zu. Auf sie wird im Folgenden nicht eigens hingewiesen.

352 *ze holze* In der Literatur steht der Wald oft für einen wilden, unheimlichen, in jedem Fall aber für einen unkultivierten Bereich.

357-358 Klingt wie ein Sprichwort, ist aber in dieser Form nicht nachgewiesen. Zum Gebrauch von Sprichwörtern, Sentenzen und Redensarten allgemein s. Einl. S. 7.

366 *kint* Das Bezugswort *er* (v. 370) zeigt, daß Th. vor allem die männliche Jugend im Blick hat.

394 *kemenât* Mhd. auch stf.; ,heizbares Zimmer, vor allem Wohnraum der Frauen' (mlat. *caminata*).

395-96 Da die Verbreitung des ehrenvollen Rufes als äußerst erstrebenswert galt (man denke an die Praxis der Lobsänger und den Dienst durch preisenden Gesang, den die Minnesänger ihren Damen anboten), ist als schwere Strafe anzusehen, was Th. hier der unhöfischen Dame des Hauses zugedacht hat.

410 *wî* S. die Anm. zu v. 26.

422 *pherftes* Form der vielformig eingedeutschen lat. *palafredus, paredus* ,Reitpferd'.

432 *meisterschaft* Der Mann hatte Frau und Kind zu Gehorsam und Wohlverhalten zu erziehen, literarische und außerliterarische Zeugnisse über mißratene Kinder und listige oder prügelfrohe Ehefrauen zeigen, daß der Mann an dieser von der Gesellschaft um der Ordnung willen geforderten Aufgabe häufig scheiterte.

433ff. Das bloße oder eng umhüllte Bein hatte einen besonderen Anteil am männlichen Schönheitsideal (vgl. Bumke I, S. 198ff.). *schouwen* kann sowohl ,betrachten' heißen (so verstehe ich es mit Rocher, der es mit *regarder* übersetzt) als auch ,zeigen'; so Wenzel, S. 164: „ihre bloßen Beine sehen lassen".

438 *ret* Rü. ändert das eindeutige (vgl. v. 830; 832; 9466) und zudem plausiblere *ret* der Hs. unnötigerweise in *rît*, beabsichtigt ist aber eine Regelung des Verhaltens der Frau generell, nicht nur, wenn sie reitet; so auch Rocher, S. 213.

446 *zende* Zu der hauptsächlich bairischen Nebenform zu *zene* s. § 179 Anm. 5.

453 Zur Frauenkleidung vgl. Bumke I, S. 189-197 und 203-210.

465 *selten* Zu der ,untertreibenden' Bezeichnung (Litotes) der eindeutigen Verneinung (vgl. v. 468) s. § 436.

470 *sprâchen* Erst im Verlauf des 17. Jh.s untergegangenes swv. ,ins Gespräch kommen, schwatzen' (s. DWB 16, 2742-2746).

471/72 Eine Art Anakoluth (vgl. die Anm. zu v. 337); bestimmendes Relativum *der* bezieht sich auf unbestimmtes *man.*

471-526 Vor Th. sind in der Nachfolge des entsprechenden Kapitels in der ,Disciplina clericalis' des Petrus Alfonsi (ed. Hilka/Söderhjelm [1911], S. 40f.) mehrere lateinische sog. Tischzuchten (s. Harmening, Dieter: ,Tischzuchten', ²VL 9, 941-47; Bumke I, S. 267-275) entstanden. Th. ist unserer Kenntnis nach der erste, der solche Vorschriften in deutsche Verse gebracht hat. Zur Bedeutung des gemeinsamen Essens in der damaligen Gesellschaft s. Elias, Norbert: Über den Prozeß der Zivilisation. Soziogenetische und psychogenetische Untersuchungen. 2 Bde. ²1969, hier Bd. 1, S. 75-89 und 110-174.

477 *diu glîche* Adverb *glîche* mit Instrumentalis des Demonstrativums.

485-87 Anakoluth (vgl. die Anm. zu v. 337), ein gleichgeordneter Hauptsatz wird als Nebensatz konstruiert.

491:492 und **497:498** und **507:508** *gesellen* (Dat. Sg.):*welle:snelle* Von Rü. als *e:en*-Reime verbucht. Ra. (S. 41) setzt nach A (*gesell:well; geselle:snelle*) ein stm. *geselle* an.

500 *sînhalb* Hier in räumlicher Bedeutung = ,auf seiner (d.h. der eigenen) Seite'; Th. geht wohl von der Vorstellung paarweisen Zusammensitzens aus, s. dazu Bumke I, S. 248-254.

514 *wolf* Vgl noch v. 9799; 9968 und 14713; s. dazu Schmidtke, Dietrich: Geistliche Tierinterpretation in der deutschsprachigen Literatur des Mittelalters (1100-1500). 2 Bde. Diss. Berlin 1968, S. 452f.

529 *lachen* Eine rigoros asketische Richtung des Mönchtums verbot (gemäß Sir. 20: „Der Tor stößt schallendes Gelächter aus; der Kluge lächelt kaum im stillen.") das Lachen überhaupt; sie traf sich mit dem rigiden Würde-Ideal antiker Philosophen, die ebenfalls am Lachen den Narren erkannten. Thomasin verurteilt nur ein ,zu viel', vgl. v. 10385.

544 *vreit* = mhd. *vrâget* Zu der Kontraktion analog zu *sagen/seit* s. § 108 Anm. 1 und 285 b.

549-50 *er / er* Das Relativpronomen wie das Personalpronomen der 3. Person kann sich in allen Kasus innerhalb desselben Satzes auf verschiedene Personen beziehen (§ 400).

556 *im* S. die Anm. zu v. 28.

558 *gescheit* Part. Prät. zum swv. *scheiden*.

620 *spiegel* Zu der im Mittelalter häufigen Verwendung der Spiegel-Vorstellung, bei der der Spiegel wie hier kein Abbild, sondern ein Idealbild (Fürsten-Spiegel) oder eine Zusammenfassung aller zum Gespiegelten gehörenden Sachverhalte (Beichtspiegel) bieten soll, s. Kiepe, Hansjürgen: Die Nürnberger Priameldichtung usw. (MTU 74). München 1984, S. 248-251.

641 und **659** *kint* S. die Anm. zu v. 366.

665 *gebûre* Im Verlauf des 12./13. Jh.s als Gegenbegriff zu *hövesch* (vgl. die Anm. zu v. 153) zum Inbegriff des Groben, Unwissenden, Ungebildeten geworden.

691 *selten* Vgl. die Anm. zu v. 465.

692 *und* Zu dieser Einleitung eines Konditionalsatzes s. § 445 Anm. 1.

711 *geret* Rü. setzt hier die selten bezeugte Form *gereit* (s. § 109) aus der Hs. G ein, dazu besteht aber kein Grund, s. die Anm. zu v. 438.

713 und **716** *kint* S. die Anm. zu v. 613.

721 *daz* Das Bezugswort des übergeordneten Satzes (Subjekt *daz* ,dasselbe') ist im Relativum enthalten (§ 453).

823 *Helenâ* Bei Homer die schönste Frau Griechenlands, Gattin des Menelaos, des Königs von Sparta. Die Göttin Aphrodite verspricht Helena dem Sohn des Trojanerkönigs Priamos, Paris, damit dieser als Schiedsrichter in der Schönheitskonkurrenz der Göttinnen zu ihren Gunsten entscheide. Unter dem Schutz der Göttin raubt Paris Helena. Um ihre Rückgewinnung entbrennt der Trojanische Krieg.

831 *halt* S. die Anm. zu v. 41.

834 und **835** *und* Leitet einen modal-vergleichenden Satz ein, nhd. ,wie', s. § 465.

835 *habe* Zum Moduswechsel s. § 486.

841 *sinnes* Teilt Th. die unter den Theologen der Zeit vorherrschende Überzeugung von der geistigen Minderwertigkeit der Frau gegenüber dem Mann nicht, oder räumt er lediglich den Eventualfall ein?

842f. *hab ... erzeig* Zum Adhortativ ohne Pronomen s. § 399.

871 *scheit* Zur Kontraktion von mhd. *schadet* s. § 110 Anm. 1.

958 *kuphers übergulde* Münzfälscher stellten Kupfermünzen mit goldenem Überzug her, wodurch Gold und Kupfer gern zum Vergleich für Echtes und Unechtes gebraucht wurden; vgl noch die Anm. zu v. 11653.

1023-24 Anakoluth (s. die Anm. zu v. 337); das Prädikat des *daz*-Satzes als Relativsatz fortgeführt.

1026-60 Mit seiner, wenn auch eingeschränkt, positiven Einstellung zur weltlichen Dichtung seiner Zeit hebt sich Th. deutlich ab von den Autoren geistlicher Dichtungen vor ihm (Frau Ava, Himmlisches Jerusalem, Kaiserchronik, Trierer Silvester, der sog. Heinrich v Melk), die die Zuwendung zu diesen „Lügen" und „Torheiten" scharf verurteilten. Aber auch im rund 100 Jahre später entstandenen, dem Thomasinschen in Anlage und Durchführung vergleichbaren riesigen Lehrgedicht, dem ‚Renner' des Schulmeisters Hugo v. Trimberg, werden v. 1221ff. und 21637ff. die höfischen Erzählungen ähnlich abgewertet. Thomasins Urteil entspricht der differenzierten Sicht der Theologen seiner Zeit (s. dazu Knapp, Fritz Peter: Historische Wahrheit und poetische Lüge. Die Gattungen weltlicher Epik und ihre theoretische Rechtfertigung im Hochmittelalter. In: DVjs 54 (1980), S. 581-635, vor allem S. 610ff.), allerdings beschränkt er sich auf den moralischen Nutzen durch einzelne vorbildliche Gestalten. Zum Literaturkatalog generell s. Düwel; Haug, Wandhoff und Curschmann, Michael: Hören – Lesen – Sehen. Buch und Schriftlichkeit im Selbstverständnis der volkssprachlichen literarischen Kultur Deutschlands um 1200. In: PBB (W) 106 (1984), S. 218-257.

1030-60 Die Meinungen, aus welchen Quellen Thomasin seine Vorbildgestalten nahm, gehen auseinander; z.B. nehmen Rü. (S. 530) und Schönbach (S. 61) fast nur deutsche Quellen an. Teske (S. 78ff.) nimmt für die meisten Namen Schullektüre als Quelle an und vermutet überdies, daß auch ohne Kenntnis der Romane bekannte Namen aufgelistet sein könnten, zu dieser Ansicht neigt auch Neumann (1974, S. 19). Rocher (S. 327 Anm. 10) dagegen sieht frz. Quellen in der Überzahl.

1030 *Andromaches* Gattin des Hektor, Priamos' ältesten Sohnes, vgl. die Anm. zu v. 823 und 3388.

1033 *Ênît* Gattin des Êrec, s. die Anm. zu v. 1042.

1034 *die* Der Akk. gilt bei *volgen* eigentlich als Fehler (s. DWB 3,1878 „Tadelhaft"), vielleicht wurde die Rektion von lat. *sequi* nachgebildet.

1035 *Pênelopê* Gattin de Odysseus, des Königs von Ithaka, der nach der zehnjährigen Belagerung Trojas (s. die Anm. zu v. 823) durch den zürnenden Meeresgott Poseidon weitere zehn Jahre umgetrieben wurde, bevor er die Heimat erreichte, wo seine treue Gattin sich trickreich vieler zudringlicher Freier erwehrte. Gilt als besonderes Vorbild ehelicher Treue.

1036 *Oenonê* Gattin des Paris (s. die Anm. zu v. 823). Helenas wegen treulos verlassen, weigert sie sich, dem Gatten, als dieser von einem Giftpfeil getroffen wird, das ihr bekannte Heilmittel zu verraten. Nach dem Tod des Paris tötet sie sich selbst.

1037 *Galjênâ* Gemeint wohl die sagenhafte ehemals heidnische Gattin Karls des Großen, die unschuldig des Ehebruchs angeklagt wird.
Blanscheflôr Flore und Blanscheflor sind die Protagonisten einer rührenden Liebesgeschichte (afrz. 1155/65, danach auch deutschsprachige Versionen). Schon als Kinder in Liebe verbunden, überstehen sie alle Trennungen, Fährnisse und Prüfungen, bis sie schließlich wieder glücklich vereint sind. Es könnten aber auch die gleichnamige Gattin des Riwalin, die Mutter Tristans (s. die Anm. zu v. 1051), oder die Gattin Parzivals (s. die Anm. zu v. 1067), die in der frz. Überlieferung ebenfalls Blanscheflor heißt, gemeint sein.

1038 < > Rü. wußte sich keinen Rat, erinnert aber an Sigûne, die Base Parzivals (s. die Anm. zu v. 1067), der dieser immer wieder begegnet. Ra. (S. 38) und Neumann (S. XI) vermuten Lavinia, die Frau des Aeneas (s. die Anm. zu v. 3403), durch die dieser auf italischem Boden ansässig wird.
Sôrdâmôr Mutter des Cligés (s. die Anm. zu v. 1042); vielleicht ist aber auch *Sûrdamûr* gemeint, die zweimal als vorbildlich Liebende in Wolframs Parzival (s. die Anm. zu v. 1067) erwähnt wird.

1041 *Gâwein* S. die Anm. zu v. 77.

1042 *Clîes* Wohl Cligés, Held eines Romans von Chrêtien de Troyes, der Liebesgeschichte zwischen Cligés und Fenice, der Gattin seines Onkels, von dessen deutscher Fassung (vielleicht gab es zwei; s. Strohschneider, Peter: ‚Ulrich von Türheim‘, ²VL 10, Sp. 29-31) nur wenige Fragmente erhalten sind.

Êrec Ritter der Tafelrunde (s. die Anm. zu v. 1045), Held eines höfischen Romans (Chrêtien de Troyes/Hartmann v. Aue, vielleicht noch ein Anonymus). Êrec versäumt seine Herrscherpflichten und restituiert seinen ramponierten Ruf auf einer Abenteuerfahrt, die er zugleich als Prüfung der ehelichen Treue seiner Gattin Ênîte benutzt, die diese glänzend besteht.

Îwein Ritter der Tafelrunde (s. die Anm. zu v. 1045), ebenfalls Held eines höfischen Romans (Chrêtien de Troyes/Hartmann v. Aue). Iwein versäumt den Termin der Rückkehr von einer einjährigen Turnierfahrt, wird von seiner Gattin Laudine verstoßen und gewinnt nach vielen Abenteuern, die er unter dem Namen ‚der Ritter mit dem Löwen‘ besteht, Liebe und Reich seiner Frau zurück.

1043 *sîn* Bezug auf einen Pl. mehrfach zu belegen (vgl. noch v. 11743); bei Th. wohl Unsicherheit im Deutschen.

1044 *Gâweins* S. die Anm. zu v. 77.

1045 *Artûs* Sagenhafter bretonischer König, der als *primus inter pares* (Symbol: die Tafelrunde) die besten Ritter des Landes an seinem Hof vereinte, die zum Ruhm des Hofes, zur eigenen Ehre und zum Wohl der Bedrängten Hilfesuchenden als Kämpfer zur Verfügung standen.

1048 *Karln* Karl der Große (Charlemagne) 768-814, König der Franken, seit 800 römischer Kaiser, schuf durch zahlreiche Eroberungsfeldzüge (Langobarden, Avarer, Sachsen, Böhmen, Sorben) ein einheitliches fränkisches Reich, das er durch Gesetzgebung und Einrichtung zahlreicher Bildungsstätten zu politischer wie kultureller Blüte zu führen bestrebt war; seine Kriegstaten wurden vor allem in afrz. Dichtungen verherrlicht, seit dem 12. Jh. auch in deren deutschen Bearbeitungen.

1050 *Alexanders* A. der Große, 356-323, König von Makedonien, dessen rasch erobertes Weltreich (Persien, Ägypten, Ost-Iran, Teile Indiens) nach seinem frühen Tod rasch zerfiel. Das ma. Bild Alexanders ist zwiespältig, einerseits Prototyp des erfolgreichen Herrschers, andererseits Inbegriff des bestraften Hochmuts, vgl. noch v. 3371-3376.

1051f. *Tristande* Held der in verschiedenen Versionen (afrz., dt., vor allem von Gottfried v. Straßburg) erzählten Geschichte vom schönen und gebildeten Hofmann Tristan und seiner trickreich gelebten und tragisch endenden Liebe zu der mit Tristans Onkel verheirateten Königin Isolde.

1052 *Seigrimos* Ist Segremors gemeint? Drei Fragmente bezeugen eine etwa um 1250 entstandene selbständige Erzählung um diesen Helden, der zuvor in mehreren Episoden verschiedener deutscher und französischer Artusromane erwähnt wird (s. Cormeau, Christoph: ‚Segremors‘, ²VL 8,1045ff.), z.B. ist er in Wolframs ‚Parzival‘ (s. die Anm. zu v. 1067) 284,30-290,2 ein kampffreudiger junger Ritter, der im Kampf gegen Parzival unterliegt.

Kâlogrîande In Hartmanns ‚Iwein‘ (s. die Anm. zu v. 1042) v. 92-944 ist Kâlogrenant ein vollendet höfischer Ritter der Tafelrunde, dessen Erzählung eines glücklos bestandenen Abenteuers die Handlung um Iwein in Gang setzt.

1053 *wartâ* Das /â/ wird zur Intensivierung des Appells an Interjektionen, Imperative oder Substantive angehängt, vgl *nurâ* v. 11360.

1059-78 *Key* Vgl. die Anm. zu v. 78; Keie bricht sich in Wolframs ‚Parzival‘ (s. die Anm. zu v. 1067) v. 290,2-295,3 bei einem Zweikampf mit Parzival Arm und Bein. Wenn sich das *noch* (v. 1074) auf diese Episode bezöge, also als ‚noch dazu‘ aufgefaßt werden könnte, wäre es ein Argument für Th.s Kenntnis der deutschen Fassung, da dieser Kampf in Chretiens Fassung nicht stattfindet.

1067-1078 *Parzivâl* Neben Tristan die wohl berühmteste ma. Romanfigur (Chrêtien de Troyes/Wolfram v. Eschenbach); P. gelangt über den Artushof und das Artusrittertum hinaus, ist zum König eines gottgestifteten heiligen Gralsreichs (s. die Anm. zu v. 1076) ausersehen, verliert dieses schuldlos-schuldhaft und erlangt es nach mühevoller Suche wieder.

1072 *ichz = ich ez* Zu ez in prädikativer Funktion s. § 402.

1076 *grâl* Sagenhaftes Heiligtum göttlichen Ursprungs, in seiner Beschaffenheit unterschiedlich und meist nur ungenau gekennzeichnet (Stein, Kelch, Abendmahlsschale, Schale mit Christi Blut), das im Gralsreich (s. die Anm. zu v. 1067) aufbewahrt wird und über das Gott direkt mit den Gralshütern in Kontakt tritt.

1089 *âventiure* Frz. *aventure* ,Begebenheit, bedeutendes Ereignis‘, dann auch Erzählung eines solchen Ereignisses.

1097ff. Auf Papst Gregor den Großen († 604) zurückgehende Begründung für die Ausmalung von Kirchenräumen, die Grundlage für alle gegen ,Bilderstürmer‘ gerichteten Apologien der christlichen Kunst. Zu dem Dictum Gregors: *Nam quod legentibus scriptura, hoc idiotis praestat pictura cernentibus, quia in ipsa ignorantes vident, quod sequi debeant, in ipsa legunt, qui litteras nesciunt* und seinen Auslegungen s. Curschmann, Michael: Pictura laicorum litteratura? Überlegungen zum Verhältnis von Bild und volkssprachlicher Schriftlichkeit im Hoch- und Spätmittelalter bis zum codex Manesse. In: Pragmatische Schriftlichkeit im Mittelalter, hg. v. Keller, Hagen u. a. München 1992, S. 211-228.

1098 *gebûre* Vgl. die Anm. zu v. 665.

1140 *und* Vgl. die Anm. zu v. 692.

1152 *gescheit* = *gescheidet* Part. des swv. *scheiden*.

1174 S. Einl. S. 1.

1183 *boume* Zu der (noch) umlautlosen Form s. § 177 Anm. 2.

1184 *zoume* Akk. Pl. wohl aus Reimgründen, bei einem einzelnen Pferd sonst meist im Sg. Rü. erwägt auch Dat. Sg., den Th. bei *âne* auch v. 11335 setze; dort aber scheint mir der Dat. auf einem Mißverständnis schon im Archetyp zu beruhen.

1205 *sparte* 3. Sg. Prät. zu *sperren*; zum sog. Rückumlaut s. § 260ff.

1210 *herze* Das Herz galt als Sitz des Gefühls, seelischer und geistiger Kräfte.

1213ff. *gezoubert* Tatsächlich möglich war die Reizung der *libido* und die Lähmung des Widerstandes durch (oft gefährliche, weil Wahnsinn erzeugende) Rezepturen. Alle darüberhinausgehenden medizinischen Mittel sowie die vielfältigen magischen Praktiken gehören in den Bereich des Aberglaubens, waren aber im MA. bis in die höchsten Kreise, auch der Gebildeten, verbreitet, wurden in ihrer Wirksamkeit geglaubt und angewendet, obwohl kirchlicher- wie staatlicherseits streng verboten; s. dazu Kummer, Bernhard: ,Liebeszauber‘ in: Handwb. des Dt. Aberglaubens, hg. v. Bächtold-Stäubli, Hanns. Berlin, Leipzig 1932/3, Bd. V. Sp.1279-1297.

1324 *merke* Zum Adhortativ ohne Pron. s. § 399.

1328 *rîchn unguotem* Zum Wechsel von st. und sw. Flexion s. § 392; eine künftige Edition wird das *reichem* von A jedoch vermutlich erhalten.

1365 *guot* Da Th. vielfach nicht-umgelautete Formen verwendet, ist oft zwischen stn. *guot* und stf. *güete* nicht zu unterscheiden.

1380f. *valsch ... ir* Da sich für Rü. das *ir* nur sinnvoll auf stm *valsch* beziehen kann, vermutet er, Th. habe an eine Personifikation (die Falschheit) gedacht. Ra. (S. 60) setzt ein stf. *valsche* an und verbucht das *sînem* (v. 1379) als weiteren Beleg für die Beziehung der masc. Form des Possessivums auf ein Femininum, s. die Anm. zu v. 38. Akk. Sg. *ir valsch* v. 999 belegt, daß Th. *valsch*(e) sowohl als Masc. wie als Fem. gebraucht.

1394-1429 Geht Thomasin hier auf eine Praxis ein, wie sie seinerzeit vielfach literarisch durchgespielt wird (Minnesang), oder beobachtet er eine literarisch lediglich glanzvoll überhöhte Praxis des pêle-mêle, wie sie an volkreichen Höfen anzunehmen ist, mit der ein noch so weltläufiger Kleriker (s. Einl. S. 4) zwar nicht einverstanden sein kann, die er aber als gegeben, wenn nicht gar unvermeidbar ansieht und die er folglich nur durch Regeln der Klugheit und des Anstandes im Sinne der *schönen zucht* zu veredeln versucht, indem er auf wahrer Liebe besteht, Gewinn- und Ruhmsucht abwehrt, vor täppischen Übergriffen und Leichtgläubigkeit warnt, den Rückzug in gutem Einvernehmen bei Mißerfolgen anmahnt und das in sich unsittliche Verhalten mit möglichst viel Gesittetheit und Tugend zu verbinden bestrebt ist. Soweit ich sehe, besprechen nur Rocher und Neumann diese Verse. Rocher (S. 930ff.) hält sie für eine (die einzige) „concession de taille à l'esprit du siècle". Neumann (1974, S. 20) kommentiert:

„Das Ganze müht sich in Andeutungen um eine großzügig-weltkluge Morallehre". Meist wer-
den diese Verse mit Stillschweigen übergangen, so z.B. noch von Neumann (1964), ebenso von
Zips, zu dessen Tugend- und Eheliebe-Konzept (S. 183-186) sie sich freilich querstellen. Ich
vermute, daß diese Verse vor allem deshalb ignoriert werden, weil sie ein so eindeutiges Licht
auf Verhältnisse werfen, deren Existenz als Basis der höfischen Dichtung Minnesang altge-
wohnte und mit Ehrfurcht tradierte Interpretationen wenn nicht lächerlich, so doch zumindest
äußerst fragwürdig erscheinen lassen.

1414 *dinges* Neutralste und blasseste Umschreibung für den Vorgang, den offen zu bennen-
nen Th. aus welchen Gründen immer vermeidet. Diese verbale Dezenz (vielleicht ist es auch
Sprachlosigkeit oder Wortschatzmangel) teilt Th. nicht nur mit Predigt und Traktat, sondern
auch mit der höfischen Dichtung (Epik wie Lyrik); vgl. noch v. 1537 und 10040.

1464:1465 *ungevuogen:gnuoge* Ra. (S. 44) möchte *vuoc:gnuoc* lesen, obwohl er Th. damit
das Aufgeben der gesamten Flexionsendung zuschreiben muß.

1490-1500 Falsche Zählung schon bei Rückert.

1537 *durch in tuo* S. die Anm. zu v. 1414.

1601f. Anakoluth (vgl. die Anm. zu v. 337); statt des Prädikats folgt ein Relativsatz.

1616f. Anakoluth wie v. 1601f.

1641f. Variante eines Sprichworts, das ähnlich bei Wander unter ‚Lied‘ 1; 15 und 17 nachge-
wiesen ist.

1652 *tiefer* Zum Komparativ mit hervorhebender Bedeutung (Elativ) s. § 396.

1677-84 Zuweilen werden diese Verse als Hinweis auf ein weiteres Buch Th.s, eine ‚Frauen-
zucht‘ aufgefaßt, s. Einl. Anm. 2.

1684 *in welhscher zunge* Hier wird das *welh* meist als ‚provenzalisch‘ aufgefaßt, da dies von
den ‚welschen‘ Idiomen (s. die Anm. zu v. 34) um 1200 die einzige ‚literaturfähige Sprache‘
gewesen sei, eine Begründung, deren Tragfähigkeit ich nicht beurteilen kann.

2125 *underdinge* Rü. faßt es als Synonym zu *underdigen* auf, was aber hier keinen Sinn er-
gibt. Ra. (S. 50) und Lexer verzeichnen es als *hapax legomenon*, ohne eine Bedeutung anzu-
geben. Rocher (S. 213) erklärt – nicht recht verständlich – *under* „privatif" zu *dingen* ‚vor Ge-
richt reden‘ und übersetzt „je récuse la colère des seigneurs, je leur demande de ne pas se
mettre en colère"; vgl. auch S. 784 Anm. 47 zur gleichen Stelle.

2139 *stunt* S. die Anm. zu v. 41.

2151-76 Den Konflikt zwischen der Vorstellung eines vom Schöpfergott geordneten Kosmos
und einer durch die Urschuld des Menschen verdorbenen Welt (s. die folgende Anm.) löst Th.,
indem er nur einen Teil der Welt der *unstaete* unterworfen sein läßt.

2159f. Es scheint, als habe Th. unterschieden zwischen dem Donner, der nur tönt (s.v.
13239ff.), und dem Donnerschlag, dem in Verbindung mit dem Blitzschlag oder ebenso wie
diesem tödliche Wirkung zugesprochen wird. Noch bis ins 18. Jh. (in Redensarten wie ‚vom
Donner gerührt‘ noch heute) wird der Donner(schlag) für das Gewitter als Ganzes und für den
Blitzeinschlag im besonderen gebraucht, s. DWB 2, 1239f.

2174f. *Âdâm* Anspielung auf die erste Verletzung der gottgewollten Ordnung durch die
Stammeltern Adam und Eva, als deren Folge (Erbsünde) die Geneigtheit des Menschen zum
Bösen und die Unordnung der Welt gesehen wird, vgl. Gen. 3 und 4.

2198 Vgl. Pred. 3,1: „Ein jegliches hat seine Zeit, und alles Vornehmen unter dem Himmel
hat seine Stunde."

2214 *sîn gelust* Mhd. stf. *gelust, sîn* apokopiert.

2215-2422 Um möglichst eindrucksvolle Beispiele für die *staete* vorzustellen, konfrontiert
Th. den *unstaeten* Menschen mit der von Gott gewollten *staete* im Kosmos. Er beschränkt sich
auf die im Folgenden genannten Angaben, die das zeittypische Gemisch eines biblisch vermit-
telten Weltbildes mit antiken, teils noch mythischen Annahmen, teils aus wissenschaftlicher
Beobachtung resultierenden Kenntnissen und deren oft spekulativen Ausdeutungen erkennen
lassen. Danach ist das geozentrische Weltall, geteilt in eine obere und eine untere Hälfte (v.
2217), ein Ineinander von zwischenraumlosen Kugelschalen (Sphären, *kreiz, ring*), die um die

kugelförmige unbewegte Erde kreisen (v. 2224f.). Den inneren Bereich dieses Schalensystems bilden die vier Elemente Erde, Wasser, Luft, Feuer, wohl auch in einer Art Schichtung gedacht (v. 2299-2306; 2610ff.; s. dazu Mc Keon, Richard: Medicine and Philosophy in the Eleventh and Twelfth Centuries: The Problem of Elements. In: The Thomist 24 [1961], S. 211-256), aus deren je verschiedener Mischung die Materie aller Dinge und Lebewesen besteht (v. 2280-2312). Sie haben Anteil an je zwei der vier Grundqualitäten: Erde trocken/kalt, Wasser kalt/feucht, Luft feucht/warm, Feuer warm/trocken (v. 2287-93). Sie bilden zusammen den sublunaren Bereich und sind nur zu radialer Bewegung fähig (v. 2610-20). Die Elemente stehen in ständigem Widerstreit miteinander (v. 2286; 2311f.; 2404-20). Deshalb ist ihre Verbindung so leicht wieder aufzulösen. Man nahm an (*ich waen ... v. 2309*), daß ihr Zusammenhalt auf einer Art Fessel (*coniunctio / gebende v. 2310*) beruhte. Im Gegensatz zu der aristotelischen Annahme einer qualitativen Wesensänderung der Elemente hält Th. an ihrer strikten Getrenntheit fest (v. 2313-2334). Über dem Bereich des Feuers beginnt die fünfte Materie, der Äther, der unvermischt und unveränderlich ist (v. 2353; 2390-2400). Jenseits der nach ptolemaeischer Lehre neun Schalen (7 Planetenbahnen, Fixsternhimmel, kristaller Himmel; letzterer bei Th. nicht erwähnt) nimmt Th. mit der Mehrheit seiner christlichen Zeitgenossen eine zehnte an, das Empyreum, den eigentlichen Himmel, die Wohnung Gottes, des unbewegten Bewegers, der das Weltall um- und abschließt (v. 9121f.). Die von ihm umschlossene neunte Schale des Äthers, von unten gezählt die erste nach dem Empyreum, wird als verursachend für die Bewegung der darunterliegenden angesehen. Sie bewegt das anschließende gewaltige Firmament, den Fixsternhimmel, an dem die Sterne befestigt sind (v. 2357f.), von Ost nach West; diese Bewegung überträgt sich in abnehmender Stärke auf die unter ihm liegenden Planetensphären, auf deren Rand die Planeten, nach chaldaeischer Folge Saturn, Jupiter, Mars, Sonne, Venus, Merkur, Mond mit unterschiedlicher Geschwindigkeit, je näher der Erde, desto schneller, in der Gegenrichtung, also von West nach Ost kreisen (v. 2220f.; 2225-31; 2359f.). Die Gegenläufigkeit bewirkt die Stabilisierung des Systems, sie verhindert sein Auseinanderbrechen und ermöglicht die Bewegungslosigkeit der Erde (v. 2225-28). Th.s Zeitgenosse Wolfram von Eschenbach drückt das Parz. 782,14-16 so aus: *die (Planeten) sint des firmamentes zoum / die enthalden sîne snelheit: / ir kriec gein sîme loufe ie streit.* Die Lehren vom Einfluß der Planeten auf den sublunaren Bereich und seine Lebewesen gehören in den Bereich der Astrologie, die im Mittelalter von der Astronomie kaum zu trennen ist und gleiches Ansehen besitzt. Vor allem dem Mond, dem die Aufgabe zugeschrieben wird, alle Ausdünstungen der Erde zu sammeln und wieder zur Erde zurückzuleiten, wird die Fähigkeit zugeschrieben, Feuchtes zu bewirken und alles Feuchte zu beeinflussen (v. 2375-2380); das macht ihn zu einer zentralen Größe in der seit Galen (griech.-röm. Arzt, 129-199 n. Ch.) ausgebildeten Lehre von den vier, den Elementen zugeordneten Säften (*humores*): Blut / Luft, helle und schwarze Galle (*cholera rubea / Feuer; cholera nigra / Erde*) und Schleim (*phlegma / Wasser*), die ebenfalls die entsprechenden zwei Grundqualitäten besitzen und deren Mischung (*complexio*) als konstitutiv für das Befinden des Menschen angesehen wird (s. noch die Anm. zu v. 2380).

2215f. *sin:schin* Rü. bleibt bei dem *sin:schein* der Hs. A, setzt also einen bei Th. singulären Reim *i:î* an. Ra. (S.12) will nach dem Gebrauch in v. 10577, wo ebenfalls *sîn* auf ein Femininum bezogen ist, *sin* als Possessivum *sîn* auffassen und für das bei Th. sonst nicht gebrauchte *hân* ohne direktes Objekt die Bedeutung ‚festhalten, beharren' ansetzen. Rocher (S. 418 Anm. 7) optiert für *sin*, räumt aber ein, daß ein *sîn* die Interpretation der Passage nicht „fondamentalement modifie"; zu dem auffallenden Konjunktiv *schîn* äußert sich niemand. Ich versuche es mit *schin* als Konjunktiv Prät., ein Tempus- und Modusgebrauch, den die Grammatik § 485 als Möglichkeit des Mhd. verzeichnet.

2222 *buoche* Hier wohl nicht die Bibel; Rü. hielt v. 2223f. für ein Zitat unbekannter Herkunft.

2223:2224 *staete:draete* Ra. (S. 45) erwägt Reim *stât:drât;* zum Rückumlaut s. § 260-262.

2242ff. Aus dem Wortfeld der Verdammnis werden Hölle und, etwas weniger, Teufel zwar oft direkt genannt, oft aber auch umschrieben oder nur andeutend erwähnt – Variation oder abergläubische Nicht-Nennung (s. Ra., S. 132)? Vgl. z.B. v. 3302; 3891; 4252; 7222; 7991; 10562; 11147; 11210; vielleicht auch 11725 und 11739.

2247 *buoz* Im religiösen Bereich ist Buße ein Akt der Wiedergutmachung ideell wie materiell unterschiedlichen Charakters. In frühchristlicher Zeit von der Gemeinde generell, später nur noch bei schweren Verfehlungen von einzelnen öffentlich geleistet, wurde sie im frühen Mittelalter mit der sich entwickelnden Praxis der privaten Beichte vor einem Priester (schon im 8. Jh. nachweisbar, durch das IV. Laterankonzil (1215) zur Pflicht erhoben; s. auch v. 8392f.) und der von diesem individuell verhängten Bußleistung fester Bestandteil des Bußsakraments, dessen Anteil an der Sündenvergebung bis in die Neuzeit hinein von den Theologen diskutiert wurde.

2250-54 Stark vereinfacht und verkürzt beschreibt Th. die Angabe der Astronomen, daß der Mond, wenn er in seinem Umlauf (s. die Anm. zu v. 2215ff.) zwischen Sonne und Erde anlangt, für die Erde unsichtbar wird, da nur seine der Sonne zugewandte Hälfte erleuchtet ist.

2254 *mêrer* Zum Komparativ *mêre* mit zusätzlichem Komp.-Suffix s. § 204.

2257 *bezzer* Wohl analog zu den Formen mit Verlust der Flexionsendung bei nachgestelltem Pronomen gebildet, s. § 240 Anm. 2.

2259f. Nach Wander erster Beleg des erst wieder und zwar gleichlautend in v. 12089 des ‚Renner‘ Hugos v. Trimberg belegten, später dann oft und variantenreich nachzuweisenden Sprichworts.

2262 Hier bleibt Th. bei der einfachen Feststellung, wie sie der Schöpfungsbericht (Gen. 1,5) als göttliche Absicht enthält.

2277-2334 S. die Anm. zu v. 2215ff.

2278 *swebet* Vgl. v. 2630.

2285:2286 *erde:widerwerte* Ra. (S. 43) liest *erd:widerwert*, was sowohl grammatisch (unfl. Adj. als Prädikatsnomen) wie reimtechnisch als weniger anstößig gilt.

2296f. *wier ... vereinen* Man erwartet auch hier ein Reflexivpronomen; die gleiche Konstr. aber auch v. 2433, ebenfalls direkt neben dem refl. Gebrauch.

2309:2310 *elmente:gebende* Da Ra. (S. 29) von apokopierten Formen ausgeht, wären Reime dieser Art nicht anstößig.

2320 *andern ende* Zu dem Substantivadverb s. § 209b.

2322-23 *ein viuwer ... daz viuwer* Dazu Huber, S. 27f.: Th. „nimmt...die im 12. Jahrhundert getroffene terminologische Scheidung von ‚elementum‘ und ‚elementatum‘ auf. Jenes meint das Element als Prinzip, welches nur durch Abstraktion zu gewinnen und in sich unveränderlich ist. Dieses bezeichnet das Element als konkrete Naturerscheinung, die nur als Verbindung aller vier Prinzipien auftritt, in der aber jeweils eines dominiert.“

2355-80 Vgl. die Anm. zu v. 2215ff.

2361:2362 *ende:elemente* Vgl. die Anm. zu v. 2309.

2371 *vumft* Rü. läßt die umlautlose Form nur im Reim zu, zeigt aber insgesamt bei der Behandlung des Umlauts viele Inkonsequenzen, vgl. Ra., S. 19 und 29.

2372 *kalt* Der Venus werden sonst die Attribute ‚heiß‘ und ‚feucht‘ zugesprochen; Schönbach (S. 46) vermutet, daß Th. von lat. *calidus* oder ital. *caldo* zu der falschen Angabe verleitet wurde.

2373f. Konstruktion apo koinu: *ist* gehört als Prädikat zum Vor- und Nachsatz. Man könnte aber auch *der sehste* als Apposition zu *Mercurîus* lesen.

2379 *voller* Zum st. flektierten prädikativen Adj. s. § 393.

2380 D.h. diese Mondphase war die am meisten geeignete Zeit für das vielfach angewendete therapeutische Verfahren des Aderlasses (s. LMA I, 150f.); vgl. die Anm. zu v. 2215ff.

2405:2406 *staet:laet* Wegen 52 sicherer Reime auf mhd. -ât ohne Gegenbeleg auf -aet plädiert Ra. (S. 16) auch hier für Adj. *stât* im Reim auf *lât*.

2415:2416 Nach Ra. (S. 19) sollte der Reim *trucken:gelucke* geschrieben werden.

2417f. Anakoluth (s. die Anm. zu v. 337), der Hauptsatz müßte sinngemäß ein Relativsatz sein.

2433 *vereinte* Das fehlende Objekt (*ir sin* wie v. 2427 oder das Reflexivum) zu ergänzen.

2438 *Biterbe* Die Bürger Roms, unter sich uneins, aber leidlich einig in der Abwehr der Herrschaftsansprüche des Papstes, lagen seit 1203 in offener Fehde mit den Bürgern des ca 60 km nördlich von Rom gelegenen Viterbo, die erst gegen Ende des Jahrzehnts durch Vergleich beendet wurde.

2447 *Beme* Von den ständig in wechselnden Bündnissen Krieg führenden oberitalienischen Städten wurde Verona 1206-1207 besonders heftig umkämpft und vom jeweiligen Sieger immer weiter zerstört.

2450 *Presse* Vor allem durch die Gegnerschaft der Bürger gegen den Adel und die Kämpfe mit dessen jeweiligen Bundesgenossen, die erst 1213 befriedet werden konnten, wurde die Stadt ruiniert.

2453 *Vincence ... Ferraere* Die gleichen Parteien, die um Verona kämpften (s. die Anm. zu v. 2447), befehdeten sich 1209/1210 auch um die Städte Vicenza und Ferrara, was deren politischen wie wirtschaftlichen Ruin zur Folge hatte.

2468 *Kerlingen* Dat. Pl. zu *Kerlinc*, d.h. ,einer der zu Karl gehört', im deutschen Sprachraum gebräuchlicher Name des karolingischen Frankreich (aus *ze den Kerlingen*). Da Rü. annimmt, daß diese Bezeichnung Frankreichs in der Romania unbekannt war, sieht er im Gebrauch dieses Namens einen Beweis für die Vertrautheit Th.s mit dem Deutsch seiner Umgebung.

2469-70 Johann v. England (Johann ohne Land), notorischer Feind Philipp Augusts von Frankreich, hatte erst 1214 wieder einen mit außerordentlicher Härte gegen Land und Leute geführten Einfall in Frankreich unternommen.

2471f. Die in der Provence entstandene und sich dort und darüberhinaus bei Hoch und Niedrig rasch verbreitende antikirchlich und antipäpstlich eingestellte, den Katharern verwandte Sekte der Albigenser wurde mit unnachsichtiger Härte in den als Kreuzzüge deklarierten sog. Albigenserkriegen (1209-1229) verfolgt, überlebte aber in einzelnen Gruppierungen bis ins 14. Jh. Für das Wort ,Ketzer' (aus lat. *cathari*) bietet Th. einen der frühesten literarischen Belege.

2473ff. *Spange* Während die südl. Hälfte Spaniens noch maurisch war, verbreitete sich auch im nordöstl. Teil Spaniens (Kastilien, Katalonien, Navarra, Aragon), seit Karl dem Großen 778 fortschreitend neu christianisiert, durch die *venogierten* (aus altfrz. *renoier* ,abfallen, Renegat werden') Christen die Sekte der Albigenser (vgl. die vorige Anm.).

2476 *übel zierten* Einer der Belege für Ironie bei Th., die ihm durchaus nicht, wie durch Schüppert (S. 27) geschehen, vollständig abgesprochen zu werden braucht, vgl. noch v. 4300; 6559; 6573.

2477f. *Püllen* Apulien, derzeit von erheblich größerer Ausdehnung als heute, war die Bezeichnung für das Königreich Sizilien, das seit Heinrich VI. Bestandteil des Reiches war. Während der Minderjährigkeit seines Sohnes Friedrich von Intrigen und Widersetzlichkeiten geschüttelt, wurde es später dessen Lieblingsland.

2478 *stunt* S. die Anm. zu v. 41.

2479ff. *Rome* Vgl. die Anm. zu v. 2438.

2483ff. *Tuskâne / Mont Flaskôn* Die Pilger auf den Straßen durch Tuscien (die Toscana) waren immer wieder von Raubüberfällen heimgesucht worden. Papst Innocenz III. hatte das im Süden Tusciens gelegene Montefiascone stark befestigt und mit papsttreuen Burgherren besetzt. Otto IV (s. die Anm. zu v. 10471) eroberte es 1209 und drangsalierte von hier aus päpstlich Gesinnte. Es ist nicht zu entscheiden, auf welchen Zustand Th. sich bezieht.

2487ff. *ze Lamparten* Gemeint sind von den andauernden Fehden der lombardischen Städte (s. die Anm. zu v. 2439; 2447; 2450) vor allem die der Mailänder gegen Pavia, Cremona u.a. 1213-1215. Mailand war zudem eine Hochburg der aus Südfrankreich eingedrungenen Ketzerbewegung, der sog. lombardischen Katharer (s. die Anm. zu v. 2471).

2491 Da hier kein bestimmtes Ereignis genannt wird, ist man geneigt, darin eine Art schonender Parteinahme zu sehen.

2493ff. *Ungern* Am 28. Sept. 1213 wurde Gertrude, die Gattin Königs Andreas II. von Ungarn, die Tochter des Markgrafen Berthold IV von Meran, aus Unmut über die ,deutsche Überfremdung' in Abwesenheit ihres Mannes von einem ungarischen Markgrafen ermordet.

2603-20 S. die Anm. zu 2215ff.

2622 *calamît* Magnet (it. *calamita*, lat. *calamus* ,Rohr, Halm'); der Name bezeichnet eigentlich nur das Rohr, das die Magnetnadel hielt, eine Vorform des Kompasses, bekannt seit dem Ende des 12. Jh. s.

2623 *salamandrâ* Nicht mit unserem Salamander gleichzusetzen, sondern nach ma. Vorstellung ein wohl amphibisches Tier, das im Feuer lebte und um sich ein Gespinst entwickelte (s. Schmidtke [wie Anm. zu v. 514], S. 387f.); deshalb wurde auch die Existenz eines aus seinem Haar oder auch von ihm selbst gewebten unbrennbaren Stoffes angenommen, weshalb ein seltener orientalischer Stoff zuweilen als Salamandra bezeichnet und dadurch mit diesem Tier in Verbindung gebracht wurde, was Reiz und Kostbarkeit beträchtlich erhöhte.

2639 *kneht* S. die Anm. zu v. 313.

2644 *sîn buoch* Seit dem 8. Jh. bestand für Kanoniker bei Abwesenheit von ihrem Konvent die Verpflichtung, das tägliche Stundengebet der Kirche in einer eigens dafür vorgenommenen Zusammenfassung, dem sog. Brevier, privat zu verrichten; eine Verpflichtung, die später auf alle Weltgeistlichen ausgedehnt wurde.

2646 Zur Bewaffnung des Ritters und zur Turnierpraxis vgl. Bumke I, S. 210-236.

2652 Zu Ausrufen dieser Art s. § 448.

2670ff. *affe* Der Affe galt als besonders törichtes Tier, weil er alles nachahmt, was er sieht, vgl. Schmidtke (wie Anm. v. 514), S. 237f.

2689 *nien* Leitzmann (S. 299) will das *min* der Hs. halten, „da nur so der Gegensatz zu *rîche* in der folgenden Zeile herauskommt", ein *min* ist aber in dieser Verwendung nicht nachzuweisen, zudem verdirbt es die Pointe.

2695:2696 Dies ist einer von zwei wirklich identischen Reimen (der 2. nicht in dieser Auswahl), der nach Wilhelm Grimm (Zur Geschichte des Reims. In: Kleinere Schriften Bd. 4,hg. v. Hinrichs, Gustav. Gütersloh [1887], S. 125-341), S. 134 „nicht zu entschuldigen" ist. Er hält ihn für verderbt und schlägt für v. 2696 *haben* der Hs. U (Cgm 571) vor, von der er eine Abschrift besaß. Ra. (S. 82) hält den Reim für original, da eine Vorlage *vertragen:haben* den Abschreibern kaum anstößig gewesen sein dürfte und somit eine Änderung zu *vertragen:vertragen* nicht zu erklären wäre. Leitzmann (S. 299) schlägt *vertragen:verklagen* vor.

2711 Zu den Sprichwörtern und Sentenzen s. Einl. S. 7.

3236 *schenken ampt* Am Kaiserhof und an den nach seinem Beispiel organisierten Fürstenhöfen das Amt des Aufsehers über den Weinkeller; zur Zeit der Staufer erbliches Hofamt, das von Angehörigen bedeutender ministerialer Familien bekleidet wurde.

3237 *truhsaezen* Zu mhd. *truht* ,das Getragene' oder ,Schar, Truppe' gebildet, bezeichnet Truchsess das Amt des Aufsehers über die fürstliche Tafel; Hofamt wie der Schenke v. 3236.

3276 *im* S. die Anm. zu v. 28.

3279 *zenden* S. die Anm. zu v. 446.

3302 *stric* Gemeint ist der Strick, das Seil, oft auch die Kette, womit der Teufel den Sünder in die Hölle zieht, vgl. 2. Tim. 2, 26 „daß sie die Wahrheit erkennen und ernüchtert der Schlinge des Teufels sich entwinden".

3371-76 S. die Anm. zu v. 1050.

3378-87 *Julîus* Gaius Julius Caesar (um 100-44 v. Chr.) römischer Feldherr und Staatsmann, auf dem Gipfel seiner Macht (röm. Diktator auf Lebenszeit) ermordet.

3380 *in* Mhd. *helfen* mit Akk.

3388-90 *Hector* Ältester Sohn des Priamos und Hauptverteidiger Trojas (s. die Anm. zu v. 823 und 1030). Unterliegt dem Achilles und wird von diesem dreimal um die Stadt geschleift.

3396 *Troje* Antike Stadt auf der Nordwestspitze Kleinasiens, Schauplatz des ,trojanischen Krieges', s. die Anm. zu v. 823.

3399 *diu vil alte küneginne* Hekabe (Hekuba), die greise Gattin des Königs Priamos, wurde nach der Eroberung Trojas (s. die Anm. zu v. 3388) in die Sklaverei verschleppt.

3403 *Anchîses* König von Dardanos bei Troja, wird von seinem Sohn Aeneas aus dem brennenden Troja auf ein Schiff gerettet, stirbt aber auf der anschließenden langen Irrfahrt auf dem Meer.

3407-10 *Hannibal* Feldherr und Staatsmann der Karthager (um 247-183 v. Chr.), der zwischen 218-213 in mehreren Feldzügen die Römer und ihre Verbündeten besiegte.

3416-21 Bei der großen Auswahl solcher Vorkommnisse in dieser politisch unruhigen Zeit ist nicht zu entscheiden, an wen Th. hier denkt.

3423f. *den künic* Rü. vermutet Johann v. England, aber nach v. 3425 ist doch wohl eher Otto IV. (s. die Anm. zu v. 10471) gemeint.

3879 *im* S. die Anm. zu v. 28.

3891 *vater ... unedel* Der Teufel, s. die Anm. zu v. 2242.

3895 *geschaft* Part. des swv. *schaffen*, bedeutungsgleich mit dem stv. *schepfen*, ‚schaffen‘ (§ 252 Anm. 3).

4221ff. Anakoluth (s. die Anm. zu v. 337), der begonnene Hauptsatz (*ein herre ...*) wird nicht fortgesetzt.

4252 *vâlant* Vgl die Anm. zu v. 2242.

4259-66 Bedeutung der Verse nicht ganz klar. An anderer Stelle (v. 5985-96) ist der Name mit dem Verlangen nach Ruhm verbunden. Ich vermute, daß Th. auch hier dieses Verlangen meint und es als *üppekeit* bezeichnet, was aber auch als Äquivalent des lat. *vanitas* (Vergänglichkeit) gebraucht wird, so daß er die Vergänglichkeit dessen, worauf sich die Eitelkeit bezieht, bei der Kennzeichnung des Lasters miteinbezieht, er also v. 4265f. vielleicht zum Ausdruck bringen wollte: Wenn das Laster selbst auch nicht unbeständig genannt werden kann, ist doch die Unbeständigkeit dessen, auf das es sich bezieht, beständig.

4290 *dem* Mhd. *hêrschen* mit Dat. der. Pers.

4300 *der vrouwen ... gemeit* S. die Anm. zu v. 2476.

5029 *siecher* Zum nachgestellten stark flekt. Adjektiv s. § 391β.

5050 und 5106 *und* Leitet einen modal-vergleichenden Satz ein, nhd. ‚wie‘, s. § 465.

5146 *tugenthaft* Zum unfl. Adj. nach unbest. Artikel s. § 391γ.

5166 *scheit = schadet* Zur Form *s.* § 110 Anm. 1; die Hs. A schreibt *schat*.

5333 *gesunder* Statt des st. flekt. Adj.s (§ 393) könnte auch ein Komparativ beabsichtigt gewesen sein.

5345 *guot* Da Th. vielfach nicht-umgelautete Formen verwendet, ist oft zwischen stn. *guot* und stf. *güete* nicht zu unterscheiden.

5349ff. Zu der folgenden Argumentation s. Schumacher.

5936 *des ... übels. er* Das Pronomen bezieht sich auf den, der das *niderste übel* ist, den Teufel.

5961-63 Anakoluth (s. die Anm. zu v. 337); der zu erwartende Relativsatz wird als Objektsatz von dem Einschub (v. 5962) abhängig gemacht.

5999-6000 *daz übel.../...der* S. die Anm. zu v. 5936.

6008 Die Hölle als Ort des ewigen Feuers biblisch verbürgt, z.B. Matth. 25,41; s. noch die Anm. zu v. 9502.

6306 *als* Zu der Einleitung des Temporalsatzes durch *als* ‚sowie‘ s. § 459,4.

6426-59 Th.s Bilder der ‚verkehrten Welt‘ (Darstellung unmöglicher oder ungewöhnlicher Umkehrungen realer Sachverhalte; s. ‚Lügendichtung‘ RL II Sp. 496-499) werden hier wie häufig als Zeitkritik eingesetzt, vgl. noch v. 2661f., wo sie Beispiele für unvernünftiges Verhalten sind. Von den hier verwendeten Bildern sind nur die ‚Schemel auf der Bank‘ (v. 6439ff.) als verbreitete Redewendung bei Wander, Bd.4, S. 139 nachgewiesen.

6427ff. Für die merkwürdige Stelle mit ihren zwei Hapaxlegomena *bercboum* und *mosgras* hat, soweit ich sehe, noch niemand ein Vorbild gefunden. Für Rü. „scheint“ sie „in einiger Berührung mit einer Stelle der Elegie des Henricus Septimellensis ... zu stehen“; die drei angeführten Verse haben aber nicht mehr Ähnlichkeit mit Th.s Versen als jede beliebige andere Aufzählung von Perversionen, s. die Anm. zu v. 6426.

6432 *stunt* S. die Anm. zu v. 41.

6455ff. Ec. 10,7: „Zu Pferde sah ich Sklaven, und Fürsten gingen Sklaven gleich zu Fuße."

6463 *die untugenthaft* Rü. und Ra. (S. 44) sehen in der „groben Flexionsersparung im Reim" einen schlimmen Verstoß gegen die dt. Sprache, es ist aber auch möglich, daß das substantivierte Adj. nach der Weise des Subst. (a-Dekl.) gebraucht (§ 394) und wie üblich apokopiert wurde.

6482 *vingerlîn* Zum endungslosen Dat. Pl. s. § 180 Anm. 3.

6508 *ze schuole* Im eigentlichen Sinn meint Schule um diese Zeit fast immer eine ‚Hohe Schule', eine Domschule oder eine Universität, wie sie zu Th.s Zeit in Italien, Spanien und Frankreich bereits an vielen Orten bestanden.

6524 *bischolf*, verbreitete, durch Reime (:*wolf*) gesicherte Nebenform zum Lehnwort *bischof* (lat. *episcopus* ‚Aufseher'); dem Papst direkt unterstellter geistlicher Verwalter einer Diözese.

6559 *gotes ê* Das *ius divinum*, als göttliche Offenbarung im AT und NT enthaltenes, von der Kirche als im Kern unabänderlich angesehenes und gelehrtes Grundrecht.

6566 Rocher (S. 216) möchte schon hier für das *gevellet* der Hs. *schadet* einsetzen, wogegen aber die Variante *geschicht* in der Hs. D spricht.

6570f. *swenn ... ie mêr* Mischung der Konstruktionen ‚wenn...dann' und ‚je...desto'.

6573 *teilet wol* S. die Anm. zu v. 2476.

6594 *und* und **6596** *unde* Leiten einen modal-vergleichenden Satz ein, nhd. ‚wie', s. § 465.

7203 *selten* S. die Anm. zu v. 465.

7222 *groezer nôt* Gemeint ist ‚in die Hölle', s. die Anm. zu v. 2242.

7443 *gesît* = *gesiget* Zur Form s. § 107a.

7443ff. Das Tugendideal des ‚*miles christianus*', das die Kirche schon in den ersten christlichen Jahrhunderten gleichsam als Gegengewicht zum weltlichen Ritterideal zu propagieren bemüht war, gewann mit dem Erstarken eines ‚Ritterstandes' im 12. und 13. Jh. besondere Aktualität; s. dazu Wang, Andreas: Der ‚miles christianus' im 16. und 17 Jahrhundert und seine mittelalterliche Tradition. Ein Beitrag zum Verhältnis von sprachlicher und graphischer Bildlichkeit. (Mikrokosmos 1) Frankfurt 1975.

7451-7530 Der Kampf der Tugenden mit den Lastern, ein Thema, das schon in der Antike ausgebildet und facettenreich abgehandelt wurde, ist seit der ‚*psychomachia*' des Prudentius (378 - um 405) auch im christlichen Schrifttum ein vielbehandeltes Thema (s. dazu Jauss, Hans Robert: Form und Auffassung der Allegorie in der Tradition der *Psychomachia*. In: Medium Aevum vivum. FS für Walther Bulst, hg. v. H. R. J. u.a., Heidelberg 1960, S. 179-206), für das Th. das erste nachweisbare Beispiel in deutscher Sprache liefert und, wie viele Vorgänger, mit dem Thema der *armatura Dei*, der geistlichen Bewaffnung des Christen verbindet; *locus classicus* dafür ist Eph. VI, 13-17: „So legt denn die volle Waffenrüstung Gottes an, damit ihr am bösen Tage widerstehen könnt und nach erkämpftem Siege das Feld behauptet. So steht da, umgürtet an den Lenden mit der Wahrheit, bekleidet mit dem Panzer der Gerechtigkeit, beschuht an euren Füßen mit der Bereitschaft für das Evangelium des Friedens. Zu all dem nehmt noch den Schild des Glaubens, mit dem ihr alle feurigen Geschosse des Bösen löschen könnt. Ergreift sodann den Helm zum Schutz und auch das Schwert des Geistes, d.h. das Wort Gottes." Wie immer verarbeitet Th. seine Quellen (s. dazu Einl. S. 7f.) sehr selbständig, wobei vor allem die hier zum ersten Mal völlig durchgeführte Orientierung am Vokabular (z.B. *halsberc* v. 7476; *poinder* v. 7496), den Vorstellungen und Gegebenheiten eines höfisch ritterlichen Publikums hervorzuheben ist.

7500 *schîn* Verkürzter Inf. oder Adj. mit zu ergänzendem *sîn* oder *werden* (Ra., S. 31). Rocher (S. 217) plädiert für Lesart D.

7780-84 Gemeint wohl: Was jeder Bauer und Narr kann oder tut, ist für den Ritter nicht erstrebenswert.

7785 und **7791** *rîters ambet* Eigentlich müßte auch *ambet* im Gen. stehen (mhd. *phlegen eines dinges*), aber wenn ein Genitivobjekt von einem Subst. im Gen. näher bestimmt wird, erscheint es häufig endungslos, s Behaghel I, S. 165f.

7796 *houwen* Rocher (S. 218) erwägt „Holz fällen"; es muß aber doch etwas sein, daß den *ungedanken* (v. 7800) entspricht. Daß Th. gerade das ‚Händel anfangen' naheliegend fand, belegt v. 11560ff.

7865ff. *eigenkneht* An dieser Stelle soll Th.s Quelle, verschiedene Stellen aus Werken Senecas (Abdruck Rü., S. 579f.), deutlicher als sonst zu erkennen sein, vgl. auch Teske, S. 210f.

7870 *beleit* Als Part. Prät zu mhd. *belegen* ‚besetzt' aufgefaßt; möglich wäre auch das Part. von *beleiten* ‚geführt'.

7991 Gemeint: in der Hölle; vgl. die Anm. zu v. 2242.

8535-40 Anakoluth (s. die Anm. zu v. 337); der zu erwartende Konsekutivsatz wird durch ein Gefüge: Hauptsatz + Subjektsatz weitergeführt.

8541 *swebet* Vgl. v. 2631.

8552 *wellen* Mit Ra. (S. 22) als weln ‚wählen' aufgefaßt.

8562 *suontac* Der vielfach im AT wie im NT angekündigte Tag des Jüngsten Gerichts, s. z.B. Matth. 12,36 „Von jedem unnützen Worte, das die Menschen reden, werden sie am Tage des Gerichtes Rechenschaft ablegen müssen".

8789-8856 Th.s Lehre von den vier Geisteskräften ist, wie die Lehre vom Kosmos und von den Elementen (v. 2215-2422) Inhalt dessen, was Teske (S. 167 u.ö.) als Th.s „Schulsack" bezeichnet, gespeichertes Wissen, das er in paßlicher Form an dieser Stelle einbringt, um das spezifisch Menschliche gegenüber dem Tier und die daraus resultierenden Verpflichtungen zum rechten Gebrauch der Kräfte zu betonen (zu den vielen Quellen, die namhaft gemacht werden können, vgl. die Belegsammlung bei Huber, S. 48 Anm. 96). Dem nach seinen Funktionen in *imaginatio* oder auch *phantasia* (Einbildungskraft), *ratio* (Vernunft) und *memoria* (Gedächtnis) dreigeteilten, im Kopf situierten Intellekt sind drei Gehirnkammern zugewiesen (*ventriculi* oder *cellulae*, v. 8802, doch s. die Anm. dazu). Als vierte Kraft die Erkenntnisfähigkeit im Religiösen (v. 8831f.) hinzuzuzählen, hat ebenfalls Tradition, ebenso die Herrscherrolle der *ratio*, deren Besitz den Menschen vom Tier unterscheidet (v. 8817f.), das nach Thomasin nur *imaginatio* (v. 8855), bei anderen oft auch *memoria* besitzt. Die in diesem Zusammenhang zumeist abgehandelte erkenntnistheoretische Frage der Unterscheidung von wahr und falsch biegt Th. seinem Anliegen entsprechend um in die Unterscheidung von gut und böse (v. 8827f.), die sonst als Aufgabe der Tugend der *prudentia*, der Weisheit zugeschrieben wird.

8802 *phleget* Mhd. swv. *phlegen* wie v. 134.

kamer Huber, S. 47 Anm. 95: „mit ‚kamer' kann der anatomische Ort oder vielleicht eher noch die Funktion des Sammelns und Hortens durch die Gedächniskraft gemeint sein."

8804-7 Zu dieser Stelle Huber, S. 52 Anm. 108: „Schwierig ist das Verständnis von ‚*der dinge getat*'; sinnvoll ist an unserer Stelle nur eine semantische Variante der Bedeutung ‚äußere Beschaffenheit, Gestalt, Aussehen' (vgl, BMZ III, 147a), entsprechend lat. ‚*forma, species*' ... Allerdings muß dies dann auch, auf das Seelenvermögen bezogen, als inneres Anschauungsbild gefaßt werden."

8805:8806 *gedanke:lange* Ra. (S. 26-29) plädiert für den Reim *gedank: lang* und stellt ihn zu den vielen Reimen, bei denen in den Auslaut tretende Medien auf Tenues gebunden werden.

8820 *ir* Nur auf *ratio* bezogen und v. 8821-8830 näher ausgeführt.

8821:8822 *begrîft:gesiht* Ra. (S. 12) möchte *begrift* (*begripht* zu mhd. *begriphen* ‚rasch ergreifen') lesen, um der doppelten Reimungenauigkeit zu entgehen. Zu *begriphen* s. die Anm. zu v. 41.

8847 *wan er ensol* Rü. hält dies für eine eingeschobene Begründung „denn er soll es nicht (wissen)", was eigentlich keinen rechten Sinn ergibt; Rocher (S. 219) nennt den Vers „bizarrement formulé", ohne ihn zu übersetzen. Beschrieben werden soll das Versagen der *ratio* im Umgang mit dem Reichtum, wie auch v. 9297f. Den Vers als Entgegensetzung zu dem ‚zu viel' v. 8846 im Sinne von ‚Überschüsse' und ‚Defizite' aufzufassen (*soln* als Vollverb genommen bedeutet u.a. ‚zu bezahlen schuldig sein' [Lexer II, 1053f.]), sollte die Verneinung eigentlich verhindern; ich berufe mich auf das „Bedürfnis", des Mhd., „die negative Stimmung über den ganzen Satz zu verbreiten" (§ 441), und ignoriere das *en-*. Möglicherweise bedeutet der Vers aber auch etwas ganz anderes.

8854 *habe wir geschriben* Nach Leitzmann (S. 299) ebenso wie v. 7598 *wir hân geschriben* (nicht in dieser Auswahl) und wohl auch v. 8899 gleichbedeutend mit *wir vinden geschriben* wie v. 8933 und 12302, und nicht, wie Ra. (S. 108) meint, die beiden einzigen ‚Autorplurale' Thomasins, wenn auch in beiden Fällen der Bezug auf tatsächlich im WG Geschriebenes möglich ist.

8899-8958 Die Lehren über die sieben freien Künste, Hauptbestandteil des Wissensfundus, den das Mittelalter aus der Antike übernahm, könnten in Anlehnung an den ‚Anticlaudian' des Alanus ab Insulis formuliert worden sein, dessen weitaus umfänglichere Personenfolge Thomasin auf seine durchaus konventionelle Reihe der Künste und ihrer Repräsentanten zusammengestrichen hätte (s. Huber, S. 54ff.). Trivium und Quadrivium standen am Beginn jeder Ausbildung an den hohen Schulen (Artistenfakultäten). Der propädeutische Lehrinhalt des Triviums war unproblematisch. Das Quadrivium belehrte in seiner ursprünglichen Ausprägung über die durch die Zahl und Zahlenverhältnisse erkennbaren Gesetzmäßigkeiten des Kosmos und damit des Göttlichen, dem der Mikrokosmos Mensch verwandt war. Das mußte mit der christlichen Vorstellung vom grundsätzlich unerkennbaren höchsten Wesen kollidieren. Dieser Komplikation ging man am leichtesten aus dem Weg, wenn man das Quadrivium, so wie hier, auf seinen Beitrag zu den rein praktischen Techniken reduzierte (s. dazu Hellgardt, Ernst: Zum Problem symbolbestimmter und formalästhetischer Zahlenkomposition in mittelalterlicher Literatur. Studien zum Quadrivium usw. [MTU 45] München 1973; Meyer, Heinz: Die Zahlenallegorese im Mittelalter. Methode und Gebrauch. [Münstersche Mittelalter-Schriften 25] München 1975). Durch sein hohes Lob der Wissenschaften (v. 8904ff.) hebt sich Th. ab von geistlichen Strömungen seiner Zeit, denen Bildung generell ein Übel war, auch wenn er dem Ungelehrten, aber Tugendhaften, wie es schon die antiken Moralisten lehrten und wie es die Kirchenväter aufgriffen, Kompetenzen zuteilt, die der Bildung gleichzuwerten sind (v. 8991-9028; vgl. v. 9673ff.). Die lateinische Beschriftung der Bilder, die ein gebildetes Publikum voraussetzen, zeigt einmal mehr, daß seine Dedikationsverse 14695f. keine Widmungstopik sind, sondern genau eingrenzen, wen er sich als Leser vorstellte. Neu an der Bilderfolge soll die Verbindung der personifizierten *artes* mit je einem prominenten Vertreter u n d dem hauptsächlich verwendeten Gerät sein, durch das die Bilder über den Text hinaus ein Mehr an Information bieten, dessen korrekte Darstellung allerdings den Zeichnern je später desto weniger gelang; s. dazu Borst, Evans, Rockar, Vetter.

8916 *dîaleticâ* Dies die gebräuchliche Schreibweise der Zeit, die Rü. wie auch *rethorica* im folgenden Vers bei ihrem ersten Auftreten gegen die Hs. in *Dîalecticâ* und *Rhetoricâ* ändert; danach behält er die hsl. Schreibweise bei.

8924 *kleit = kleidet* Zur Form s .§ 53d.

8931 *âne wanc* Vorangestellte Bestimmung zu *natûre* und *ganc*.

8938 *Dônatus* Aelius Donatus, um 350 nach Chr., röm. Grammatiker, seine Grammatik im Ma. vielbenutztes Lehrbuch (‚der Donat') des Grammatikunterrichts.

Priscjân Priscian, lat. Grammatiker Ende 5., Anfang 6. Jh.; sein Werk *Institutiones Grammaticae* ebenfalls eines der grundlegenden Lehrbücher des Grammatikunterrichts im Ma.

8939 *Aristarchus* Griech. Gelehrter ca. 217-145 v. Chr., berühmt besonders wegen seiner Homer-Kommentare.

8943 *Aristôteles* Griech. Philosoph 384-322 v. Chr., aus seinem weitgespannten Werk waren dem Ma. zur Zeit Thomasins vor allem die Schriften zur Logik und Erkenntnistheorie bekannt.

Bôêcjus Anicius Manlius Severinus Boethius, ca 480-524, römischer Politiker und Philosoph, durch seine Übersetzungen und Kommentare eine Quelle ma. Aristoteleskenntnisse. Einwirkungen seines Hauptwerks: *De consolatione philosophiae* (Vom Trost der Philosophie), aber auch anderer Schriften, vielleicht auch nur deren Verarbeitung bei den Kirchenvätern, glaubt man bei Th. vielfach nachweisen zu können (s. Einl. S. 7f.).

8944 *Zênô* Entweder Zenon von Elea, Philosoph um 490-430 v. Chr., bekannt wegen seiner Aporien, oder Zenon v. Kition, Philosoph um 354-262 v. Chr., Gründer der Stoischen Philosophenschule, oder Zenon von Sidon, um 150 v. Chr., bedeutendster Epikureer und Lehrer Ciceros.

Porphirjus Porphyrios, griech. Philosoph um 233-304 n. Chr., Neuplatoniker, am wichtigsten seine Einleitung in die Kategorienlehre des Aristoteles, dem Ma. bekannt in der Übersetzung des Boethius.

8947 *Tulljus* Marcus Tullius Cicero, 106-43 v. Chr., Politiker in Rom und Verfasser zahlreicher philosophischer und politscher Schriften, Reden und Briefe, Muster eleganter Latinität.

8948 *Quintiljan* Marcus Fabius Quintilianus, 30-96 n. Chr., wirkte als erster staatlich bezahlter Lehrer der Grammatik und Redekunst in Rom; Hauptwerk ,*Institutio oratoria*'.

Sîdônjus Sidonius Apollinaris, um 433-um 479, röm. Beamter, später Bischof v. Clermont, Gelehrter und Dichter, wurde erst im späten 12. Jh. in den Kanon der *artes*-Repräsentanten aufgenommen; s. dazu Glauche, Günter: Schullektüre im Mittelalter. Entstehungen und Wandlungen des Lektürekanons bis 1200 nach den Quellen dargestellt. (Münchner Beiträge zur Mediaevistik- und Renaissance-Forschung 5) München 1970, S. 125f.

8950 *Crisippus* Meint wohl Chrysippos, griech. Philosoph 281 – 205 v. Chr., neben Zenon der bedeutendste Vertreter der stoischen Philosophie, als Mathematiker eigentlich nicht bekannt.

Pitâgoras Pythagoras, griech. Philosoph, um 582-um 493 v. Chr., deutete die Wirklichkeit aus Zahlenverhältnissen.

8951 *Grêgorjus* Gregor d. Große, von 590-604 Papst, reformierte das Meßzeremoniell und galt dem Ma. als Begründer des Kirchengesangs (Gregorianik).

8952 *Micalus* Die hsl. Benennung verteidigte schon Schönbach, S. 43 gegen Rü., indem er auf den *Michalus doctor* im ,Anticlaudian' des Alanus ab Insulis verwies. Dort ist Micalus (so Rocher, S. 893 Anm. 18) „un nom imaginaire, qui figure dans un exemple de syllogisme proposé par Aristote … et transmis par le commentaire de Boece." Dem gleichen Werk dürfte auch der *Millesjus* entnommen worden sein, mit dem wohl jener Timotheus Milesius gemeint war, der auch bei Boethius (De Musica I,1) erwähnt wird.

8953 *Thâles* Thales von Milet, griech. Philosoph 650-560 v. Chr., seine mathemat. Kenntnisse heute umstritten.

8954 *Euclŷdes* Eukleides (Euklid), griech. Philosoph und Mathematiker, 4./3. Jh. v. Chr., Verf. der ,*Stoicheia*' (Elemente), eines systemat. Lehrbuchs der Mathematik, wurde dem Abendland erst im Verlauf des 12. Jh.s durch arabische Übersetzungen ins Lateinische bekannt.

8956 *Albumasar* Abū Ma'šar (um 790-886), einer der berühmtesten Astrologen des MA.s.; hauptsächlich aus seinen Werken schöpfte das Abendland seine astrologischen Kenntnisse.

8957 *Ptolomêus* Claudios Ptolemaios, griech. Naturforscher (um 100-nach 160), Verfasser bis in die Neuzeit wirksamer Handbücher der mathematischen Astronomie, der Astrologie und Geographie.

8958 *Atlas* Der Titanensohn, der nach griech. Mythos das Himmelsgewölbe auf seinen Schultern trug, wird im ,Anticlaudian' des Alanus ab Insulis (s. die Anm. zu v. 8899ff.) erwähnt und von Th. in Übereinstimmung mit einem Usus, nach dem der Name „im Mittelalter allgemein euhemeristisch auf einen Astrologen namens Atlas zurückgeführt" wurde (Huber, S. 55; ohne Belege) unter die Gelehrten gezählt.

8967 Salomôn Alttestamentlicher König Israels, berühmt für seine Weisheit (Salomonisches Urteil). Ihm werden Teile des Psalters, das Hohelied und mehrere Lehrbücher des AT.s zugeschrieben.

8972 *nâch einer gewer* Ra. (S. 22 Anm. 1) lehnt Lexers Zuordnung von *gewer* (Behutsamkeit, Vorsicht) wohl zu Recht ab und deutet seinerseits *gewer* als Sicherstellung; er versteht die Stelle so, daß die *lantherren* „durch ihren Gerichtsspruch die rechtliche Sicherstellung dessen erlangen (wollen), was sie sich zu Unrecht angeeignet haben." Träfe dies zu, müßte bis v. 8976 anders interpungiert werden. Es geht aber m.E. in der gesamten Passage um die Weisheit und Torheit im Urteilen, nicht um Unrechttun; mit unrechtmäßigem Landerwerb müßten jene nicht zu den tumben *bûren kint* gezählt werden, die nie aus ihrem Dorf herausgekommen sind. Es ist also wohl doch von stf. *gewer* ,Gewähr, Bürgschaft' auszugehen. Vgl. auch v. 11123ff. und 13414-13426 über reden und glauben ohne zu prüfen.

8977 *kint* Die Flexionsendung des Dat. Pl. fehlt ganz; vielleicht „dissimilatorisch erspart" (Ra., S. 44)? Zu *buren kint* s. die Anm. zu v. 665.

8980 *karkaer* Der Vergleich erinnert an Platons Höhlengleichnis; s. dazu Schumacher.

8994 *und* Zu dieser Einleitung eines Konditionalsatzes s. § 445 Anm. 1.

8991-9028 Der abrupte Übergang auf die tugendhafte Lebensführung als die eigentliche Weisheit und Verwirklichung aller Wissenschaft (vgl. die Anm. zu v. 8899ff.) ist neuzeitlichen Lesern zuweilen als Bruch und Widerspruch zu dem hohen Lob der Gelehrsamkeit erschienen (z.B. Ruff, S. 352 „Gewaltsamkeit des Verfahrens", etwas mildernd Rocher, S. 292 Anm. 13 „un ajout scolaire peu significatif au total"). Er ist aber nicht nur ein Tribut an das biblisch verankerte Ideal der Einfalt (2. Kor. 1,12 „...daß wir in Einfalt und göttlicher Lauterkeit, nicht in fleischlicher Weisheit ... gewandelt haben"), das sich mit dem der Gelehrtheit stieß und kirchlicherseits vielfach zu dessen Ablehnung führte, und ein Tribut an das aristokratische, aber vermutlich teilweise illiterate Publikum, vor dem der Gebildete den Anschein des Hochmuts vermeiden mußte. Die „Verschiebung von intellektueller Aneignung zu ethisch-moralischer Verinnerlichung" ist bereits in der antiken Tugendlehre vorbereitet und von den Theologen vor allem des 12. Jh.s zu zwei gleichberechtigten Möglichkeiten, Tugend zu erlangen, ausgestaltet worden, „entweder durch Aneignung der Inhalte der Wissensgebiete und daraus Entwicklung von Lebensregeln oder durch intuitive Übernahme ihrer inhärenten ethischen Bestimmtheit" (Brinker-von der Heyde, S. 49 und 50).

9007:9008 *garwe:varwe* Ra. (S. 44) bevorzugt die Lesart von A *gar:var*.

9010 *wise* Zum unfl. oder schwach fl. Adjektiv s. § 391γ.

9024 *hellen* Das *hellent* der Hs. A könnte als *lectio difficilior* angesehen werden, wurde von Rü. aber wohl dem sonstigen Gebrauch von *machen* mit Inf. angepaßt, vgl. v. 3856; 7507; 14658.

9071f. *divinitas* ‚Göttliche Weisheit', d.h. die ‚Gottesgelahrtheit', die Theologie; *physica* (eigentlich ein Plural ‚die natürlichen Dinge') Naturkunde; der Beschreibung ihres Lehrinhalts nach meint Th. hauptsächlich die Medizin.

9079 *stal* ‚Standplatz, Raum für Mensch und Vieh', hier wohl fälschlich für ‚Zustand' verwendet.

9127 *ir* Rü. schreibt sonst in diesen Reimen die diphthongierten Formen *wier* usw., z.B. v. 5584 (s. Einl. S. 9).

9141f. Zu der verstärkten Negation s. § 438 und Ra., S. 19.

9148 *minne* So wie *sinne* (v. 9147) soll wohl auch *minne* eine Eigenschaft oder eine Tätigkeit der *divinitas* oder etwas, das man durch sie erwerben kann, bezeichnen, um das der Mensch sich nicht kümmert. Die vorhergehenden Verse liefern aber keinen Anhaltspunkt.

9150 *ie* Rocher (S. 219) plädiert für die „plausible" Variante *ee* der Hs. H.

9151-80 Die Rechtsterminologie der Zeit ist uneinheitlich. Man unterschied einmal göttliches und weltliches Recht. Als göttliches sah man die Einrichtungen des göttlichen Willens an, sie galten als einheitlich, ewig und unabänderlich (*lex aeterna*), das weltliche Recht dagegen war von Volk zu Volk verschieden und zeitlichen Veränderungen unterworfen. Ferner unterschied man kirchliches und weltliches Recht. Mit letzterem war vor allem das römische Recht gemeint, das als Einrichtung der römischen Kaiser galt und vor allem in der Fassung Kaiser Justinians (482-565) als *ius civile* studiert werden konnte. Das kirchliche Recht, in *canones* (Regeln) erfaßt, wurde wie auch von Thomasin meist in enger Verbindung zum göttlichen Recht gesehen (v. 9175f., s. auch v. 6559-6562) und erst um 1140 von Gratian, Mönch und Lehrer zu Bologna, als eigenes Sachgebiet etabliert, der in seinem Werk *decreta sive concordia discordantium canonum* die *canones* seiner Vorgänger gesammelt und zu harmonisieren versucht hat. Mit *decrete* und *leges, physica, divinitas* und den sieben freien Künsten hat Th. den damals geltenden Fächerkanon der Hochschulen abgearbeitet. Er verwirft dabei nicht „mit scharfen Worten" die Jurisprudenz (so de Boor [wie Anm. 52 der Einl.] S. 384), sondern geißelt nur, daß sie studiert werde, um sie besser mißbrauchen zu können.

9190 *der buoch ...ungelêrt* Rocher (S. 868 Anm. 17) will darunter nicht Analphabetentum, sondern „absence de culture savante" verstehen, vgl. auch die Anm. zu v. 8899. Für ein lesendes Publikum plädiert einleuchtend Scholz. Zur ma. Literaturrezeption generell Scholz, Manfred G.: Hören und Lesen. Studien zur primären Rezeption der Literatur im 12. und 13. Jahrhundert. Wiesbaden 1980 (s. dazu unbedingt Curschmann [wie Anm. v. 1026]; Green, Dennis: Medieval Listening and Reading. The primary reception of German literature 800 – 1300. Cambridge 1994; Wenzel.

9194 *stunt* S. die Anm. zu v. 41.

vür Als Adv. eigentlich ‚voraus, nach vorn‘, Th. meint aber die entgegengesetzte Richtung ‚zurückliegend‘.

9208 Im folgenden belegt mit gelehrten Königen aus Bibel und Antike, z.B. Alexander, vgl. die Anm. zu v. 1050.

9292f. Zu den Bildungsverhältnissen der Zeit vgl. Bumke I, S. 92-102.

9451 *gesiht* Ra. (S. 71) hält *gesehen* der Hs. A für die ursprüngl. Lesart und zählt es zu den wenigen ‚Dialektworten‘ im WG, s. die Anm. zu v. 41.

9468 *und* Zu dieser Einl. eines Konditionalsatzes s. § 445 Anm. 1.

9491 *ein wîse man* Ich weiß nicht, wer hier gemeint ist. Noch Rocher (S. 886 Anm.1) wußte ihn nicht zu benennen.

9497 *hie* Das glaubensgewisse Mittelalter kann mit bloßem *hie* ohne Zusatz oder Entgegensetzung ‚hier auf Erden, hier im irdischen Leben‘ in Abgrenzung zum jenseitigen, ewigen Leben bezeichnen; s. noch v. 9513; 9529; 11397; 11402; 11544.

9502-9512 Quelle für alle in allen Künsten oft exzessiv und mit beachtlichem Sadismus dargestellten Höllenqualen sind zahlreiche Stellen im AT und NT (z.B. Num. 16,30ff; Ps. 116,3; Matth. 5,25; 8,12; 9,43; 18,8 u.v.a.), vor allem aber die sog. Paulusapokalypse, in der auch Eis und Schnee (v. 9504) zu den strafenden Foltern gehören (s. Neutestamentl. Apokryphen in dt. Übersetzung. Bd. II, hg. v. Schneemelcher, Wilhelm. Tübingen ³1964., S. 556 und 559).

9507 *dôn* Mit Leitzmann (S. 300) für das hsl. *dron* eingesetzt, das er für einen Fehler im Archetypos hält. Da sich für Th. aber *drôn* mit Lärm verbindet, was die Vergleiche mit dem Donner sowie die Baldewin-Fabel (v. 13239-13249; 13262-13358) beweisen, ist der plausible Eingriff vielleicht doch unnötig.

9508 *bitter* Warum Rü. die Form *bitterre* aus G übernommen hat, kann ich nicht erklären. Er hielt sie wohl für ein st. flekt. *bitterer*, das nach Art der Komparativformen der Adj. auf /r/ (§ 203 Anm. 4) verkürzt wurde; v. Kries verzeichnet weiter keine Varianten. *pitter* der Hs. A ist sowohl dem Sinn nach wie metrisch nicht anstößig.

9509-10 Da alle drei Hss. v. 9510 *den* überliefern, wurde mit Rocher (S. 219f.) das *werden* aus AD, dem zuliebe Rü. *den* durch *dem* ersetzt, durch das vom Sinn geforderte *wecken* (G) ersetzt.

9520 In dieser Auswahl eine der wenigen Spuren der kirchlicherseits verbreiteten misogynen Haltung zur Frau als der Verführerin und Verderberin des Mannes, wie sie die biblische Erzählung vom Sündenfall und der Vertreibung aus dem Paradies (Gen. 3) festgeschrieben hatte.

9524f. Der Rel.-Satz ist Objektsatz, das Beziehungswort (*den*) fehlt.

9667 *einlef* S. die Anm. zu v. 9151.

9673ff. S. die Anm. zu v. 8899.

9774 *senfte* Auf beide Tiere zu beziehen; vgl. noch v. 515f.

9775 *toersche* Zum sw. flekt. Adjektiv nach unbest. Artikel s. § 391.

9793-9806 Die *untugende* der Tiere machte sie geeignet, als Symbolfiguren für menschliche Laster zu dienen. Th. folgt ganz der Tradition, wie sie Schmidtke (wie Anm. v. 514) verzeichnet; nur der *marder* (v. 9806) als Repräsentationsfigur für den Zorn ist ungewöhnlich (meist wird hier der Bär oder der Löwe genannt, wie auch bei Boethius, den Rü. (S. 585f.: „Irae intemperans fremit? Leonis animum gestare credatur“) als Quelle für diese Stelle angibt; ihn weist aber Ra. (S. 143) aus der Schrift *de animalibus* (Lib. XXII 5) des Albertus Magnus nach.

9791 *wirs ... vil* Ein so extremes Abweichen von der Prosawortstellung (*vil wirs*) bei Th. sonst nicht nachzuweisen.

9799 *wolve* Zu den unterschiedl. Funktionen in unterschiedl. Bezügen s. die Anm. zu v. 514.

9908ff. Vgl. Prv. 14,30: „Ein gütiges Herz ist des Leibes Leben; aber Neid ist Eiter in den Gebeinen."

9937-10065 Th.s Ausführungen über die *mâze* erinnern deutlich an die Lehren des Aristoteles von der rechten Mitte (*mesotes*; Nikomachische Ethik II, 5,25). Diese sind aber so vielfältig mit christlichen Moralvorstellungen amalgamiert worden, daß eine direkte Quelle für Th. anzugeben kaum möglich sein dürfte; s. dazu Einl. Anm. 7f.

9956-9958 Beide Vergleiche, zu denen ich keine Parallele gefunden habe, sollen wohl das Unangemessene, in sich Widersprüchliche der *unmâze* demonstrieren.

9956 *gestraht* Vermutlich hat Th. hier eine Art Meß- oder Richtschnur im Sinn.

9961 *veder* Der befiederte oder mit federartigem Zusatz versehene Pfeilschaft erhöhte die Zielgenauigkeit und Treffsicherheit des Pfeils.

9968 *wolf* Zu den unterschiedl Funktionen in unterschiedl. Bezügen s. die Anm. zu v. 514.

9972 *unde* Leitet einen modal-vergleichenden Satz ein, nhd. ‚wie‘, s. § 465.

10038f. Da die Kirche als Formalobjekt der Ehe das gegenseitige Recht über den Leib des anderen definierte, folgte daraus die Pflicht (*debitum*), dieses Recht auf Verlangen eines Partners einzulösen (vgl. Bumke 2, S. 540-547).

10042 *toerschen* Verharmlosend (prüde?) bezeichnet Th. hier, was die Kirche verurteilte: das sexuelle Vergnügen der Ehegatten aneinander ohne Wahrung oder gar unter Verhinderung des obersten Ehezweckes, der Erzeugung von Nachkommenschaft.

10385 S. die Anm. zu v. 529.

10396 *in* Dat. Pl. des Personalpronomens übernimmt die reflexive Funktion (§ 215).

10401 Schönbach (S. 72) schlägt vor *wendent dicke den aneganc.*

10425-70 Th. bezieht sich offenbar auf die noch im 13. Jh. übliche Praxis, willkürlich und frei ein Wappen zu wählen; s. ‚Wappenrecht‘ HRG 5, Sp. 1139-44.

10437-40 Nach christlicher Überzeugung wies jedes geschaffene Ding (dann auch jedes Ereignis) über sich hinaus auf einen höheren Sinn. Ihn zu ergründen war das Geschäft der christlichen Philologen und Bibelexegeten, die über den bloßen Wortsinn hinaus die Dinge auf eine allegorische (auf Glaubensinhalte zielende), moralische (die Lebensführung betreffende) und anagogische (Heilsgewißheit bestätigende) Bedeutung befragten (s. dazu Ohly, Friedrich: Vom geistigen Sinn des Wortes im Mittelalter. In: ZfdA 89 [1958/59], S. 1-23. Sonderausg. Darmstadt 1966). Ob im Alten Testament, in der Geschichte, in der Natur – überall wurde dem Bezeichneten als dem Höheren, dem eigentlich Wichtigen der Vorrang vor dem Bezeichnenden eingeräumt, so auch dem Inneren vor dem Äußeren, dem Wesen vor der Erscheinung. Eine logische Folge dieser Denkrichtung war es, Bedeutungen zu provozieren durch die Verwendung von Zeichen, deren Bedeutung festgelegt war wie die vieler Tiere, Pflanzen oder Steine. Vor allem viele bildliche Darstellungen mittelalterlicher Maler bedürfen zu ihrem vollen Verständnis der Kenntnis dieser Bedeutungen.

10471-10584 Nach dem Tod des noch nicht 32jährigen Heinrich VI. 1197 fand in Deutschland eine Doppelwahl statt. Herzog Philipp v. Schwaben, bestrebt, die deutsche Krone seinem erst dreijährigen Neffen Friedrich, dem Sohn Heinrichs, zu sichern, ließ sich, bestärkt durch die staufisch gesinnten Fürsten im Osten und Südwesten des Reichs, zum König wählen, wohingegen die antistaufisch gesinnten westlichen Fürsten den Welfen Otto krönten. England unterstützte die welfische, Frankreich die staufische Partei, von denen zunächst keine die andere weder kriegerisch noch finanziell ausschalten konnte. Ab 1204 gingen jedoch mehr und mehr Anhänger Ottos zu Philipp über, auch der Papst, zunächt Begünstiger Ottos, stellte sich auf Philipps Seite. Das Ende des Thronstreits schien gekommen, Otto war zur Abdankung bereit, als Philipp am 21. 6. 1208 in privater Rache von Pfalzgraf Otto von Wittelsbach ermordet wurde. Um des Friedens willen stimmte die staufische Partei nunmehr der Wahl Ottos zu. Am 4. Okt. 1209 krönte ihn der Papst zum deutschen Kaiser, befehdete und bannte ihn jedoch schon bald darauf, weil Otto sich in den Besitz des päpstlichen Lehens, des Königreichs Sizilien (s. die Anm. zu v. 2477), setzen wollte. Es war das mütterliche Erbe des jungen Staufers Friedrich, das bis zu dessen 14. Lebensjahr unter päpstlicher Regentschaft gestanden hatte und das der Papst unbedingt vom Reich getrennt halten wollte. Auf Betreiben Innozenz' III.

und beeinflußt durch den französischen Thronfolger wählten nunmehr eine Reihe deutscher Fürsten den jungen Friedrich (*puer Apuliae, das kint von pülle*) zum deutschen König. Otto kehrte sofort nach Deutschland zurück, konnte der Lage aber nicht mehr Herr werden. 1212 traf Friedrich selbst in Deutschland ein, schloß mit dem französischen Thronfolger ein Bündnis gegen England und gegen Otto, der in der Schlacht bei Bouvines 1214 entscheidend geschlagen wurde. Ottos Wappen vereinigte auf senkrecht geteiltem rotem Feld links einen halben schwarzen Adler, wobei es sich vermutlich um die Hälfte eines Doppeladlers handelte, der wohl auf sein Königtum verweisen sollte (s. ,Reichsadler', HRG 4, Sp. 533-536), rechts drei nach rechts schreitende Löwen.

10471:10472 Ra. (S. 36) erwägt *Lampart:hart.*

10495 *lewe* S. dazu Schmidtke (wie Anm. v. 514), S. 331-347.

10502 *ar* S. dazu Schmidtke (wie Anm. v. 514), S. 231-237.

10513-25 Th. braucht auffallend viele Verse, um sein Urteil über Otto zu entschärfen. Man wüßte gern, ob es sein Stand oder politische Rücksichten waren, die ihn dazu bewogen.

10543 *verschiet* Dieses Verb ist ein Euphemismus, Philipp wurde ermordet (s. die Anm. zu v. 10471ff.). Bestimmten polit. Rücksichten Th. zu dieser Formulierung?

10562 *swachern herren* Die ausdrucksstärkere Version *swachen* von A gibt Rü., wie mir scheint, unnötigerweise zugunsten der jüngeren Überlieferung auf. Zur Umschreibung vgl. die Anm. zu v. 2242.

10572 *Püllen* S. die Anm. zu v. 2477.

10577 *sîn* Die masc. Form des Possessivpronomens, bezogen auf das Femininum. *wurze.* Der Fehler erklärt sich vielleicht als eine Art Attraktion durch das zugehörige Subst *schüzzeling,* vgl. die Anm. zu v. 38.

10587ff. *zwir* Als erste zählt Th. wohl die Zerstörungen von 1207 während des Aufstandes gegen den jungen Staufer Friedrich. Die zweite erfolgte 1210/11 durch Otto (s. die Anm. zu v. 10471), der aus eigenen politischen Interessen den Hilferufen apulischer Barone gegen Friedrich bereitwillig gefolgt war.

10588 und 10590 *ir ... si* Das Land Apulia (s. die Anm. zu v. 2477) wird als Fem gedacht.

10590 *dem* Kann um 1215/6 den Papst meinen, der *de jure* immer noch Lehnsherr des Königreichs Sizilien (s. die Anm. zu v. 2477) war, es kann aber auch Friedrich II. meinen, der sich in eben dieser Zeit in Deutschland aufhält.

10595-10632 Nach dem Tod des römischen Kaisers Theodosius 395 zerfiel das römische Imperium endgültig in ein Ost- und ein Westreich. Das oströmische Reich mit der Hauptstadt Konstantinopel (Byzanz) bestand unter verschiedenen Dynastien innerhalb beständig sich verschiebender Grenzen bis 1453. Die Hauptsprache dieses Reiches war griechisch, weshalb Th. von *den Kriechen* (v. 10595) spricht. Die äußerst grausame Ermordung des Andronikus I. auf Veranlassung Isaacs II. geschah schon 1185. Ziel des 4. Kreuzzuges (1202-1204) war die Einnahme von Byzanz. Graf Balduin von Flandern und ein Jahr nach ihm sein Bruder Johannes waren die ersten Kaiser des nunmehr auf einem Teilgebiet des byzantin. Reichs etablierten sog. „lateinischen" Kaisertums, für das Th. kurzweg die *kerlinge* (s. die Anm. zu v. 2468) setzt, das bis 1261 bestand. Der Rest des byzantinischen Reiches löste sich in Teilherrschaften auf. In den zehn Jahren von der Entmachtung Isaac II. (1195) bis zur Einnahme von Byzanz durch die Kreuzheere lassen sich je nach Zählung 5-7 Usurpatoren ausmachen, die den Kaisertitel führten oder für sich reklamierten und alle ein gewaltsames Ende fanden (vgl. Rü., S. 589f.).

10611 *gezeichent* Rocher (S. 220) möchte das *gezaichen* von A halten, ein solches Subst. kann ich aber nicht nachweisen.

11101 *ze lange zungen* Zum fehlenden Artikel s. § 421β. Die zu lange Zunge schießt rasch über die Grenze der Zähne hinaus, ist also schwer zu hüten, vgl. z.B. Wander: ,Zunge' Nr 8; 146; 153 u.ö.

11111 *zehen jâr* Hier ist durchaus nicht „eindeutig" die Dauer von Th.s Aufenthalt am Patriarchenhof angegeben (so Neumann, S. XLI), vielmehr handelt es sich ganz allgemein um die Angabe eines langen Zeitraums durch eine beliebige, aber runde Zahl.

11112 *weiz doch* Zur Ersparung des pronom. Subjekts *ich* s. § 399.

11137 *wil* Ist *wil* hier die Umschreibung des Futurs ‚ich werde' und wird damit die feste Zuversicht ausgedrückt, oder ist ‚ich will' gemeint? Letzteres gäbe dem Vers eine Nuance, aus der man so etwas wie eine Zweifel hintansetzende Entschließung heraushören könnte.

11147 *dâ hin dâ er sî verlorn* Gemeint ‚in die Hölle', s. die Anm. zu v. 2242.

11156 *min schuldec* Rocher (S. 221) faßt dies als Litotes (Umschreibung für ‚gar nicht schuldig') auf.

11163ff. Th.s Aufruf zum Kreuzzug stimmt vielfach mit der Enzyklika *Quia maior* von Innozenz III. vom April des Jahres 1213 (in Auszügen abgedr. bei Rü., S. 591f.) überein.

11169 *heit* Nach Rü. Ind. Präs., nach Ra. (S. 33) Konj. Prät.; zur Form, die Rü. aus Reimgründen für das *het* der Hs. A einsetzt, s. § 288 Anm. 1, 3 und 4.

11171 *stoc* ‚Pfahl, Baumstamm, Baumstumpf' (über Stock und Stein); gelegentlich ist in Kirchen so ein ausgehöltes Stammstück (*truncus concavus*) noch zu sehen, das als Behälter zur Aufnahme der Opfergelder diente.

11187 *heit* S. die Anm. zu v. 11169.

11191-346 Der ungenannte *guote kneht* (s. u) ist Walther v. d. Vogelweide, auf dessen Strophen (L 34,4 und 14; ed. Cormeau [1996] 12,VIII und IX) Th. zitierend Bezug nimmt.

> Ahî, wie kristenlîche nû der bâbest lachet,
> swanne er sînen Walhen seit: „ich hânz alsô gemachet"!
> daz er dâ seit, des solt er niemer hân gedâht.
> er gihet: „ich hân zwêne Allamân under eine krône brâht,
> Daz sî daz rîche sulen stoeren unde wasten.
> ie dar under *vüllen wir die* kasten.
> ich hân si an mînen stoc gemenet, ir guot ist allez mîn.
> ir tiuschez silber vert in mînen *w*elschen schrîn.
> ir pfaffen, ezzent hüenr und trinkent wîn,
> unde lânt die tiutschen <*leien magern unde*> vasten."

> Sagent an, her Stoc, hât iuch der bâbest her gesendet,
> daz *ir* in rîchet und uns Tiutschen ermet unde *pfendet*?
> swenn im diu volle mâze kumt ze Latrân,
> sô tuot er einen argen list, als er ê hât getân.
> Er seit uns danne, wie daz rîche stê verwarren,
> unz in erfüllent aber alle pfarren.
> ich waene, des silbers wênic kumet ze helfe in gotes lant,
> grôzen hort zerteilet selten pfaffen hant.
> her Stoc, ir sît ûf schaden her gesant,
> daz ir ûz tiutschen liuten suochent toerinne unde narren.

(Hei, wie christlich der Papst lacht, wenn er seinen Italienern sagt: „Das habe ich hingekriegt." Was er da sagt, sollte er nicht einmal gedacht haben. Er sagt: „Ich habe zwei Alemannen unter eine Krone gebracht, damit sie das Reich in Verwirrung bringen und verwüsten. Unterdessen füllen wir die Truhen. Ich habe sie an meinen Opferstock geschirrt, ihre ganze Habe fällt mir zu. Ihr deutsches Silber wandert in meinen italienischen Schrein. Ihr Pfaffen, eßt Hühner und trinkt Wein, und laßt die deutschen Leiern abmagern und fasten.

Sagt, Herr Stock, hat der Papst euch hergeschickt, damit ihr ihn reich macht und uns Deutsche in Schulden und Armut stürzt? Wenn ihm Geld in Fülle in den Lateran kommt, wendet er einen üblen Trick an, wie er es schon früher gemacht hat. Er erklärt uns, wie heruntergekommen das Reich dastehe, bis ihn erneut alle Pfarren wieder anstopfen. Ich glaube, daß nichts von dem Silber dem Heiligen Land zu Hilfe kommt. Von einem großen Schatz zweigt die Hand des Pfaffen nie etwas ab. Herr Stock, ihr seid hergeschickt worden, um Schaden anzurichten, um unter den deutschen Leuten die Törinnen und Narren ausfindig zu machen.)

Th.s Polemik, die sich bis v. 11336 fortsetzt, ist ein kostbares Zeugnis für die Wirksamkeit der politischen Sangsprüche Walthers (s. dazu Schupp, Volker: Er hât tûsent man betoeret. Zur öffentlichen Wirkung Walthers von der Vogelweide. In: Poetica [1974], S. 38-59; dort auch die genaue Datierung der Passage). Das einzige Lebenszeugnis zu Walther ist ein Ausgabenverzeichnis Wolfgers aus seiner Passauer Zeit (s. Einl. S. 4f.), in dem Walther als Empfänger einer beträchtlichen Summe Geldes für die Anschaffung eines Pelzes bedacht ist (s. dazu Heger, Hedwig: Das Lebenszeugnis Walthers v.d. Vogelweide. Die Reiserechnungen des Passauer Bischofs Wolfger von Erla. Wien 1970). In einem nicht sicher zu datierenden Sangspruch (L 34,34; ed. Cormeau 12,XVI) bezeichnet Walther den Hof des Patriarchen als einen der Höfe, an denen er immer bereitwillige Aufnahme finden könne. Man wüßte zu gern, ob Th. in dieser Passage die Ansicht des Patriarchen wiedergibt oder sich unabhängig von ihm äußert.

11191 *guote kneht* S. die Anm. zu v. 313. Es ist schwer auszumachen, welche Bedeutung diese Bezeichnung hier hat, respektvoller Titel (etwa ‚Ehrenmann‘, dafür viele Belege Lexer I, 1645, von Johnson, S. 446 übernommen; so haben es auch drei Schreiber jüngerer Hss. verstanden, die an dieser Stelle *biderman* oder *erber man* einsetzten, vgl v. Kries III zu v. 11842) oder ironische Apostrophierung oder irgendetwas dazwischen, weswegen die Stelle auch oft zitiert, aber nur selten übersetzt wird, zumal die ungeklärte Frage der Waltherschen Standeszugehörigkeit hineinspielt, vgl. Neumann 1974, S. 33: „gegen einen ungenannten <ritterbür­tigen Mann>“; die gewählte Übersetzung stammt von Karl Bertau (Deutsche Literatur im europäischen Mittelalter. 2 Bde. München 1972/73. Hier II, S. 1090).

11201 *tihaere* Hier wie v. 11212 beruht die Zuweisung des hohen Berufes und die Gleichstellung des Poeten mit Regenten und Predigern auf einer Variante, die, wenn von Kries' Angaben stimmen, aus einer Handschrift vom Ende des 14. und 3 Hss. des 15. Jahrhunderts, alle der 2. Redaktion zugehörig (s. Einl. S. 15f.), stammt. Sie muß dem Herausgeber ungeheuer eingeleuchtet haben, daß er sie nicht nur gegen die gesamte gute Überlieferung in den kritischen Text übernahm, sondern auch gegen das Faktum, daß *tihtaere* zu Th.s Zeit noch kaum im Gebrauch, jedenfalls nur äußerst spärlich belegt ist. Eine künftige Ausgabe wird wohl zu dem *rihter* zurückkehren müssen.

11209 *daz* Als Einleitung eines Finalsatzes s. § 463.

11210 *übele geist* Gemeint: der Teufel, s. die Anm. zu v. 2242.

11232 *dem dîn = dem dînen* Zum substantivischen Gebrauch des Possessivums s. §. 407.

11232-34 Boshafte Anspielung auf Walthers Armut?

11265-68 Hartes Anakoluth (s. die Anm. zu v. 337), der *daz*-Satz wird nicht fortgeführt.

11268-312 Entweder gebraucht Th. das Wort ‚Ketzer‘ in dem weiten Sinn von ‚Ungläubiger, vrevelhafter Mensch‘ (Lexer I,1563), oder er reduziert die vielfältigen, aus der Kritik an der etablierten Kirche entstandenen Lehren der verschiedenen Ketzerbewegungen seiner Zeit tatsächlich auf die Verführung zur Sünde zum eigenen Vorteil und zum Ungehorsam gegen die Geistlichkeit. Dann wäre er auch hier den eigentlichen theologischen Fragen und Problemen aus dem Weg gegangen, s. Einl. S. 6ff.

11289 *vür* Von den vielen Bedeutungen von mhd. *vür* scheint mir ‚mehr als‘ die wahrscheinlichste.

11335 *ân unserm* Rü. faßt das *an* der Hs. parallel zu v. 11337 als *âne* auf, was einen sehr guten Sinn ergibt, aber ein *unser* erfordert hätte, was seine Handschriftentreue nicht zuließ; der Schreiber der Hs. verstand es offenbar als *ane*, was zwar gerade noch verständlich, im Kontext aber fast schon dümmlich erscheint, das *unser* müßte zudem als ironisch aufgefaßt werden.

11347 *mir* Mhd. intr. *vernemen* mit Dat. d. Person ‚hören auf jemanden, ihn anhören‘; s. Lexer III, 186f.

11357 *habent ... besezzen* Zu mhd. *besitzen* ‚in Besitz nehmen‘.

11360 *nurâ* Aus nu-â, Interjektion mit dem Wert eines eingliedrigen Satzes; zu dem /â/ s. die Anm. zu v. 1053; /r/ fungiert als Gleitlaut.

11375:11376 *missevalle:schallen* Ra. (S. 30) möchte *val:schal* lesen.

11385 *im* S. die Anm. zu v. 28.

11387 *getôt* Zur seltenen Form mit Elision und Rückumlaut neben dem gebräuchlicheren *getoetet* s. § 53 d und § 261f.

11398 *suontac* S. die Anm. zu v. 8562.

11458 Matth. 25,41: „Gehet hin von mir, ihr Verfluchten, in das ewige Feuer, das bereitet ist dem Teufel und seinen Engeln!"

11508 *dir* Syntaktisch entbehrlicher, „volkstümlicher Redeweise" angehörender Dativ, s. § 382.

11555 *deheinn wîs* Die verkürzte Form des stf. *wîse* wird, vor allem in adverbialen Wendungen, auch als Masculinum und Neutrum gebraucht (Lexer III 938).

11559 D.h. solche, die das Leben der Geistlichen oder der Mönche wählten.

11561ff. Bemerkenswerte Einsicht in die männliche Psyche, nichts macht ihnen mehr Spaß, als sich zu prügeln.

11567 *guot* Da Th. vielfach nicht-umgelautete Formen verwendet, ist oft zwischen stn. *guot* und stf. *güete* nicht zu unterscheiden.

11582 *erzeige* Zum Adhortativ ohne Pron. s. § 399.

11585 *sîn dienst = sîn(e)n dienst* Oder ist *dienst* hier stn.? Vgl. v. 12327.

11605 Die Kreuzfahrer wurden den Märtyrern gleichgestellt, von denen man glaubte, daß nach ihrem Märtyrertod die sofortige Aufnahme in den Himmel erfolgte (sog. Märtyrerprivileg).

11618 *traken* Vgl. Apoc. 12,9: „Und es ward ausgeworfen der große Drache, die alte Schlange, die da heißt der Teufel und Satanas, der die ganze Welt verführt".

11621 *verderben* Wegen der sonst fast ausnahmslos eingehaltenen Trennung des geschlossenen und des offenen /e/ (s. § 61-64) im Reim vermutet Ra. (S. 21) hier fehlerhafte Vermischung von trans. und intrans. Verb.

11625 *kriuzen* Zentrale Übung der geistigen Nachfolge Christi ist die Kasteiung des Leibes als mystischer Nachvollzug der Leiden des Gekreuzigten, vgl. Gal. 5,24 „Die aber Christus Jesus angehören, haben ihr Fleisch mitsamt den Leidenschaften und den Lüsten ans Kreuz geschlagen"; ebd. 6,14 „… von dem Kreuz unsers Herrn Jesu Christi, durch welchen mir die Welt gekreuzigt ist und ich der Welt."

11629 *zorn* Anspielung auf die Feindseligkeiten und Rivalitäten zwischen den teilnehmenden Nationen früherer Kreuzzüge?

11636 *marterôt* Zur Erhaltung des vollen Endsilbenvokals im Schwäb.- Alemannischen s. § 59,4.

11637f. *in…si* Die Pronomina beziehen sich auf *volc* (v. 11636), s. § 430.

11639 S. die Anm. zu v. 10437-40. In Ausdeutung des Paulus-Wortes Eph. 3,8 „auf daß ihr begreifen möget mit allen Heiligen, welches da sei die Breite und die Länge und die Tiefe und die Höhe" wurden die vier Dimensionen der Kreuzes vielfach und auf unterschiedliche Weise allegorisch auf die vier Weltgegenden, in die sich die göttliche Liebe erstreckt, auf vier Eigenschaften dieser Liebe oder auf vier Tugenden (meist: *caritas, spes, fides* und *perseverantia*) bezogen (s. dazu Meyer [wie Anm. v. 8899], S.123-127. Eine umfängliche Belegsammlung bei Schönbach, Anton: Altdeutsche Predigten Bd. II. Graz 1888, S. 177-189). Th. scheint nur eine unvollkommene Erinnerung an diesbezügliche Auslegungen zu haben; die Erwähnung von nur zwei Dimensionen und vor allem die Deutung als *warheit* (*veritas*) läßt sich mit dem Grundgedanken der sonstigen Auslegungen nicht in Einklang bringen.

11645 Zu dieser öffentlichen Bekundung, am Kreuzzug teilnehmen zu wollen s. ‚Kreuzzüge' TRE 20, S. 7.

11651 *kuphers übergulde* Vgl. die Anm. zu v. 958.

11653 Münzfälschung wurde seit der Antike bis weit ins MA, je nach der Höhe des gefälschten Betrages, mit Strafen belegt, die vom Verlust der Hand bis hin zur Todesstrafe reichten, s. dazu ‚Münzwesen (rechtlich)' IV, HRG 3, Sp. 787ff.

11688 *scheit = schadet* Zur Form s. § 110 Anm. 1.

11697 *bîhtegaere* Übersetzt *confessores* = Bekenner; vielfach synonym mit Märtyrer gebrauchter Titel derer, die in hervorragender Weise für ihren Glauben Zeugnis ablegten. S. dazu ‚Märtyrer III' TRE 22, S. 207f.

11717 *zweir min drîzec jâr* Zu dieser Art zu subtrahieren s. § 234 Anm. 4. Über diese Angabe ist die Abfassungszeit des Werks zu ermitteln, s. Einl. S. 1.

11725 Wohl des Metrums wegen opfert Rü. die Lesart von A, *den veint*, und damit den Gegensatz Gott – Teufel, der möglicherweise hier wie auch v. 11739 beabsichtigt war (vgl. die Anm. zu v. 2242).

11732 *hande* Die unumgelautete Form im Nom. ungewöhnlich, vielleicht in Anlehnung an Verbindungen wie *maniger hande* gebildet, in denen *hande* aber Gen. Pl. ist (§ 185).

11739 *den vîent* S. die Anm. zu v. 11725.

11741 *gesît* = *gesiget* Zur Form s. § 107.

11743 *sîn* Bezug auf eine Pluralform öfter zu belegen, vgl. z.B. v. 1043.

11769 *hürten* S. die Anm. zu v. 41.

11783 *im* S. die Anm. zu v. 28.

11787 *künic Friderîch* S. die Anm. zu v. 10471.

11797-11806 Friedrich I. (Barbarossa, der Großvater Friedrichs II.) brach 1189 zum Kreuzzug auf, kam über Ungarn, das byzantinische Reich bis Armenien und starb dort am 10. VI. 1190 im Fluß Saleph; sein ältester Sohn, Herzog Friedrich von Schwaben (der *veter* [Onkel] Friedrichs II.) zog mit einem Teil des Heeres weiter und starb wenige Monate später 1192 vor Akkon. Jerusalem wurde nicht erobert, sondern nur ein Waffenstillstandsabkommen mit Saladin erreicht. Den Seeweg wählten meist die Jerusalempilger, die Angabe *über mer* (v. 11804) meint hier nicht die Route, sondern das Ziel.

11808 *vernomen* Hier nicht als Beleg für mündliche Kommunikation zu verstehen, sondern wie auch z.B. von Rocher (S. 717 Anm. 55) als Ausdruck der Erinnerung an ein allgemeines Wissen (s. die folgende Anm.) aufzufassen.

11808ff. In der christlichen Zahlensymbolik des Ma.s, in die sehr verschiedene antike Quellen eingeflossen sind, galt die Zahl drei, die erste ganze ungerade Zahl – die 1 galt nicht als Zahl, sondern als Anfang, quasi als Samenkorn für die Zahlenreihe überhaupt – der Trinität wegen als vollkommene Zahl schlechthin. Sie stellte auch als Teilmenge in allen Zahlenspekulationen den Bezug zur göttlichen Dreieinheit her (z.B. 7 = 3 + 4 = der Mensch; 3 = die gottähnliche innere Struktur [*mens, cor, anima*], 4 = der äußere Leib, gebildet aus den 4 Elementen); vgl. dazu Hellgardt (wie Anm. v. 8899), S. 166ff.; Meyer (wie Anm. v. 8899), S. 117-123.

12232 *stunt* Hat zu der oft wiederholten(z.B. bei Neumann, S. IX; ders., 1974, S. 6; Rocher 1994, S. 343; und noch Johnson, S. 442) falschen Angabe geführt, Th. habe 10 Stunden täglich geschrieben.

12233 *phlîst* = *phligest.*

12237 *kneht* Wohl nicht apokopierter Dat. Sg., sondern 3. Fall einer Ersparung der ganzen Endung des Dat. Pl. eines Substantivs, die Ra. (S. 44) nur zweimal belegt.

12258 und **12313** *gespart* Neben *gesperret* noch erhaltenes Part. des swv. *sperren*, vgl. v. 1205; zur Form s. § 262ff.

12323 *in den worten* Ungewöhnliche Voranstellung der Umstandsbestimmung, nach Ra. (S. 67) „bewusste Umordnung" wegen des „rhetorischen Nachdrucks".
Daz Zu dieser Einleitung eines Finalsatzes s. § 463.

12327 *ein kleine dienest* Hier stn. *dienest* mit schwach. fl. Adj., s. § 391γ.

12345ff. Wie Rü. sieht auch Rocher (S. 305, auch noch 1995, S. 67) in *reht* „sans doute" einen Vokativ und hält die Passage für eine Anrufung des Rechts. Ra. (S. 116) faßt sie wie hier als Gebet auf, dessen Adressat (Gott) zwar nicht genannt, aber für die damalige Zeit durch die Aufforderung *schrîb in mîm herzen* und die Bitte um tägliche Überwachung eindeutig apostrophiert sein dürfte. Neumann (S. XXII) zieht die Verse noch zu der Ansprache an die Feder, was mir ganz abwegig zu sein scheint.

12346 *ûzen stênt* D.h. auf dem Pergament.

12541 *sînes wolves vuore* Korrekt wäre *sîniu* (st.) oder *sîne* (sw.) oder *sîn* (unflekt.) *wolves vuore;* die logische Ordnung ist hier vertauscht.

12558 *sîner* Bezug des Possessivums kann innerhalb eines Satzgefüges wechseln (§ 407β); hier bezieht es sich auf das *er* in v. 12557.

13158 *tuoz* Zum Adhortativ ohne Pron. s. § 399.

13170 *im* S. die Anm. zu v. 28.

13176 *in … im* Das Pronomen der 3. Person kann sich in allen Kasus innerhalb desselben Satzes auf verschiedene Personen beziehen (§ 400).

13180 *hüete sich* Zum Adhortativ ohne Pron. s. § 399.

13189 *gesellen* Hier schwach flektiert, vgl. die Anm. zu v. 491.

13228 *durch guot* Den Rechtsbrauch, bei schweren Vergehen das Vermögen des Delinquenten einzuziehen, übernahm das Mittelalter aus der Antike; bei Diebstahl stand dem Richter ein Anteil an der Beute zu, s. dazu ‚Vermögenseinziehung‘, HRG 5, Sp. 779-781.

13239-49 S. die Anm. zu v. 2159.

13244 *bleczend* S. die Anm. zu v. 41.

13263 *Baldewîn* Der Name wohl aus dem ‚Ysengrimus‘, einem lat. Tierepos aus der Mitte des 12. Jh.s (s. Mann, Jill: ‚Nivardus v. Gent‘ in ²VL 6,1170ff.) übernommen, die Fabel aber könnte von Th. selbst erdichtet worden sein. Sie steht, soweit bislang bekannt, nur an dieser Stelle.

13290 *du sol* Analogiebildung zu *du wil* oder falsch zerlegtes *soltu*? (Ra., S. 46).

13313 *tôt sicherlîchen* Hier könnte auf den verbreiteten Glauben an das Bannende des ‚bösen Blicks‘ angespielt sein, s. dazu Schleusener-Eichholz, Gudrun: Das Auge im Mittelalter. 2 Bde. München 1985, S. 263-266, vor allem die Anm. 126.

13325 *jaget* Verzeichnet Ra. (S. 30) als apokopierten Konjunktiv Prät., der Indikativ Präs. ist aber wahrscheinlicher, s. § 477,5.

13344 *boesewiht* Baldewîn wird hier und v. 13358 wohl aus der Perspektive der Waldtiere gekennzeichnet. Rocher (S. 223) möchte den Vers so verstehen: „Da wandelt sich der Wolf zum Bösewicht“, was mir schon wegen des bestimmten Artikels *ze (de)m* nicht möglich zu sein scheint.

13578 *spiegel* S. die Anm. zu v. 620.

13789:13790 Ra. (S. 29) glaubt, daß hier apokopierte Formen den korrekten Reim gebildet haben. Zur *kalten natur* s. die Anm. zu v. 2215ff.

14166 *unde* Leitet einen modal-vergleichenden Satz ein, nhd. ‚wie‘, s. § 465.

14253 Fallstricke ohne nähere Angaben sind im christlichen Mittelalter immer die des Teufels (vgl. 2. Tim. 2,26).

14277 Paraphrase des lat. Sprichworts *Bis dat qui cito dat* (zweimal gibt, wer schnell gibt), das mit unterschiedlichen Zusätzen vielfach nachgewiesen ist, s. Walther (Lateinische Sprichwörter und Sentenzen des Mittelalters in alphabetischer Anordnung, gesammelt und hg. v. Walther, Hans. 6 Bde. Göttingen 1963-1969) Bd. 1, Nr. 32-33a.

14641ff. Vgl. die Anm. zu v. 4.

14663 *der lêre* Vgl. die Anm. zu v. 36.

14674 *phlegt* 3. Sg. Präs. vom swv. *phlegen*.

14681 *welhisch* S. die Anm. zu v. 34.

14683f. Hier scheint mir eine Verschränkung der Vorstellungen ‚nie weiter als hier bewiesen‘ und ‚nur so weit, wie hier bewiesen‘ zu dem logischen Fehler geführt zu haben.

14690 *sitze* Zur Form des Imp. nach dem Muster der sw. Verben s. § 240 Anm. 5.

14693:14694 *gesehen:lêhen* Ra. (S. 23) hält dies für einen einsilbigen Reim.

14694 *schôz* Bei Th. stf.

14703 *schrîn* Bei Th. stn., s.v. 11195.

14713f. Rü. gibt unter Berufung auf Mone (Anzeiger 1839,109) an, daß der Wolf als Mönch nur im deutschsprachigen Raum ein „populärer Stoff“ gewesen sei, und wertet die Stelle als Beleg für die Vertrautheit Th.s mit deutschem Leben und deutscher Literatur. Abgesehen davon, daß für Th. auch die lateinische Tierdichtung heranzuziehen ist, die den Wolf sehr wohl als Mönch kennt, z.B. schon der ‚Ysengrimus' (s.o. die Anm. zu v. 13263), geht es hier gar nicht um das Mönch-Sein; Th. paraphrasiert hier das lat Sprichwort *vota dei discens lupus est agni reminiscens* (Die Worte des Herrn lernend denkt der Wolf an das Lamm), s. Walther (wie Anm. zu v. 14277), Bd. 5, Nr. 34157.

14726 *durchstochen sac* Wohl aus dem lat. Sprichwort *Cor lucris inhians numquam poterit satiari / Ergo potest sacco bene pertuso similari* (Ein Herz nach Gewinn gierend könnte niemals gesättigt werden, also kann es mit einem löchrigen Sack verglichen werden), s. Walther (wie die Anm. zu v. 14277), Bd.1, Nr. 3407.

Literaturverzeichnis

Ausgaben und Facsimilia[1]

Der Welsche Gast des Thomasîn von Zerclaere. Codex Palatinus Germanicus 389 der Universitätsbibliothek Heidelberg (Facsimilia Heidelbergensia 4), darin Neumann, Friedrich: Einführung in Thomasins Verswerk; Vetter, Ewald: Die Handschrift und ihre Bilder. Wiesbaden 1974.

Thomasin von Zerklaere: Der Welsche Gast. Farbmikrofiche-Edition der Handschrift Ms. Hamilt. 675 der Staatsbibliothek zu Berlin. Einführung von Wenzel, Horst; Edition Lengenfelder, Helga (Codices illuminati medii aevi 51). München 1998.

Der Wälsche Gast des Thomasin von Zirclaria, hg. v. Rückert, Heinrich. Quedlinburg und Leipzig 1856. Wiederabdruck mit einer Einleitung und einem Register von Friedrich Neumann. (Deutsche Neudrucke, Reihe: Texte des Mittelalters). Berlin 1965.

Thomasin von Zerklaere: Der Welsche Gast secondo il Cod.Pal. Germ. 389 Heidelberg con le integrazioni di Heinrich Rückert e le varianti del Membr. I 120 Gotha (mit deutscher Einleitung) a cura die Raffaele Disanto (Quaderni di Hesperides, Serie Testi, Volume 3). Trieste 2002.

Thomasin von Zerclaere: Der Welsche Gast, hg. von Kries, Friedrich Wilhelm von. Bd. I: Einleitung, Überlieferung, Text, die Varianten des Prosavorworts. Bd. II: Die Varianten der Hss. GFAD, der Büdinger und Sibiuer Fragmente, Buch 1-10. Bd. III: Die Varianten der Redaktion S**. Bd. IV: Die Illustrationen des Welschen Gasts: Kommentar mit Analyse der Bildinhalte und den Varianten der Schriftbandtexte. Verzeichnisse, Namenregister, Bibliographie.(GAG 425 I-IV), Göppingen 1984-85. Rez. Bumke, Joachim: ZfdA 98 (1987), S. 13-20; Williams-Krapp, Werner: PBB 109 (1987), S. 449-453; Kerth, Thomas: Speculum 62 (1987), S. 484-486.

Benutzte Hilfsmittel

BMZ   Mittelhochdeutsches Wörterbuch. Mit Benutzung des Nachlasses von Georg Friedrich Benecke ausgearbeitet von Wilhelm Müller und Friedrich Zarncke. 4 Bde. Leipzig 1854-1871. Neudruck Hildesheim 1963.

DWB   Deutsches Wörterbuch von Jacob und Wilhelm Grimm. 16 Bde in 32. Leipzig 1854-1960.

HRG   Handwörterbuch zur deutschen Rechtsgeschichte, hg. von Erler, Adalbert u.a. 5 Bde. Berlin 1971-98.

Lexer   Mittelhochdeutsches Handwörterbuch von Matthias Lexer. 3 Bde. Leipzig 1872-1878.

LMA   Lexikon des Mittelalters Bd. I – IX. München/Zürich 1977-1998.

RL   Reallexikon der deutschen Literaturwissenschaft, hg. von Weimar, Klaus u.a. Berlin/New York 1997-2003.

TRE   Theologische Realenzyklopädie, hg. von Gerhard Müller u.a. Bd. I – XXXV. Berlin/New York 1977-2003.

VL   Die deutsche Literatur des Mittelalters. Verfasserlexikon, hg. von Ruh, Kurt u.a. 10 Bde. Berlin/New York 1978-1999.

Wander   Wander, Karl Friedrich Wilhelm: Deutsches Sprichwörter-Lexikon Bd. 1-5. Leipzig 1867-1880. Neudruck Darmstadt 1964.

Behaghel, Otto: Deutsche Syntax. 4 Bde. Heidelberg 1928-1932.

Boshof, Egon / Knapp, Fritz Peter (Hg.): Wolfger von Erla. Bischof von Passau (1191-1204) und Patriarch von Aquileja (1204-1218) als Kirchenfürst und Literaturmäzen (German. Bibliothek Reihe 3: Untersuchungen N.F. Bd. 20). Heidelberg 1994.

---

[1] Für die mhd. Dichter und ihre Werke verweise ich generell auf das Verfasserlexikon, dort die Ausgaben und die wichtigste Sekundärliteratur. Ein umfassendes Verzeichnis der selbständigen Veröffentlichungen zu Thomasin in ‚Beweglichkeit der Bilder'.

Bumke, Joachim: Höfische Kultur. Literatur und Gesellschaft im hohen Mittelalter. 2 Bde. München ³1986.

Gebhardt, Bruno: Handbuch der deutschen Geschichte. Bd. I: Frühzeit und Mittelalter, hg. v. Grundmann, Herbert. 8., vollst. neubearb. Aufl., 4. verb. Nachdruck. Stuttgart 1959.

Paul, Hermann: Mittelhochdeutsche Grammatik, 23. Aufl., neu bearb. v. Wiehl, Peter / Grosse, Siegfried. Tübingen 1989.

Verzeichnis der Abhandlungen zu Thomasin
(soweit in dieser Ausgabe aus ihnen zitiert oder auf sie verwiesen wird)

Beweglichkeit der Bilder. Text und Imagination in den illustrierten Handschriften des „Welschen Gastes" von Thomasin von Zerclaere, hg. v. Wenzel, Horst / Lechtermann, Christine (pictura et poesis Bd. 15). Köln 2002.

Borst, Arno: Bild und Wort und Zahl bei Thomasin von Zerklaere. In: ders. (Hg.): Barbaren, Ketzer und Artisten. Welten des Mittelalters. München/Zürich ²1990, S. 429-447.

Brinker-von der Heyde, Claudia: Durch Bildung zur Tugend. Zur Wissenschaftslehre des Thomasin von Zerclaere. In: Artes im Mittelalter. Wissenschaft – Kunst – Kommunikation, hg. v. Schäfer, Ursula. Berlin 1999, S. 34-52.

Burdach, Konrad: Die illustrierten Handschriften des Welschen Gastes. In: ders. Vorspiel. Gesammelte Schriften zur Geschichte des deutschen Geistes, Bd. I,2. Halle 1925, S. 108-121.

Carroll, William Francis: ,Der Welsche Gast' Thomasins von Zerclaere und ,Der Renner' Hugos von Trimberg. Perspektiven des Fremden in der didaktischen Literatur des 13. Jahrhunderts. In: Fremdes wahrnehmen – fremdes Wahrnehmen. Studien zur Geschichte der Wahrnehmung und zur Begegnung von Kulturen in Mittelalter und früher Neuzeit, hg. von Harms, Wolfgang / Jaeger, Stephen, C. Stuttgart/Leipzig 1997, S.137-152.

Cormeau, Christoph: Tradierte Verhaltensnormen und Realitätserfahrung. Überlegungen zu Thomasins ,Wälschem Gast'. In: Deutsche Literatur im Mittelalter. Kontakte und Perspektiven, hg. v. C.C. Stuttgart 1979, S. 276-295.

Diestel, Ludwig: Der Wälsche Gast und die Moral des 13. Jahrhunderts. In: Allgemeine Monatsschrift für Wissenschaft und Literatur 8 (1852), S. 687-714.

Düwel. Klaus: Lesestoff für junge Adlige. Lektüreempfehlungen in einer Tugendlehre des 13. Jahrhunderts. In: Fabula 32 (1991), S. 67-93.

Evans, Michael W.: Allegorical Women and Practical Men. The Iconography of the Artes Reconsidered. In: Medieval Women, hg. v. Baker, Derek. Oxford 1978, S, 305-324.

Frühmorgen-Voss, Hella: Mittelhochdeutsche Literatur und ihre Illustration. Ein Beitrag zur Überlieferungsgeschichte. In: dies.: Text und Illustration im Mittelalter. Aufsätze zu den Wechselbeziehungen zwischen Literatur und bildender Kunst, hg. und eingeleitet von Ott, Norbert H. (MTU 50) München 1975, S. 1-56.

Göttert, Karl-Heinz: Thomasin von Zerclaere und die Tradition der Moralistik. In: Architectura poetica. FS für J. Rathofer, hg. v. Ernst, Ulrich / Sowinski, Bernhard (Kölner Germanistische Studien 30). Köln/Wien 1990, S. 179-188.

Grubmüller, Klaus: Eine weitere Handschrift von Thomasins ,Welschem Gast'. In: ZfdA 97 (1968), S. 206-215.

Haug, Walter: Fiktionalität zwischen Lüge und Wahrheit. Thomasin von Zerclaere und die Integumentum-Lehre. In: ders.: Literaturtheorie im deutschen Mittelalter. Von den Anfängen bis zum Ende des 13. Jahrhunderts. Darmstadt ²1992, S. 228-240.

Huber,Christoph: Die Aufnahme und Verarbeitung des Alanus ab Insulis in mittelhochdeutschen Dichtungen. Untersuchungen zu Thomasin von Zerclaere, Gottfried von Straßburg, Frauenlob, Heinrich von Neustadt, Heinrich von St. Gallen, Heinrich von Mügeln und Johannes von Tepl (MTU 89). München 1988.

Johnson, Peter: Vom hohen zum späten Mittelalter. Geschichte der deutschen Literatur von den Anfängen bis zum Beginn der Neuzeit, hg. v. Heinzle, Joachim, Bd. II, Teil I: Die höfische Literatur der Blütezeit. Tübingen 1999.

Kries, Friedrich-Wilhelm von: Textkritische Studien zum Welschen Gast Thomasins von Zerclaere (Quellen und Forschungen zur Sprach- und Kulturgeschichte der germanischen

Völker NF 23 [147]). Berlin 1967. Rezensionen (unbedingt einsehen!): Schanze, Heinz: PBB 90 (1968) Tübingen, S. 164-172; Röll, Walther: ZfdA 81 (1970), S.116-125; Schröder, Werner: ZfdPh 90 (1971), S. 119-123.

Leitzmann, Albert: Zum Wälschen Gast. In: PBB 63 (1939), S. 298-300.

Müller, Jürgen: Studien zur Ethik und Metaphysik des Thomasin v. Circlaere (Königsberger Deutsche Forschungen Heft 12) Königsberg 1935.

Neumann, Friedrich: Einleitung. In: Rückert, Heinrich (Hg.): Der Wälsche Gast usw. 1964, S. V-LI.

Neumann, Friedrich: Der Welsche Gast des Thomasin von Zerclaere. Einführung in Thomasins Verswerk. In: Codex Palatinus Germanicus 389. Wiesbaden 1974.

Ranke, Friedrich: Sprache und Stil im Wälschen Gast des Thomasin von Circlaria (Palaestra 68). Berlin 1908.

Richter, Dieter: Zur Überlieferung von Thomasins ‚Welschem Gast‘. In: ZfdA 96 (1967), S. 149-153.

Rocher, Daniel: Thomasin von Zerklaere: Der Wälsche Gast (1215-1216). 2 Bde. Lille/Paris 1977. Rez. Karl Bertau: PBB 103 (1981), S. 140-153.

ders.: Thomasin von Zerclaere: ein Dichter ... oder ein Propagandist im Auftrag? In Boshof/ Knapp, S. 325-343.

ders.: Die *ars oratoria* des Thomasin von Zirklaere in seinem ‚Wälschen Gast‘. In: Thomasin von Zirklaere und die didaktische Literatur des Mittelalters. Beiträge der Triester Tagung 1993, hg. v. Schulze-Belli, Paola. Trieste 1996, S. 63-77.

Rockar, Hans-Joachim: Von Ziffern und Proportionen. Eine wissenschaftsgeschichtliche Betrachtung zu Codex Gothanus Memb. I 120. Thomasin von Zerclaere: Der Welsche Gast. In: Das Buch als Quelle historischer Forschung. FS für Fritz Juntke, hg. v. Dietze, Joachim u.a. (Arbeiten aus der Universitäts- und Landesbibliothek Sachsen Anhalt in Halle a.d. Saale 18). Leipzig 1977, S. 71-78.

Ruff, Ernst Johann F.: Der Wälsche Gast des Thomasin von Zerclaere. Untersuchungen zu Gehalt und Bedeutung einer mittelhochdeutschen Morallehre. Diss. 1975. Erlangen 1982.

Schönbach, Anton: Beiträge zur Erklärung altdeutscher Dichtwerke I. Die Anfänge des deutschen Minnesangs. Graz, 1898.

Scholz, Manfred Günter: Die ‚Hûsvrouwe‘ und ihr Gast. Zu Thomasin von Zerclaere und seinem Publikum. In: FS. für Kurt H. Halbach, hg. v. Maulbetsch-Schäfer, Rose B. u.a. (GAG 70). Göppingen 1972, S. 247-269.

Schumacher, Meinolf: Über die Notwendigkeit der *kunst* für das Menschsein bei Thomasin von Zerklaere und Heinrich dem Teichner. In: Artes im Mittelalter. Wissenschaft – Kunst – Kommunikation, hg. v. Schaefer, Ursula. Berlin 1999, S. 376-390.

Schüppert, Helga: Bildschichten und ihre Funktion im ‚Wälschen Gast‘. In: Thomasin von Zirklaere und die didaktische Literatur des Mittelalters. Beiträge der Triester Tagung 1993, hg. v. Schulze-Belli, Paola. Trieste 1996, S. 39-61.

Stolz, Michael: Text und Bild im Widerspruch? Der Artes-Zyklus in Thomasins ‚Welschem Gast‘ als Zeugnis mittelalterlicher Memorialkultur. In: Wolfram-Studien 15 (1998), S. 344-372.

Teske, Hans: Thomasin von Zerclaere. Der Mann und sein Werk (Germanische Bibliothek Abt. II Bd. 34). Heidelberg 1933.

Vetter, Ewald: Die Handschrift und ihre Bilder. In: Codex Palatinus Germanicus 389. Wiesbaden 1974.

Wandhoff, Haiko: *bilde* und *schrift, volgen* und *versten*. Medienorientiertes Lernen im ‚Welschen Gast‘ am Beispiel des ‚Lektürekatalogs‘. In: Beweglichkeit der Bilder, S. 104-117.

Wenzel, Horst: Hören und Sehen. Schrift und Bild. Kultur und Gedächtnis im Mittelalter. München 1995.

Zips, Manfred: *Reht tuon daz ist hüfscheit*: der Gedanke vom Seelenadel im ‚Welschen Gast‘ des Thomasin von Zerclaere. In: Nouvaux mondes et mondes nouvaux au moyen age. Actes du Colloque du Centre d’Etudes Médiévales de l’Université de Picardie Jules Verne, hg. v. Buschinger, Danielle / Spiewok, Wolfgang. Greifswald 1994, S. 171-186.

www.ingramcontent.com/pod-product-compliance
Lightning Source LLC
Chambersburg PA
CBHW080914100426

42812CB00007B/2272